现代立国法政文献编译丛书

丛书主编　高全喜

美国建国时期法政文献选编

本卷主编　柯　岚　毕竞悦

柯　岚　毕竞悦　等　编译

清华大学出版社

北　京

图书在版编目（CIP）数据

美国建国时期法政文献选编 / 柯岚，毕竞悦主编；柯岚等编译.
--北京：清华大学出版社，2016
（现代立国法政文献编译丛书）
ISBN 978-7-302-40750-8

Ⅰ.①美…　Ⅱ.①柯…②毕…　Ⅲ.①法律－文献－汇编－美国－近代②政治－文献－汇编－美国－近代　Ⅳ.①D971.29②D771.29

中国版本图书馆CIP数据核字（2015）第161842号

责任编辑：王巧珍
封面设计：贺维彤
责任校对：王凤芝
责任印制：李红英

出版发行：清华大学出版社
网　址：http：//www.tup.com.cn，http：//www.wqbook.com
地　址：北京清华大学学研大厦A座　邮　编：100084
社 总 机：010-62770175　邮　购：010-62786544
投稿与读者服务：010-62776969，c-service@tup.tsinghua.edu.cn
质量反馈：010-62772015,zhiliang@tup.tsinghua.edu.cn
印 刷 者：三河市君旺印务有限公司
装 订 者：三河市新茂装订有限公司
经　销：全国新华书店
开　本：185mm×260mm　印　张：27.75　字　数：486千字
版　次：2016年1月第1版　印　次：2016年1月第1次印刷
定　价：78.00元

产品编号：057328-01

《现代立国法政文献编译丛书》的编辑翻译工作，得到“上海能近公益基金会”和“上海世界观察研究院”的学术基金资助，在此深表谢忱！

政治宪法学的积薪之业

——《现代立国法政文献编译丛书》代序言

高全喜

风雨如晦，鸡鸣不已。

屈指数来，从 2006 年秋季筹划现代六大国制宪兴邦的此一系列法政文典汇编，至今已有九载，现《现代立国法政文献编译丛书》出版在即，回首其中经历的曲折艰辛，感慨良多，难以成眠。

记得我在最初的一份文案中曾经这样写道："这是由一群非常之人所从事的世界上主要大国宪政之成败得失的非常时期之非常人物之非常之文的编译工作，我们力求将之作为一项志业来做。"我在这句话中刻意用了四个"非常"的词汇，为什么我有这样的期许呢？

译介发端

文艺复兴与宗教改革之后，欧美各国先后建立起自己的宪政民族国家，其中法政文献资料浩繁无涯。今日的中国正处于政治转型时期，迫切需要学习成功国家制宪建国的法政经验，鉴取它们的教训。目前中国法政学界译介西方专业性的学术著作已经较为成功，各种译丛名目繁多，但是，以西方现代大国立国时期的法政思想为主题的综合性翻译丛书尚有遗缺，而我这些年学术思想的关怀，恰恰在此。

自从当年主编《大国》丛刊（后来改名为《大观》丛刊）之时起，我就对现代国家的宪政发生学情有独钟，认为那是一个非常时期，即制宪立国兴邦的伟大时期。这个时期的现代诸国各自究竟是如何开源生发出来，以至于根深叶茂、蔚为壮观的？时下的各种翻译文献并没有这样的自觉意识去深入浅出地把握辨析。因此，选择当今世界在政法方面业已取得成功的六个国家（尽管其中有些国家的制宪立国之路不无曲折）——确切地说是英国、美国、法国、德国、日本、俄罗斯六国，尤其是精选这些国家在建国时期（或非常转型时期）的一些重要法政篇章、文典宪制，按照政治宪法学的学术体例加以遴选、编排和翻译，从而为我国的法政理论乃至制度实践提供思想理论上的资源储备，就成为我主持的这套《现代立国法政文献编译丛书》之六卷集的主旨。

按照我在九年前的设想，这一系列当时暂定名为“现代立国法政文献编译丛书”的译丛总共六卷，集萃英国、美国、法国、德国、日本、俄罗斯六国的立宪文典。每国一卷，篇幅在50万字，全部《译丛》总计300万言。为了尽可能保持历史原貌以及思想蕴涵，计划每卷遴选的法政人物5~10人，他们主要是政治家（如大臣、外交家、大法官等）、政治思想家、历史学家、法学家等传统意义上的法政人物或国家精英，而不是20世纪以降的所谓大学职业教授。因为立宪不仅是理论工作，更是一项最为严肃的实践工作。宪法学的研究不能仅仅关注技术细节，更应有一种大的视界与实践感。这常常是今人所短，亦是前人所长。

整个《译丛》文献的选择时间段大致在15世纪之后，第二次世界大战之前，从政治史的视野看，在这个时期西方诸国，以及日本等东亚国家，都大致完成了各自国家作为现代国家的立国建制之功。但是，由于各个国家的历史传统、政治情势等具体境况不同，在这个时间跨度内，每个国家独具的立宪建国的非常时刻也是不尽相同的。所以，久经斟酌，在众多编译者群策群力之下，这部译丛命名为《六国立宪文典》，并且每卷都精心商定了醒目的五字书名。最终，在出版之际，因为种种考量，我们又改回最初定的丛书名——《现代立国法政文献编译丛书》，并用各分卷书名中的副标题取代了各分卷的五字书名。但我在以下行文之中，仍愿意按照斟酌底定的设想，称之为“六国立宪文典”。

为了达致荟萃现代国家“立宪建国之非常时期之非常法政人物之非常法政文献”这一编辑目标，就需要我与各个分卷主编对于具有政治宪法学意义的“立宪时期”具有深刻而审慎的理解，并据此审视宪政历史，遴选和把握其中的立国文典。因此，我觉得这部“文典”翻译文本的选择本身就是一个高度学术性和思想性的工作，作为总主持人，我的编选指导思想是非常明确的，即客观、富有张力地呈现各个国家关键时期的法政思想遗产。

我认为，这部出版在即的《现代立国法政文献编译丛书》，贯穿其中的主导性思想脉络大致有三个声部，即自由主义、保守主义和激进主义，上述三股强有力的现代政治思潮，发轫于各国的立宪建国的非常时期，因不同的政治机缘，喷薄而出，相互激荡，构成了今日世界范围内各国宪政制度之思想基础。

诸国之英

基于上述设想，通过数年之努力，“六国立宪文典”六卷集编译完成，其构成如下：

英国卷，《英国革命时期法政文献选编》，毕竟悦、泮伟江主编。英国卷包括六编，内容分别涉及有关主权和国家的争论、共和与自由的探讨、宗教与政治的纠葛、政党与议会政治的产生、国家的经济职能、普通法的“技艺理性”之特质。

1688年的“光荣革命”标志着英国历史转型的重大成功，由此在时间节点上向前可追溯到英国宗教改革、柯克大法官与詹姆斯一世国王关于普通法的论辩，至1640年“清教徒革命”和后来的复辟；向后可延伸到1707年英格兰与苏格兰合并，以至英国式议会主权、两党制和内阁制在18世纪中的缓慢形成与定型。在这个大历史的时段中，许多思想家围绕着英国命运的论辩不仅是思潮的交锋，而且在历史上直接影响到了英国在现代转型时刻的立宪实践。英国卷的编选立足译丛的主题构想，入选的人物著作涉及弥尔顿、哈林顿、霍布斯、洛克、博林布鲁克、柏克、胡克、温斯坦莱、威廉·配第、亚当·斯密、柯克大法官和黑尔大法官等人。入选的相关制度法令有《权利请愿书》(1628)、《人身保护令》(1676)、《宗教宽容法令》(1689)、《权利法案》(1689)、《王位继承法》(1701)。

英国卷所涉及的思想家多是近现代法政思想史上耳熟能详的关键人物，但是很多著作却未必为国人所熟知，而且这样的专题汇集也是第一次。哈林顿的《政治体系》是《大洋国》的姊妹篇，反映了他对于政府建构的主要观点。在国家制度的讨论方面，博林布鲁克是英国宪政史上最早系统阐述政党制度功能与意义的学者，他对如何防止政府腐败堕落，有相当精辟至今让人叹服的见解。《论爱国主义精神》体现了博林布鲁克对于爱国主义与立宪的关系，以及公民爱国的责任和义务等方面的观点，这部作品为客观看待我国当前的民族主义情绪的问题提供了参考。博林布鲁克还是英国民族主义思想的一个代表，他的民族主义观点很有英国特色。伯克本身是议员，许多议会的发言都很重要。《关于国会下议院改革的讲话》是柏克五十多岁思想成熟时期的一次重要的演讲，演讲中对诸如财产与自由、英国议会的形成等重要问题做出阐释，对此演讲稿的翻译与研读将对柏克本人的政治思想及英国宪政的原理提供助益，同时为对美国宪政产生深刻影响的英国辉格党传统和普通法的研究提供了资料。宗教因素在英国革命中占据了一个非常关键的维度，争论的核心都是围绕着英国国教展开的。因此，这部分主要选择了英国国教的理论集大成者胡克尔的《教会政制法规》第一卷所涉及自然法和政治的那部分。关于"光荣革命"前后的政治经济学重点体现在国家财政的革新，包括税收方面、信贷体系、英格兰银行等，围绕各派的争论展开，该部分所选的威廉·配第代表新兴产业资本的利益和要求，积极著书立说，为统治者出谋划策，为英国统治殖民地、夺取世界霸权寻找理论根据，是当时对于政治影响力最大的经济学家。柯克的贡献代表了英国的司法独立以及对公民权利的强调，司法独立方面选择了柯克所判决的两个最经典判例的判词，这两份判词对英国的政治思想史的影响是巨大而深远的。

美国卷，《美国建国时期法政文献选编》，柯岚、毕竞悦主编。美国卷共分五编，内容分别围绕殖民地的权利和地位、联邦政府、财政和联邦主义、司法权和司法审查、《权利法案》等来组织。收录的人物著作涉及托马斯·潘恩、杰弗逊、约翰·马歇尔、詹姆斯·威尔逊、汉密尔顿、麦迪逊、约翰·杰伊、乔治·梅森和理查德·亨利·李等，荟萃了《美国危机》《常识》《联邦党人文集》等为人熟知的经典著作。此外，附录中还选编了《五月花号公约》《独立宣言》《弗吉尼亚权利法案》《美国联邦宪法》《权利法案》《葛底斯堡演说》等。

以上涉及的人物不仅是当时法政领域内的著名思想家，而且很多同时是政治参与者，有些长期担任国家领导人，在当时美国的政治舞台上举足轻重，他们的思想和理论经受了美国立国实践的考验，有着建国创制的独到经验。美国宪政史中的重要人物与事件基本都为国内法政学界所掌握，本卷的选编在参考前人文献的基础上，尽量突出立宪文典的特色。从 1776 年美国发表了《独立宣言》，到 1787 年制定《美利坚合众国宪法》，正式成立美利坚合众国，在这个过程中，始终存在着两条主线：一是强调统一国家的重要性，构建一个统一的政府；二是注重基本的权利和自由。本卷选文围绕着上述两个主题，凸显了美国立宪中的核心话题。

法国卷，《法国革命时期法政文献选编》，施展主编。法国卷分为两部分，包括革命时期和后革命的复辟时期。法国卷选编的人物和著作有西耶斯的《第三等级是什么？》与《关于宪法评审团之授权及组织的意见》、罗伯斯庇尔《革命政府的诸原则》、贡斯当《恐怖的效果》、斯塔尔夫人《论国内和平》、特拉西《对孟德斯鸠〈论法的精神〉的评论》;迈斯特的《宪政生成原理》;基佐的《论政府及其反对派》、圣西门的《论加强政治力量和财富的制宪措施》。

近代的法国是欧陆宪政发展的策动地，也是各种宪政思想的实验室。在大革命时期及其后的复辟时期，多种宪政思想之间有着激烈的交锋，并且多有付诸实践，给后世留下了诸多遗产。故而法国卷选辑书目即集中在这一段时期。西耶斯所代表的“1789 年原则”是法国大革命初起的温和阶段，其理性共和国主张奠立了法国大革命的整体基调，并且是嗣后法国共和派的精神渊源。罗伯斯庇尔是雅各宾派的核心人物，激发了后世各国激进革命的想象力，而贡斯当是著名的自由主义者，他对雅各宾派思想的分析相当精当。特拉西是督政府宪法制定过程中的重要参与者，“空论派”的代表人物。他的这部作品写于复辟时期，是写给美国的杰弗逊的，对北美宪政思想影响很大，奠立了法兰西第三共和国的宪政理论基础。他此时既有实际的政治经验，又有足够的反思时间，故而其思考兼具学理性与现实性，奠定了法兰西第三共和国的宪政理论基础。迈斯特的著作是其政治思想的导言，从中可以看到欧陆保守主义的主要理论诉求。基佐著作中所论述的思想，在七月王朝基佐当政时期获得推行。他面对一个充满意见冲突的社会，对于秩序的思考是相当值得重视的。圣西门号称三大空想社会主义者之一，还是个执迷的工业主义者和精英主义者，他在 19 世纪前半叶提出的工业立国，工业家和法学家依凭理性治理社会，以此来建设现代国家的诸多想法，在相当程度上规定了法国嗣后的政治人物进思方向，并在实际上成为拿破仑三世所统治的法兰西第二帝国的官方哲学，推动了法国的工业革命。

日本卷,《日本明治前期法政史料选编》，张允起主编。日本卷由五部分组成：政治背景编、著述学说编、建议建言编、论说论争编和宪法草案编。日本社会转型时期的法政选择既有现实的利益纷争，又有东西碰撞的深厚历史背景，需要发掘其历史脉络和内在逻辑，从而揭示出选择方案的多样性及其时空局限，还历史以本来面目。

本卷试图通过对相关历史文献的译介，从政治背景、学说论争、建言建议、制度设计等多重角度，全面展示明治初期政治转型过程中学界、政界、舆论界对立国法政新秩序的构想与谋划。入选的人物有四十多位，加藤弘之、西村茂树、福泽谕吉、穗积八束、中江兆民、岩仓具视、木户孝允、大久保利通、山县有朋、黑田清隆、井上馨、伊藤博文、大隈重信、板垣退助、森有礼、中村正直、马场辰猪、井上毅等星光灿烂的人物被编译者一网选入。这么多人物，相应的文献著作和文章达到七十多篇，很难一一列举，张允起等编译者所耗费的心血汗青可鉴。例如建议建言编中那些给天皇提出的立宪政体建议，特别是宪法草案编所收录的五部宪法草案，既是立国法政理论浓缩的精华，更直接地反映了当时朝野重臣的宪政认识水平。又如政治背景编入选的法律、诏令和制度有五条誓文、政体书、废藩置县诏书、太政官职制、议院宪法颁布之诏、地方官会议开会之诏、爱国公党之本誓、立志社设立趣意书、大阪会议约定之草案、渐次树立立宪政体之敕谕、元老院开院典礼之诏书、命元老院起草宪法之敕语、进呈国宪草案之报告书、赐告开设国会之敕谕、为调查宪法诸制度派遣参议伊藤博文至欧洲之诏敕、内阁改制之奏议、内阁职权、内阁改制之诏敕、伊藤枢密院议长进呈上奏宪法稿案之表等 19 部文献，多为国内学界以往所未引介。

俄国卷，《俄国 19、20 世纪之交法政文献选编》，郭春生主编。俄国卷分为自由主义、激进主义和保守主义三编。自由主义派文献有政治改革的推行者、当时的大臣会议主席（即首相）斯托雷平在国家杜马等公开场合的 17 篇讲话，立宪民主党人米留科夫的两篇公开讲话，自由主义“左”派人士司徒卢威的选集摘译。激进主义派文献有革命恐怖主义者涅恰耶夫的《革命者教义问答》——涅恰耶夫的纲领被马克思称为兵营式社会主义的典型，民粹派革命家、布朗基主义者特卡乔夫的《恐怖是俄罗斯精神和社会复兴的唯一手段》，还有切尔诺夫为社会革命党撰写的纲领；坚持俄国传统的保守主义阵营的文献则有波别多诺斯采夫的《莫斯科文集》，吉霍米洛夫的《我为何不再当革命家》与《君主制国家体制》（节选）。他们大都亲身参加了俄国 1900 年前后大变革时代国家道路选择的政治实践——甚至是以反政府的恐怖主义方式，因而著作文献中有着不同观点和实践的激烈交锋，是对那个时代法政思想资源最精准最浓缩的反映。

当时俄国激进主义特别是马列主义的著作，已经大量地出现在中文文献中，因此限于篇幅，该卷着重选译了当时保守主义思潮的代表著作。正如该卷主编郭春生在该卷“导读”中所说：“保守主义之对俄国近现代政治发展影响之大，是其他思想流派所无法比拟的。在沙皇专制制度下，保守主义属于为专制制度辩护的思想流派，自然也就受到专制制度的庇护，二者相辅相成，力量强大。从十二月党人武装起义开始，俄国的专制制度开始受到质疑，但是，在整个 19 世纪，专制制度从来也没有遭受到重大冲击；哪怕是进入 20 世纪之后，1905 年革命也并没有否定沙皇专制制度，沙皇政府只是颁布了一纸准备召开国家杜马的宣言，就轻而易举地扑灭了革命的火焰，沙皇的权力没有受到多大损害。直到第一次世界大战前，专制沙皇仍然牢牢地把握着国家政权。正因如此，整个 19 世纪一直延续到‘一战’前，作为专制权力保卫者和辩护者的保守主义也一直占有优势。”

阅读俄国卷书稿期间，我也深切体会到郭春生教授的灼见——保守主义并非是完全固守传统，它往往也是主张变革的，只不过其所主张变革的程度较低罢了。作为思想精英的保守主义者，不可能对周围快速变化的世界无动于衷或抱守残缺，他们也会适时提出变革主张，来应对时代变革所造成的挑战——只是自后世看来，历史在很多关节点上是“时不我待”而已。

德国卷，《德国魏玛时期国家法学文献选编》，黄卉主编。德国卷的编译围绕着魏玛时期的立国宪制思想展开，内容是富有德国特色的国家理论和国家法学。从人物上可以分为三组人物，第一组是在魏玛共和国诞生前的第二帝国时代就奠定了德国国家理论和国家法学基础的两位重要思想家奥托·冯·基尔克和格奥尔格·耶里内克；第二组包括被称作魏玛宪法之父的胡果·普洛斯、格哈特·安许芝、瑞查德·托马以及马克斯·韦伯等人，他们的思想直接关系到魏玛宪法精神的生成，可以部分解释魏玛宪制后来的得失成败；第三组是魏玛共和国建立之后宪政论辩中最重要的几个法政人物，他们分别是汉斯·凯尔森、鲁道夫·斯门德、卡尔·施米特、海因里希·黑勒和艾里希·考夫曼。由于韦伯、施米特和凯尔森的重要著作都已翻译成中文，该卷除了节选若干已有翻译外，选择了尚未有中译的几篇重要文献，比如施米特的《国家的价值与个人的意义》，凯尔森的《民主的本质和价值》。其余作家的所选文献均是德国国家理论和国家法学发展史中的经典文献。

魏玛宪法的制定，不可谓不是精英荟萃、思潮汇集；魏玛宪法的条文，不可谓不是博大精深、条缕详尽；但是魏玛道路上的实践，却是功败垂成，天才与群魔共舞，德意志国家与民族陷入浩劫。其中曲折隐忧，处于大变革时代的国人不可以不处变不察。

演进之道

翻译是一件苦事，但百余年来，一代代前贤不辞劳苦，克尽厥功，不外乎是为了中西思想与文明的交汇融合，为中华文脉与制度转型寻找一线生机。早在筹划组织这部立宪建国之文典的翻译时，我就知道这份私家功业之艰难，因为它既没有国家资助，也不是单独一部外文作品的翻译，而是一项纯粹的志业，是传承殷鉴他国立宪建制之薪火得失。而且就学术来说，也非现有大学专业体制之所限，涉及政治学、公法学、历史学和法政哲学等多个学科，就外文来说，涉及英、法、德、日、俄五个语种。因此，组织起这部“文典”的翻译学术团队，其实本身就是法政思想学术共同体的一桩事业。好在经过九年的大浪淘沙和相互砥砺，其间也经历沉潜打磨与修葺重订，终于逐渐凝聚起这支翻译队伍。尤其是各位分卷主编，历经漫长的年轮岁月，经受住坚韧与清贫的煎熬，较为圆满地完成了各自承担的遴选文本、组织翻译、校对勘误等工作。由于国内业已翻译出版的著述，如商务印书馆的《汉译世界学术名著经典丛书》等，与“六国立宪文典”的主题存在某些方面的交叉叠合，故各位分卷主编经过审议，对于已经翻译出版的某些篇章，如能择善而从，就尽可能采用，而问题较多者，则根据原文重新翻译。此外，各位分卷主编根据我的要求，还为每卷撰写了相关国家立宪建国文献编译的“导读”，将选辑诸文献的内在线索、价值等予以梳理辨析，并将其放在一个更大的政治历史背景之下，展示这些文献作为立宪文典的重要意义。

在组织编译“六国立宪文典”的过程中，我的学术思想研究，从某种意义上可以说是与这部“文典”同时俱进，生命相系，其中的一个重要标志，就是我形成了一套自己的政治宪法学的主张和理路。应该指出，中国政治宪法学的兴起，虽然发轫于中国百年的立宪建国之道，但其彰显的还是古今之变的文明立宪之构建，属于人类普遍的事业，其中蕴含着普世治道的内在诉求。因此，西方诸国的立宪文典对中国所仍身处的古今政制转型，就不是外在的，而是可以内化蕴包的，中华文明的传续与这个政制之道的交通就不是敌意的，而是相契的，所谓中西政制的立宪之道具有若合符节之功。故而，我所服膺的政治宪法学，就不属于极端的激进主义，而是演进论的改良主义，虽然政治革命在此具有推动的作用，但宪法出场，革命退场，立宪建国是一项宏大的政治守护事业，属于我所揭示的“革命的反革命”之国家创制与运行的机理。因此，虽然“六国立宪文典”洋洋洒洒，汇编了政经法之众多国家建设的议题，但在我看来，它们均没有超出政治宪法学的圭臬，都可以纳入政治宪法学的立宪建国的法政逻辑之中。虽然有些国家的立宪创制，囿于环境、民情以及天意，而步入或保守或激进的褊狭路径，因而为此付出时间和血泪的代价，但通观整部“六国立宪文典”，我们便不难发现，在忠实于客观史实文献的梳理编选之下，依然凸显出一条立宪建国的正道。之所以最终把这份法政资料选编命名为“六国立宪文典”，这从一个层面表明了我基于政治宪法学的一个预见，那就是尽管各国立宪建国的道路不尽相同，但并不因此就否定世界各国普遍性的历经古今之变的立宪建国之正道。正道即文典，能够揭示出这个正道之万一，就不枉我们矻矻八载之甘苦矣。

他山之石，可以攻玉。“六国立宪文典”从一开始，就不是仅仅为了翻译而翻译，而是取其薪火，传诸华夏。自鸦片战争以降，尤其是历经甲午战争，中华大地纷扬改制立宪之风潮，虽然百十年来屡遭坎坷挫败，但一直前赴后继，不绝于缕。中国的政治宪法学，旨在接纛风旗，再辟途径。其中，探索现代国家的成功立宪建国之道，便成为迷津中的指路灯塔。我认为，六国的立宪建国史，尤其是其历经的立宪创制的非常时刻，对于我们的制宪转型具有重大的逻辑提示意义。因此，“六国立宪文典”的编选迻译，就蕴含着一个强烈的中国意识，即在英格兰宪制孕育、美利坚合众国全新缔造、法国革命轮回、俄国20世纪初国家道路选择、日本明治维新之崛起和德国魏玛宪制走向失落之“六国立宪文典”中，挖掘可供我们借鉴的观念价值与立国技艺，甚至辨析其中致使某些国家失败的种子。百年中国的历史烽烟去矣，我们面临的依旧是一个没有完成立宪良制的政制状态，国家转型依然是我们无法摆脱的非常时期，在此，借鉴西方优良政体的立宪建国之正道，就越发显得格外重要与严峻。中国的政治宪法学不是凭空制造出来的，而是伴随着中国立宪建国的政治实践所生发出来的，是在中西政治文明的激荡中孕育而生的。唯有如此，我愿把这部“六国立宪文典”的编译视为中国政治宪法学的积薪之业，期盼它们能够在不久的政治大变革中薪火相传，发扬光大。

最后，我要指出，这部“六国立宪文典”的编译及其出版，绝非我一人之功，而是凝聚了众多至爱亲朋、志同道合者的心血、襄助和友情，是我们大家协力同心、共同奋斗的结果。首先，我要感谢上海的能近公益基金会——在徐友渔、朱学勤两位教授的引荐下，这家由9位中欧国际工商学院校友组建的纯粹民间的基金会出于对中国学术事业的质朴情感，给予了我一笔虽不大但十分关键的资助，使得我的宏大设想能够真正启动，开始了为期九年的编译事业。其次，我要感谢参与立宪文典翻译的数十位译者，尤其是担任分卷主编的毕竞悦、柯岚、泮伟江、施展、黄卉、张允起、郭春生诸君——他们克服了众多困难，最终与我一起并肩走完这段路程，没有他（她）们的参与和付出，很难想象这部文典能够编译出来。此外，我还要感谢张千帆、李强、刘苏里、谈火生等学友以及田飞龙、张绍欣两位年轻学人——他们或者为此文典的编选出谋划策，或者为文典的出版介绍推荐，或者为译文的编辑加工定制，总之，九年来他们为此项工作费心费力，襄助巨大。我相信，这部记录了风雨沧桑、古今之变的“六国立宪文典”将成为我们合作推进中国学术出版之新机的最好见证。

山有蕨薇，隰有杞桋。

君子作歌，维以告哀。

2013 年 4 月 17 日　于北京西山寓所

2013 年 8 月 18 日　修改

2015 年 10 月 5 日　改定

本卷导读·美国宪政缔造的思想资源

柯 岚

1782年，北美大陆的独立战争行将结束，英国的失败已成定局。18世纪英格兰最有见识的政治家——里士满公爵查尔斯·莱诺克斯（Charles Lennox，3rd Duke of Richmond and Lennox，1735—1806年）在下议院的辩论中大声疾呼，反对承认美国的独立。有人认为他是自相矛盾的，因为在开战时，他曾经是最坚决的反对派，1778年，他甚至曾经在下议院发起了从北美召回英国军队的辩论。而现在，当主战派都认为美国独立已经是必须接受的结果时，他却又坚决反对。里士满公爵认为自己并没有自相矛盾，因为他过去相信，现在也仍然坚信，无论何时大不列颠的议会承认了美国独立，英格兰荣耀的太阳就要永远沉没。[1] 他反对开战是为了避免这个结果，现在也仍然坚持这一立场。他认为如果美国的独立成为事实，英格兰就会走向没落，而北美殖民地也会陷于没落。[2]

消息传到北美大陆，那位出身英国平民却坚决捍卫北美独立的政论家托马斯·潘恩（Thomas Paine，1737—1809）毫不留情地奚落了里士满公爵大人的高论。

> 那些自封为英国人的人们，难道他们根本没有思考的逻辑，以至于当美国已经失去，或者对他们视而不见，他们的太阳就落下去了，他们就不再被照亮了，就只有在晦暗中摸索，慢慢萎缩，变成不值一提的低等生物？难道美国变成了巨人帝国，英格兰就只有等着变成她的侏儒？难道真是三十年河东三十年河西，那些曾经以为我们离了他们就活不了的人们，现在却要宣告

[1] 18世纪时，英格兰的殖民地遍布全球，国力在欧洲列强中最为强盛，被称为“日不落帝国”。

[2] See Tomas Paine，*Crisis Number XIV - To the Earl of Shelburne*.

他们离了我们就无法存在？……拥有她时你们不知满足，现在失去了她又伤心落泪，这真的很幼稚。[1]

从最初的移民来到北美的时代开始，“美国梦”一直都象征着摆脱旧世界的人际压迫、在新世界靠自己的勤勉和努力创造奇迹的寓意。这是一片痛恨贵族制度的大陆，一片分离主义和平等精神滥觞的大陆，当开国元勋们预言美国将会成为一个比英格兰更为伟大的国家时，他们的美国同胞们都对这个国家的未来充满了自信。

时至今日，里士满公爵大人的预言似乎至少已经成就了一半。在美国独立之后，英格兰荣耀的太阳确实已经渐渐沉默了，“日不落帝国”的传奇已经成为烙在英国人心灵深处挥不去的伤心记忆，“二战”以降，英国已经一步一步沦落为美国在欧洲的政治附庸，在国际的纵横捭阖中看美国人的眼色行事。但那另一半预言呢？离开了英格兰，美国是否也要走向没落？

美利坚民族在西方文化中是一个学步很迟的幼童，尽管今天美国人的文化和价值观念已经获得了远胜于欧洲宗主的霸权地位，但它毕竟只有 200 多年的历史。独立以后，美国人在文化上基本还是英国和法国的殖民地，政治、宗教和哲学上争论的主要派别，也在很大程度上被亲英或是亲法所决定。在某种意义上，美国人和古代史上的罗马人非常相似。罗马人在文化和哲学上是希腊前辈的学生，而美国人最初也是欧洲文化的学生。罗马人具有独特的治国技艺和管理才能，其法学之昌明隆盛，就得益于对希腊哲学的通俗化和实践运用。美国人虽然立国尚浅，但在治国技艺和制度建设上同样具有可与罗马人匹敌的天赋，同欧洲老牌资本主义国家相比，美国人在文化上是侏儒，在制度文明上却具有后发优势，可以充分利用欧洲政治哲学和社会理论中的精华，在美洲这块没有贵族和封建制的净土上进行全新的制度建设实验。这一点，美国的知识分子在开国不久就已经有了深刻的体会。“1815 年，理查德·拉什发表了一本题为《美国法学》的小册子。拉什意识到，在文学和艺术中‘不应指望我们能造就出像拜伦勋爵和沃尔特·司科特那样的人物’。为了寻求安慰，他断言：‘美国可以把自己巨大的智力能量释放在其他地方，只有在法学领域’，美国‘才可能与那些古老的民族并驾齐驱’。”[2]

[1] See Tomas Paine, *Crisis Number XIV - To the Earl of Shelburne*.

[2] [美]伯纳德·施瓦茨：《美国法律史》，王军、洪德、杨静晖译，潘华仿校，北京，中国政法大学出版社 1989 年版，第 90 页。

近代自然法的社会契约、天赋人权、有限政府等理论到美国大革命前夕已经成为西方社会深入人心的常识，在新大陆开始全新政治实验的美国人，无论是在五月花号公约的神圣盟誓中，还是在其向英国主张殖民地独立权利的论证中，都充分利用了自然法学派的学理，并将其同现实主义的政治智慧结合，转化为具体的政治制度。凭借自己没有封建传统、平等精神滥觞的独特优势，经由近一个世纪几代出色政治家和理论家的卓绝努力，美国终于缔造出近代以来第一个成熟的宪政体系。本书汇编了美国独立战争前后的重要法政文献，意图揭示出美国宪政体制缔造背后的思想文化根源。

第一编　殖民地的权利与地位

在近代政治理论中，社会契约本是一个未经检验的理论假设，但在 1620 年“五月花号”帆船上英国清教徒们的庄重公约中变成了制度化的政治实践。加尔文宗新教通过对奥古斯丁“预定论”的重新阐释，重申了上帝与其选民之间的“恩典之约”，改革后的教会群体“把自己视为新以色列，上帝的新子民，站在与上帝的新约关系中”，“恩典之约”“规范了上帝对其子民的责任，以及其子民对上帝的（宗教、社会与政治上）责任。它也设定了个人与社会在其中运作的架构。……当这些上帝的新子民进入新的应许之地（即美洲）时，自觉为‘上帝的选民’的意识就大大提升”。[1] 乘坐五月花号的 102 名乘客中的 44 名成年男子共同缔结了一份公约，目的是要在登陆后建立一个全新的政治共同体。[2] 他们的契约是基于加尔文神学的“恩典之约”的，但从一个世俗的侧面来看，也可以理解为处于自然状态之中的人们通过契约结束了自然状态，缔结为一个政治社会。

在这个意义上讲，北美殖民地从起始缔造政治秩序时就将殖民地视为一片上帝恩典所赐的自由之地，一个美丽的新世界，可以在其上开始全新的自由政治实验。尽管殖民地在名义上承认英国的宗主国地位，但这只是一种习惯性的政治归附，并非对英国政治权威的无条件臣服。确切地说，在美洲殖民地存在两个政治契约：全体殖民地人民共同缔结的成立政治共同体的契约，以及殖民地同英国政府缔结的政治契约，后

[1] ［英］阿里斯特·麦格拉思：《宗教改革运动思潮》，蔡锦图、陈佐人译，北京，中国社会科学出版社，2009 年，第 137 页。

[2] 参见［美］W. 布莱福特：《“五月花号公约”签订始末》，王军伟译，上海，华东师范大学出版社，2006 年；［美］希尔顿：《一次改变世界的航行——五月花号》，王聪译，上海，华夏出版社，2006 年版。

者服务于前者。《五月花号公约》庄严宣告：

为了上帝的荣耀，为了增进基督教信仰，为了我们国王和国家的荣誉，我们远涉重洋，在弗吉尼亚北部开拓第一块殖民地。我们在上帝面前一起庄严盟誓签约，将我们全体组成公民政治体。为使上述目的得以顺利实施、维护和发展，也为将来能随时依此而制定和颁布有益于殖民地全体民众利益的公正与平等的法律、法规、法案、宪章和公职，我们全体都保证遵守和服从。

殖民地的法律必须服务于殖民地全体民众的利益，倘若英国国王和议会的法律违背了这一目的，殖民地就可以根据第一个社会契约，反抗英国的统治，撤销第二个政治契约，主张自己的独立政治权力，实现殖民地人民的天赋自然权利。

詹姆斯·威尔逊（James Wilson，1742—1798 年）是《独立宣言》的签署者之一，两次被选参加大陆会议（the Continental Congress），是制定联邦宪法的主要推动者，并是当时殖民地最具影响力的法律理论家之一。1789 年美国建国之后，华盛顿任命威尔逊为最高法院 6 名法官之一。1774 年，威尔逊出版了《论英国国会立法权的本质与范围》(Considerations on the Nature and Extent of the Legislative Authority of the British Parliament)，否认了英国国会对于殖民地的完全权力。虽然这一著作被学者视为与托马斯·杰斐逊和约翰·亚当斯的同年著作具有类似的价值，但实际上，这一著作写作于 1768 年，也许应该成为反对英国控制的第一篇有力宣言。

英国主张英国议会有权力制定法律来约束美洲殖民地的人的理由是：每一个州都有而且必须有一个至高无上的，无可辩驳的，绝对的，不受控制的权威，国家的权力就体现在这里。根据英国宪法，这种至高无上的权力是被赋予国王以及上下两院的议员的。因此，根据英国宪法，国王以及上下两院议员的法令，换言之，也就是议会的法令，对美洲殖民地是有约束力的，因为它们是大英帝国的一部分。威尔逊在他这篇论文中，根据人民的同意理论主张英国国会的立法权必须受到限制，“所有的人生来都是平等的、自由的，不经过对方的允许，任何人都没有权力支配另一个人。所有合法的政府的建立都是经过了臣民的同意的，他们同意的前提是政府会确保并增加他们的福利，能让他们享受到比在自然独立的政权下所能享受的更多的权利。因此，每个政府的首要准则就是确保全体社会成员的福利。”

托马斯·杰斐逊（Thomas Jefferson，1743—1826 年）是美国独立战争与开国时期重要的政治家。1769 年，杰氏当选弗州议会议员而力主废除奴隶制。1774 年杰氏发表否弃英国议会有为殖民地立法的正当资格之《英属美洲权利概述》。1776 年，杰氏出席第二届大陆会议并被任命为起草《独立宣言》执笔人。1786 年出任美驻法公使的杰氏，一边密切地关注国内的制宪进程并期望兼顾人权保障与政权巩固，一边赞赏并支持法国大革命。1790 年，回国出任华盛顿政府国务卿的杰氏与财长汉密尔顿为首的联邦派因政见分歧而掀起政党活动，1791 年与麦迪逊组建民主共和党（今民主党前身）。在 1880 年总统竞选中，由于汉密尔顿的支持而出任合众国第三届总统并与联邦党人分享治权，后续任一届总统，在此期间，杰氏采取了一系列宪政制度民主化举措，为初生的合众国之民主宪政生活奠定了坚实的制度基础。

发表于 1774 年的《英属美洲权利概述》是杰斐逊对出席第一次殖民地代表大会的弗吉尼亚代表的训令，它的立论基础是美洲殖民地出自最初移民们的自由移居和辛勤劳作，在殖民地缔造的过程中英国几乎没有给予援助，因此英国议会不能对殖民地擅用权威，殖民地在政治上不应服从于英国国王。概述用雄辩的笔调详尽阐述了英国对殖民地权利的屡次侵犯，认为在乔治三世任内，英国历任内阁一成不变地对殖民地推行了一系列压迫性政策，包括：对殖民地不公正的征税、巧取豪夺的印花税、向美洲倾销东印度公司的茶叶、暂停殖民地的立法活动、剥夺殖民地司法机构的司法权、提高美洲土地的卖价和租金、向美洲派驻常备军、让美洲的民政权力隶属于军权。这一系列不公正的立法可以证明英国已经处心积虑企图将美利坚陷入奴役境地。最后呼吁英王恢复理智，答复美洲人民的多次请愿，废止不公正的立法，恢复美洲人民的自由。《英属美洲权利概述》代表了美洲殖民地在独立之前企图用合法斗争手段恢复自由的最高呼声，它在这次殖民地代表大会上没有被通过，但因其修辞的雄伟生动被付梓出版。

威廉·亨利·德雷顿（William Henry Drayton，1742—1779 年）是独立战争期间著名的爱国人士，出身于南卡罗来纳查尔斯顿的种植园主家庭，早年在英国学习法律，1778—1779 年作为南卡罗来纳的代表出席大陆会议。印花税法令颁布以后，德雷顿起先反对独立，后来改变了立场，倡议召开大陆会议。1776 年起任南卡罗来纳州最高法院首席法官。4 月 23 日首次开庭时，德雷顿向州大陪审团提出了针对英国政府的爱国指控，以推进南卡罗来纳州的独立，并阐述了独立的必要性，这个指控被很多殖民地史学家誉为美国历史上最完美的演说之一。

托马斯·潘恩（Thomas Paine，1737—1809 年）是美国独立战争与法国大革命时期的著名宪政启蒙思想家，出生于英国诺福克郡塞特福德一个信仰基督教教友会的信徒家庭。1772 年因代表下层税吏向议会诉请提高薪酬而作《税务官事件》，遭到解职。1774 年赴美充任《宾夕法尼亚杂志》助理编辑，不断撰文鼓吹谴责黑奴制的平等思想。在独立战争期间，潘氏不仅是一个普通的“自愿军”战士，更是一个为独立和自由而呐喊的鼓动家：1776 年 1 月，潘氏发表《常识》，猛烈抨击英国专制暴政，力主北美建立独立而自由的共和国，在北美将士中极具影响，为华盛顿、杰斐逊等人推崇。这本小册子在当时只有 250 万居民的殖民地居然卖出了 50 万册，其影响可见一斑。

《常识》开篇就阐明政府来源于人性恶因而需为社会制约的主旨：“社会是由我们的欲望所产生的，政府是由我们的邪恶所产生的；前者使我们一体同心，从而积极地增进我们的幸福，后者制止我们的恶行，从而消极地增进我们的幸福。一个是鼓励交往，另一个是制造差别。前面的一个是奖励者，后面的一个是惩罚者。”作为一部启蒙性的政论，《常识》用犀利无比的修辞、清晰易懂的说理向北美人民说明：英国政府在北美的统治完全是从私利出发的，寄希望于英国政府的让步纯粹是虚幻的梦想，只有团结一心争取独立，才是获取北美自由和人民幸福生活的唯一途径。

潘恩另一篇著名的政论《美国危机》第一篇，在独立战争遭遇不利的黑暗时期极大地鼓舞了士气和民心，激励殖民地军民渡过难关、争取胜利，谴责在战争中畏缩不前甚至变节叛变的托利党人。

> 这是考验人们灵魂的时刻，那些岁寒不经霜的士兵（summer soldier）和见风使舵随时俯仰的爱国者们（sunshine satriot），在这个危机中将会动摇退缩而不敢再为国效劳了，但是那些坚持下来的人们，现在理应得到人们的爱戴和感激。

200 多年过去了，Summer Solider 和 Sunshine Patriot 已经成为美国政治话语中耳熟能详的隐喻，成了懦夫和胆小鬼的代名词。潘恩的战时系列政论《危机》，继《常识》之后又成了独立战争中最鼓舞人心的政论作品。《危机》记录了独立战争中的每一个生死关头，成了独立战争的历史见证。《危机》第一篇用战争的残酷更为生动地说明：英美之间的矛盾已毫无化解的可能，殖民地除了独立，别无选择。而那些不愿意承认《独

立宣言》、仍然愿意臣服于英王统治的托利党人[1]已经成了殖民地共同的敌人，在选择独立和效忠英王之间，已经没有中间地带，对他们只有坚决无情的打击，并且没收其财产用来支持战争。

作为对独立战争前后所有关于殖民地权利和政治自由理论的集大成者，1776 年 7 月 14 日北美 13 个殖民地一致通过的《独立宣言》，开篇就将近代自然法天赋人权的要旨简明扼要地概述出来了。

> 我们认为下面这些真理是不言而喻的：人人生而平等，造物者赋予他们若干不可剥夺的权利，其中包括生命权、自由权和追求幸福的权利。为了保障这些权利，人类才在他们之间建立政府，而政府之正当权力，是经被治理者的同意而产生的。当任何形式的政府对这些目标具破坏作用时，人民便有权力改变或废除它，以建立一个新的政府；其赖以奠基的原则，其组织权力的方式，务使人民认为唯有这样才最可能获得他们的安全和幸福。

这一法律文本主要由杰斐逊负责起草，其中以洛克的天赋人权理论为蓝本，将天赋人权发展为生命、自由和追求幸福权，此后，这成为近代社会人权理论的经典表述，虽然各国实施和保障人权的制度细节各异，但《独立宣言》作为近代自然法学理的制度性表达，将天赋人权、主权在民和人民的反抗权这些基本法理以有效法律的形式规定了下来，并成为现代社会民主政治的常识。马克思曾高度评价说，《独立宣言》"宣布了第一个人权宣言和最先推动了 18 世纪的欧洲革命"。[2]

---

[1] "托利"这个名字，最早是在英国光荣革命（1688 年）期间用来指称支持詹姆士二世的人。在美国独立战争期间，托利党被用来指反对美国独立的亲英分子，他们愿意继续忠于英国国王、议会和内阁，通常也被称作效忠派（Loyalist），他们不承认《独立宣言》中对英国统治的弃绝。"每一个殖民地和每一种行业都有许多效忠派……美国革命是一场内战，但并不是阶级战争；不论托利党人还是辉格党人，都可以在一切阶级中找到支持者"。[［美］莫里森、康马杰、洛伊希滕堡：《美利坚共和国的成长》（上卷），南开大学历史系美国史研究室译，纪琨校，天津人民出版社 1980 年版，第 226–227 页］有很多大家族，内部分裂成两派，父子反目，兄弟阋墙。本杰明·富兰克林的私生子威廉·富兰克林，就是独立战争中最著名的效忠派之一，后来做了英国王室在新泽西的最后一任总督。根据估算，1775—1783 年，美国托利党的人数大概占总人数的 13% ~ 30% 之间（1775 年殖民地的自由人和奴隶总人口大约有 250 万人），亨利·亚当斯认为在独立战争期间大约有 1/3 的人不支持独立。在整个独立战争期间，很多托利党人拿起了武器帮助英军作战。战争中大约有 4 万名托利党人被各殖民地革命政府流放，到战争结束时，有 8 万 ~ 10 万名托利党人离开了美国，（See David G. Moore，Loyalist，in The American Revolution 1775–1783：An Encyclopedia，Routledge 1985）其中大部分人移居到加拿大，有加拿大史学家甚至认为，美国的托利党人是加拿大人的祖先。就托利党人在独立战争期间分布的广泛性和所起的作用而言，美国独立并不是整个北美殖民地的独立，而是一部分殖民地居民的独立，这是一场不折不扣的内战。

[2] 马克思：《致美国总统亚伯拉罕·林肯》，见《马克思恩格斯全集》，第 16 卷，第 20 页。

第二编　联邦政府

美国开国时期政治家们主要考虑如何维护有产者的利益，防止出现过激的民主政治，但他们亲身经历了英国政府对殖民地的暴政，对于出现一个过于强大的政府也不无顾虑。[1]“如果说他们害怕进步，他们对转向极右也不无顾虑。”[2]在美国宪制的设计上，开国元勋们首先就一个问题达成了共识：邦联作为一种松散的各州联盟，不足以形成一个坚强有力的中央政治秩序来对抗外来力量的威胁，因此应当成立一个中央集权的合众国。但是他们不愿仿效英国“议会万能”的政治体制，而吸收了古罗马思想家“制衡政体”的思想，希望设计一个政府部门之间可以形成势力均衡从而有效地相互制约的政治体制，既不要走向极端的平民政治，也要有力地防止权力过分集中。

亚历山大·汉密尔顿（Alixander Hamilton，1757—1804 年）是美国开国初期卓越的宪政思想家。汉氏曾因撰文抨击英国殖民主义而渐露头角；独立战争期间，战功卓著之汉氏一度升任华盛顿的参谋。1781 年，辞去军职之汉氏在研究国家财政问题之同时，继续研究法政科学兼做执业律师。1786 年，汉氏以纽约州代表的身份出席安那波利斯会议，并竭力鼓吹召开创立联邦宪法的全美制宪会议。1787 年出席制宪会议，先是主张仿效英国政制，后来完全赞成多数人的共和立场，并会同华盛顿、杰伊和麦迪逊等人一道为联邦宪法之通过及批准而奉献心力。1789 年，汉氏出任华盛顿首届政府之财长，因与杰斐逊的政见分歧而组建联邦党(今共和党前身)。在 1800 年总统竞选中，汉氏抛弃狭隘之“党派利益”而支持“政敌”杰斐逊出任总统，开辟美国政党分享“治权”的宪政先例。

詹姆斯·麦迪逊（James Madison，1751—1836 年）是美国第四任总统（1809—1817 年）。他在 1776 年参加了弗吉尼亚宪法的制定，是弗吉尼亚会议的一位领导人。他还是出席大陆会议的代表，参与制宪会议，是对联邦宪法制定和通过贡献最大的人，被誉为“美国宪法之父”。他和杰斐逊共同创建和领导了民主共和党，使美国开始形成了两党政治。他的人权主张和三权分立学说迄今仍是美国宪法的指导原则。麦迪逊的伟大功绩在于，他不是一个擅长理论的人，他是从实践的角度去评估什么样的事物有效。他得出的每一种观点其理由皆来自生活而不是来自理论。

约翰·杰伊（John Jay，1745—1829 年）曾与本杰明·富兰克林和约翰·亚当斯

[1] 参见[美]理查德·霍夫施塔特：《美国政治传统及其塑造者》，崔永禄、王忠和译，北京，商务印书馆 1994 年版，第 7-11 页。

[2] 同上，第 9 页。

一同出使法国，与亚历山大・汉密尔顿和詹姆斯・麦迪逊一起撰写了《联邦党人文集》。他还曾任美国最高法院法官，1789 年到 1794 年出任美国司法部部长。杰伊的外交经历使他认识到联邦政府在国际关系中的重要性。

1787 年美国制宪会议后，汉密尔顿、杰伊和麦迪逊 3 位联邦党人为了鼓吹宪法，促动各州批准宪法，先后在纽约《独立日报》、《纽约邮报》、《每日广告报》等报纸上发表论文，细致阐述宪法的精神，这些文章后来结集为《联邦党人文集》，成为阐释美国宪法的经典文献。

民主政治需要多个党派，然而党派的小团体私利却可能影响公共政策的大局考虑，正是因为如此，激进的自然法学家卢梭就坚决反对结党，在法国大革命期间，雅各宾派把自己视为卢梭理论的忠实践行者，一直不把自己称为一个党派，而称自己为俱乐部。开国元勋们对党争的两面性认识颇为深刻，《联邦党人文集》第 9、10 篇集中论述了怎样将党争控制在不要危害联邦利益的范围之内。经历了独立战争团结一心的战斗后，在宪法制定和批准的过程中不同的州各怀心意，唯恐自己的地方利益受损，不少州希望维持一个松散的邦联，开国初期，美国就出现了谢斯叛乱，对这场叛乱的镇压导致很多有产者改变了观点，支持一个强大的中央集权的联邦。汉密尔顿在第 9 篇开篇就指出："一个牢固的联邦将成为各州和平与自由的最大保障，它是抵制国内党争和叛乱的屏障。"他援引了希腊和意大利各邦分裂的历史教训，说明只有强大的联邦共和国才能长治久安。一些拥护邦联的人推崇孟德斯鸠的小共和国理论，孟氏主张共和国要版图狭小，汉密尔顿驳斥了这种解释，指出孟德斯鸠并不反对联邦共和国。

在《联邦党人文集》第 10 篇中，麦迪逊对党争给出了明确定义："我所理解的党争，亦即一些公民，无论其为全体的多数还是少数，在共同的激情或利益的驱使下联合起来采取共同行动，以反对其他公民的权利或者共同体的整体和长远利益。"他认为党争植根于人性，无法彻底排除，民主政治更是不可能离开党争，因此，"党争的原因无法消除，欲求解决之道，只能控制其影响。"

为了说明建立中央集权国家的必要性，汉密尔顿在《联邦党人文集》中用了第 15、21、22、23 篇这 4 篇的篇幅详述邦联的缺点。他指出，目前邦联政府的第一个缺陷"在于立法原则是以各州或各州政府的共同的或集体的权能为单位，而不是以它们包含的各个个人为单位"。这导致国家不能制定在全国行之有效的法律，国家的决定对于各州只是一种效力松散的劝告。邦联政府第二个最明显的缺点，就是它的法律完全缺乏支持。国家没有权力通过罚金、停止或剥夺权利或以任何其他合法方式来强制人民服从决议或惩罚违犯决议的人。第三，各州政府缺乏相互保证，是联邦计划中的另一个重大缺点，在组成联邦的条款中，并未申明这类保证。第四，国家没有统一的征税权，用定额规定各州向国库捐献的数量的原则，是邦联政府另一个主要错误。

除了这些主要缺陷外，邦联政府还存在其他一些次要的缺陷，包括：缺乏管理商业的权力；不论人口多少一州一票的投票制度；缺乏司法权。有鉴于邦联政府的这些缺陷，汉密尔顿总结了建立联邦政府的主要目的：其成员的共同防务；维持公安，既要对付国内动乱，又要抵抗外国的进攻；管理国际贸易和州际贸易；管理我国同外国的政治交往和商业往来。

1787 年 4 月，麦迪逊在出席大陆会议中发表了《合众国政治体制的缺陷》一文，指出了基于《邦联条例》而建立的政府的不足。该文列举了邦联体制下州政府的不足，强调了一个强有力的中央政府的必要性。麦迪逊列举了邦联体制的十二大缺陷：①各州没有遵守宪法之规定；②各州对联邦权威的侵犯；③对国际法和条约的违反；④州与州之间相互的侵权行为；⑤在公共利益需要一致的事情上缺乏一致；⑥在抵抗内部的暴乱方面，各州的宪法和法律没有提供保障；⑦邦联政府对法律没有批准权和强制执行权；⑧邦联条例未得到大众的批准；⑨在一些州，法律具有多样性；⑩州法律的不稳定性；⑪州法律缺乏公正；⑫州法律虚弱无力。此文后被麦迪逊收入关于联邦政府体制构想的《弗吉尼亚方案》（Virginia Plan）。

约翰·杰伊在《联邦党人文集》中的文章集中论述了联邦政府的外交作用。《联邦党人文集》第 3、4 篇题为“关于来自国外势力与影响的危险”，杰伊从当时的国际形势和美国的地位入手，论证只有一个强有力的联邦政府才能抵御外来战争的威胁。

传统上司法部门在政府三机构中明显处于弱势，它“既无军权，又无财权，不能支配社会的力量与财富，不能采取任何主动的行动。……司法部门既无强制，又无意志，而只有判断，而且为实施其判断亦须借助于行政部门的力量”。[1] 因此以汉密尔顿为首的联邦党人主张加强司法部门的权力，以使政府权力的分配形成均势，“法院必须有宣布违反宪法明文规定的立法为无效之权”。[2]1787 年在费城召开制宪会议时，与会的很多人士都赞同这一观点，主张最高法院将有权解释宪法，有权宣布国会作出的与宪法相抵触的法令无效，这在当时制宪会议辩论的记载中有文字可以证明。[3] 但以杰斐逊为首的共和党人担心“司法至上”会使联邦最高法院获得过于强大的权力，坚决反

[1] [美]汉密尔顿、杰伊、麦迪逊:《联邦党人文集》，程逢如等译，北京，商务印书馆，1980 年，第 391 页。
[2] 同上，第 392 页。
[3] 参见[英]维尔《美国政治》，王合等译，北京，商务印书馆，1981 年，第 212 页。

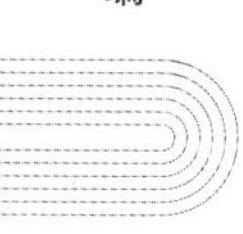

对确立法院的违宪审查权尤其是对国会立法的审查权。因此 1787 年制定的美国联邦宪法并没有规定联邦最高法院的这项权力。

尽管联邦党人筹划的违宪审查制度没有被写进美国宪法，但是他们主张的均衡政体理论拓展了近代启蒙思想中的分权制衡理论，实际上这是美国人对近代政治理论最大的贡献之一，《联邦党人文集》第 47、48、51 篇则是美国分权均衡政体理论的集中体现。麦迪逊在第 47 篇中考察了孟德斯鸠的理论和英国宪法，说明孟氏的分权理论并不排除局部混合和相互牵制。在第 48 篇中，他试图提供实践性的制度框架，来避免分权停留于纸面规定，为每种权力提供有效的防卫措施以抵抗其他权力的侵害。第 51 篇给出了以野心对抗野心的结论，“避免各部门权力逐渐集中于一个部门的最佳保障，在于赋予各部门主事者以必要的制度手段和个人动机，这样才能对抗其他部门的侵蚀。在这方面，如同其他方面的道理一样，防御的手段必须与受到侵害的危险相称。野心必须用野心来对抗。人的利益必须与其所处地位的宪法权利相称”。

相对于联邦党人具有精英色彩的审慎中庸，托马斯·潘恩则是一个坚决的激进民主派。1791—1792 年，潘恩出版了驳斥伯克《法国革命论》的《人权论》，为那个时代已经出现的民主原则做了最好的辩护。写作于 1793 年的《论政府第一原则》主张要将普选制作为代议制政府的第一原则，潘恩一如既往地贯彻了他的激进立场。“代议制政府真实以及唯一真实的基础就是权利的平等。每个人都有权投一票，不再取决于代表的选择。富人不再有权把穷人排除在投票权、选举和被选举权以外，正如穷人也不能排除富人一样。”作为一个出身草根、靠自我奋斗取得成功的知识分子，潘恩对于贵族制度有着发自本心的轻蔑，因为贵族制度排除了大部分人在政治生活中的发言权，“选举代表的权利是首要的权利，其他权利通过这一权利获得保护。剥夺这一权利就是把一个人变为奴隶，因为奴役就是受制于他者的意志，在这种情况中，他在选举代表当中没有一票。因此，剥夺任何一个阶层选举权的提案都和剥夺财产的提案一样罪恶”。从美国政治的发展进程来看，潘恩的政治观点在他所处的时代是不合时宜的，建国初期的政权是大土地所有者和北方实业精英两个阶层实力博弈的产物，直到林肯的时代以后，潘恩的远见卓识才开始悄然在美国宪政中扎根。

潘恩在《美国危机》的结束篇第 13 篇中高度评价了美国革命对世界人民自由运动的贡献：“这场革命荣耀了那些峥嵘岁月。它对于世界启蒙的贡献，对于在人类当中传播自由精神的贡献，都是史无前例的。”一改革命时期战斗檄文的犀利，这篇争论开始冷静地构思新建的共和国如何才能确保和平稳定，潘恩在这一点上认同联邦党人的构想，坚决拥护建立一个中央集权的新国家，他以荷兰各邦分立导致的灾难为例说明松散的各州邦联不利于国家的长治久安，并且强调美国人需要建立一种基于国家的民族认同，而摒弃狭隘的地方利益和情感。

第三编 财政与联邦主义

建国初期，美国存在两条国民经济发展路线的分歧，即以杰斐逊为代表的重农主义和以汉密尔顿为代表的重工商主义，这个分歧的深层原因是南方种植园主和北方工商业主在经济利益上的尖锐冲突，按照比尔德在《美国宪法的经济观》一书中的解释，两个阶层之间的冲突和博弈最终决定了美国政治的格局。

独立战争导致国际贸易中断，给殖民地经济带来了沉重的打击，战争结束之后，联邦政府和各州政府都债台高筑，市场凋敝，百业待兴，通货膨胀率扶摇直上。在严峻的经济形势下，汉密尔顿临危受命，担任首任政府的财政部长。

汉密尔顿在宪法争取各州批准的过程中就极力主张联邦政府的一般征税权，他在《联邦党人文集》第 30 ~ 36 篇集中论述了这一主题。他认为联邦政府应当拥有征税的全面权力，以维持国家军队、维持国家文官薪俸的费用，准备偿还已经由契约规定或可能由契约规定的国债，以及通常要求国库支付的所有事情。联邦政府无限征税的权力在民主制度的支持下，并不会危害各州各自的利益，也不会同各州自己的征税权发生矛盾。各州在新宪法中将在税收项目上同联邦有同等权力（进口关税除外）。

汉密尔顿就任财政部长后，着手制定了一系列财政经济法案，其中最重要的是关于国债、征税、银行和制造业的 4 个报告。这些法案是根据政府面临的紧迫问题分轻重缓急提出的，但其间又有内在联系，构成了一个完整的以工商业立国的经济纲领。而杰斐逊等南部种植园主则主张保持地方自治，大力发展农业，建立以自由农民为主体、以商品化农业为主导经济的民主共和国。[1]

两条建国路线的斗争在关于建立国家银行的问题上爆发了激烈争论。汉密尔顿主张赤字财政，以一个有效的全国政治为信用后盾，通过一个健全的中央银行来借支，作为财政基础。要解决财政、信用危机和货币短缺两大问题，就需要建立一个代理政府发行公债、收付税款、充当金库、提供信贷，并能扩张货币供给的全国性银行。于

[1] 参见张少华:《汉密尔顿“工商立国”与杰斐逊“农业立国”之争》，载《历史研究》1994 年第 6 期，第 126 页以下。

是，1790 年 12 月 14 日，汉密尔顿向国会提出了《关于建立联邦银行的报告》。最终，根据汉密尔顿的报告，华盛顿总统于 1791 年 2 月签署了《美国银行法》。美国第一银行由此诞生，这是美国的第一家中央银行，也是今天美联储的前身。本编收录了汉密尔顿为制定银行法撰写的《有关合众国银行合宪性的观点》和杰斐逊的反对意见，以及麦迪逊撰写的《关于银行法案》，这是关于美国宪制中财政政策最初设计的 3 篇最重要的历史文献。

汉密尔顿认为美国国会具有制定银行法案的权力，这是对美国宪法的默示解释，宪法规定国会可以"为了行使上述各项权力，以及行使本宪法授予合众国政府或其部门或其官员的所有权力，制定一切必要和恰当的法律"，对这个一般性规定的宽泛解释就可以推导出建立国家银行的权力，银行法是联邦立法机构应当制定的必要的法律。建立国家银行有利于统一流通体系、促进州际贸易、进行统一的贸易管理、为政府提供经费偿还公债、为商业提供贷款。

杰斐逊在《国家银行合宪性的反对意见》则针锋相对地指出，组建银行不属于联邦政府的权限范围，因为美国宪法对于联邦权力采用的是列举式规定，组建银行没有明确包括在列举事项中，对于宪法中关于联邦权限的一般性条款应作严格解释，也不能推导出建立国家银行的权力。

麦迪逊在《关于银行法案》中对汉密尔顿的观点进行了限缩，他认为对美国宪法的解释并不能必然将建立银行理解为具有必要性的联邦权力，而只是具有便利性。

第四编　司法权与司法审查

正是在司法审查制度发育成熟以后，美国才得以确立制衡的政治体制，这种制衡的宪政体制使得美国能以一部宪法立国至今 200 余年而无大的政治危机。违宪审查权的确立使美国最高法院在政治生活中赢得了举足轻重的地位，200 年来，联邦最高法院的重要判决对美国的政治进程产生了持久、深远的影响，尤其是关于联邦宪法中"正当程序"（Due Process）、"平等保护"（Equal Protection）、"言论自由"（Freedom of Speech）、"信仰自由"（Freedom of Religion）的一些重要判决，对于维护人民权利免受政府侵害起到了关键性的作用。"美国人赋予法学家的权威和任其对政府施加的影响，是美国今天防止民主偏离正轨的最坚强壁垒。"[1] 在关于司法权和司法审查的理论

[1] [法]托克维尔《论美国的民主》(上)，董果良译，北京，商务印书馆，1985 年，第 303 页。

探索中，威尔逊、汉密尔顿和马歇尔是贡献最为巨大的三人。

詹姆斯·威尔逊是和麦迪逊同样重要的推动美国立宪过程的政治理论家，作为美国开国初期自然法学派的代表人物，威尔逊的法律和政治思想，代表着当时美国的主流。威尔逊非常清楚双重主权（联邦与州）体制的核心问题，并对于美国的前景颇具远见。虽然对于最终文本，威尔逊并不是完全同意，但是出于宪法妥协的考虑，他领导宾夕法尼亚州接受了统一的联邦宪法。

在 1790 年和 1791 年的两个冬季，他在费城学院进行了一系列法律讲座，其自然法哲学思想便主要是在这些讲座中阐述出来的。与其他同时代的学者一样，威尔逊将法律的学术研究视为一种一般的开化教育的分支，而不单单是一种“职业教育”。这些讲座稿在其逝世后，于 1804 年由其儿子伯德·威尔逊出版。《论司法部门》一文选自威尔逊的《法律哲学讲座》，在这篇论文中，威尔逊通过对埃及、希腊以及英格兰的法院的历史回顾，说明联邦法院应具有的管辖权：“全国政府的司法权力扩展到——由于宪法、合众国法律和合众国缔结的条约而产生的一切普通法的和衡平法的案件；涉及大使和领事的一切案件；关于海事法和海事管辖权的一切案件；合众国为一方当事人的诉讼；两个或两个以上州之间的诉讼；一州和他州公民之间的诉讼；不同州公民之间的诉讼；同州公民之间对不同州授予土地的所有权的诉讼；一州或其公民同外国或外国公民或国民之间的诉讼。”通过同英格兰撒克逊时期法院以及宾夕法尼亚法院职能的历史考察，威尔逊还详尽说明了美国联邦各级法院应具有怎样的职能。

汉密尔顿在《联邦党人文集》第 78、80、81、83 篇中专门论述了司法部门的问题。组建司法机构的方式包括以下几个问题：①任命法官的方式；②法官的任职期限；③不同法院间的司法权划分，以及它们彼此的关系。汉密尔顿特别强调司法权是三权中最弱的一种，“从其功能的本质而言，司法总是对于宪法中的政治权利危险最小的部门，因为它最没有能力干扰或侵害政治权利。行政部门不仅分配荣誉，而且拥有军队。立法部门不仅掌握钱袋子，而且制定关于公民权利义务的规则。相反，司法部门对于军队和财政都没有影响力，既没有发布命令的力量，也没有发布命令所依凭的社会财富，无论如何都不能采取积极的行动。可以说，司法部门既无强制，也无意志，只有作出判断；司法部门要实现其裁判的效力最终依赖于行政之臂的协助。……司法部门是 3 个权力部门中最弱的一个，与其他两个部门无法比拟。”因此应保障法院独立、法官独立和法官终身任职，才能加强司法部门的力量，使之能够抗衡其他两种权力的侵犯。联邦的司法权应该包括：①涉及根据合众国法律的一切案件；②关于实施联邦的法律条款时所发生的一切案件；③合众国是一方当事人的一切案件；④涉及邦联和平的一切案件，无论是合众国与外国的关系，还是州与州之间的关系；⑤在公海上发生，属于海军或海事司法管辖的一切案件；⑥认为州法庭可能会偏私的一切案件。

联邦党人筹划的违宪审查制度没有被写进美国宪法，作为联邦党人的联邦最高院首席大法官约翰·马歇尔（John Marshall，1755—1835 年）在任内一直努力明确最高院的这项权力。1789 年通过的《司法法》第 25 条规定实际上明确了联邦最高法院对州立法的违宪审查权，此后最高法院曾经在 1793 年克里泽姆诉佐治亚州（Chisholn v. Georgia）案中宣布佐治亚州的一项立法违宪。但由于共和党人的强烈反对，美国国会于 1798 年通过了第 11 条宪法修正案：合众国的司法权，不得被解释为可以扩展到受理由他州公民或任何外国公民或臣民对合众国一州提出的或起诉的任何普通法或衡平法的诉讼。这条修正案又限制了最高法院对州立法的司法审查权。

马歇尔出生于英国殖民统治时期的弗吉尼亚州，曾参加了美国独立战争，1787 年当选费城制宪会议代表，1799—1800 年担任美国众议院议员，1800—1801 年担任美国国务卿，1801—1835 年担任美国联邦最高法院第 4 任首席大法官。马歇尔是美国联邦最高法院任职时间最长的首席大法官，被誉为“常青树”。受布莱克斯通《英国法释义》的影响，他积极倡导美国联邦最高法院的大法官们撰写案例评注，并亲自为其任内审判过的 1106 个案件中的 519 个案件撰写评注，推动了美国判例法的形成。马歇尔主审过众多对美国联邦宪法体系的确立和民事司法制度的建构具有重大意义的案件。

1803 年，马歇尔通过“马伯里诉麦迪逊”（Marbury v. Madison）一案创立了联邦最高法院审查国会立法合宪性的先例。1801 年 3 月 3 日，美国第二任总统亚当斯在其任职总统的最后一天，正式签署了 42 名哥伦比亚和亚历山大地区的法官的委任书，并加盖了国玺。这些委任状都连夜颁发给法官本人，但是受当时的交通和通讯条件限制，仍有几位法官的委任状未能送出，其中一位就是马伯里。[1]3 月 4 日，杰斐逊就任总统，任命麦迪逊为国务卿，并指令麦迪逊停发尚未发出的法官委任状。马伯里等人向联邦最高法院提起诉讼，请求最高法院对国务卿麦迪逊下达法院强制令，强制他向马伯里等人发出委任状。其请求的法律依据是美国国会 1789 年通过的《司法法》第

[1] 由于联邦党人在 1800 年年底的国会大选中全面失败，身为联邦党人的亚当斯希望在法院系统中壮大联邦党人的势力，以此制约以杰斐逊为首的共和党人。这些法官在当时被人戏称为“亚当斯的午夜法官”。

13 条，该条规定：美国最高法院具有受理针对美国官员的排他管辖权，可以针对美国政府官员下达强制令。最高法院最终对马伯里诉麦迪逊作出判决，驳回马伯里的请求。马歇尔在判词中一方面宣布麦迪逊无权撤销前任总统对马伯里的任命，同时宣布 1789 年《司法法》中关于授权最高法院发布执行令的规定违宪，认为联邦宪法并没有赋予最高法院这种权力。马歇尔以巧妙的方式避免了与现任政府的正面冲突，但他在判词中声称："毫无疑问，所有制定成文宪法的人们都想建立一纸至高无上的法律，这样的一个政府理论必将使违宪的法律不发生法律效力"[1]，"一切同宪法相抵触的法律都是无效的，法院同其他部门一样，也要受这一文件的约束"。[2] 这就意味着最高法院可以审查国会立法是否违宪。此后，马歇尔在其任内还曾多次否决州议会的立法。

由于政治上的原因，共和党人对最高法院的违宪审查权十分不满，因此马歇尔在此后任首席大法官期间并未行使过对国会立法的违宪审查权。但此案为美国违宪审查确立了第一个先例，其政治意义是十分深远的。

在 1819 年的马卡洛诉马里兰州（McCulloch v. Maryland）案中，马歇尔法院的判决提出了解释宪法的"默许权力"理论，确立联邦至上的宪法原则。1818 年春末，巴尔的摩分行的出纳员詹姆斯·马卡洛（James McCulloch）向分行主任解付了一大批未贴有印花税的钞票，不久，这批钞票开始在巴尔的摩市内流通起来。马州政府遂向州地方法院控告马卡洛违反州税法，法院判马卡洛败诉并罚款 100 美元。马卡洛在联邦政府的支持下，将案子上诉到马里兰州的上述法院，但该院维持原判。马卡洛在联邦政府的支持下，又把案子上诉到联邦最高法院。1819 年 2 月 22 日，联邦最高法院开庭审理马卡洛诉马里兰州案。3 月 6 日，最高法院以 7 比 0 作出判决，推翻了州法院的决定。在判决词中，马歇尔借题发挥，阐发了联邦党人对联邦与州关系的看法，认为对宪法第 10 修正案的合理解释是它允许联邦政府拥有"附带的或默许的各种权力"。[3] 这个判决遭到了来自共和党人的猛烈攻击，面对一些法学家有关联邦性质和宪法真谛的非常专业的批评，马歇尔不得不在报纸上先后以"联邦之友"和"宪法之友"的笔名发表一系列反驳文章，进行论战，为这一决定辩解，进一步阐述他的联邦观和宪法观，"宪法之友"系列文章因此成为纪录联邦党人宪法理论的重要文献。

[1] 转引自龚祥瑞:《论宪法的权威性》，载刘军宁等编:《公共论从市场逻辑与国家观念》，北京，生活·读书·新知三联书店 1995 年版，第 186 页。

[2] 转引自 [美] 查尔斯·比尔德、玛丽·比尔德：《美国文明的兴起》(第一卷)，许亚芬译，北京，商务印书馆 1991 年版，第 376 页。

[3] 参见任东来、陈伟、白雪峰等：《美国宪政历程：影响美国的 25 个司法大案》，北京，中国法制出版社 2004 年版，第 58 页以下。

第五编　权利法案

美国人政治权利的逐步普适是一个艰难的历程，这期间经历了建国初期的政治启蒙、早期废奴主义者的呼吁、联邦党人与反联邦党人的论争以及南北战争血与火的洗礼。

1790 年 11 月，英国历史学家埃德蒙·柏克出版了《法国革命感言录》一书，对法国大革命提出了尖锐的批评，认为"完美的民主制就是世界上最无耻的东西。因为它是最无耻的，所以它也就是最肆无忌惮的"[1]，并且预言革命将会导致屠杀、独裁、军人执政、对外侵略等。《法国革命感言录》成了保守主义政治立场的代言人，而在激进的民主派潘恩看来，这部书中洋溢着贵族政治的狭隘偏见。于是，1791 年 3 月他在伦敦出版了《人权论》，激烈抨击了《法国革命感言录》，"为那个时代已经出现的民主原则作了最令人信服的辩护"。[2]

《人权论》一书是潘恩最重要的著作，它将英国 17 世纪革命和美国、法国 18 世纪革命相比，强调美国革命和法国革命的先进性，鞭笞英国光荣革命的保守性。潘恩驳斥了柏克认为光荣革命后英国议会立法剥夺了后代人民反抗权利的观点，他用雄辩的语言指出：

> 在任何国家里，从来不曾有，从来不会有，也从来不能有一个议会，或任何一类人，或任何一代人，拥有权利或权力来永远约束和控制子孙后代，或永远规定世界应如何统治，或由谁来统治；因此所有这种条款、法案或声明——它们的制定者企图用它们去做他们既无权利又无权力去做，也无力量去执行的事情——本身都是无效的。每一个时代和世代的人在任何情况下都必须像它以前所有的时代和世代的人那样为自己自由地采取行动。死后统治的狂妄设想是一切暴政中最荒谬而又蛮横的。人不能以他人为私产，任何世代也不能以后代为私产。

潘恩与柏克的分歧，是美国革命、法国革命的对话，深层则是贵族政治观与平民政治观的交锋，潘恩坚持统治必须经过人民的同意，每一代人民的同意，"在某一时

[1] 柏克：《法国革命论》，何兆武等译，北京，商务印书馆，1998 年，第 125 页。

[2] Sean Wilentz，The air around Tom Paine，*The New Republic*，Volum 212（1995）.

代制定的法律，尽管往往经历好几代还继续生效，可是这些法律继续生效是因为得到活着的人的同意。一项未被废除的法律之所以继续有效，并不是因为不能将它废除，而是因为它未被废除，而未废除就可被认为是得到了同意”。它通过对圣经的批判性考察，指出天赋人权是不争的事实，而世袭政治是最悖谬于人性的政体。

尽管潘恩不是第一个在美国倡导废除奴隶制度的人，确定无疑的是，他是最早的倡导者之一并且最有影响力。1774 年 11 月至 1776 年 5 月，潘恩在费城任《宾夕法尼亚》杂志编辑。1775 年 3 月 8 日，他发表《非洲奴隶在美国》一文，抨击对黑人的奴役是“谋杀、抢劫、淫恶和野蛮”的行为，呼吁北美人“以沉痛和憎恶的心情立即停止并废除这一制度”。历史学家们考定，这是北美土地上反对奴隶制的最早也是最杰出的文献之一。宾州的废奴主义者为他的文章所鼓舞，几个星期后，组成“美洲废奴协会”，这是北美有史以来第一个废奴组织。潘恩成为其成员。[1] 潘恩对废奴的呼吁在当时影响很大，后来他和本杰明·富兰克林一道推动了宾州奴隶制的废除。

乔治·梅森（George Mason，1725—1792 年）是美国开国初期的重要政治家和著名爱国者，作为弗吉尼亚州的代表参加制宪会议，他和麦迪逊是推动美国宪法指定的最重要的两个人，被誉为“权利法案之父”。在北美殖民地走向独立的过程中，不少州都在酝酿新宪法。弗吉尼亚州于 1776 年 4 月底通过一部新宪法。在此之前，乔治·梅森起草的《权利法案》经弗吉尼亚制宪会议通过，成为未来宪法的重要组成部分。《弗吉尼亚权利法案》是一个非常重要的文件，其中第一条就宣布：“所有人生来同等自由、独立，拥有某些自然权利，当他们进入社会状态时，他们不得因任何合约而被剥夺其后裔的这些权利。亦即，通过获得和拥有财产、追求和得到幸福与安全而享受生活和自由的权利。”《权利法案》还涵盖如下内容：所有权力都属于人民，因而来自于人民；官员是人民的受托人和公仆，永远从属于人民；政府是为了人民、国家或社会的共同利益、保障和安全而构建的；任何征税与法令不经人民同意，都将被视为侵权而不予施行。它还规定了对人民所享权利的具体保障措施，如实行陪审团制、不得施加过量的罚金、不得实施残酷和非常的惩罚、保障出版自由等。[2]

1787 年制宪会议之后，各州对于批准宪法态度不一，争议很大。反对联邦宪法的人（他们被称作“反联邦党人”或“反联邦主义者”）公开发表文章和演说，历数联邦宪法的种种不足，比如费城会议有越权行为，联邦宪法会毁掉各邦等。但最得人心

[1] 参见朱学勤：《潘恩：两个世界的英雄》，载《河南大学学报》1987 年第 1 期。
[2] 参见赵夙岚：《有关美国“权利法案”的几个问题》，载《南开学报》1997 年第 4 期。

的批评，则是联邦宪法没有把《独立宣言》和当时一些州宪法中所肯定的公民权利包括在内，缺少保障人民权利的条款。反联邦党人的观点后来也被收编入一部文集：《反联邦党人全集》。反联邦党人的观点相互之间歧异很大，但还是有一些政治上的共识。"整体来说，反联邦党人都倾向于小型共和国。而他们对新宪法的反对都是建立在这样的假设基础上的：即共和国只能在小城邦中实现，而不可能在一个幅员辽阔的国家中施行。反联邦党人认为国家的目的是实现公民的权利与自由，而不是追求国家的光荣与伟大。"[1]

弗吉尼亚的乔治·梅森和埃德蒙·伦道夫，还有马萨诸塞的艾尔布里奇·格里，因为联邦宪法缺少权利法案而拒绝在宪法文本上签字。许多州的议会在通过联邦宪法时，其决议都附上了要求增加权利法案的条件。联邦党人同意了这一条件，后来美国国会于 1789 年 9 月 25 日通过了 10 条宪法修正案，将其作为美国宪法的补充条款，并于 1791 年 12 月 15 日得到当时 9 个州的批准，开始生效。这 10 条法案通常称作"权利法案"，是美国宪法的"第一修正案"。

力主尽快通过联邦宪法的联邦党人在这个问题上有不同的认识，他们认为当时最重要的是尽快建立一个强有力的中央集权的全国政府，以免新生的国家陷入内乱、分裂和无政府状态，同时也可以抵御来自外国势力的威胁。第一届国会集会后不久，联邦党人的主要成员詹姆斯·麦迪逊就提出了一项很长的权利法案，作为宪法的修正案。但在是否需要权利法案的问题上，联邦党人持一种审慎的态度，他们认为人民主权才是根本，是否有纸面的权利法案或权利宣言并不重要；如果没有人民主权，即使有了权利法案或权利宣言也没有用。汉密尔顿在《联邦党人文集》第 84 篇中表达了对权利法案的审慎怀疑："权利法案在拟议的宪法中不仅是不必要的，而且是危险的。它将包含各种未曾授予的例外权力；正因如此，提供了政府要求多于授予的权力的借口。"他认为权利法案赋予联邦政府过大的权力，可能会导致权力的过度膨胀。

1788 年 10 月 17 日，麦迪逊致托马斯·杰弗逊的信《为什么不将权利法案纳入新宪法》详细解释了联邦党人对于这一问题的主张。麦迪逊指出，多数人的暴政相比于政府权力的滥用是对人民自由的更为可怕的威胁，"在我们的政府中，真正的权力在共同体的多数手中，对私人权利的侵犯主要不是来自与选民意愿相悖的政府法案，而

[1] [美]赫伯特·J. 斯托林：《反联邦党人赞成什么——宪法反对者的政治思想》，汪庆华译，北京大学出版社 2006 年版，译者前言第 3 页。

是来自选民多数的法案，政府仅仅是其工具”。他认为当时大多数州都已经有了自己的“权利法案”，明确保障了个人权利。现在要做的，是对联邦政府授权。只要明确联邦政府的权限，它就不能做未经授权的事情。相反，如果一一列举应得到保障的个人权利，反倒可能授人以柄：凡是没有被列举出来的，就是政府和国会可以做的。这就会使权利法案成为多数人对少数人滥施权威的借口。

在关于权利法案的问题上，虽然宪法最初通过时没有权利法案，但之后不久的1791年，10条权利法案顺利通过，这不得不在某种程度上归功于反联邦党人。反联邦党人认为明确的宣言更利于保护权利，否则给予政府的权力是不明确的，有扩张的倾向。实际上，这里有一个潜藏的心理原因。在反联邦党人看来，个人权利与州权，或者说小共同体的权利是联系在一起的，联邦的权力有蚕食州权的倾向，自然也有蚕食个人权利的倾向，光是“未给予即保留”这样的话空口无凭，在宪法中明确地规定下来，才能令人有安全感。

理查德·亨利·李（RichardHenry Lee，1732—1794年）是美国开国初期的著名政治家、演说家，是两届大陆会议的弗吉尼亚代表。在第二次大陆会议上，李作为弗吉尼亚代表团长提出了《李决议》。会议决定在《李决议》的基础上拟一份《独立宣言》对英国正式宣告独立。作为美国独立战争时期最坚定的革命者，理查德·亨利·李是第一个提出摆脱英国统治而宣布独立的大陆会议代表。他也是《独立宣言》的签署人之一。《致爱德蒙·伦道夫州长的信》以及署名“老辉格党人”、“联邦农夫”所发表的两篇报刊文章均来自反联邦党人的阵营，李在这些文章中坚决主张要将权利法案载于宪法，“人们从普遍经验中发现，对于保护正当的权利和人类自由免受统治者无声的、有力的，甚至积极的阴谋的侵犯，宣言和保留权利是必要的”，如果宪法中没有权利法案，美国政府就会缺少政治德行。这些思想后来推动了权利法案的入宪。

……

美国宪政的缔造是一个各派观点纷呈、交锋争论异常激烈的过程，各派政治势力在其中均充分展示了自己的立场，其中还掺杂着国家主义同各种地方主义的博弈，后世也不断出现对其中观点的新阐释。200多年后，回溯开端，在美国现实政治中沉淀下来的更多的是联邦党人现实主义的政治智慧，而杰斐逊世界主义的开放心胸和潘恩为草根阶层不遗余力的呼吁，则回响在美国社会多元纷呈的文化众生相中。美国的宪政是一个意蕴复杂的多面复合体，理想主义的学理和现实主义的权衡，在开国之初就毫无矛盾地和平共存，遗泽更是绵延不断，很难用一种脉络清晰的模式来说明美国宪政缔造与成长的过程，笔者自知学力所逮，不敢妄作宏阔概括，唯求保存历史的真实，仅以这本简短的文献汇编来概述这个历程，难免有挂一漏万之嫌，不过略尽绵薄之力，为学界整理一份还比较可靠的历史文献，不足之处，留待方家不吝赐教。

本书同时收录了商务印书馆世界名著译丛中的部分文献，有些文献由于翻译时代久远，学术语汇与今日有别，编者对此都进行了订正。谨致谢忱。

2015 年 6 月于西安

目 录

第三编　财政与联邦主义

第四编　司法权与司法审查

第五编　权利法案

附　录

- 论英国国会立法权的本质与范围
- 英属美洲权利概述
- 向大陪审团指控
- 常识
- 《美国危机》第一篇

第一编　殖民地的权利与地位

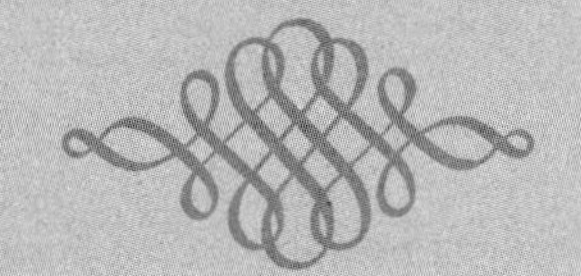

论英国国会立法权的本质与范围[1]

詹姆斯·威尔逊

英国国会的立法权是否会延及到殖民地？对于英国及其殖民地来说，没有任何问题比这一问题显得更为重要。如何解决这一问题将取决于宗主国的态度。一个幸福的母亲如果愿意看见自己的孩子在她周围繁荣发展，孩子们也会因为感激母亲的保护和宠爱而给予她最丰硕的回报；而一个继母会痛苦地发现，因为她不善的行为，孩子们都疏远了她，更谈不上给她什么实惠了。如果她能更温和地对待他们，她必定会得到这些实惠。

英国是一个公正的民族：他们热爱自由，他们宣称奴隶制度是最可恨的。既然如此，他们怎么可能去缔造奴隶制度呢？他们绝对不会。压迫并不是英国国土的产物：最近针对殖民地的那些苛刻的条例一定是那些有相关利益的大臣们的可憎的阴谋诡计，是他们给人民提供了错误的信息，误导了人民。我们起源于这个民族并继承了这个民族的精神，这种精神促使我们要反对他们不友善的举措。出于对民族的尊重，我们必须把这篇文章建立在我们最近的所见所闻之上。我们要被作为自由人对待；作为大不列颠祖先的后代，我们不能用我们的堕落玷污他们的记忆，我们的这些要求是完全合理的。当他们考虑这些要求时，我们有理由希望他们将会赞同我们的做法，对于我们对自由的热切渴望，他们应该给予最热烈的欢迎。如果这些合理且让人振奋的愿望不能被实现的话，至少有一点我们是应该满意的，那就是我们知道，我们用以反对议会最

[1] 1774 年，《论英国国会立法权的本质与范围》（Considerations on the Nature and Extent of the Legislative Authority of the British Parliament）否认了英国国会对于殖民地的完全权力。虽然此文被学者视为与托马斯·杰斐逊和约翰·亚当斯的同年著作具有类似的价值，但实际上，此文写作于 1768 年，也许应该成为反对英国控制的第一篇有力宣言。

近行为的那些准则是公平和自由的准则，是英国宪法的准则。即使我们正义的斗争以失败而告终，我们仍然会因为这项正义的事业所带给我们的荣耀而感到振奋；当我们遭受苦难的时候我们要知道，即使境遇最好的奴隶也比不上我们。相反的，如果我们能重获至高无上、无人能敌的自然所赋予我们的权力，如果我们能重享英国宪法的基本准则，那是因为我们的辛勤劳动收获了光荣的果实。同时，我们会用有教育意义的实例向我们的后代及世界表明：为自由而战的事业是不会失去希望的，为这项事业所做的公正的斗争并不总是以失败而告终的。

出于以上考虑，我要就文章开头的重要问题发表一些自己的看法。

那些宣称英国议会有权力制定法律来约束美洲殖民地的人所给理由如下："每一个州都有而且必须有一个至高无上的，无可辩驳的，绝对的，不受控制的权威（JURA SUMMI IMPERRI），国家的权力就体现在这里。"[1]"根据英国宪法，这种至高无上的权力是被赋予国王以及上下两院的议员的。"[2]"因此，根据英国宪法，国王以及上下两院议员的法令，换言之，也就是议会的法令，对美洲殖民地是有约束力的，因为它们是大英帝国的一部分。"

我承认，这种论断所依据的基本原则是非常重要的：它重要是因为它是为了实现所有政府的终极目的。但是，如果这种原则的应用会破坏这个目的，而不是促成这个目的的实现，这种原则就应该被摒弃：因为承认这个原则就意味着为了某种只有我们加以改进才有价值的手段而牺牲最终目的。

所有的人生来都是平等的、自由的，不经过对方的允许任何人都没有权力支配另一个人。所有合法的政府的建立都是经过了臣民的同意的，他们同意的前提是政府会确保并增加他们的福利，能让他们享受到比在自然独立的政权下所能享受的更多的权利。因此，每个政府的首要准则就是确保全体社会成员的福利。[3]

这种统治是建立在自然法则的基础上的，它必须控制所有的政党派系，必须能管理立法者自身。[4]人民有权要求监督这种统治，也有权力要求在道义上要保障立法能够监督这种统治。

如果他们不能拥有第一种权力，他们会成为奴隶；如果他们不能拥有第二种权力，

[1] Bl. Com. 48，49.

[2] Id. 50，51.

[3] 君主的权力就是有最终控制权——但这必须是以促进公共福利为目的；如果达不到这一目的，君主就不是合法的权威。2. Burl. 32，33.

[4] 自然法则关于义务的规定高于其他任何法则。1. Bl. Com. 41.

他们会时刻受到奴隶制的威胁。因为"虽然公民的自由是天赋的，但他们已经把构成个人独立的自由权通过权威交到了统治者手上，所以他们有权要求充分利用他们的权力并且从道义上保障他们的权力能发挥应有的作用"。[1]

现在请允许我问以下问题：如果英国国会对于美洲殖民地享有至高无上的，不可抵抗的，不受控制的权力，它是否能保障和增加美洲殖民地的福利？这种权力是否会影响到他们的自由权？是否能保证这种权力只会被用来为殖民地谋取福利？这样的保障是必不可少的。国会不会永远正确，他们并非永远公正。组成议会的议员们都是凡人，他们可能会犯错误，可能会被某种利益左右，所以他们有可能会失职。国会的法令取决于议员们的意见和性情，那么，这些法令就有可能是错误的，有缺陷的。我们作如下假设绝不会有失体面：英国宪法认为"国会有可能会辜负民众的信任，因为如果对他们没有足够的控制，他们不可能长此以往履行其职责，这是人的智慧所能考虑到的"。[2] 对此如果不加以规定限制，英国自由的神庙，就会如同冰砖一般，在压迫和暴政的烈火中瞬间融化掉。

认真考虑这些保障是非常务实的。既然已经把自由权交到了立法者手上，立法就不能破坏他们的自由：这种保障是英国的居民所享有的。如果殖民地人民不能享有同样的保障，那他们也没有相同的义务把自由权交到同一个立法实体手上，这一后果是无可辩驳的，因为殖民地居民享有英国人所享有的所有权利。[3] 我们并没有犯什么罪行使我们丧失这些权利，我们也绝不会放弃这些权利。我们要让我们的后代享有自由，就像我们的祖先把自由留给了我们一样。

这一准则是每个臣民与生俱来的权利，所以他们走到哪里就把这些准则带到哪里。

国会通过的决议要想成为法律，必须经过国王以及上下两院[4]议员的批准。[5]那么，如果英国的人民对于立法各部门有足够的限制权，他们的自由就能得到保障，除非他们自己不想拥有这种自由。让我们看一下他们对下议院有些什么样的限制。

众议院的议员是由人民选举出来的。孟德斯鸠说："地方法官是由人民提名的，因而会全权代表他们的利益。"[6] 所以我们说由人民选举出来的下议院议员是人民的法

[1] 2 Burl. 19.

[2] Bol. Diss. on Part. I. 11，12，pp. 167，179.

[3] As the law is the birthright of every subject, so wheresoever they go, they carry their laws with them. 2. P. Wms. 75.

[4] 4. Ins. 25.

[5] 英格兰的众议院在政府中有相当大的权力；如果没有他们的参与不能通过任何法律。2. Ld. Ray. 950.

[6] Sp. L. b. 2，c. 2.

官，他们会因为人民把这种荣誉和信心给予了他们而心怀感激，从而去咨询选民的意见，保护选民的利益。

选举权一直被认为是所有自由政府最重要的一点。[1] 独立行使选举权被视为英国自由权的最坚强的堡垒，[2] 因此，立法一直非常高度关注这一点并在权利法案中作出了明文规定。所有因贫穷而不能独立生活的人不能参与选举，因此他们必须服从那些比他们优等的人的意志。一般来说，这些人没有他们自己独立的意志，如果他们在一个自由政府里参加选举会被认为是不合适的。那么怎样才能更好地体现出大家特别注意议员的选举是完全自由的这一点呢？英格兰的自由的民众们认为，如果那些不能自由表达思想的人和他们一起参与选举的话，他们就不能真正享有选举权，这对他们是一种侮辱，尽管他们有着共同的利益和意愿。如果立法者不能被他们所代表的人们完全自由不受任何影响地选举出来，英国的自由就不能得到确实有效的保障。我们的法律准则正是建立在这一原则上——任何一个能够独立行使自己意志的人都是国会通过的法令的参与者，并被视为是同意国会的法令的。

同样，也不允许那些依赖别人意志的人参加选举。未成年人没有足够的判断力来参加选举；那些犯伪证罪或唆使别人作伪证的人的判断力是不能让人信服的，那些以欺诈手段获得财产的会为他们无耻的目的而选举，所以，所有这些人都不能享有这种重要的权利。我们会采取最严格的措施，最严厉的惩罚来预防选举中的腐败。《选举法》第 2 章第 24 条（2. Geo. 2. c. 24.）中规定，只要有一个候选人或两个选民提出要求，每个选民在投票之前都必须宣誓他们没有接受贿赂。征收消费税的官员，海关和邮局的官员以及和征收皮革、肥皂、纸张、进口印花布匹、供出租的马车、纸牌和骰子等税相关的官员都不能干涉选举。如有违反则罚款 100 英镑并且不能在国王领导的政府中担任任何职务。

这样就保证了选举的完全自由，不受任何人意志的指使，不受选民腐败和失职的影响，也不受国王直属官员的左右。但是远不止这些，对于被选举的人的资格也同样作出了规定。为了保证普通的英国民众不受威慑，不被利诱，不受欺骗地提名，所有能想得到的环节都注意到了，以保证他们的自由。

以下是大家所公认的真理：君主会利用一切可乘之机扩大自己的特权，损害人民

[1] 为了守护这一重要权利，雅典人用死刑来惩罚扰乱民众集会的陌生人。

[2] 君主一旦干涉国会的自由选举，英国的自由就会宣告终结。一个人有权投票选举另一个人在国会中代表他来统一制定法律去限制他的自由，保护他的财产，这是一件非常了不起的事情，具有重大意义。2. Ld. Ray. 953.

的利益；从国王那里领取俸禄或获得职务的人为了自身的利益会支持国王的一切所作所为；人类通常会为了自己的私利而不顾国家的利益。所以，那些领取俸禄和拥有公职的人是不适合代表一个自由的民族的，人民的自由权也绝不能交到他们手中。[1]所有这些公职人员和享受俸禄者是不能够当选为下议院议员的。

以上这些并不是英国民众对他们选举出来到国会里面去代表他们的议员们的行为所采取的唯一制衡措施。代表们的利益和选民们的利益是一致的，每一项对国家有害的措施对他们自己及其后代都是有害的。他们背叛选民的同时也会损害自身的利益。他们也必须承受任何一项压迫性法令所带来的重压，也会享受到每一条明智的法律所带来的福祉。他们会严肃认真地审查每一项呈送给他们的提议，他们会以全面长远的眼光考虑它们可能会产生的影响。在经过深思熟虑之后，如果他们觉得提议有利于国家的福祉，他们会毫无保留地支持它；相反地，如果提议从本质上来说是危险的，有破坏性的，他们将会坚决反对它。

来自社会的公正无私的热爱，只要和他们自身利益一致就会激励英国民众的代表们竭尽忠诚，不辜负他们的信任。每一次的爱国行为都会使他们感到由衷的满足，因为他们尽到了应尽的职责，受到了同胞的热情称赞。这些同胞永远都会对国家的朋友和对国家有帮助的人表示诚挚的感谢。那些报酬让人感到多么高兴啊！这远不是有时通过吝啬和诡计所获得的一丁点钱财所能比拟的。我之所以说“有时”是因为吝啬和诡计并不总是会带来那点可怜的回报。人民最爱戴的是那些为国王效忠的能干的大臣们，那些在紧急情况下能被委以重任的人。只有那些一贯支持他们自由的人才会得到人民的爱戴。因此，爱国者，尤其在关键时刻，往往会有很好的机会被提升到那些有利可图、有实权的部门。我得承认，无耻地苟同于有阴险企图的君王的意见，时刻准备为了讨君王的欢心弃自己的职责于不顾可能是有些人获得财富和官爵的唯一途径。让我们不妨假设他们会用这种途径成功地获得财富和官爵，那么这种卑贱的奖赏是否足以抵偿这种不光彩的手段所带来的耻辱呢？是否足以抵偿随之而来的悔恨的折磨呢？是否足以抵偿他所遭受到的全国人民和子孙后代的辱骂呢？

对每个人的行为都要有严格的约束机制，因为任何人都不会对所有的赞扬和责备具有免疫力。几乎不会有人愿意受到生活在他周围的人的憎恨并且要承受这种憎恨所带来的内心的强烈反应。

尽管这些动机非常强烈，但为了防止这些动机还不足以鼓舞国家代表们积极诚

[1] 对于即将上任的官员有几个例外。

实地履行他们的职责，为了不使他们受到利益的诱惑而辜负他们的信任，选民们通过常规性的国会换届选举来进一步保障他们的自由。每一届议会到期之时，人民就会对谁忠实地履行了职责，谁忽视或者背叛了他们的利益作出判断。不必说，在新一轮选举中，他们会把选举权授予前者，并拒绝给后者授予权力来纠正他们的过失，使他们感到颜面尽失。宪法就是这样被不断赋予新的活力并忠实于它最初的原则，这是保障一个政权永远自由的最有效的手段。人民有很多机会展示他们的重要性并行使他们天赋的权力。代表们不断地被提醒他们代表的是谁，是谁给予了他们这种权力。我们一定要牢记司法的首要原则—— 一切权力来自于人民，人民的福利是政府的终极目的。

英国宪法规定必须对国会定期举行新的选举，因为只有通过国会，国王才能迅速了解全国人民的意见。他们同意给国王的每一项供给都会被理所当然地认为是全国人民对君主忠诚与热爱的检验。通过这种方式，国王和臣民之间就会产生相互的信任。这样一种双赢的局面是让人感到非常愉悦的，万民之父也会以他慈祥的父爱所带来的恭敬的回报为荣。他的臣民会热情地拥抱每一次机会以证明：他们对他的明智和宽容的统治并不是一无所知的。

国会长期不进行选举对于召集国会的君主是不利的，对于选举国会成员的人民也是不利的。在查理一世 1640 年召开的国会中，起初下议院以极高的热忱和真正的爱国主义精神试图把英国从他们为之痛苦呻吟的压迫中解救出来——把人民的自由还给人民，并将其建立在牢固的基础之上，他们也试图消除或防止那些因为专制特权而产生或他们担心会产生的不良影响。他们废除了“皇室”法庭和高级委员会法庭；他们将森林缩减到最初的原始边界（取消了圈地运动）；他们撤销了对骑士的压迫性规定；他们宣布对运费征税是非法的；他们递交了权利请愿书并得到了王国政府的核准。但是当国王未经同意便颁布法令说除非国会自动解散否则将长期存在的时候，他们的行为变化得是如此之迅速，如此之彻底。他们把国家卷进了多么深重的灾难里！当这些议员们只有立宪权的时候，除了保障和完善选民的自由和福利，使君主成为一个自由幸福的国家里光荣的统治者之外，他们似乎再没有任何其他的目的。但是当这些议员们独立于国王和选民之外，被给予过度的权力之后，两者他们皆弃之于不顾了。对公众的关心不再是他们行为动机的源泉，他们唯一的目的就是在国家的废墟上扩张自己的权力，把自己的实力发展壮大。不幸的是，他们实现了自己的目的。他们从根本上推翻了宪法，把为了国家的福利而交到他们手中的正式的权力变成了压迫的棍棒；而那些把权力交到他们手中的人却再也不能重新获得这些权力了。这是多么具有教育意义的实例呀！这让那些对立法者没有影响力的人，即那些拥有权力却不能保障这些权力的人该是多么担心啊！这些权力原本是来自于人民，为了维护这些权力才将它们委托给议员们，现在这些权力却被滥用了，彻底被破坏了。国王不是最严厉的暴君；长期不进行国会选举比国王的暴行更胜一筹。

在复辟时期，为了使下议院在一定程度上依附于国王采取了一些措施。但在国会一旦被选举出来，他们就可以完全不依赖选民了，因为只要王国政府愿意，他们可以长期任职。很快，长期国会的可怕后果在查理二世统治的时候就显露出来了。他们无耻地想要放弃先辈们为之精心谋划、为之苦苦奋战、为之流血牺牲的自由。多亏了两个品质高尚、聪明正直的大臣[1]，英格兰人民才不至于因为他们自己代表的诡计而陷于奴隶制的囹圄而凄惨无比。他们自己选出了这些代表却又不能将其罢免。为了取悦国王，保障自己在国会中的席位，议员们以人民的自由为代价换取自己的地位和俸禄，把他们从人民那里获得的重要权力变成了自己的特权。

直到光荣革命后几年人民才能够信赖他们代表们的忠诚，惩罚他们的背叛。根据 the statute 6. W. & M. 法令第 2 条规定：议会任期不能超过 3 年。汉诺威第一任王储即位后，四周到处都是对手和敌人，这种不稳定的形势使得国会很快将任期延长到了 7 年。从那时起，经常有人想将国会的任期缩减到以前的 3 年，这些尝试得到了全国人民的支持。毫无疑问，他们值得这样的支持：因为长期国会会使议员们忘记他们是依赖于人民的。当他们忘记这一点时他们就会腐败，“只要他们一腐败，英国的宪法就不能保障其自由——它会走向灭亡。”[2]

英国法律规定，议员必须忠实地代表民众的利益；它还规定，忠实的代表们不能无偿为选民们工作。这一法律是本着国会能够而且愿意保护和维护委托给他们的自由权的精神而制定的。

英国的国体是君主立宪政体。在所有君主立宪政体里，一定要有人对君主的权力进行限制。

在诺曼家族最初统治时期，神职人员和男爵轮流享有这种权力。但让他们享有这

[1] 克莱伦等伯爵和南安普顿伯爵。

[2] Mont Sp. L. b. 11，c. 6. 如果立法主体永远存在，或者像以前那样，在国王的有生之年都存在，或者只选举新的代表填补空缺，在这些情况下，如果立法主体一旦腐败，其恶果是无法弥补的。但是如果立法主体经常换届，如果人民了解了他们不满意现任立法主体的原因，他们就会在下一届立法主体中纠正错误。一个立法群体是一定会被解散的，无论是出于利益的考虑还是职责的考虑，他们都会觉得必须制定有利的法律。1. Bl. Com. 189.

种权力是非常不得体的。这些神职人员仅热衷于教会的尊严和表现，忽视并且鄙视和他们一起在地里耕种的人民。他们认为这些土地是圣彼得教堂的财产。由于迷恋国外司法，渴求民权的完全独立，他们认为君主的特权是他们实现教会至高无上的统治权的计划中存在的重大障碍。因此，他们热切地抓住每一次机会来牺牲君主的利益以维护教皇的利益。他们是国王和国家的敌人，他们既定的唯一目的就是使国王和人民沦落到受人支配，受人奴役的最卑贱的状态。为了达到他们可耻的目的，有时他们利用人民的无知，使人民去反对君主的权力；有时他们则利用君主的无知，使他来反对人民的自由。

为了拥有自由，把限制君主的权力赋予男爵们同样也是不适当的。他们骄横跋扈，混乱不堪，压迫下属，视他们为奴隶；他们反对君主，对于任何法律限制都显得极为焦躁。他们反复无常，变幻莫测，有时怂恿国王施行暴政，有时又鼓动人民发动暴动。正因为如此，宪法的施行总是从一个极端转到另一个极端，一会儿是专制，一会儿又是无政府状态。

但是当民众的代表们开始组成独立的下议院，成为一个明确的司法部门并因此被赋予独立的权力和特权的时候，法律规定就呈现出了非常不同的特点。代表们是从人民中选举出来的，每一届国会之后他们又会回到人民中间，他们没有和人民相对的利益，没有和选区人民的自由相悖的观点，所以也就没有背叛这种自由的动机。因为觉得特权或者说是便宜施行的权力在法律没有规定到的地方是绝对必需的，并且将这种特权赋予执法者是最合适的，所以当这种特权被用来实现它的最本质的目的的时候，他们并不反对行使特权。同样地，他们觉得国家的利益就是最本质的利益，所以他们急切地抵制任何无视法律，不被公众自由或实用原则所支持的武断举措。

他们对特权采取的制衡措施是冷静温和的，采用一种隐秘但有效的措施——既不像令人可笑的男爵们的反抗那样粗暴，也不像有野心的主教的抗议那样强烈。

英国法律的最古老的原则之一就是任何自由的公民不能被随意地征税。[1] 但是，为了支付大量的政府开支对自由公民征税是绝对必需的。要征税就必须征得自由公民的同意。由于自由公民人数众多，他们不能聚集在一起亲自应允，所以宪法规定由代表们代替他们表示同意，代表们是从他们中间并由他们选举产生的。所以，下议院就有了无可辩驳的独有的征税特权。[2]

[1] 1 Bac. 568.

[2] 需要注意的是，很多记录中强调“per communitatem Angliæ nobis concess.”所有的津贴和补助的批准都是从下议院开始的，首先要经过他们的批准；因为实际上国王所有的收入都来自于人民。

这就是英国的民众能够对他们的君主实行温和却强有力的影响的源泉。他们自由的保障也依赖于此。为了他们的利益而设立的特权的应用绝不会导致他们的毁灭。他们依据宪法冷静地拒绝给国王供给，或者只有在国王满足了他们一定的条件之后才答应给他们供给。这样他们矫正了一些国王铺张浪费的习惯，也改变了一些人刚愎自用的性格；他们阻止了霸权的发展，也认同了王国里伟大的审判官的良好品质。这给他们自身带来了荣誉，也给国家带来了福利。依附于最骄傲的君主们的最骄傲的大臣们会在他们的责难面前发栗，他们会站在国会的栏杆后面对他们的行为作出解释，请求原谅他们的错误。那些喜欢享受自由，喜欢人民热情地拥护的君主们会发现他们所喜欢的自由和他们所培植起来的民众的拥护是他们王位最牢固的基础，是他们权力的最坚实的支持。在危难时刻人民会敞开他们的钱包给君主提供他们的所需之物；他们手中的利剑也会随时保卫他们的荣誉。另外，那些对于统治一个自由的民族所带来的荣耀和利益无动于衷的君主会使人民像奴隶一样卑贱地服从他，而不是顺从他的意志。他们会发现使自己权力绝对化的所有努力最终却导致了他们的覆灭。

这就是英国宪法让人生羡的特点！无上光荣的英国自由——这是人民的骄傲，这是让邻国生羡的自由，这是立法者规划的，这是爱国者树立的，就是这样被过去一代又一代的先辈们完整地保存了下来。但愿我们的后代们也会这样永远将它完整地保存下去！

那么身为英国祖先后裔并继承了他们所有权力的美国人应该受到责备吗？因为他们要求继续享有这些权力就应该受到英国教友的责备吗？如果他们遵守英国国会的法令，他们能享受这些权力吗？英国国会把他们的权力是建立在什么原则之上的呢？它是建立在国王特权基础之上的吗？国王并没有特权制定法律来限制他的任何臣民。那么他们的权力是否植根于上议院呢？这些贵族们是一个小集体，并不能代表大多数人。所以，如果要说国会的权力植根于何处，那它就植根于下议院。

如果有人在这里反对说它不仅仅植根于下议院，因为下议院不经过国王和上议院的同意是不能制定法律的，解释很简单。尽管每一项法律立法都需要各部门的一致通过，相同的法律因为不同的原则对不同的人限制也不相同。国王受到限制是因为他同意了这些法律；上议院的议员们受到限制是因为他们投票赞成了这些法律；因为相同的原因，下议院的议员们也用这些法律来限制他们自己和他们所代表的人民。

如果美国人既不是因为国王的同意，也不是因为上议院议员们的支持去遵守英国国会的法令，他们受到这些法令束缚的唯一理由就是英国民众的代表们投票支持了这些法令。[1] 但是英国民众的代表能不能代表美国人民呢？如果美国人民有选举权，他们是否会选这些代表呢？他们是否了解美国人民的利益呢？他们自己的利益会不会驱使他们去寻求美国人民的利益呢？如果他们不为美国人寻求利益，美国人民有没有权力惩罚他们呢？美国人能不能在每一届新的选举中罢免那些不忠诚的议员呢？这些议员们不是由美国人民选举的，和美国人民的利益没有任何关系，美国人民不能罢免他们，对他们也没有影响力，把他们称作美国人的审判官是否合适呢？那些被不是他们自己的法官所制定的法律所束缚的人对他们享有的绝对的权力是否有保障呢？那些权力“是每个人都有权享有的，无论他是否是这个社会的一员”。[2] 是否有可能把这些权力保留下去呢？保留这些权力是不是政府最基本的目的呢？ [3] 这个最基本的目的是否会被一种想要促成这个目的的政治理念所挫败呢？

但是下议院的这种强大的不受控制的权限到底源自何处呢？它来自于英国民众这一集体，所以，它最初应该归属于英国民众；因为他们无论给代表们传达什么意志，最终都是他们的意志。[4] 那些我们一直认为是和我们一样的臣民对我们是否享有绝对的无限制的权力呢？他们是否天生就有权制定法律来剥夺我们的财产，剥夺我们的自由，剥夺我们的生命呢？他们有什么权力宣称是我们的主人呢？我们到底做了什么要使我们臣服于以前和我们享有平等地位的人呢？英国的自由是源自这片国土还是源自英国人民呢？那些在英国是自由公民的人是否到了美国就要成为奴隶呢？那些为了躲避王室和宗教压迫而逃离的人现在是否要沦落到依附于以前和他们遭受同样压迫的人呢？这种致命的变化是什么时候开始的？这就是我们离开我们的朋友和祖国所得到的回报吗？——我们要面对荒漠深处的危险，要耕种一片荒芜的由野人和野兽居住的土地，要把英国的统治扩张到这片土地上，要增加英国商人的贸易，要增加英国贵族们的租金，要提高英国技工的工资。英国人应该为这样的要求感到汗颜；美国人也要为有这样的回报而感到羞耻。

然而，我们不仅要承受为此而带来的羞耻，我们还要遭受由此而产生的危险的威

[1] 国会权力的拥护者就是这样认为的，他们对于国会权力扩张到殖民地给出的解释就是建立在这一荒谬理论上的，即实际上下议院是代表了他们的。

[2] 1 Bl. Com. 123.

[3] 1 Bl. Com. 124.

[4] 我们在立法中拥有的权力完全来自于选民，这一点是不争自明的。除了从他们那里获得的立法权限之外，我们没有任何立法权限。见《下议院的辩论》第 6 期，第 75 页。

胁。英国宪法所制定的诸多审慎的条款足以表明，为了保障和维护英国自由体系，这些预防措施是完全必要的。这些条款包括：议会的选举者不能选举可能会背叛他们的代表；代表们如果背叛选民必须要受到惩罚；如果有人提议要使下议院独立于英国民众从而剥夺他们的立法权，英国民众将会是多么震惊呀！听到这个提议他们该会有多么愤怒啊！他们将会多么憎恨提出建议的人啊！然而，这条提议的施行给英国民众带来的不利影响远比不上美国人因为国会立法权的扩张所承受的痛苦。

和其他人一样，议员们和他们的亲朋好友及子孙后代都必须遵守法律。他们及其亲朋好友、子孙后代的利益和这个国家其他人的利益并没有什么不同。所以，关注这些人的意愿也就必须采取对其他人也同样有力的措施。但是对美国来讲，情况是不是也是如此呢？英国的立法者是否也要服从给殖民地制定的法律呢？他们和殖民地的利益是不是一样的呢？如果我们从全面的角度看这个问题，我们会发现他们的利益毫无疑问是相同的。但是几乎不会有人从这个角度考虑问题，即使从这个角度考虑问题的人，也很少被这种观点所左右。人类往往被眼前次要的利益所影响，而不会考虑到更重要的长远利益。由于他们的行为是由其情感来决定的，所以当他们为了保障近期利益而采取一些损害长远利益的措施也就不足为奇了。还不止如此，他们往往会认为长远利益对他们是有害的。我只能很遗憾地用国会最近制定的一些规定来证明我所提出的观点。我们有这种经历：一个内阁大臣无须多费口舌就能轻易地使议会和人民相信对殖民地征税会减轻宗主国的负担。如果从一种更正确的角度来考虑这件事情，这实际是在使他们相信堵塞国家财富的源泉会增加国家的财富。

由于美国人不能利用这种监督机制——这种机制对议员们是有利的，是按照对英国民众有利的方式运行的，尽管英国民众不享有立法权；对名誉的热爱会强烈地刺激立法者去改善民众的福利，去获得在他们周围生活的人的认可，这些人的赞誉或责难会影响议员们——所以对名誉的热爱会促使议员们对殖民地作出相反的行为。压迫我们的政策就会在英国国内受到欢迎和支持。一个候选人在选举的时候可能会列举他为了英国的利益而牺牲美国的利益的许多成功的实例，以此来推许他自己。一个下议院议员可能会以他所想出的牺牲殖民地的利益来服务宗主国的计划为荣并且自吹殖民地对他的憎恨根本起不了什么作用。

让我们稍作停顿：难道对于利益和赞许的热爱，对于荣誉的热爱都不能使英国国会的议员们来支持美国人吗？我们要依靠什么样的原则，什么样的行为动机才能保障我们的自由、我们的财产、我们生命中最珍贵的东西以及生命本身呢？我们能依靠热衷于任意摆布天赋正义的议员吗？我们只要有一点社会经验、一点人类历史的知识就会知道，对于正义的关注决不是人性中占主导地位的原则。他会发现自己是一个非常可悲的政客，因为他将一种法理学体系建立在非常薄弱的基础之上。正如培根阁下所说："他们会为了虚幻的利益制定虚幻的法律；他的演说就好比是夜空里的星星，只能发出微弱的光芒，因为他们离我们实在太遥远了。"[1]

就殖民地现在的形势而言，要受英国立法法令的约束并不是最糟糕的事情。我们已经发现，我们前面所说的那些强有力的动机远不能促使立法成员来支持我们，所以我们有充足的理由担心他们会和我们的利益背道而驰。当幸福的英国民众为他们所享有的自由而庆祝的时候，当他们为那些巩固他们后代自由的条文而庆祝的时候——这些条文是很精准的，是人类的智慧所能达到的最高水准——不幸的美国人民完全有理由为他们所沦落到的危险境地而悲哀，他们也能凄惨地预见到他们的后代很可能要面临的仇恨场景。

如前所述足以表明，殖民地要受英国国会立法权限的约束将为法理学的基本原理所不容，有悖于所有政府的最终目标，有违于英国宪法的基本精神，有损于殖民地的自由和幸福。这样的主张也为其法律精神所不耻。我要引用一些法律书籍中的文献来说明这一点。这些文献资料或明示或暗示殖民地不受英国国会法令的约束，因为他们在英国立法中没有自己的席位。

我将要提到的第一个案例是在理查德三世就任的第二年作出判决的。所有英格兰的法官们聚集在质证大厅里郑重地来讨论爱尔兰人民是否要遵守英格兰国会的法令。他们决定："爱尔兰人民在爱尔兰境内所做的事情不受英格兰国会法令的约束；但在爱尔兰境外所做的一切事情必须符合英格兰的法律，因为他们是英格兰的臣民。"他们说："爱尔兰有国会来制定法律，我们的法律条文不能束缚他们，因为他们没有委派爵士参加议会；但和加莱（Calais）、加斯科因（Gascoigne）以及几内亚（Guienne）这些地方的居民一样，他们是英格兰国王的臣民"。[2]

这是我们在书中发现的第一个和这一主题有关的案例，所以值得我们去仔细地研究。

这一案例在当时被认为是最重要的：因为普通的案例是绝不会在质证大厅里休庭的；只有那些非常重要，难度非同寻常的案例才会在这里被休庭。上议院议员柯克说：

[1] 2. Ld. Bac. 537.

[2] Mod. 225；7. Rep. 22. b. Calvin's case.

“最高等法院里所有的疑难案件和普通抗辩自古以来都被休庭了。在这里所有英格兰的法官们和财政大臣们对这些案例进行讨论，他们彼此争吵并最终解决这些案例。”[1]法院会经过慎重考虑，表达成熟的想法。首先，有学识的律师双方会就案例进行辩论，然后法官们公开讨论几天。决议是以深厚的法律知识为基础非常谨慎地作出的，所以值得信赖。它们会清楚地展示法律的实质。

我们会发现判决的核心问题就是国会立法权限的范围。这一决定的做出不是偶然的、未经考虑的；它不是没有任何根据，没有经过辩论的突发的想法；它是就这一疑案所作的明确的审慎的决议。他们聚集在一起就是为了解决这一案例。

为什么英格兰国会所制定的法令对爱尔兰人民没有约束力呢？我们会发现那些令人敬重的法律贤哲们所给的理由和美国人反对最近制定的和他们有关的法规的理由是一样的。爱尔兰没有委派议员到英格兰国会，所以他们不受英格兰国会法令的约束。因此不可否认，国会的权限源自于它的代表性——那些受国会法令约束的人被约束仅仅因为在国会中有他们的代表。如果这不是唯一的原因，那么国会就可以不依靠这种代表性而存活下去。但是只要国会失去这种代表性，国会就不能够生存下去，所以国会的权限不可能建立在其他任何原则之上。

法律绝不会自行失去效力，但如果支持它的理由不复存在的话，它肯定也就失去了效力。

值得一提的是，如果在立法者中没有代表就不必遵守这些法律，任何法律都不例外。当这些法官们不加限定地说“我们的法律对他们没有约束力”时，他们的决议适用于任何法律。而这个决议真的是应该适用于每一条法律：因为它所建立的依据适用于每一个人。如果一个人受法律的约束仅因为他被代表了的话，接下来我们可以肯定地说只要在没有他的代表的地方他就不受任何约束。为什么一种法律在一种情况下具有强制性，在另外一种情况下却没有强制性呢？对此我们不能给出合理的解释。如果那些人不能剥夺我们的财产，因为我们并没有将这种权力委托给他们，那么没有授权他们能够剥夺我们的生命吗？那些没有权力对我们征税的人有权力囚禁我们，将我们送上绞刑架吗？

根据这一文献我们可以说，议会的权限适用于国王所有的臣民这一规定根本就不是绝对的。爱尔兰的人民和英格兰的人民一样，都是国王的臣民，但爱尔兰的人民不受英格兰法律的束缚，这是以一种最庄严的方式经过明确表决的。对国王的效忠和对

[1] Ins. 110.

国会的顺从是建立在完全不同的理论之上的。前者是为了得到国王的保护，后者是因为国会能够代表他们。我认为如果认识不到这一差别，将会导致我们对英国和美洲殖民地之间的关系产生疑惑，没有把握。

关于这一案例我最后想说的是，如果爱尔兰人民不受英格兰国会所制定的法律的约束，同样，美洲殖民地的人民也不受它们的约束。爱尔兰是英国的附属国，但殖民地并非如此。一条纠错令会从爱尔兰的最高法院递交到英格兰的最高法院，并最后递交到上议院。[1] 这样，爱尔兰王国就受英格兰司法体系的控制。但是一条纠错令既不会从美洲殖民地递交到英国的高等法院，也不会递交到上议院。他们的司法程序只有在召开国会时向国王提起上诉才会被审查，受到干预。[2]

我们刚才提到的重要决定是支持在英国国会中没有代表席位的英国国王所有领地的自由权的，这在以后的判决中是被证实了的。我将要提到的一个判决是在威廉国王和玛丽王后统治的第 5 年由最高法院作出的。[3]

原告是牙买加一个市区执法官，根据合约，被告每年给原告付租金代行原告职务。被告表示同意履行协议，基于这一允诺就产生了债权关系。在辩论中，被告提出 statute of 5 Ed. 6. 法令中反对买卖与司法管理有关的职务且坚称这一职务和牙买加的司法管理有关，所以根据这一条款，合约及其允诺都是无效的。对这一答辩原告反驳到，牙买加曾是西班牙人居住的一个岛屿，“后来被英格兰的臣民征服，这一征服是经过法律授权，有足够权威的；自从这次征服以后，对牙买加人民的统治一直依据的是他们自己合理的法律法规，而不是国会的法令或英格兰的法规”。被告辩称，他承认在牙买加被英国人征服之前，他们依据自己的法律来统治其人民，但是“在这次征服之后，它就是英格兰王国的一部分，是依据英格兰的法律法规而不是岛国特有的法律法规来统治的。”对这一辩驳，原告表示反对，被告也最终同意了原告的意见。

国会的法令或者英格兰的法规在牙买加有没有效力呢？在法律上就这一问题必须制定明确的条款。在最高法院的法官们，即霍尔特大法官（在法律界非常知名的人物）和他的同事面前，那些著名的律师们给出了否定的意见。他们一致认为应该判原告胜诉。判决清楚地表明：国会的法令和英格兰的法规在牙买加没有效力。这一决定明显是有利于美国的，因为对牙买加所作的任何决议对每一个美洲殖民地是

[1] 4. Ins. 356.
[2] 1. Bl. Com. 108，231.
[3] 4. Mod. 215. Salk. 411.

同样适用的。

在这一案件判决几年之后，最高法院又判定了另一和弗吉尼亚有关的案件。在这一案件中，大法官霍尔特认为英国的法律不适用于弗吉尼亚。[1]

我应该坦率地承认，在加尔文的案例中，当我们引用质证大厅的法官们所作的和爱尔兰有关的上述决定时，为了对议会的权限作出解释，他补充说：……处理和美国有关案件的法官们已经注意到这种相同的例外而且似乎也允许有这种例外。[2] 如果有任何人对我的主张提出反对意见，我会完全引用 Foster 法官的话来回击："那些在辩论中抛掷的宽泛的原则，那些在审判中所运用的和案例的真实状况远不相符的原则，我得承认，对我没有什么分量。"[3]

我认为在这些案例中摆在法官面前的问题并不是在国会的法令里对他们专门作出规定会对他们产生多大的影响，尽管如果不被提名，他们就不受这一法令的约束。问题在于，国会的立法权限是否会延及爱尔兰、牙买加和弗吉尼亚。我们完全没有必要通过解决前面的问题来解决后面的问题，因此，前面的问题和判决的精神是相悖的。

还不止如此，对于后一问题的解决所给的理由是坚不可摧，令人信服的：美洲殖民地不受英国国会立法的约束是因为在国会中没有他们的代表。但是如果在某些法令中对他们有专门规定，那他们就必须遵守这些法令，对此该如何解释呢？对他们专门作出规定是不是就使那些作出规定的人有权力来统治他们呢？这是不是国会享有至高无上的，绝对的，不可抵抗的，不受控制的权限的原因呢？这些观点过于荒谬，不能成立。即使是 1000 个对其有利的司法判决都不能诱使一个有理智的人来同意这些判决。[4]

如果美洲殖民地在有些英国法规中被作出专门规定，这些法规就对殖民地有强制效力，持这种主张的人所给的解释一定建立在某种其他的理论之上。上议院议员 Coke 在其报告中说："尽管爱尔兰是独立的领地，但自从它被征服之后，明确地说，从法律上来讲，它应该受英格兰国会的约束。"在这里，国会的强制性权力清楚地归

[1] Salk. 666.

[2] 这一例外似乎在查理三世的案例中没有被采纳，后面所有判决都是依据这一案例的。

[3] Fost. 313.

[4] 当一个判决非常清楚地显示出荒谬性和不公正性，它就不是法律。1 Bl. Com. 70.
关于"如果英格兰的法律对爱尔兰作出了专门规定，爱尔兰的人民就要遵守这些法律"这一观点，后来柯克议员自己也在其他著作中对此提出了质疑。在提到查理三世时期质证厅里的决议之后，在注意到有些书里关于这一问题的论述之后，特别是在 Calvin 的案例之后，他说："关于英格兰的法律对爱尔兰是否有约束力这一问题，通过日常经验和判断就完全可以解决；在 the act of the 10th H. 7. 之后英格兰国会制定的法律对爱尔兰没有约束力；但是在它之前的法律以及 the said act made in Ireland An. 10. H. 7. c. 22，对爱尔兰有约束力。"12. Rep. 111.

结为征服所带来的权力，这是其基础和源头。只要拿上述爱尔兰及 Calvin 案例中其他被征服的国家的案例和与美国相关的判决作比较就会发现，法官们在作出后面的判决时依据的是前面的判决。[1] 我在这里的目的并不是想要探寻英国国会对爱尔兰的权限是由于它“被征服”了这一论断的合理性，尽管我认为以这种方式来进行有逻辑地推理是有点困难的。我只要表明把“被征服”这一名号加到殖民地头上是不合理的而且对殖民地是有害的就足够了。殖民者是如何变成被征服者的呢？是谁征服了殖民地呢？是下议院还是下议院的选民们呢？如果我们在考察美国所拥有的称号时一定要将征服这一概念考虑进去的话，只要这一概念能起作用，那它对殖民者是有利的，而不是有害的。经过国王批准和授权，他们自己花钱远征到达了这片遥远的国土，取得了这片土地的所有权，在这里开垦土地，种植庄稼。在国王的保护下他们安全地成长壮大，无论他们来自哪里，他们都传播英国的自由、英国的民族精神。他们享受着他们的自由，收获自己耕种的果实，幸福无比；要把他们的自由和财富传给他们的后代的美好憧憬使他们感到更加幸福。他们教育他们的子孙要对君主尽最大的忠诚，因为在他的帮助下他们享受了众多的福祉；要热爱和尊重宗主国的居民，他们因为和宗主国的居民有紧密联系而感到光荣。事实上他们从来没有教育子孙要忠于国会，他们从来没有想到会需要这种从来没有听说过的忠诚。他们从来没有想到他们的后代会被当成一个被征服的民族来对待，因此他们从来没有教给他们在这种情况下该如何表现出屈从和卑贱的姿态。

我清楚地知道，有人会反对我关于英国国会立法权限所说的一切。有人会辩解，我摒弃了对英国的一切依存关系。这种反对往往似是而非，而持这种反对意见的人要么是有着卑贱的灵魂，要么是唯利是图，在任何一种武断专横的权力面前他们都会卑躬屈膝。同样地，这对那些赞成英国和其殖民地的联系，但并不了解这种关系实质的人也是一种警示；英国和殖民地之间的这种联系对这些人是非常重要的。我希望前一种人占少数；我确信这一类人是可鄙视的，不值得我们的尊重。对于第二类人，他们可能人数更多，他们的高尚的原则可以弥补他们的过失，我将不厌其烦地消除他们的

[1] 很明显布莱克斯通认为法官们的观点——如果在法律中专门作出了规定，殖民地是要受英国国会法令的约束——是建立在征服理论上的。在这里引用他就和美国有关的决议所作的评论并非不合适。“除这些临近的岛屿之外（泽西岛等），我们在更遥远的美洲和其他地方的种植园在有些方面也臣服于英国的法律。在遥远国家的种植园或殖民地，要么是通过占有取得所有权之后，因为发现它们是一片荒漠，尚未开垦，所以从宗主国向那里输送人民；要么是已经开发之后，我们通过征服来取得所有权，或通过条约割让给我们的。我们在美洲的种植园原则上属于后一种；它是上世纪我们通过征服，驱赶出土著人（我在这里不研究我们是用什么样的天赋权力来驱赶他们的）或签订条约而获得的。” 1. Bl Com. 106. 107.guo
大法官霍尔特在上面引用的一例中称弗吉尼亚为被征服的国家。Salk. 666.

反对，并且表明否认英国国会对美国的立法权限绝不是要背叛它们之间的联系；这种联系应该存续下去，并且在第一个殖民地建立的时候，这种联系就已经存在了。但是，如果将国会的权力扩展到美国的庄园上的话，这种联系就会被完全毁坏。

让我们来研究一下对英国的“依赖”究竟是什么意思：因为给我们将要用到的术语下一个明确的定义一直是非常重要的。谈到殖民地的时候，布莱克斯通这样对我们解释这种依赖性：“它们不是宗主国的一部分，而是独立的领地（尽管依赖于它）。”[1]“低等的人或政权要依赖于优等的人或政权，所以他们必须要和优等的人或政权的意志和法律保持一致，除此之外，依赖没有什么意义。在爱尔兰这个案例中，这种优越性的最初和真正的根源是我们通常称之为征服的权力，尽管这样称呼有点不妥；如果说它不是天赋的权力，那么它就是所有民族的法律都允许的权力。为了结束两者之间的敌对关系，征服者和被征服者之间都有一个明确的或暗含的协议，如果他们承认胜者的主人地位，那它以后就会把它们当成附属国而不是敌人来对待”。[2]

英国优越于美洲殖民地的最初的真实的根据没有在任何一本法律书中提到过，除非就像我说的那样，它是源自于征服的权力。但是我已经证明了，并且我希望是令人信服地证明了这种权力根本就不适用于殖民者。那么，英国优于殖民地的起源是没有被解释过的；考虑到在这一问题上最近国内人民所遭受的震惊和痛苦，我们公正地得出这样的结论：它没有被解释的唯一原因是不能够对它作出解释。所以，英国对于殖民地的优越感应该被摒弃；而且，如果要把殖民地对英国的依赖理解为“必须服从于优等政权的意志或法律”的话，在这种意义上，这种依赖也应该被摒弃。

我对这件事情的看法并不是孤立的。这和殖民地抗议对它们征税法规的行为是一致的。它们一致认为国会没有权力要它们完全遵守那些法规，因此，殖民地没有义务去遵守这些法规。在这些情况下，殖民地对英国的依赖被否定了，但是在这些情况下对这种依赖的否定也就否定了其他所有情况下的依赖。因为如果依赖就是有义务服从优等政权的意志或法律，那么任何不服从的例外必定毁掉这种依赖。所以，如果殖民地对英国的依赖意味着它们必须遵守英国的法律，美国人的理性和共同的意见会教导我们去解除这种依赖关系。这样的一种依赖关系是那些离开英国到美国定居的人从来没有想到的；这也是给他们授权的君主所没有想到的。这样的义务没有相对应的权力：因为英国的普通民众对于和他们地位一样的美国民众没有管辖权；他们不能给他们的

[1] Bl. Com. 107.
[2] Id. 103.

代表授权去用法律束缚和他们享有相同地位的臣民。

殖民地对于英国的依存关系有另外一种而且是更加合理的意义。这一用语可以用来暗示顺从和忠诚，这是殖民者对英国国王应尽的义务。如果有人声称这一用词的意义并非如此，因为它只适用于这个国家，而不是国王，我的回答将和培根议员对那些认为效忠只和王国有关，和国王没有关系的人作出的回答一样；因为在法规中既有“生来就有英格兰的忠诚”的表述，又有“生来就没有英格兰的忠诚”的表述。他说：“我们最熟悉不过的语言风格就是用地方来指代人。所以我们经常用约克或兰卡斯特来指代约克公爵或兰卡斯特公爵。所以当我们说萨默塞特或者沃维克的财产时指的是萨默塞特公爵或沃维克伯爵的财产。正是以同样的方式，法规用英格兰的忠诚来指代英格兰国王的忠诚。”[1]

最先到达殖民地的人和当时英格兰最有名的律师们似乎就是从这种意义上来理解对宗主国的依存关系的。

那些为了寻求新的国土和栖息地到更远的未知的地方去拓荒的人认为他们仍然是英国国王的臣民，并且基于这一理解作出了得体的表现；但是无论如何他们都不认为在英国国会中仍然有他们的代表或者英国国会的权限扩展到了他们身上。他们以国王的名义占有了这个国家；他们用国王的权威来对待印第安人，对他们发动战争；他们在国王的授权下拥有土地并付给国王土地的租金；他们经国王特权批准或根据国王的宪章建立政府——但是他们所做的所有这些事情都没有涉及国会，国会没有批准这些宪章，也没有给他们专利，而在英格兰，那些远没有那么重要的授权和特许通常都必须经过国会的批准。

我非常赞同培根议员在这个问题上的观点。他才智非凡，学识渊博，深谙英格兰的宪法和法律，众所周知，令人生羡。而且他所生活的时代正处于安定和改善美洲种植园的计划被认真考虑并被成功执行的时期。[2] 建立政府和规范殖民地的计划在那时形成了，只有从这些最初的粗略计划中我们才能准确地解读它们现在所包含的细小微妙的部分。他说：“殖民地的定居计划，必须是愿意在那里定居的人选择在那里定居才能开展，否则，它听起来就像是驱逐；它们必须是选择离开的人促成的，而不是国王的命令促成的。在他们离开的时候，他们必须得到国王的授权或书面特许，那样他们才可能承认他们对英格兰国王的依存关系并且受到他的保护。”他还说：“他们必须

[1] Ld. Bac. 192. 193. Case of the postnati of Scotland.

[2] 在伊丽莎白女王统治时期，美洲的主要价值就在于它的矿藏。直到詹姆士一世统治时期才开始在这片土地上拓荒，种植庄稼。

仍是这个王国的臣民。"[1]"困扰人的事情会不知不觉地在这片土地上滋长，为了控制这些困扰"，他建议"国王应该在英格兰建立一个附属国会，负责建议和执行对那些新的种植园有益的计划；附属国会应该就各种情况向国王和国会委员会报告他们的进展，接受他们的指示，就像他们对待当地政府一样"。[2]上面这些话很清楚地表明培根议员认为国会不会也不应该介入殖民地定居和建立政府的事务。[3]他认为殖民者必须要继续坚持下去的唯一关系就是依附关系；他们应该承认的唯一依存关系就是对国王的依附关系。

这是一种他们迄今为止一直承认的依附关系，他们现在仍然承认这种依附关系，并且如果我们可以从过去和现在对未来作出合理判断的话，他们会继续承认这种依附关系。它不是国会所主张的那种受奴役的，无法解释的或是用错误的不可适用的理论来解释的依附关系；它是建立在理性、自由和法律理论之上的依附关系。让我们来探究一下这种关系的起源。

殖民地应该依附于国王，因为他们一直享有而且会继续享有他的保护。效忠意味着忠诚和顺从，这是每一个臣民对国王应尽的义务。这种顺从是建立在政府保护的基础之上的：因为保护和效忠是连接国王和臣民的互惠关系。[4]每个臣民生来就受到了国王的保护并且有权利享受由这种保护所带来的一切利益。所以他应该服从国王的权力，他所受到的保护就是源自这种权力。但是当他还处于婴儿和未成年时期，他不能履行效忠的义务。效忠义务的履行必须延缓到他成年以后。当他成年以后，他不仅要为他现在所享有的保护履行效忠的义务，而且要为他自出生以来享有的保护履行效忠的义务，因为他的年幼无知他一直没能就他所受到的保护付出应有的回报。效忠现在就变成了一种建立在感激之上的义务，也变成了建立在利益之上的一种义务：它变成了一种债务，只有终生忠诚于国王才能偿还这种债务。[5]一个臣民所享有的利益既不是气候赋予的，也不是土地和时间赋予的，因此气候、土地和时间的改变不能使他摆

[1] 国会没有臣民。在这里培根议员又使用了我们前面提到过的语言风格，他用王国的臣民指代这个王国的国王的臣民。

[2] 1 Ld. Bac. 725，726.

[3] 主要是在共和国的混乱时期，在国王被驱逐不能执政的时候，下议院开始插手殖民地事务。

[4] Between the sovereign and subject there is duplex et reciprocum ligamen；quia sicut subditus regi tenetur ad obedientiam；ita rex subdito tenetur ad protectionem：merito igitur ligeantia dicitur a ligando，quia continet in se duplex ligamen. 7. Rep. 5a. Calvin's case.

[5] 国王是他所有臣民的保护者。由于对他的高度信任，他特别要对那些不能照顾自己的人给予更多的照顾，比如说婴儿，由于他们未成年，所以没有能力照顾自己；从那时开始与生俱来的效忠就产生了，它是一种因为感激所以要偿还的债务。这种债务是不能被取消的，即使要偿还债务的臣民离开了这个国家或者宣誓要效忠另一个国王。2. P. Wms. 123，124.

脱这种义务。一个迁移到国外的英国人，不管他离英国多么遥远，他都应对国王尽同样的效忠义务，这是他在国内应尽的义务；而且 20 年后他还要尽和今天一样的义务。不管他在哪里他都要为他没有履行效忠义务犯下的罪行而受到法律的惩罚；他也有权享受法律所规定的由于履行义务而应该享受的权利：这是不能被取消的，也是不能被放弃的。因此所有在世界各地出生的孩子，如果他们的父母是英国人并且在他们出生的时候仍然是国王的臣民，如果他们没有做什么事使他们失去效忠的权利，就被归化为英国的臣民：如果他们有子女，他们的后代相互通婚，这些后代及以后所有的后代都被归化为英国的臣民。[1]

这样我们了解到国王的臣民尽管居住在国外，也仍然有对国王效忠的义务，也仍然有权利享有这种义务所带来的利益。他们把归化的荣耀以及由此而生的其他一切荣耀都传承给了他们的后代子孙。[2]

现在我们已经解释了美国对于英国的依存关系。他们是英国国王的臣民，他们有对他效忠的义务。他们有权利享有尽效忠义务所产生的利益。他们也会因为不尽效忠而受到惩罚。这是他们一直引以为荣的依存关系。这种忠诚的原则深深植根于他们的内心；在那里，他们逐渐成长并结出果实，而滋养他们的就是一滴维持生命的鲜血。他们的历史没有被暴乱和叛国的阴谋诡计所玷污；他们所有对于君主的坚定依附和对于他的荣耀的拥护在史书的每一页上闪光。

这种从其他各种原因中衍生出来的依存关系，使英国的人民和美国的人民之间建立了一种非常严格的联系。他们是同等的臣民；他们效忠于同一君主；共同的效忠自然产生了相同的心理。在所有英国的领地也就有了共同的措施。他们把政府的监督和管理权委托给了国王，所以要协调各种不同的派系，使他们的提议在相同的总原则下共同运行，国王是最合适的。他宣布交战，缔结和约，组建同盟，用他的特权规范国内贸易，他通过和其他国家签订条约来管理国际贸易。他任命政府官员以便监督政府当局的一切不和谐的行为。他对于领地内不一致的立法享有否决权，以便阻止不同的法律所引起的强烈反感。

共同培育英国和我们之间和谐的联系对我们双方都是有好处的，我们的子孙后代以及他们的子孙后代都要依靠这种联系来发展经济。这种关系需要国王合法地行使他

[1] Ld. Bac. 192. Case of the postnati of Scotland.

[2] 合法的臣民有许多权利，这些权利是只要出生在国王的领地里就能享有的，而且除非是因为他们自己的有过失的行为，否则这些权利也是不能因为地点和时间的改变会被取消的。法律的主要内容就是解释有哪些权利。1. Bl. Com. 371.

的特权，而不是议会无限制地行使他的权限才能更好地维持下去。[1]

请允许我用提问的方式来回答这些问题。欧洲的贸易乃至全球的贸易是如何进行的呢？那些广泛应用的计划是否是由一个主管国家制订的呢？这些计划又是否是由一个主管国家来实行的呢？是否没有一个主管国家的管理，这些计划的制订和实行就没有遵守公平和正义的原则呢？

一些政治家（并没有歧视的意思）认为所有关于贸易的规定都是无用的；其中大部分都是有害的；如果不是从自然渠道出发，商业的溪流里绝不会有如此众多的美好事物和实惠。这一观点是否有足够的依据还是让别人来评判。这样我们就可以肯定地说，用法律来规范商业远没有用条约和协议规范它们来得合适。欧洲几国的商业一直就是这样用条约和协议来管理的。但是，如果大英帝国的商业必须由一个能够对所有成员发挥影响力的主管国家来管理的话，为什么不将这种权力委托给国王，作为他特权的一部分呢？通过签订条约（这是他的特权），他管理英国和欧洲其他国家的贸易；如果和这些国家的条约考虑到了他的臣民的利益，那么这些条约对臣民是有约束力的。（1. Bl. Com. 252.）如果认为他被赋予了同样的权力来管理他的领地内各个独立的成员国之间的贸易，就像他有权力来管理他们和国外的贸易一样，其荒谬性在哪里呢？如果就这一问题去探究英国宪法的起源，我们会发现国王管理贸易的特权是完全符合法律精神的。我们会看到许多文献资料：国王不能对交通运输强制征税，他对此不能有任何限制，也不能让人垄断交通运输。但我所能查到的文献中再没有更进一步的阐述。实际上，其中许多文献都暗含国王有权管理贸易，只要这种权力的运用是为了实现所有特权的最终极目的——公众的福利。

如果就像我所认为的那样，管理贸易的权力应该根据宪法的精神赋予国王，从这一观点就会引申出如下结论：管理贸易的权力要永远有别于对贸易强制征税的权力。特权可以适用于前者，但在任何情况下都不能适用于后者：正如法律规定了这种权力，同样，法律对这种权力也有所限制。

（余琴　译）

[1] 在我把所能想到的都考虑进去之后，我发现对上述观点，即大英帝国的所有不同成员都是独立的政权，它们互不依赖，但因为他们受同一君主统治、服务于同一君主而联系在一起，只能提出一种反对意见。但许多人会认为这种反对是致命的。它会促使人问，如果在整个大英帝国内没有某种权力来规范它，大英帝国的贸易怎么能够进行呢？根据你的观点，每个成员国的立法权限仅限于它自身的界限之内，那么该如何决定和调整在整个帝国的商业中一定会遇到的各不相同的利益和要求呢？

英属美洲权利概述

托马斯·杰斐逊

决议：兹令本殖民地代表，当与英属美洲其他各州代表在大陆会议集会时，建议该会议向国王陛下提交一个谦卑忠顺的请愿，将陛下美洲臣民的一致怨苦斗胆直陈给作为大英帝国首席行政官的陛下，这些冤情都是因为帝国一个部分的立法机关罔顾上帝和法律平等独立地赋予所有人的权利、施行诸多于法无据的侵权和篡夺所致。谨向陛下陈情：陛下所属的这些殖民地曾屡次向陛下个别提交谦卑的请愿，恳请陛下过问以救济各殖民地臣民被侵犯的权利，这些请愿陛下均未曾屈尊答复。此次各殖民地得向陛下再行联合请愿，此请愿诚以肺腑之言写成、脱尽奴颜卑膝之辞，确是在向陛下主张权利而非请求施舍，各殖民地谦恭以待此请愿能被陛下更为体面有礼地接受。国王陛下不过是人民的最高长官，由法律任命并明确规定权限，职责在于协助政府的庞大机构运转，而政府乃为人民所用而建立，也理应受到人民监督。倘若陛下念及至此，就当知我们的请愿合情合理。为使陛下更为详尽地知悉我们的权利和其被侵犯的情形，谨将这些权利从头述及，从这些州中的第一个殖民地开始作一概述。

请向陛下陈明：我们的先人移居美洲之前，乃是欧洲境内不列颠治下的自由居民，拥有自然赋予所有人的迁徙权利，倘若居住的国家并非自己选择居住，而是为机缘所累不得不居于其中，就可以离开这个国家另寻新的居所，并在那里根据他们以为最有可能促进公共福祉的法律规章建立新社会。他们的萨克逊祖先当年就是依据这个普遍法则，以这样的方式离开了他们北欧故土的原野丛林，将那时人烟稀少的不列颠岛占为己有，并在那里建立了法律体系，而这一体系正是这个国家长久以来引以为荣和据为保障的。他们从前离开的那个北欧母国，从来没有向他们主张过自己主权的任何优越性或要求他们有任何依附，即便真的这样主张要求了，相信陛下大不列颠的臣民对他们承袭自先人的权利是那样坚信不疑，也绝不可能让自己国家的主权屈膝于这样痴人说梦般的要求。我们认为不列颠人移居至美洲同撒克逊人移居至不列颠，究其实质并无二致，没有任何理由能将这二者区别对待。美洲是被征服的，它的殖民地从缔造到牢固确立，都是由个人付出代价，而不是英国公家付出代价的。为了获取土地以供居留，最初的移民流了自己的血，为了安居乐业他们耗尽自己的资财，他们为自己而战，为自己征服，因此也有权利仅仅为自己保有这片土地。国王陛下或他的祖先起先没有为协助他们从国库拨过一个先令，直到很晚的时候，直到殖民地已经在一个牢固永久的立足点上建立起来，在那之前一直未济分文。那时，殖民地对于大不列颠的商业已变得颇有价值，帝国的议会乐于出钱资助它以对付自己的敌人，这个敌人正急于从帝国的贸易中分一杯羹，壮大自己的势力并让不列颠陷入困境。此情此景下给予的这种援助，不列颠过去也曾时常提供给葡萄牙和其他有贸易往来的盟国，然而这些国家从不曾因为得到援助就认为自己应该臣服于不列颠的主权。假使不列颠真的提过这样的条件，它们也会对此嗤之以鼻，并且寄希望于敌人态度缓和或者自己发愤图强，形势就会自然好转。当然我们并没有低估这些援助，无论基于什么原则被批准，这些援助对我们来说无疑都是很有价值的。但是我们认为，不列颠议会不能因为这些援助，就以为自己有资格来对我们擅用权威，我们给予不列颠的居民以排他的贸易权，惠及他们的同时也不让自己过分受限，这样报答就已经足够了。殖民地既然已经在美洲的旷野中建立起来，移民们认为理应适用他们过去在母国遵从的那个法律体系，继续与母国联合，拥戴同一个君主，这个君主因此也就成为新近扩大的帝国中连接不同部分的中央环节。

然而，不管移民们以为自己如何远离压迫之手，他们安然无扰的日子却为时不多了，他们也不能再保有自己不惜生命和财产而换来的权利。当时占据英国王位的那个家族犯下了悖逆民意的罪行，使得自己可以行使神圣的至高惩罚权，本来这些权利是由人民为备危急之需而行使的，依照宪法如果将其委托给任何其他司法机构都是不安全的。既然在大洋彼岸他们每天都出新招术对自己的臣民擅用于法无据的权力，而那时我们这里反对暴政图谋的能力要比英国人弱得多，就很难指望我们可以幸免其害。

结果，这个由探险家们用个体的生命、劳作和金钱换来的国土，就被这些君主们几次分割，分配给他们的宠臣和追随者们，单单凭借国王僭越权限的权力，他们就在自己所分得的土地上成立了各自不同的独立政府。人们相信，以国王陛下的明智慎断，断不会在今日效仿此行，因为尽管英格兰王国立国已久，这个国家领域内却从未行使过划分或瓜分国土的权力，而且这种做法在陛下帝国内的任何其他地方都不会被视为合理或被勉强接受。

这样，美利坚殖民地人民拥有的同世界所有地区自由贸易的自然权利（对于这个权利，他们自己的法律从未取消或限制），就成了下一个不正当侵犯的目标。某些殖民地认为自己应该继续以查理一世陛下的名义并在其权威之下管理政府，尽管他已被英吉利共和国政府废黜，他们仍然承认他的主权。英吉利共和国议会将此举视同大逆不道，擅自越权禁止这些殖民地同不列颠岛之外的世界其他地方贸易。他们不久就撤销了这一专断的法令，1651 年 3 月 12 日，英吉利共和国代表同弗吉尼亚殖民地众议院缔结了正式条约，其中第 8 条规定："弗吉尼亚人民拥有同英格兰人民一样按照共和国法律同一切地方、一切民族自由通商之权。"然而在查理二世陛下复辟之后，殖民地的自由贸易权利再一次成为专断权利的牺牲品，根据他的几个法令和其继任者的一些法令，殖民地的贸易权受到了如此严苛的限制，以至于看来如果对殖民地可以行使这样不受限制的权力，殖民地不可能对不列颠议会的公正寄予任何希望。历史告诉我们，众人之治同少数人之治一样容易感染暴政的恶习，撇开所有其他证据不论，只要看看英国议会"管制"（就像它自己装模作样所说的）美利吉贸易的法令，就可以确信此言不虚。除了对我们进出口的商品征收关税之外，他们还禁止我们向西班牙王国菲尼斯泰拉岬（Cape Finesterre）以北任何市场出售英国不愿意向我们购买的商品和购买英国不能供给我们的商品。这样做无非是为了一个专横的自私目的：以牺牲我们的权益为代价，获取他们同一个盟国贸易中的某些特权。这个盟国相信只要英国议会的权力和原则不变，它就可以将同美洲的独占贸易继续下去，于是就趁我们急需尽其贪欲，漫天要价大发不义之财，把美洲需要的商品价格提高到独占贸易之前的两倍和三倍，也是其他地方同类的更好货物的两倍和三倍，同时，我们运到那里的货物的卖价也比运到其他更为方便的港口的卖价要少得多。这些法令禁止我们运走供英国消费之需后剩余的烟草另寻买家，我们必须把剩下的烟草留给英国商人，他爱付多少钱就付多少钱，由他重新装船运往外国市场，以最高价格出售，从中获利。为了加深对（英国）议会独特公正观念的认识，并且为了表明他们在自己影响无足轻重的地方运用权力是何等的肆无忌惮，我们冒昧向陛下提及英国议会的一些其他法令，依据这些法令，他们将会禁止我们在自己的土地上用自己的劳动制造供自用的产品。根据已故英王陛下乔治二世在位第 5 年通过的一个法令，美国国民不得用哪怕是从自己土地上产出的毛皮为自己制帽，即便在不列颠最为专制的年代也从未有过能与此匹敌的专制暴政。根据乔治二世陛下在位第 23 年的另一项法令，我们不得用自产的铁生产铁器，尽管铁器很重，难于运输，而且在农业的每一个部门都需要。这样，我们除了支付手续费和保险费之外，还必须付运费把自产的铁运到英国，再付运费将英国产的铁器运回来，英国这样做的目的不是为了养活它的国民，而是为了让它国内的机器有事情可做。乔治二世陛下在位第 5 年通过的议会法令也应当以与上述法令同样的平等正义观念来考察。依据这项法令，美利坚的土地必须被用来满足英国债权人的要求，英国人自己的土地则仍然不能用来抵偿他们的债务。由此我们必然得出这样的结论：要么正义在美国和在英国不是同一个概念，要么英国议会对美利坚的关切不及对不列颠的关切。然而，我们向陛下指出这些法令的不公正，并无意将它们的无效归因于此，而是为了表明：那些使我们免于英国国会立法权管辖的政治原则是正确适当的。我们宣告上述这些法令无效的真实基础是英国议会无权对我们行使政治权威。

这些没有合法性的权力不仅被用于与他们自己利害相关的食物，也用于干涉殖民地的内政。安妮女王在位第 9 年关于在美利坚建立邮政局的法令似乎同不列颠的福利没什么关系，除非是为了方便女王陛下的大臣和宠臣们卖官鬻爵，帮出钱的人安排清闲的职务。

以上我们粗略述及了陛下即位前几位国王治下对美利坚的苛政，在那期间对我们权利的侵犯还不是十分可怕的，因为其间间隔都比较长，现在则是接二连三地发生，来势凶猛，这可能是现在与美利坚历史上一切其他时期都不同的地方。英国议会的打击让我们还惊魂未定，另一个更为沉重和可怕的打击又从天而降。个别的暴虐行为可能来源于一时心血来潮的恶念，但是开始于一个特殊时期并为历任内阁一成不变地加以推行的一系列压迫性政策，则显然可以证明一个要将美利坚陷入奴役境地的处心积虑的系统计划。

陛下在位第 4 年通过一个名为《英属美洲殖民地征税法案》的法令。

陛下在位第 5 年又通过一个名为《英属美洲殖民地征收印花税及其他税收法案》的法令。

陛下在位第 6 年又通过一个名为《关于切实保证国王陛下美洲殖民地从属于国王及议会法案》的法令，第 7 年又通过一个名为《对纸张、茶叶等物征税法案》的法令。英国议会这一连串滥用权力的法令，已经成为殖民地对国王陛下和上下两院经常提起的请愿主题，而这些请愿一次也没有被答复过，我们就不再烦扰陛下来重复其中包含的内容了。

但是，同样在陛下在位第 7 年通过的另一个法案，因其有着不同寻常的图谋应该受到特别的关注，这个法案名为《暂停纽约立法活动法案》。一个自由和独立的立法机关竟敢暂停了一个和它同样自由而独立的另一个立法机关的权力，这里展示了一个自然界不为人所知的现象：创造者通过被造者获得它自己创造的权力。要说服陛下在这里的臣民，使他们相信他们的政治存在仰赖于英国议会的意志，不仅必须放弃常识中的原则，而且人类的共同感情也必须被放弃。有一帮他们从未谋面和信任过的人，不管这些人反对美洲人民的罪行多大他们也无权惩罚和撤换，难道就凭这些人一句蛮不讲理的话，他们的政府就要被解散，财产就要被消灭，并且被贬低到没有文明的自然状态？美洲的人民每一个人在德行、智性和体能上都与不列颠的人民不相上下，而不列颠的 16 万选民居然要为美洲的 400 万人制定法律，能举出任何一个理由来说明这是为什么吗？如果允许他们这样做，我们就不再是自由的人民（我们至今一直认为自己是自由的人民，并且打算继续保有自由），就会突然发现自己变成了奴隶，不是一个而是 16 万个暴君的奴隶，这些暴君同其他暴君所不同之处，就在于一种世所罕有的独特情境，使得他们可以肆无忌惮、无所畏惧，而畏惧恰恰是能使暴君有所收敛的唯一制约。

英国议会的上一届会议通过了一项法案，以所规定的方式，在规定的时间内停止在北美马萨诸塞省波士顿市和港口装卸和运输货物、商品，根据这项法案，一个完全以贸易为生的人口众多的大城市被剥夺了贸易的权利，濒临于彻底的破产。让我们先将权利的问题撇开勿论，只从正义的原则出发考察这个法案：英国议会曾经通过一项在美洲支付茶叶税的法案，美洲人民曾经抗议这项法案超越了英国议会的权限。到那时为止，东印度公司从未自行向美洲运送过哪怕一磅茶叶，这时却以英国议会权力的维护者自居，向美洲运送了很多船这些可憎的货物。不过其中一些船长在抵达美洲后接受了忠告，明智地带着货物返航了。只有在新英格兰殖民地，船长对人民的抗议置若罔闻。人民和平等待了数天之后，他们的忠告被断然拒绝。这到底是因为船主冥顽不灵，还是上命不能违抗，这一点让那些知道内情的人去回答吧。非常的形势需要非常的干预，被激怒了的人民感到了自己的力量，是不会轻易就范的。一些人民群集于波士顿市，把茶叶倾倒进大海，但没有再作出任何其他暴力行为，随后四散而去。如果说在这件事上他们做得不对的话，他们还是知法遵法的，从未在任何情形下偏离正轨而去支持侵害公众利益的罪犯。因此在这件事中他们无可责难。然而，这个过去曾经大胆反对斯图亚特王朝的不幸的殖民地，现在却听任那只支配这个伟大帝国重要事务的看不见的手将自己推向毁火。依据少数卑鄙朝臣们（他们的一贯行径就是使政府陷入混乱，通过他们的奸诈背信行为来为自己牟取英国爵士的荣誉）的不公正陈述，没有传召被指控方，没有质对任何证据，也没有试图在有罪与无辜之间作任何区分，那整个古老而富庶的城市顷刻之间就从富裕沦为赤贫。那些花费毕生精力用于扩大英国贸易、将自己诚实劳动所得的财富都投资于那个地方的人们，发现他们和自己的家人立刻就一贫如洗，只能仰赖英国人的施舍过活。那个城市中参加被控行动的人不过居民的百分之一，其中一些还在英国和海外其他地区，但是英国议会的一个闻所未闻的新的行政权却不分青红皂白地将所有人都弄得倾家荡产。为了报复，而不是为了赔偿几千元的损失，价值数百万元的财产就被牺牲了，这真是强盗一样的执法！这场大风暴要到何时才能平息呢？两个码头将在陛下认为适当的时候再度开放，而布列在波士顿湾广阔海岸线上的其他码头则被永远禁止贸易。这两个码头被作为小小的例外，不是为了别的目的，而是为授予陛下立法权创立一个先例。如果人民对于这个实验安然接受的话，下来就会一个接一个，直至暴政措施爆满，直至人民的耐受极限。说什么这两个码头的例外是为了恢复同这个伟大城市的贸易，那简直是对常识的侮辱。这两个码头无法容纳的贸易必然会被转移到其他地方，到了那里容纳不了就再被转移到下一个地方。从这个角度来看，那将是对波士顿灭绝的一个傲慢而残忍的嘲弄。

根据同样在英国议会上一届会议通过的镇压波士顿市暴动和骚乱的法案，在该市犯下的凶杀案，如果总督愿意，将要到位于不列颠岛的英国王室法院，由英国米德尔塞克斯郡的陪审团审理。证人在英国法院收到总督认为合理的费用之后，将要具结保证随传随到。换言之，这就是强迫证人自己交付这笔保证金，而保证金多少完全由总督决定。陛下试想，谁会愿意单单为了给一件事实作证而远渡大西洋呢？的确，他的费用将由总督估算并由公家负担，但是他的妻儿除了依靠他每天的劳动之外别无生路，谁能在他走后养活他们呢？还有，那些在异国气候下可怕的流行病，治疗的费用是否算在这笔支出之下，患病的风险是否依靠议会的无上权威就可以避免呢？而那个可怜的罪犯，如果他凑巧在美洲犯了罪，就被剥夺了在邻近地区由身份同等的人来审判的特权，离开唯一可能获取充分证据的地方，没有钱、没有法律顾问、没有朋友、没有申明无罪的证据，在预先就已决定他有罪的法官面前受审。谁能够容忍一个同胞从自己的社会中被强行夺走并成为英国议会暴政的牺牲品，谁就是懦夫，就会和这个法案的制定者一样遗臭万年！为了同样的目的，陛下在位第 12 年通过的名为《更切实地保障和维护国王陛下的船坞、仓库、船只、军火和储存品法案》中又加进了一个条款，这个条款应该受到同样的谴责，很多殖民地已经就此提出了抗议。

以上就是一小撮敌视我们的宪法、不被我们的法律承认的人所制定的强权法案，对此，我们谨代表英属美利坚的人民提出庄重和坚决的抗议。陛下作为大英帝国各部之间唯一的仲裁者，我们仍然恳请您劝告英国议会完全撤销这些法案，因为不管它们多么琐屑和无足轻重，它们仍然是我们进一步不满和猜忌的原因。

陛下掌握这些殖民地法律的执行权，接下来我们就要考察陛下的行为在哪些方面超越了职权：根据英国宪法和美国一些殖民地的宪法，陛下对于议会两院已通过的法案拥有否决权。但是，陛下和他的祖先们自知以他们的见解来对抗议会两院的集体智慧（如果议会的行动是无偏私、超越利害的）是不适当的，因此，几个世代以来一直谨慎地拒绝在帝国那个名为大不列颠的区域行使这一权力。然而随着时移事易，议会的决断逐渐在公正原则之外也考虑其他一些原则。大英帝国增加了很多新的殖民地，也增加了很多有时会相互对立的新的利益。因此，陛下现在的重大任务便是恢复行使他的否决权，阻止帝国任何一个部分的立法机关通过可能损害另一个立法机关权益的法律。但这并不能成为陛下对美利坚的立法机关恣意行使这种权力的正当理由。出于最微不足道的理由，有时甚至根本想不出什么理由，陛下就否决了美利坚一些最为有益的法律。有些殖民地初创时期不幸引入了奴隶制度，现在它们的最大目标就是废除奴隶制度。但在解放我们所有的奴隶之前，当务之急是禁止从非洲继续输入奴隶。我们一再努力，通过禁令，通过征收效果等于禁令的重税，想要实现这个目标，可是迄今为止，我们的努力都被陛下的否决权付诸泡影。这说明陛下宁取一些非洲海盗的眼前利益，也不顾美洲殖民地的长远利益，不顾被这种臭名昭著的做法深深损害的基于人道的权利。不仅如此，那些有利害关系的个人对法律的干预几乎没有不得逞的，尽管在天平的另一边放着整个国家的利益。托付给陛下的权力本是为了其他正当的目的，这是对这种权力的可耻的滥用，如果不能改革，也需要在法律上加以限制。

由于对殖民地臣民的需要同样地漠不关心，陛下将我们的法令在英国搁置多年，既不表示同意予以批准，也不表示反对使之无效。因此，对那些没有规定搁置条款的法律，我们就战战兢兢地伺察陛下的意志，而那些可搁置到陛下同意为止的法律，我们又担心等到遥远的将来实施时，由于时过境迁反倒会对这里的人民带来灾害。使这个不公状况更具压迫性的是，陛下颁布敕令对殖民地总督们课以严格限制，法律除非受限于搁置条款就无法通过。这样一来，不管立法干预的要求多么迫切，法律在横渡大西洋两次之前不能付诸实施，而到实施之时，原本需要这项法律来治理的恶行已经为祸殆尽。

前不久，陛下给弗吉尼亚殖民地的总督下达敕令，禁止他批准建立县的法案，除非这个新建的县同意在议会中没有代表，对于这个敕令，我们怎样来评价它，才能既不违逆陛下的意志又不违背事实真相呢？弗吉尼亚殖民地西部的边界还未划定，因此，西部各县的管辖范围是不明确的，其中某些县的位置离东部边界有好几百英里。人民受的损害无论巨细，为了求得公道，按照该殖民地的法律，就必须带齐所有证据，每个月长途跋涉去他们的县法院诉讼，直至官司有定局为止。对于人民的这些疾苦，陛下可曾有一刻念及？抑或陛下真的希望并且打算昭告天下，他的臣民应当放弃光荣的代表权以及由此派生的其他一切权益，俯首甘为陛下至高权力的绝对奴隶？要不然就是想把立法机关限制在目前的人数，以便将来需要收买他们时可以少花些钱成交？

查理二世在位时，弹劾特里西林（Tresilian）和威斯敏斯特厅其他法官的条款之一（他们因叛国罪而被处死）就是他们曾建议国王可以随时解散议会，后来继任的国王们都采纳了这些奸佞法官的意见。然而，自从光荣革命后根据古老而自由的原则制定英国宪法以来，陛下和您的祖先从未在大不列颠岛上行使过这种解散议会的权力。当英国本土的人民一致向陛下请愿，要求陛下解散他们已经深恶痛绝的本届议会时，陛下的大臣们在议会里公然宣称，根据宪法，陛下没有这样的权力。但是在关于美利坚殖民地的问题上，他们是何等的言行不一啊！美利坚殖民地本于它的职责宣布他们国家众所周知的权利，反对任何外国司法机构的篡权行为，无视一位部长或总督的专横命令，这些竟然成为解散美利坚殖民地议会的公开宣布的原因。如果陛下真的拥有集散议会的权力，难道陛下认为这种权力是用来恐吓议员们不要去履行职责达成上述那些目的吗？如果议员们失去了人民的信任，如果他们出卖了他们最可宝贵的法定权利以致声名狼藉，如果他们僭取了人民从来没有赋予他们的权力，那么他们继续履职就会危及国家，就需要陛下行使解散议会的权力。既然议会应否解散的原因就在于此，那么英国本土的议会没有被解散，美利坚殖民地的议会却屡屡遭到解散，在没有偏私的旁观者看来，这岂不是咄咄怪事？

然而陛下和您的总督却使这种权力超越了人所能知的一切界限，也超越了法律规定的所有界限。解散一个议会之后，却拒绝召集新的议会，以至于很长一段时间内，法律规定的立法机关不复存在。就事物的本性来说，每一个社会无论何时都应该拥有立法主权。认为一个国家在任何紧急情形下都无须对可能招致立即毁灭的危险预作防范，这种观念是违背人类感情的。当立法机构存在时，人民把立法权委托给它了，就只有它拥有和能够行使这种权力。但当它的一个或多个分支被裁撤，它就被解散了，权力就复归于人民，人民可以不受限制地行使权力，或者亲自集会，或者委派代表，或者以他们认为合适的任何其他方式。我们就不去详述这种做法的后果了，显而易见的是，这样做带来的将是危机四伏。

同时我们也要注意我们土地保有制度中的一个错误，这个错误在殖民地初建时期就已经埋下了伏笔。封建保有权引入英格兰王国，尽管历史悠久，但是很容易被领会，从而有助于适当地理解这个问题。在萨克逊人移居早期，封建保有权当然是不为人所知的，在诺曼征服时期如果有引入这种制度的话，规模也颇为有限。我们的萨克逊祖先保有土地就像对待他们私人的动产一样，拥有绝对的主权，不受制于任何更高的权威，其性质与封建主义者使用的 Allodial 这个词类似。[1] 征服者威廉第一次全面引入了封建保有制度。黑斯廷斯战役 [2] 和随后镇压王国叛乱的战役中阵亡者保有的土地在整个王国的土地中占有相当大的比例，征服者威廉将这些土地以负担封建义务为条件分封出去，新臣民的土地也有很大部分被这样分封出去，这些新臣民在劝说和威胁软硬兼施之下，不得不屈服，献出自己的土地供其分封。但是仍有不少土地留在他的萨克逊臣民手中，不受制于任何更高的权威，也无须尽封建义务。然而，根据为了统一军事防御制度而发布的法律，这些自由的保有地就像封地一样也必须承担兵役。诺曼的封建法学家们很快就想出办法，将其他所有的封建义务也施加于这些土地。但是这些臣民仍然没有屈服于国王，让出土地，他们保有这些土地不是来自于国王的分封，因此这些土地就不是归国王所有的。“在英国所有土地都由国王直接或间接保有”，这个一般原则确实是被引入英国了，但它是以那些真正封建制的土地为基础而虚拟出来的，当用于其他性质的土地时只是为了说明。因此，在萨克逊财产法中封建保有制只是例外，土地的绝对所有权才是通例。土地的绝对所有仍然构成普通法的基础，在分封制这种例外没有发生的地区仍然盛行。美洲不是被威廉一世征服的，也没有将自己的土地臣服于他和继任君主们。毫无疑问，美利坚的土地是和 Allodial 同类性质的。然而，移居于美洲的我们的祖先是农夫而不是法学家，他们一开始就把“所有土地都归国王所有”这个虚拟的原则当真了，也就以为自己的土地是来自于国王的赐予。于是当国

[1] Allodial，保有绝对所有权的土地，与“封地”相对，不必负担租金、劳役或其他封建义务。——译者注

[2] 1066 年，法国诺曼底公爵威廉一世在黑斯廷斯打败英国国王哈罗德二世，入主英格兰，自立为英国国王。——译者注

王继续用少量金额封赠，土地租金也不高的时候，也就没有人阻止这个错误并将其公之于众。但是陛下最近开始提高出卖的价钱，租金也涨到了原来的两倍，这就意味着获得土地变得更为困难，殖民地人口的增长也会受到抑制。因此，现在我们应该向陛下提出这个问题，并且宣布他没有权力个人封赐土地。从公民社会的性质和目的来看，任何社会在其划定的界限之内的土地都应归社会所有，并只能由社会来分配。社会可以集体表决来分配，也可以通过他们委托最高主权的立法机关来分配。如果土地不是用这两种方式来分配，每个社会成员都可以把自己发现的空地据为己有，他对无主地的先占就赋予了他所有权。

为了强制执行前述我们抗议的专横措施，陛下不时派遣大批军队来到美洲，这些军队既不是由美洲人民组成的，也不是根据我们法律的权威征募的。假如陛下真能拥有这样的权利，它就能在陛下认为合适的任何时候吞噬我们的其他所有权利。但是陛下没有权利派遣哪怕一个武装人员登陆我们的海岸，他派到这里来的军队都必须服从我们关于镇压和惩罚暴乱、聚众闹事与非法集会的法律，否则就是无视法律侵犯我们的敌军。在上次战争过程中，当情况紧急，必须派一支汉诺威军队来美洲保卫不列颠时，陛下的祖父、我们已故的国王，并没有运用他手中的任何权力擅自派遣军队来。擅自派军这种做法势必引起他的不列颠臣民的恐慌，如果和他们没有同样民族感情的外国军队能够不经立法机关的同意随时进入国境，人民的自由就没有保障可言了。因此他向议会提出申请，议会通过了一个法案，限定了进驻军队的人数和进驻的时间。同样的，在帝国的每一个部分，陛下都受到这种限制。他的确拥有在每一个殖民地执行法律的权利，但是他应该执行的是该殖民地的法律，而不是在这个殖民地执行另一个殖民地的法律。每一个殖民地都应该自己判断，在他们境内派驻多少军队能让他们放心，这些军队怎么组成以及应受什么样的限制。

更为恶劣地违反我们法律的是，陛下不是让军权隶属于民政权力，而是明确地让民政权力隶属于军权。但是这样，陛下就能把所有法律都踩在脚下吗？他能确立一种比确立他的政治地位的权力更高的权力吗？的确，他通过暴力达到了这样的目的，但是他应该记住，暴力不可能产生权利与正义。

我们要向陛下申述的冤情就是这些。我们的语言和情感中有一种自由的精神，正是这一点使我们成为自由的人民，我们认为自己的权利来源于自然法则，而不是来自最高行政长官的恩赐。让那些怯懦的人去谄媚吧，谄媚不是美利坚人的特长。贪腐之徒尽可以歪曲是非、大肆吹捧，但是主张自然权利的人不会这样做。他们懂得并且会说：

国王是人民的公仆，而不是人民的主人。陛下，敞开你的胸怀去接受自由开放的思想吧，不要让乔治三世这个名字成为史册中的污点。你被英国顾问们团团包围，但要记住他们是营私之党。[1] 你没有管理美国事务的大臣，因为你没有从我们中间选出来的大臣，也没有按照法律向你提供忠告的人。因此，你理应为你自己和你的人民来思考和行动。是非曲直的大原则对于每个人都是清晰易懂的，奉行这些原则不需要很多顾问的帮助，治理国家的全部艺术就在于诚实。只要尽到你自己的本分，即便你失败了也会受到人民的赞誉。不要再坚持牺牲帝国一个部分的权利来迁就另一个部分的非分之想，而要把平等和公正的权利分配给所有人民。不要再让任何立法机关通过侵犯另一个立法机关权利和自由的法律。命运之神给你安排了一个重要的职分：保持一个伟大帝国的平衡。陛下，这就是你的伟大美利坚议会的忠告，你的福祉和未来名声就取决于是非遵循这些忠告，而只有维持和睦才能延续英美两国互利互惠的联系。脱离英国既不是我们的愿望，也不符合我们的利益。就我们来说，为了恢复所有人都向往的安宁，理智要求我们牺牲的一切我们都愿意牺牲。就他们来说，让他们准备好在一个宽大的基础上建立同盟，他们可以提出条件，但是条件必须公正。对于我们能生产为他们所用和他们能生产为我们所用的东西，我们能力所允许的每一项贸易特惠都接受吧，但是他们休想禁止我们到别的市场上销售他们不能使用的商品，或者提供他们不能供给的商品。更不要企图让我们自己以外的任何政治势力对我们在自己领土内的财产征税和加以管制。上帝赋予我们生命的同时也赋予我们自由，暴力可以摧毁他们，但却不能拆散他们。陛下，这就是我们最后坚定的决心，你将以你的竭诚努力所能保证的效率，欣然洗雪我们的重大冤情，抚慰你的英属美利坚臣民，使他们不再忧惧任何未来的侵权行为，在整个帝国建立兄弟情谊和融洽氛围，传诸千秋万代，这便是英属美利坚全体人民所馨香祷祝的！

（柯岚　译[2]）

[1] 托马斯·杰斐逊在政治上反对结党营私，他认为党派会使政府机构成为少数人的专属领地和以权谋私的工具。——译者注

[2] 商务印书馆“美国丛书”中《杰斐逊选集》原有朱曾汶先生译文，信达雅畅，此篇译文系在参酌朱先生译文基础之上而成，谨致谢忱。参见《杰斐逊选集》，朱曾汶译，商务印书馆 1999 年版，第 279–295 页。——译者注

向大陪审团指控[1]

威廉·亨利·德雷顿

大陪审团的阁下们：

当几乎等同于绝对暴政的邪恶诡计使陪审团的审判中止的时候，当被解除了职责且未经选举的陪审团集合在一起，而且一经聚集就被悄无声息、武断专横地解散的时候，他们也就藐视了《大宪章》。公平正义被延误甚至被否认；对于每一个有良知的公民而言，只有再一次看到陪审团的成员们被合法地选举并且长此以往，正如他们本应该的那样。

只有他们再一次看到法律被严格地执行，他们才会感到由衷的满足——对如此重大之事件，我向你们表示最衷心的祝贺。

在这个法庭里，沉寂已驻足太久，其直接目的就是要使政府分崩离析，使这个国家陷入混乱不堪的无政府状态，所以你们现在必须不受皇室权威的干涉，根据新的政府宪法作出裁断。这是一部根据伟大的自然法则和民族法则而诞生的宪法，是近期国会在 3 月 26 号制定的宪法——这是这个国家永远不会忘记的一天——是我们历史中不同寻常的一月——因为在 1669 年的这一月，我们政府最初的宪法诞生了；1765 年的这一个月，美国人民因为印花税法案蒙受了巨大的灾难；紧接着第二年，印花税法案被撤销；在这一个月里，著名的“波士顿围攻事件”结束了，在这次事件中，美国军队迫使豪将军，一个在英国军队中享有最高荣誉，有着数量最多、纪律最严明、给

[1] 1776 年 4 月 23 日，在南卡罗来纳州的查尔斯顿举行的查尔斯顿区法院首次开庭期间，首席法官威廉·亨利·德雷顿向大陪审团提交了以下指控。

养最好的部队的将军，仓促地放弃了在美国最坚固的堡垒，给美国人留下了大量的行李、军需品和大炮。在我们的历史记载中，如此众多之重大事件都发生在不同寻常的3月。但是结下来我要向你们尽数导致我们政府最近革命的主要原因——以法律为依据，以及这个令人兴奋且必要的建构所带来的益处。如此重要的转变值得建立这样一个政府——目前的情势需要这样的一个政府，我们未来的福祉同样需要这样一个政府。完成此事可能需要花费一点时间，但现在是它最关键的时刻，值得你们特别关注。因此，我的演讲将围绕关键的这一点，并且在让你们考虑到遵守陪审法、巡回法和奴隶法案之后，我将克制我自己不再提及大陪审团其他应尽的职责，下面我将向你们详细阐述"你们国家的宪法"。

1719年，布伦瑞克家族几乎还没有坐稳英国王位，我们的祖先发现，在这个国家里，贵族们的统治迫使他们要走向毁灭，他们行使了英格兰祖先传承给他们的权利，摒弃了所有者的统治，号召布伦瑞克家族来统治他们，这是热爱自由的人民所呼吁的——这个家族之所以能拥有皇室统治权，就是因为他们除了维护一个民族不可剥夺的权利之外并没有任何其他目的。国王接受了这一邀请，也就毫无争议地承认了那次革命的合法性。这样一来，如果布伦瑞克政府的统治将驱使人民走向灭亡，它就用自己的行动赋予了我们的先辈和作为后代的我们发动又一次革命的不可辩驳的权力。因此，伟大的罗马皇帝图拉真递给他的罗马禁卫军首领塞浦路斯一把剑并说了让人称道的一句话："拿着这把剑，如果我治国有方，就用它来保卫我；如果我治国无方，那就用它来杀了我。"

我们的祖先欣喜地赞同了1721年8月18日通过的集会法，承认了不列颠君王的统治。乔治二世的美德今天依然为我们所敬重——他是其臣民之父。所以，当我们看见他的孙子乔治三世登上他的臣民所衷心拥护的王位时，我们兴奋不已。

但是，对于他的统治，一开始他的臣民就有了抱怨其统治的理由。其统治得越久——抱怨也就越来越多，越来越难以忍受，而且更广泛，呼声更高——整个王国都回荡着那些受伤臣民们的呐喊声！最后，那些抱怨与日俱增，已无处藏身；所有的耐心消融殆尽，所有的希望破灭殆尽；所有对于王室统治的信心灰飞烟灭！——瞧！整个王国已分崩离析，不断改旗易帜！它可能会永远分裂下去！

我们所受的一连串的压迫，无论是在整个大陆还是在当地都是数不胜数的。在所有这些压迫之中，我仅想提及一些最重要的。

以执行州法的名义，大不列颠的国王和议会作出了最武断专横的尝试，想要奴役

美国：

他们声称有权力约束殖民地各阶层人民；

他们对所有殖民地任意征税；

他们废止了纽约的立法；

他们通过废除马萨诸塞湾宪章中最重要的部分而宣告美国宪章无效；

他们没有经过起诉也没有经过审判就解除了众多殖民地人民对其财产的所有权；

他们剥夺了所有沿海殖民地丰富的物产而用饥荒来威胁他们；

他们限制美国的贸易和商业；

他们未经美国人民的同意且不顾美国人民的反对，在和平时期向美国派遣军队并在美国常驻军队；

他们将豁免权给予一支被煽动去谋杀美国人民的军队；

他们宣布马萨诸塞湾的人民对所犯罪行要负法律责任，声称在此殖民地所犯罪行应被送往英格兰或其他任何临近没有陪审团的殖民地，接受和在英格兰一样的审判；

他们在魁北克设立了罗马天主教，建立了专制政府而并非新教和自由政府。

因此，美国从中发现不能信任皇室的公告；我必须使得你们注意到，1763 年，正是这样一个公告，邀请人们到加拿大定居并保证他们将有立法代表，享有英格兰案例法所带来的益处并建立一个自由的政府。令公众感到不幸的是，这并不是皇室公告无效的唯一例证。然而，我向你们展示在这片被践踏的大陆的最北端皇室信誉扫地的一个例证就已足够，我将使你们把注意力转移到大陆的最南端；在这里，他们以同样的方式作出了许多承诺，但是被欺骗的圣奥古斯丁的居民们被其大陪审团遗弃了，只能徒劳无功地向全世界抱怨叹息，然而他们几乎都不能行使感叹其不幸的权力，王室的信誉并没有站在他们这一边。

我所列举的上述事实对所有的殖民地都有着直接或间接的深远影响：他们将直面灭亡的命运。他们综合了其建议，将公正的控诉呈送到了君王面前，祈求他能够矫枉过正。但让他们感到震惊的是，他们对于和平和安全的恭敬顺从的请愿却是以一场战争和军事打击来回应的。

但是，忠诚的波士顿居民曾和平地接受了英国的军队并视其为自己君主的军队，所以，英国的军队理应庇护他们！这些军队加强了城镇的防卫，囚禁了其居民并利用这座城镇来反对拥有它的人民！英国统治者既然已决心从理性和正义转而诉诸暴力和武器，于是在 1775 年 4 月 19 日派遣了一支精英部队在夜晚突然悄悄地向波士顿迸发——在莱格辛顿，他们出其不意地拔剑挑起了内战，并将利剑刺向美国人民的胸膛！针对这一骇人的不道义之行为，万能的上帝使其立即受到了惩罚：一小队装备贫乏的民兵临时集结在一起来抵制这次进攻，他们没有有序的组织，也未受过正规的训练；但是，他们挫败了暴君的常规军，借助夜幕的掩护这些常规军才逃脱了全军覆没的命运。

尽管被迫拿起武器来自卫，美国又一次和顺地向国王请愿了："如果双方共同召开会议，提出某种方法使得殖民地居民和英国可以永久和解并乐意共同效忠国王，那美国也是乐于接受的；同时，应该采取措施防止臣民们的生活进一步恶化。"但是一切都是徒劳！成百上千万人祈求停止流血牺牲的请愿被置若罔闻，甚至被认为不值得作出任何答复！邪恶之战依然在继续。查尔斯顿、法尔茅斯、诺福克的毁坏标志着王室军队文明的进步，这些城镇的建立本不是为了进攻，亦不是为了防守；迦太基、科林斯和努曼提姆（Numantium）的毁灭也向全世界宣告正义已从罗马国会中被驱逐出去！另外，美国以极大的毅力承受了这次内战和军事暴行；让人称奇的是，尽管我们知道他们的行为方式和宗教信仰千差万别，彼此相去甚远，多种利益相互冲突，并且缺乏自信，他们却史无前例地团结起来了，且在战争中取得了奇迹般的胜利。我可以说，所有这些事情表明上帝是站在我们这一边的！不言而喻，这个世界万能的建造者建造了这个富饶的大陆，意欲组建一个出类拔萃的政权，现在他正在为此目的而利用英国暴君的统治来设计安排这些丰富的物产。

在此开明时代，人类一定会对这一系列的暴行感到极度震惊；让人难以置信的是，英国的暴君能够利用一系列的更为可耻的阴谋诡计来对美国提出诉讼。但是，所有的证据使我们相信，在施行反人权阴谋的同时，这个暴君也就犯下了恶名昭著的罪行。

为了达到解除波士顿被监禁的居民们武装的卑鄙目的，国王的将军盖奇在光天化日之下亵渎了公众的信任，使其自身限于困境；他和其他总督及约翰·斯图亚特一起用尽各种方法煽动野蛮民族在南方殖民地发动战争，滥杀无辜，无论男女，无论老少。总的来说，对总督们是没有真理可言的；他们怂恿奴隶们从其主人那里逃离出来并拿起武器来反对他们，他们使兄弟反目，父子成仇！哦！宇宙的万能的上帝！我们怎么可能对一个建立在非自然破坏原则之上，用武力来统治的政府有信心呢！——这个政府在事后于去年 12 月 21 号制定了法律来为其所作所为进行辩护，这不仅是有违法律的，而且是非正义的！根据这一法律，所有在联合殖民地的、到殖民地来的或从殖民地出发的舰船都是战利品；这些舰船上的人都是奴隶，他们必须无视自己的良知，拿起武器来和他们的父辈作战，和他们正在流血的祖国为敌！这个世界是如此之古老，却从未听说过如此残暴的行径，在所有的暴君统治中是没人能够相匹敌的。

但我们还得往下说。

国王在这个国家任命的法官们拒绝主持正义，上一任总督威廉·坎贝尔勋爵作为国王的代表曾致力于颠覆这个国家的宪法。他违反了国王和人民最初所定下的协议；用武力攻击人民；违背了基本的法律；他携带着大印章撤离了殖民地，遗弃了其政府。

在遭受了如此众多的巨大伤害、压迫之后，这些伤害既有损当地的也有损整个大陆的利益；在遭受了其他各种专横、非法行径的压迫之后，所有这些犯下的过错都是经英国国王同意、命令或为他所容忍的，南卡罗来纳的代表们聚集在议会里，他们觉得为了人民的利益建立一个有立法、行政和司法权的政府是他们无可逃避的职责，而一切正义之政府的起源和终极目的都是为了人民的利益。就是为了这一目的，布伦瑞克家族才应邀来统治我们。哎！多么痛苦的回忆！布伦瑞克家族是用刀剑、烈火和枪刺来统治我们的！英国政府的统治只会导致我们的覆灭。我们的天性大声呼吁：自我保护就是伟大的法律——我们只有遵从这一点。

如果我来回顾一下历史，那么没有任何一种政府的变迁是建立在比这次变迁更充分的理由之上的，没有一次变迁是因为人民感到如此气愤，如此急切，如此合理的。从这一意义上来讲，即使是 1688 年英格兰那场著名的革命也要逊色得多。然而，我们无须提出比这一著名先例更为权威的理由，下面，我将比较一下这两次事件的起因以及他们所依据的法律。

1688 年 2 月 7 日，英格兰上下两院的议员们按惯例完成了下列决议。

“现决定，国王詹姆士二世致力于推翻王国的宪法，背叛了国王和人民最初的协议，听从耶稣会和其他恶人的建议，违反了基本的法律，他已经脱离了其王国，遗弃了其政府，因此，王位空缺了。”

这一著名的决议剥夺了詹姆士的王权，成了大不列颠现任国王建立其王位的基石——它也支撑着我们所建立的政府大厦。

在这一决议里陈述了詹姆士所做的 3 件事情，我将要明示这 3 件事并审查现任的大不列颠国王在他自己或他的代表们管理政府的时候是否有同样的行为，并直接或间接地影响到了殖民地。

除了管理政府不当之外，詹姆士所做的第二件事是违反了基本法；针对这两个控告，上议院的神职议员、世俗议员和下议院的议员们于 1688 年 2 月 12 号宣告詹姆士犯下了罪行。

“未经议会同意便有权废止法律，延缓执法和任意执法”；

“指控并迫害了许多受人敬重的主教，他们曾恭顺地请求不要行使上述臆想的权力”；

“经他授权建立了一个委员会来设立一个法庭，被称为传教使者法庭”；

“为了王室的花费而敛聚钱财，借口议会批准国王在特殊时期，特殊形势下有此特权”；

“未经议会同意在和平时期在王国内招募并给养了一支常规军，并违法征军入伍”；

“解除了许多顺从的清教徒们的武装，同时又违法雇用并武装了许多天主教徒”；

“破坏了自由选举议会成员的自由”；

“迫害最高法院里的法官，而他们仅仅是就议会里的事务进行了讨论；他还犯下了其他许多残暴非法的罪行”。

这一宣告包含了两点罪行，违背了最初的协议以及破坏了基本法律。我将会把这两点区分开来。

首先，最权威的著作里规定，保护和臣服是相互的，这些相互的权利义务构成了国王和臣民之间最初的协议。然而这种最初的协议被詹姆士的上述行为所违背，他没有给其臣民提供相应的保护。那么，他未经议会同意延缓执法，任意执法，征集钱财，破坏自由选举议会议员的规定，在和平时期给养常规军队，违法征军入伍是违反了基本法的规定的，这一点是显而易见的。也就是说，他未经人民自己选举的立法团体的同意便对人民犯下了这些罪行。

以上这些事实、推理和结论都是根据法律程序作出的，因此，即使是最权威的法律著作都不能将其更改。下面，我将开始这项令人不悦的工作。我要仔细审查这些事实、推理和结论是否也适用于点燃并煽动了美国内战火焰的暴行。

詹姆士二世有法不依——乔治三世事实上废止了马萨诸塞湾宪章；他废止了构成纽约立法的法律，由于这一法律极具权威，因此，他使得这一殖民地的法律都废止了。

国王詹姆士未经人民代表们同意便向人民征集钱财——国王乔治向美国征集钱财不仅是没有征得美国人民代表的同意，而且是公然违背了其意志。

国王詹姆士违反了议会成员自由选举的规定——而乔治三世，通过他的代表威廉·坎贝尔勋爵的行为违反了这个国家的一项基本法律，即议会要定期召开大会；他不仅违反了这一法律，而且还使其完全丧失了召开大会的能力。

国王詹姆士未经人民代表的同意在英格兰的人民中维持了一支常规军——乔治三世未经同意在和平时期派遣大规模军队侵占了这个大陆并在此常驻军队，公然违背了人民的意愿，而这支军队依靠的是这里的人民。

国王乔治三世对美国的所有行为和詹姆士对英格兰人民的所作所为是极其相似的，它们和我们对美国的所作所为是背道而驰的，和我们的利益和幸福是相悖的，是违反法律规定的，至少也是意欲颠覆和消除美洲这块殖民地的自由的。因为相同的法律原则，在一种情形下会触及英格兰人民利益的行为在另一种情形下同样会触及美国人民的利益。这就是伟大的原则：未经他们自己或他们自己选出的代表们的同意，一些行为就可以被实施并影响到人民。这一唯一原则就是英格兰人民憎恨之所在——英格兰人民的愤懑都是建立在这一相同原则之上的；美国人民的愤懑也是植根于这一相同原则的。所以，这一点是非常清楚的：如果詹姆士二世违反了英国的基本法，乔治三世也就违反了美国的基本法。

此外——

国王詹姆士由于没有给其臣民提供适当的保护而破坏了最初的协定，尽管他没有被指控攫取城镇并利用这些城镇来反对其人民，使用武力来毁灭人民，劫掠其舰船，用烈火刀剑驱逐人民或是宣布他们为叛逆者，而抵制他的武装就等同于毁灭他们的生命、自由和财产——但是乔治三世在美国把所有这些事情都践行了，所以无可否认，他没有给美国人民提供适当的保护。如果詹姆士二世破坏了君臣之间最初的协定，无须辩驳，乔治三世也破坏了君臣之间最初的协定，而且他使用最残暴的措施使之付诸实行——詹姆士未曾使用过暴行。这些措施包括纵火、屠杀以及在一个民族中挑起战争；法律规定，这个民族对大不列颠国王的臣服仅仅是基于他们能够得到保护作为回报的基础之上的。这项法律是明确且牢固地建立在这一原则之上的，它规定：面对国王，如果他们自己不能成为另一意义上的国王，或者没有得到保护的权力，那这种臣服就没有必要。

还有——

指控詹姆士的第三个事实是他脱离了他的王国。我们知道这个国家的人民已经宣布，威廉·坎贝尔勋爵，大不列颠国王的代表，曾尽其最大努力毁灭那些他基于其职责本应去保护的遵纪守法的人民的生命、自由和财产，脱离了其殖民地，倘若每一次撤离都会有完全相同的自然结果，那么，国王詹姆士是自己脱离了英格兰人民，而国王乔治则是通过他的代理人及其代表威廉·坎贝尔勋爵脱离了卡罗来纳。随着国王詹姆士的离去，行政法官也就随之不复存在，因此，从法律意义上来说，行政法官业已死亡，其后果就是王室统治在这一地方事实上已结束。威廉勋爵作为国王的代表，带着那枚了不起的图章和王室对总督的训诫撤离了，他是代表其上司作出这样的行为的。这样，詹姆士二世撤离了英格兰，乔治三世撤离了南卡罗来纳，通过他们各自分别的行为，每个国家的人民都受到了完全相同程度的损害。

针对国王詹姆士的3个指控已陈述完毕并和国王乔治相似的行为作出了比较，现在我们就要确定前者造成的伤害所产生的后果以及基于此而形成的法律；这些自然会构成我们基于后者造成的伤害所产生的后果而作出的法律判决的内容。对这一重要事件，我很庆幸我可以向你们引述最权威的著作。

在处理宪法上这一著名案例之时，学识渊博的布莱克斯通法官宣布：3个指控的后果“无异于遗弃政府，这种遗弃不仅影响到了国王自身，也影响到了他的子孙后代；这样就使得王位完全彻底地空缺出来了”。

然而，政府并没有被遗弃，王位是被上下两院的议员们裁定为空缺的，这一点是昭然若揭的。但是这个裁定是根据3个管理不当的事实所造成的损害而作出的自然和理性的宣言。利用最权威的著述，我已将其展示得十分清楚：乔治三世，大不列颠的国王，曾致力于颠覆这个国家的宪法，他破坏了国王和臣民最原初的协定；听从恶人的建议，违反了基本法律，撤回了根据宪法国王应给予人民的福利，撤销了在这一国度他对于人民的保护。根据这些损害所造成的后果并综合考虑所有情势——国家法律授权我来宣布，而且大胆地宣布这一法令也是我应尽的职责：大不列颠国王乔治三世遗弃了其政府，所以他无权统治我们，我们也没有顺从于他的义务。英国的大臣们已经将我的一份指控呈递到了上下两院议员们的手中；他们对于这一指控有着相同的憎恨，我心甘情愿，因为，支持我的是宪法中的基本法律，对于他们的阴谋诡计我无所畏惧。

至此，我已经陈述了我们上次革命的主要缘由。非常清楚，乔治三世损害了美国人民的利益，其严重程度至少和詹姆士二世对英格兰人民利益的损害程度相当；但是詹姆士并没有用如此罪恶的行径压迫英国人，而乔治却压迫了美国人。我已陈述了和这一事件相关的法律，自然地，我会给你们指出这次革命给你们带来的巨大利益。

总之，你们将拥有一个在各方面都比英国的统治更称心如意的政府。通过对比两种政府形式，这一点就可以很清楚地显现出来。

在英国统治下，政府派遣总督到我们这里，他对于我们本土的利益、人民非凡的才能以及我们的法律是完全陌生的；总体而言，他们往往要过多地服从一个专制内阁的命令，如果总督犯了错误，我们不能通过任何一种和平的方式来获得赔偿。但是，根据我们现在令人幸福的宪法，我们的行政长官是根据神圣法令的精神和条文产生的——“他们的统治者将从他们中间产生”。所以，人们有机会选举一个非常熟悉他们的切身利益、他们的才能以及他们法律的人，一个会全力以赴保护他们不受专制大臣们欺压并促进人民福利的人；他从人民中被提升起来，所以人民不费吹灰之力就可以将其罢免，使之混迹于普通大众。

另外，英国的统治等于在事实上宣布我们没有财产，而且我们不能够拥有任何财产，我们也没有任何人权。对于那些并不了解我们的人而言，他们得到多少意味着我们会失去多少，他们妄称在任何情况下都有权力束缚我们！但是我们的宪法会将我们从国外的束缚下解放出来，确保我们财产的安全，维护我们的人权，保护我们不受意图使我们沦为最卑贱的奴隶的英国统治的压迫！

而且，英国政府宣布我们不能建立工厂，对于这一不公平的法律，我们毕恭毕敬地完全服从了，只要能保障我们的生命安全，我们是能够服从这样的政府的；但是现在议会的一个决议同意给予我们一笔费用，鼓励我们来建立工厂。英国政府阻止我们生产我们自己需要消费的产品；但是新的宪法批准以贷款或津贴的形式给予大量的资金以鼓励生产铁、钢、指甲刀、枪栓、炮筒、硫磺、硝石、火药、铅、棉毛和尼龙制品以及纸张和盐等产品。

总之，英国的政策就是强迫我们把我们所需要的东西在他们的市场上销售，而这个市场是我们所知的最贵的市场，从而来限制我们的贸易以便我们依附于他们的商业市场，而我们的实际利益根本无从谈起。另外，新宪法作出了灵活的调整，使我们能够和外国进行贸易，这样我们就能够在世界上最便宜的市场上购买我们需要的产品，将我们的贸易扩展到无限广泛的地区；新宪法是为了增进人民的幸福而特别制定的，只要拥有良好的品性，即使他们中间最贫穷的人也可以享有最高的尊严。——哦，卡罗来纳人！希望你们在新的宪法下能够幸福安康！希望你们能了解你们所处的幸福时刻！

既然拥有一部建立在如此慷慨、平等、自然原则之上的政府宪法——一个明确表示要使人民变得富裕、强大、品德高尚和幸福的政府，谁又会希望去改变它，回到王室政府的统治下呢？王室政府的主要原则在每一点上都是刚好与之背道而驰的！向你们最真实地展示这部令人幸福的宪法是我的职责；而你们的职责就是理解这部宪法，传授这部宪法并保卫这部宪法。

我本可以在此适时地结束这一非常重要的主题，但我对于公众福祉的担忧迫使我要再耽误你们一会儿，我想就宪法中很重要的一部分说上几句。

从各个方面考虑了各种奴役美国的企图之后，例如以法律为幌子进行欺诈，使用军事威胁；闹饥荒，搞屠杀，破坏公众信仰，公开挑起战争，宪法表明要建立某种形式的政府，“除非美国和英国之间这种令人苦恼的分歧能够得到和解；尽管这样会遭到诽谤，会被视为背叛，我们仍然热切地盼望此事的发生”。但是当双方针锋相对的时候，我们怎么能够拒绝尊重一个政权里伟大的委员会所给出的慷慨条件呢？那些品德高尚的人是宽宏大度的。我们不希望采取报复：我们渴望和英国之间让人烦恼的争端能够得到和解；我们热爱和平，厌恶战争。而且，不可能有这样一种和解，它排除了任何通过税收增加收入的想法，也排除了议会立法的可能。赋予大不列颠国王非常有限的权力来统治我们，以便能够促进我们的商业利益，保障我们的自由和安全——这是任何统治唯一公正的目的。在我陈述这些事情的同时，我也有责任表明我的观点，如果英国的航海条例没有重大的改变，就没有我们真正的商业利益，正如无上荣耀的大陆会议的决议里记录的：英国航海条例“将会保障整个帝国的商业利益以及每个成员国的商业利润都尽归宗主国”。如果英国国王可以占据我们的堡垒和大炮，或是有权调遣在美国的军队或是我们港口的战舰，那么我们的自由和安全就无所依靠。因为如果他占据了我们的堡垒，他就可以利用它们来攻击我们，就像他们对待波士顿的人民一样；如果他获得了我们的大炮，他就会在事实上解除殖民地的武装；如果他能在我们中调遣军队，即使这支军队是我们花钱招募的，那我们就被缚上了枷锁——看看爱尔兰和他们国家的军队吧。议会中最明确的法令也能轻易地被废除，就像它们能被轻易地制定一样。皇室的宣告是不足为信的，请看一下失望的魁北克和圣奥古斯丁的居民吧。即使是内阁的变换对我们也是毫无裨益的，因为尽管英国宫廷在当前的统治下以频繁更替内阁大臣而闻名，在美国盛行的依然是那些会给其带来巨大损失的政策。简言之，我觉得本着正义的原则，在万能的上帝面前表明我的观点是我的职责，即只有依靠上帝的偏爱、他们自己的美德以及他们的谨言慎行，不让英国的统治者来领导他们，伤害他们，美国人才能享有安全。事实上，我们所受到的严重致命的伤害以及由此所招致的忌妒随着事物发展的本性会与日俱增；另外，它们会使最蠢笨的人也能回想起所有帝国的兴起和衰落，向他们表明，如果美国臣服于英国，那它们之间的和解就根本不存在。上帝创造美国是要使其独立于英国之外的。我们要谨防再一次沦为那只强大有力的手中的工具，这是对上帝的不敬；现在我们已经着力去实现他的目标，也只有实现这一目标，美国才能在人类事务发展的进程中不受其敌人阴谋诡计的威胁；他的敌人们认为他已经拥有太多的权力，已经过于繁荣。总之，我们的虔诚和我们的政治安全是密不可分的，如果拒绝为这一庄严的任务奋战即是拒绝我们成为一个伟大、自由、忠诚而幸福的民族！

是谋求政治上的幸福还是不幸，现在我要把这一重要选择交给上帝，在很大程度上来说是交到你们手中。我祈求人类事务的最高裁决者会指引你们的判断，因为你们可能会根据他的意志来行动。为了正在自由的神坛前浴血奋战的美国的利益，他会将他的意志显示在其神奇的著作中！

（余琴　译）

常　识[1]

托马斯·潘恩

泛论政权的起源和目的，并简评英国政体

有些作者把社会和政府混为一谈，弄得它们彼此没有多少区别，甚或完全没有区别；而实际上它们不但不是一回事，而且有不同的起源。社会是由我们的欲望所产生的，政府是由我们的邪恶所产生的；前者使我们一体同心，从而积极地增进我们的幸福，后者制止我们的恶行，从而消极地增进我们的幸福。一个是鼓励交往，另一个是制造差别。前面的一个是奖励者，后面的一个是惩罚者。

社会在各种情况下都是受人欢迎的，可是政府呢，即使在其最好的情况下，也不过是一件免不了的祸害；在其最坏的情况下，就成了不可容忍的祸害。因为，当我们受苦的时候，当我们从一个政府方面遭受那些只有在无政府的国家中才可能遭受的不幸时，我们由于想到自己亲手提供了受苦的根源而格外感到痛心。政府好比衣服，是天真纯朴受到残害的表征；帝王的殿是建筑在乐园的亭檄的废墟上的。如果良心的激发是天日可鉴的、始终如一的和信守不渝的，一个人就毋需其他的立法者；但事实并非如此，他觉得有必要放弃一部分的财产，出钱换取其余的人的保护；谨慎小心的原则在其他任何场合都劝他两害相权取其轻，现在这个原则也促使他这样做。因此，既然安全是政府的真正的意图和目的，那就毫无疑义地可以推断，任何看起来最有可能保证我们安全的形式，只要是花费最少而得益最大，都是其他一切人所愿意接受的。

为了清楚而正确地了解政府的意图和目的，我们假定有少数人在地球的某一个隐

[1] 选自《潘恩选集》，马清槐等译，商务印书馆 1982 年版，第 3-58 页。

僻的部分住下来，同其余的人不发生联系；他们就将代表任何一块地方或世界上的第一批移民。在这种自然的自由状态下，他们将首先想到社会。千百种的动机都将鼓励他们趋向这一目标。单单一个人的力量应付不了他的各种需要，他的心境又不堪永远寂寞，因此他不久就被迫寻求另一个人的帮助和安慰，而对方也有同样的要求。四五个人通力合作，就能够在旷野当中兴建一个还算过得去的住所，但单独一个人的力量就可能劳碌终生而一无所成。当砍了木头之后他搬不动它，就是搬动了也竖不起来；同时饥饿会逼他离开工作，每一种不同的需要会以不同的方式来支使他。疾病，哪怕是一件不幸，也意味着死亡；因为它们纵然并不致人于死命，也会使他不能维持生活，落到死不死活不活的境地。

这样，客观的需要像一种吸引力似的，马上会把我们这些刚到的移民组成社会，而彼此从社会生活中所得的幸福就会确立起来，并且只要人们始终互以真诚相待，就不必有法律和政府的约束；然而，由于唯独上帝才不为邪恶所侵染，结果就必然发生这样的情况：他们刚刚克服了那些在共同的事业中把他们团结起来的迁居之初所遇到的种种困难之后，立刻便开始忽视彼此应尽的责任和应有的情谊。这种怠懈表明有必要建立某种形式的统治，来弥补德行方面的缺陷。

某一棵地点适中的大树将供给他们一座大礼堂，全体移民区的人可以在树荫下聚会，讨论公共的问题。很可能，他们第一批的法律只是称为条例，在推行的时候至多以公众的鄙视作为违犯条例的惩罚。在这第一次的会议中，人人自然都有权利占据一个席位。

可是，随着移民区的发展，公众所关心的事情也增加了，同时成员间彼此可能离得很远，不便像从前那样大家每次都聚在一起，而当初他们的人数不多，住处很近，公众所关心的事情是寥寥无几的和琐碎的。这种情况表明，他们同意从全体成员中选出一些优秀的人来专门管理立法工作，是有其方便的地方的；这些人应该关心那些选派他们的人所关心的事情，一切做法同全体成员亲自出席时所采取的一样。如果移民区继续发展，就有必要扩大代表的名额，使移民区的各部分的利益都可以受到照顾，同时最好是把整个区域分成若干适当的部分，每一部分派出相应的人数，这样一来，当选人就永远不会独自关心一种与选举人毫不相干的利益，并且为了审慎起见，时常举行选举是适当的。通过这种方式，当选人有可能在几个月以后回去再同群众混杂在一起，他们就不敢自找苦吃，从而他们对于公众的忠实也就会有所保证。因为这种不时的互换会同社会的每一部分建立共同的利害关系，各部分就会自然地互相支援，正是基于这一点（不是基于帝王的无意义的名号），才产生政府的力量和被统治者的幸福。

这便是政府的起源和兴起。也就是说，这是由于人们德行的软弱无力而有必要采用的治理世界的方式。由此也可看出政府的意图和目的，即自由与安全。不管我们的眼睛在纷然杂陈的事物面前如何眼花缭乱，或者我们的耳朵如何受音响的欺骗，也不管偏颇的见解如何把我们的意志引入歧途，或者个人的利害关系如何迷了我们的心窍，自然和理性的坦率的呼声也必然会说这是对的。我对于政体的这种想法，是从一项无法推翻的自然原理推论出来的，也就是说，任何事物愈是简单，它愈不容易发生紊乱，即使发生紊乱也比较容易纠正。根据这项原理，我现在想对大肆吹嘘的英国政体说几句话。在制定英国政体的黑暗的奴隶时代，它是光荣的，这一点我并不否认。在宇内暴政肆虐的时候，尽量不脱离这种政体，那也是一种光荣的出路。可是，要论证现在这个政体是不完备的、不稳固的、不能产生它应有的效果的，那倒是容易的。专制政体（虽然这是人类本性的耻辱）有这样的好处，就是它们来得简单，如果人民受苦遭难，他们知道他们的苦难是从谁的头脑里产生出来的，也知道补救的办法，没有五花八门的原因和救苦消灾的方法使他们茫然失措。可是英国的政体十分复杂，全国人民可能受苦多年而根本发现不了这是哪一方面的过错；有些人会这样说，有些人会那样说，每一个政治医生开的药方也各不相同。我知道，要克服地区的或由来已久的偏见是困难的，可是如果我们耐心考察一下英国政体的组成部分，我们就会看出它们是掺杂着一些新的共和政体因素的两种古代暴政的肮脏残余。

第一，由国王所体现的君主政体暴政的残余。

第二，由上议院所体现的贵族政治暴政的残余。

第三，由下议院所体现的新的共和政体的成分，而英国的自由是以下议院的效能为基础的。

前两种是世袭的，与人民无关，因此，从法治上讲，它们对于国家的自由是毫无贡献的。

要说英国的政体是 3 种势力的合一，互相牵制，那是可笑的；这句话不是毫无意义，便是不折不扣的自相矛盾。

所谓下议院是对国王的一种牵制，这话包含两层意思。

第一，如果没有人监督，对国王是不能信任的；或者换句话说，渴望保持专制政权的欲念是君主政体的固有的弊病。

第二，为此而被任命的下议院议员不是比国王贤明，便是更值得信任。

在君主政治的体制里有一些极端可笑的东西。这个体制首先使一个人无从获得广博的见闻，然而又授权他去解决那些需要十分明智地加以判断的问题。国王的身份使他昧于世事，然而国王的职务却要求他洞悉一切。因此这两种不同的方面，由于它们出乎常理地相互敌对和破坏，证明那整个的人物是荒唐的和无用的。

有些作家曾经这样地解释英国的政体：他们说国王是一方面，人民是另一方面；上议院是代表国王的议院，下议院是代表人民的议院。可是这种解释把议会的一切特征割裂开来，不能自圆其说。纵然文章做得很漂亮，但一经推敲，它们却显得毫无根据和意义含混了，而且总会发生这样的情况：哪怕是绝顶讲究的文字，如果所描述的是一种绝不可能存在的事情，或者是一种颇为费解而无法描述的事情，也只能是一堆响亮的字眼，它们固然好听，却缺乏思想内容。其原因是，这种解释包含一个先决问题，也就是说，既然国王所凭借的权力是人民不敢信任的，并且常常不得不加以牵制，那么这个国王怎么会产生呢？这样一种权力绝不会是贤明的人民所赋予的，任何需要牵制的权力也不会是从上帝那里得来的，然而宪法的条文却规定这样的权力是要存在的。

宪法条文不能起到它应起的作用，这个手段不能也不会达到目的，而全盘的事情等于是一种“自杀”。因为，较重的秤砣总会称起分量较小的东西，一架机器的各个轮子都由一个轮子推动，我们还需要知道的，就是在这个政体中哪一种权力最为重要，因为那种权力将起着支配作用。虽然其他的权力，或其中的一部分，可以阻碍或所谓牵制它的运转的速度，但是只要它们无法使它停止，它们的努力总是白费的：第一个动力终将为所欲为，而它在速度上感到不足的，在时间上可以得到弥补。

国王是英国政体中这个压倒一切的部分，这一点是不必明说的，而他仅仅因为给人以地位和津贴，才获得他那全部的势力，这一点也是不言而喻的。因此，虽然我们十分聪明，曾经对专制君主政体关门下锁，但同时我们也十分愚蠢，曾让国王掌握了钥匙。

英国人支持他们自己的由国王、上议院和下议院统治的政府，这种偏见一半来自理智，一半来自民族自傲，甚或以后者的成分居多。在英国，个人无疑地要比在其他国家安全一些，但是国王的意志无论在英国或法国都同样是国家的法律，所不同的是，英国国王的意志不是直接从他的口里表达出来，而是通过议会法令的可怕的形式交给人民的。因为查理一世的命运只是使得国王们更为狡猾，不是更为正直。

因此，撇开所有那些赞成形式和结构的民族自傲与偏见不谈，昭然若揭的真理是：英国国王之所以不像土耳其国王那样暴虐，这完全是由于人民的素质，而不是由于政府的体制。

对于英国政权形式的体制方面的错误作一番探讨，在目前是非常必要的。当我们还受到某种突出的偏爱的影响的时候，我们就绝不能予人以公正的评价，同样地，当我们还受到任何顽固的偏见的束缚的时候，我们也就不能对自己作出公平的论断。一个眷恋娼妓的男子是不配选择或品评妻子的，同样地，任何赞成一个腐朽政体的成见也将使我们不能识别一个好的政体。

论君主政体和世袭

在宇宙万物的体系中，人类本来是平等的，这种平等只能为以后的某一桩事故所破坏：贫富的差别是很可以加以说明的，而且在说明的时候不必采用压迫和贪婪之类刺耳的、难听的字眼。压迫往往是财富的后果，而很少是或绝不是致富的手段。虽然贪婪会使一个人不致陷入赤贫的境地，但一般说来它却使他变得怯懦，发不了大财。

可是，还有一种不能用真正自然的或宗教的理由来解释的更大的差别，那就是把人们分成“国王”和“臣民”的差别。阳性与阴性是自然作出的差别，善与恶是上苍作出的差别。但是有一类人降生世间，怎么会高出于其余的人之上，俨然一个新的人种那样与众不同，倒是值得加以探究，了解他们究竟是促进人类幸福的手段还是招致人类苦难的手段。在世界的古代社会，根据《圣经》上的记载来看，并没有帝王，这种情况所产生的结果是，当时没有什么战争，而现在使人类陷入混乱的，乃是帝王的傲慢。荷兰没有国王，近百年来已经比欧洲任何君主政体的国家安享了更多的和平。[1]古代的历史也可以证实这种说法，因为最初一批宗族首领所过的恬静的田园生活本身自有一种乐趣，当我们读到犹太王族史的时候这种乐趣便消失了。

由国王掌握的政权形式最初是异教徒开始采用的，后来犹太人向他们模仿了这种惯例。这是魔鬼为了鼓励偶像崇拜而进行的最得意的杰作。异教徒把他们去世的国王视为神圣，向他们表示敬意，而基督教世界则进了一步，以同样的态度对待活着的国王。把神圣的“陛下”这一称号施诸于耀武扬威而转瞬变为白骨的小人，该是多么亵渎！

把一个人的地位捧得高出其余的人很多，这种做法从自然的平等权利的原则来说

[1] 1815年以前，荷兰加入了联邦共和国，并在其中占据了统治地位。——译者注

是毫无根据的，也不能引经据典地加以辩护：因为基甸[1]和先知撒母耳[2]所宣布的耶和华的意志分明不赞成由国王掌握的政权。在君主国家里，《圣经》上一切反对君主政体的部分已被很巧妙地掩饰过去了，但它们无疑值得引起那些尚待组织政府的国家的注意。恺撒的物当归给恺撒[3]，是宫廷所引述的《圣经》上的教义，但它并非君主政体的根据，因为当时的犹太人还没有国王，还处在隶属于罗马人的地位。

从摩西记载创世的时候起，到犹太人全体受骗而要求立一个国王的时候止，差不多过了3000年。在立国王以前，他们的政权形式（耶和华偶然插手干涉的特殊情况除外）是一种共和政体，由一位士师和各宗族的首领执掌。他们没有国王，他们认为，除万人之主的耶和华以外，要承认有谁享有君王的称号，乃是一种罪恶。当一个人严厉地谴责人们对君王之类的盲目崇拜时，他毋庸怀疑，耶和华既然永远要人相信他的光荣，是不会赞成那种悍然地侵犯上天特权的政体形式的。

君主政体在《圣经》中列为犹太人的罪恶之一，并预言这种罪恶将产生怎样的灾祸。那个事件的历史是值得注意的。

因为以色列人受到米甸人的压迫，基甸便带领一小支军队向他们进攻，终于在神的参与下获得了胜利。犹太人得胜以后十分高兴，认为这是基甸的雄才大略的结果，因此提议推他为王，说：愿你和你的儿孙管理我们。这确实是个最能打动人心的诱惑，不单纯是个王位，而且是个世袭的王位。可是基甸内心虔诚地回答说，我不管理你们，我的儿子也不管理你们，唯有耶和华管理你们。话不能说得再清楚了，基甸并非拒绝这种荣誉，而是否定他们有给他这种荣誉的权利。他也并不是用自己想出来的一番客套话向他们表示感谢，而是用先知的肯定语气责怪他们不应叛离他们自己的君主，即上帝。

在这件事情之后大约过了130年，他们又犯了同样的错误。犹太人想要模仿异教徒偶像崇拜的风俗的渴望是简直难以形容的。结果，他们抓住了撒母耳的负责管理世俗事务的两个儿子的不端行为，便吵吵闹闹地匆匆来到撒母耳的眼前说，你年纪老迈了，你儿子不行你的道，现在求你为我们立一个王治理我们，像列国一样。在这里，我们不能不说他们的动机是坏的，就是说，他们希望像其他的国家，即异教徒一样，而他们真正的光荣却在于尽可能不像他们。撒母耳不喜悦他们说"立一个王治理我们"，他就祷告耶和华。耶和华对撒母耳说，百姓向你说的一切话，你只

[1] 见《旧约全书·士师记》。——译者注
[2] 见《旧约全书·撒母耳记》。——译者注
[3] 见《新约全书·马可福音》。——译者注

管依从，因为他们不是厌弃你，乃是厌弃我，不要我做他们的王。自从我领他们出埃及到如今，他们常常离开我，事奉别神，现在他们向你所行的，是照他们素来所行的。故此你要依从他们的话，只是应当警戒他们，告诉他们将来那王怎样管辖他们。也就是说，不是任何个别国王的统治办法，而是以色列人急于想模仿的世间一切国王的惯用的手段。现在，虽然年代已经隔得很远，做法也大不相同，可是性质仍旧没有改变，撒母耳将耶和华的话都传给求他立王的百姓，说：管辖你们的王必这样行。他必派你们的儿子为他赶车，跟马，奔走在车前（这个描写同现令强人服役的人的行径相符合）。又派他们作千夫长、五十夫长，为他耕种田地，收割庄稼，打造兵器和车上的器械。必取你们的女儿为他制造香膏，做饭烤饼（这段话形容国王的奢侈、浪费和压制手段）。也必取你们最好的田地、葡萄园、橄榄园，赐给他的臣仆。你们的粮食和葡萄园所出的，也必取十分之一，给他的大监和臣仆（从这里我们可以看出，受贿、贪污和徇私乃是国王们的一贯的恶劣作风）。又必取你们的仆人婢女、健壮的少年人和你们的驴，供他的差役。你们的羊群他必取十分之一，你们也必做他的仆人。那时你们必因所选的王哀求耶和华，耶和华却不应允你们。这说明了君主政体继续存在的原因。自古以来寥寥无几的善良国王的品德，既不能使这一名号成为正当的东西，又不能抹掉最初产生国王的罪孽。《圣经》上对大卫颇多好评，并不在于他在职务上是个国王，而只在于他是一个迎合上帝心意的人。然而百姓竟不肯听撒母耳的话，说：不然，我们定要一个王治理我们，使我们像列国一样，有王治理我们，统领我们，为我们争战。撒母耳继续开导他们，可是没有效果。他指出他们忘恩负义，可是也都枉然。当他看出他们一意孤行的时候，他喊道：我求告耶和华，他必打雷降雨（因为当时正是麦收季节，这是一种惩罚），使你们知道并看出，你们求立王的事，是在耶和华面前犯大罪了。于是撒母耳求告耶和华，耶和华就在这日打雷降雨，众民便甚惧怕耶和华和撒母耳。众民对撒母耳说，求你为仆人们祷告耶和华，你的神，免得我们死亡，因为我们求立王的事，正是罪上加罪了。圣经的这些部分都是清楚而肯定的。它们不容有任何模棱两可的解释。要么是上帝确曾在这里对君主政体提出抗议，要么是《圣经》是伪造的。我们有充分的理由可以相信，在信奉天主教的国家里，国王和神父是费尽心机，竭力不让人民了解这些经文的。因为君主政体毫无例外地是政治上的天主教会制度。

除君主政体的弊害以外，另外还有世袭的弊害。君主政体意味着我们自身的堕落和失势，同样地，被人当作权利来争夺的世袭，则是对我们子孙的侮辱和欺骗。因为，既然一切人生来是平等的，那么谁也不能由于出身而有权创立一个永远比其他家庭占优越地位的家庭，并且，虽然他本人也许值得同时代人的相当程度的尊敬，他的后辈却可能绝对不配承袭这种荣誉。有一个十分有力的明显的证据，足以证明国王享有世袭权是荒谬的，那就是，天道并不赞成这种办法，否则它就不会常常把笨驴而不把雄狮给予人类，从而使得这项制度成为笑柄了。

另外，任何人起初只能保持人家所授予他的社会荣誉，同样地，那些荣誉的授予者也没有权力来牺牲子孙的权利。虽然他们可以说“我们推你做我们的王”，他们却不能说“你们的子孙和你们子孙的子孙可以永远统治我们的子孙和我们子孙的子孙”而侵犯自己后辈的权利。其原因是，这样一种愚蠢的、不公正的、不合人情的约许，很可能在下一个朝代就使他们受到恶棍或者傻瓜的统治。大多数贤明的人士在个人情绪上向来总是以轻蔑的态度对待世袭权的。不过这是那种一经确立就不容易扫除的弊害之一。许多人因恐惧而服从，另一些人因迷信而服从，一部分比较有权有势的人则帮同国王对其余的人进行掠夺。

人们一般认为现今世界上的那一群国王都有光荣的来历，而最可能的实际情况是，如果我们能够扯掉古代隐蔽的掩盖，追溯到他们发迹的根源，我们就会发现，他们的始祖只不过是某一伙不逞之徒中的作恶多端的魁首罢了，他那残忍的行径或出名的阴险手段为他赢得了盗匪头领的称号；由于势力的增加和掠夺范围的扩大，他吓倒了手无寸铁的善良人民，逼得他们时常贡献财物来换取他们的安全。可是那些推选他的人绝不会想到要把世袭权给他的后裔，因为他们这样地永远放弃自己的权利，是与他们声言在生活上所要遵循的不受拘束的自由原则相抵触的。因此，君主政体初期的世袭，只能作为临时的或补充的办法，而不能作为理所当然的制度来推行。可是，由于那个时代几乎没有留下或根本没有留下记录，口头相传的历史充满着虚构的故事，因此隔了几代之后，就很容易捏造一套当时可以顺利地散布的、像关于异教始祖的传说般的、迷信的鬼话，三番四复地向民众宣传世袭权的概念。也许，在首领逝世而要推选一个新的首领时，骚乱的局面（因为歹徒中间的选举是不会很有秩序的）使许多人感到惊恐或似乎感到惊恐，诱导他们最初赞成世袭的主张。因此，正如此后所发生的那样，最初认为是一时的变通办法，在以后却硬说是一种权利了。

自从诺曼底公爵征服英国以来，英国出了几个好的君主，但它曾在人数远为众多的暴君的统治下发出痛苦的呻吟：凡是有理智的人，绝不会说他们在威廉一世的统治下所能享受的权利是很光荣的。一个法国的野杂种带了一队武装的土匪登陆，违反当地人民的意志而自立为英格兰国王，我们可以毫不客气地说这个人的出身是卑贱不堪的。[1] 这当然没有神力的意味在内。然而我们也不必花费很多时间来揭露世袭权的荒唐可笑：如果有谁脑子很笨，竟然相信这个，那就让他们不分青红皂白地崇拜笨驴和雄狮，并表示欢迎吧。我既不会模仿他们的卑顺，也不会妨碍他们的信仰。

可是我倒高兴问一下，他们认为最初国王是怎么产生的？这问题只能有 3 个答案，那就是，或者凭抽签，或者靠选举，或者通过篡夺。如果第一个国王是由抽签决定的，这就为下一任国王作出先例，不能世袭。扫罗[2] 由抽签立为国王，但是王位的继承不是世袭的，并且从这一件事的前后经过来看，我们也看不出有打算世袭的任何形迹。如果一个国家的第一任国王是由选举产生的，那也同样给下一任作出先例。要是第一批的选民不仅选举一个国王，而且选举一个世袭的王族，从而抛弃一切后代的权利，那么除了关于人类的自由意志都断送在亚当之手这一原罪的教义而外，查遍《圣经》也找不出同样的例子来。根据这种对照，而且也不可能根据别种对照，世袭制度是得不出光荣的结论来的。体现在亚当方面的是人人都犯了罪，体现在第一批选民方面的是人人都唯命是听；体现在前者的是人类都受撒旦的摆布，体现在后者的是人类都受统治权的支配；由于前者我们丧失了纯洁，由于后者我们丧失了主权。既然双方都使我们不能恢复先前的某种状态和特权，我们无疑地可以由此推断，原罪和世袭是相似的。多么丢脸的并列！多么不光彩的联系！然而最机敏的雄辩家也想不出比这更恰当的譬喻。

说到篡夺，那是谁也不会敢于替这种行为辩护的。威廉一世是个篡夺者，这是不容否认的事实。明摆着的实际情况是，英国君主政体的起源将经不起仔细的考察。

但是，与人类有关的世袭制的荒谬，还远不如它所造成的祸害来得严重。如果这种制度能保证提供一群善良而贤明的人士，那倒还可以算是获得神权的特许，但事实上它只是为愚人、恶人和下流人大开方便之门，因此它就带有苦难的性质。那些自视为天生的统治者和视人为天生奴才的人，不久便横行霸道起来。由于他们是从其余的人类中挑选出来的，他们的心理早就为妄自尊大所毒害。他们在其中活动的世界，与一般的世界有显著的区别，因此他们简直没有机会了解一般世界的真正的利益。当他们继承政权的时候，往往对于整个疆土以内的事情茫无所知，不配加以处理。

[1] 英国威廉一世（在位年代 1066—1087 年）生于诺曼底。他在哈斯丁斯的战役中残酷地镇压了当地居民的反抗，于 1066 年侵入了大不列颠的疆界。——译者注

[2] 以色列人的第一任国王，见《旧约全书·撒母耳记上》。——译者注

伴随着世袭制的另一种祸害是，王位动辄为一个不拘年龄的未成年的人所占有。在那个时期，以国王作掩护而摄政的人，就有一切的机会和动机来叛弃人们对他的信任。当一个国王年老体衰，步入人类衰弱的末期的时候，也会发生与全国有关的同样的不幸。在这两种情况下，民众成为形形色色的恶棍手中的牺牲品，因为这些人可以顺利地玩弄由老年或幼年所造成的种种愚蠢行为。

赞成世袭制的人曾经提出的似乎最言之成理的辩解是，它保全国家，不致发生内战。假如这一点是正确的话，那倒很有分量，但实际上它却是曾对人类进行欺骗的最无耻的谎言。英国的全部历史也否认有这样的事实。从 1066 年以来，有 30 个国王和两个幼王统治了这个混乱的王国，在这段时期中，至少发生过 8 次内战和 19 次叛乱（包括革命在内）。所以它不是对和平有贡献，而是不利于和平，并破坏了它所依赖的基础。

约克王室和兰卡斯特王室间争夺君权和继承权的斗争，使英国有好多年沦为流血的战场。[1] 亨利和爱德华打了 12 次激烈的战役，遭遇战和围攻不计在内。亨利两次做了爱德华的阶下囚，爱德华也被亨利俘获过。当争吵只是起因于个人的问题时，战争的命运和全国人民的好恶很难捉摸，因此亨利被人从监狱送回王宫，而爱德华则被迫从王宫逃往外国。但是，因为好恶的突然转变难以持久，人们又把亨利逐下王位，召回爱德华来继任。议会总是倒向力量最强大的一边的。

这个斗争从亨利六世当政时开始，到了统一王室的亨利七世手里还没有完全停止。这一时期包括 67 年，即从 1422 年起至 1489 年止。[2]

总之，君主政体和世袭制度不仅使某个王国而且使整个世界陷于血泊和瓦砾之中。这是《圣经》所反对的政权形式，所以免不了要发生流血。假如我们考察一下国王所做的工作，我们就会发现，在有些国家中他们可以说是没有干什么工作的；在混过了对自己而言没有乐趣、对国家没有好处的一生以后，他们退出了舞台，让后继的人去走同样虚度光阴的道路。在君主专制国家，民政和军事的全副重担置于国王一身；以色列人在要求立一个国王的时候曾经提出申请，希望“有王治理我们，统领我们，为我们争战”。但像在英国这样的国家中，国王既非士师，又非元帅，委实叫人很难了解他究竟干什么工作。

[1] 指持续达 30 年之久（1455—1485 年）的两个王朝——约克王朝和兰卡斯特王朝的争夺王位的斗争。——译者注

[2] 亨利七世于 1485 年即位时，娶约克王室伊丽莎白为后，两个家族的联婚结束了蔷薇战争。——译者注

任何政体愈接近共和，需要国王做的工作就愈少。要给英国的政体想一个适当的名称，多少有些困难。威廉·梅雷迪思爵士称它为共和国，可是以它目前的状态，它是不配得到这种名称的，因为，国王由于有权任意安排一切官职而产生的贪污势力，实际上已经独占了政权，侵蚀了下议院（政体中的共和部分）的效能，以致英国的政体差不多像法国或西班牙的一样，纯粹是君主政体了。人们如果不了解名称的真实含义，绝不会轻易表示赞同。英国人引以自豪的，不是英国政体的君主的部分，而是共和的部分，也就是从他们自己的团体中选出下议院议员的那种自由——并且我们很容易看出，当共和失效时，奴役便接踵而来。英国政体之所以有毛病，只是因为君权已经毒害了共和，国王已经垄断了下议院。

在英国，一个国王所能做的事情，往往不外乎是挑起战争和卖官鬻爵。直率地说，这使国家陷于贫穷和制造纷争。一个人每年伸手拿 80 万镑，而且还受人崇拜，真是一桩好买卖！对于社会，同时在上帝的眼中，一个普通的诚实人要比从古到今所有加冕的坏蛋更有价值。

对北美目前形势的意见

关于英美之间的斗争这个题目，已经出版过好多卷书籍。各阶级的人们出于不同的动机和抱着各种目的，参加了这场争论，但是一切都毫无效果，现在论战已经结束了。作为最后手段的武力决定着这场争执：诉诸武力的办法是由英王选择的，北美大陆已经接受了这个挑战。

据说，已故的贝尔哈姆先生（他虽然是个干练的大臣，却并不是没有过错）因为他的策略只是临时的性质而在下院受到攻击时，他回答说："它们在我活着的时候总还可以推行。"如果殖民地人民在目前的斗争中都抱有这种要不得的胆怯思想，后代子孙是会以厌恶的心情来想起他们祖先的名字的。

太阳从来没有照耀过一个更足称道的事业。这不是牵涉一城、一州、一省或一个王国，而是牵涉一个大陆——至少占地球上可以居住的地方的 1/8。这不是一日、一年或一个时代的事情，实际上子子孙孙都牵入这场斗争，并且甚至永久地或多或少受目前行动的影响。现在是北美大陆的团结一致、信义和荣誉的播种时期。今天的一点小小裂痕，将如用针尖在一棵小橡树的嫩皮上刻出的一个名字一样，这个伤痕将随着树木扩大，在后代子孙看到的时候它已经变成几个十分醒目的大字。

由于问题从争论转到用武力对付，一个政治的新纪元开始了，一种新的思想方法已经产生了。4 月 19 日以前，即战争爆发[1]以前的一切计划、建议等，都成了明日黄花；这些东西虽然当时是合适的，现在却一无用处，可以束置高阁了。当时对问题各执一词的人的意见，终于归结到同样的一点，即同英国联合；双方唯一的差别在于实施这一主张的方法，一方建议采用武力，一方建议利用友谊。但到目前为止的实际情况是，前者已经失败，后者已经不再发生影响。

既然对于和解的利益已经谈论很多，而它像美梦一样已经消逝，并未使我们有何收获，那么我们就当然应该考察一下论证的相反一面，稍稍探究一下这些殖民地在同大不列颠保持联系并处于从属地位的条件下，现在和以后将永远蒙受的许多物质损失。要根据自然原理与常识来考察那种联系和从属地位，看看我们如果分离的话必须依靠什么，如果处于从属地位的话可以有什么指望。

我听见有人硬是这样说：既然北美在以前同大不列颠发生联系时曾经繁荣过，那么为了它将来的幸福，同样的联系是必要的，并且总会产生同样的效果。没有任何论证比这更错误的了。你还不如说，因为一个孩子是吃奶长大的，所以他永远不该吃肉，或者说，我们一生的开头 20 年应该成为第二个 20 年的先例。可是这也是强词夺理的说法。因为我可以断然地说，假如当初没有一个欧洲强国照顾它的话，北美照样能够繁荣，或许还更兴旺。它赖以致富的贸易，属于生活必需品一类，只要欧洲人还有饮食的习惯，它总不会没有市场。

可是有人说，这个欧洲国家曾经保护过我们。不错，它曾把我们放在它的垄断操纵之下，而它花我们的钱和它自己的钱来保卫北美大陆，这也是事实。不过，出于同样的动机，也就是说为了贸易和统治权，它也会保卫土耳其的。

唉！我们长期以来受到历史久远的偏见的迷惑，为迷信作了很大的牺牲。我们曾经自夸受大不列颠的保护，不去注意它的动机是利益而不是情谊；它并没有为了我们的缘故保护我们免受我们敌人的侵犯，而是为了它自己的缘故防御它的敌人，为了任何其他缘故防御那些与我们并无争执的人，并且为了同样的缘故防御那些将会经常与我们作对的人。如果英国不放弃它对北美的自作主张的要求，北美就得摆脱这种从属地位，万一法国和西班牙同英国发生战争，我们可以同它们保持和好关系。上次汉诺

[1] 1775 年 4 月 18 日夜间，英国军队从波士顿出动，企图夺取北美爱国者存放在康科德的军需品，并逮捕当时确知其待在莱克星顿附近的萨姆·亚当和约翰·汉考克。在保罗·勒维耳和威廉·戴维斯的号召下，武装起来的公民出来迎击英军，于 4 月 19 日在莱克星顿和康科德一带发生了战斗。北美民兵队的战士彻底粉碎了英国军队。敌方原有的兵力只有 2/3 左右活着回到波士顿。到处可以听到枪声的射击，使托马斯·潘恩相信不可能再同大不列颠和解了。——译者注

威王朝的战争所造成的苦难，应该提醒我们来反对我们同英国的种种联系。最近国会里有人硬说，各殖民地除通过亲国以外，彼此没有直接关系，也就是说，宾夕法尼亚、新泽西等是通过英国才产生的姊妹殖民地。这当然是证明彼此有关系存在的一个拐弯抹角的说法，但这也是证明敌意（或者敌对状态，如果我可以这么说）的最简捷而唯一真实的说法。法国和西班牙从来不是，也许将永远不是我们身为美洲人的敌人，而只是作为大不列颠臣民的敌人。

可是有人说英国是亲国。那么它的所作所为就格外丢脸了。豺狼尚不食其子，野蛮人也不同亲属作战，因此，那种说法如果正确的话，倒是对它的谴责。可是那种说法恰巧是不正确的，或者只是部分正确，而英王和他的一伙帮凶阴险地采用的“亲国”或“母国”这些词，含有卑鄙的天主教的意图，想要偷偷地影响我们心地老实的弱点。欧洲，而不是英国，是北美的亲国。这个新世界曾经成为欧洲各地受迫害的酷爱公民自由与宗教自由的人士的避难所。他们逃到这里来，并不是要避开母亲的抚慰，而是要避开吃人怪物的虐待。把最初的移民逐出乡里的那种暴政，还在追逐着他们的后代，这话对英国来说至今仍然是适用的。

在世界的这个广大地区，我们忘记了 360 英里的狭窄范围（英国的长度），更大规模地传播我们的友谊。我们主张同欧洲每一个基督教徒保持兄弟般的关系，并以这种豁达的胸襟而感到自豪。

来观察一下我们在扩大自己对全世界人士的友谊时怎样始终不懈地逐步克服地方偏见的势力，那是很有趣的。一个生在英国划分为教区的任何城市的人，自然只会和他同一教区的人保持最密切的联系（因为他们的利益在很多方面是共同的），并用街坊的名称来加以识别。如果他在离家不过几英里之外遇到这位街坊，他就丢掉一条街道的狭窄观念，称他为同乡；如果他走出郡的范围，在别的郡里碰见他，他便忘掉街道和城市的较小的划分，管他叫大同乡，即同郡人；但如果他们在国外旅行，偶然在法国或欧洲任何其他部分见面，他们脑子里的地方观念就会扩大到同是英国人这一想法。依此类推，在北美或在世界其他任何地区相遇的一切欧洲人，都是大同乡：因为英国、荷兰、德国、瑞典等，同整个世界比起来，在较大规模上所处的地位，正和在较小规模上划分的街道、城市与郡的地位一样；那些区分范围太窄，不合北美大陆上的人们的心理，甚至在本州（宾夕法尼亚）的居民中，英国人的后代不到 1/3。因此，我指斥这种仅用之于英国的所谓亲国或母国的伪措辞是错误的、自私的、狭隘的和小气的。

可是，即使我们承认自己都是英国人的后裔，这有没有意义呢？没有。英国现在

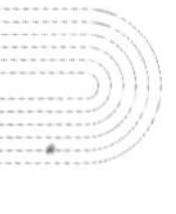

既然是一个公开的敌人，那它就取消了其他一切的名义和头衔：说什么和解是我们的责任，那是滑稽透顶的说法。现在这个王室的第一任国王（威廉一世）是法国人，英国目前的贵族半数是法国人的后裔。因此，根据同样的推论方法，英国应该受法国的统治。

关于英国和殖民地之间的同心协力问题，人们已经谈得很多了，说什么联合起来它们就可以同世界各国相抗争。但这仅是一种推测，战争的命运是捉摸不定的，那些话本身也毫无价值，因为这个大陆绝不愿意让人把它的居民抽光，去支援英国在亚洲、非洲或欧洲的军队的。

而且同世界各国抗争与我们又有什么关系？我们的目的是通商，如果妥善从事，它将为我们赢得整个欧洲的和平与友谊，因为整个欧洲所关心的是使北美成为一个自由港。它的贸易将永远是一种屏障，而它在金银方面出产不丰，可以保证它不受外人侵略。

我要求最热心倡议和解的人指出北美大陆由于同大不列颠联合而能获得的一件好处。我重复这个要求，照我看来是一件好处也得不到的。我们的谷物将在欧洲任何的市场上顺利出售，我们的进口货物一定要在我们愿意购买的地方成交。

但是，我们由于同英国联合而遭受的危害和损失是不胜枚举的。我们对全体人类以及对我们自己的责任教导我们要拒绝这种同盟，因为对大不列颠的任何屈从或依附，都会立刻把这个大陆卷入欧洲的各种战争和争执，使我们同一些国家发生冲突，而那些国家本来是愿意争取我们的友谊的，我们对它们也是没有愤怒或不满的理由的。既然欧洲是我们的贸易市场，我们就应当同欧洲的任何部分保持不偏不倚的关系。北美的真正利益在于避开欧洲的各种纷争，如果它由于对英国处于从属地位，变成英国政治天平上的一个小小的砝码，它就永远不能置身于纷争之外。

欧洲王国林立，不可能长期保持和平状态，一旦英国和任何外国之间爆发战争，北美由于它同英国的关系，在贸易上一定会遭到毁灭。下一次的战争也许结果不会像上一次一样，而如果有所不同的话，现在鼓吹和解的人那时就会希望分离了，因为在那种情况下中立将是比兵舰更安全的护航舰。所有正确的或合理的事情都为分离作辩护。被杀死的人的鲜血和造化的啜泣声在喊着：现在是分手的时候了。甚至上帝把英国放在远离北美的位置上，也顺理成章地和有力地证明出，英国对美国享有权能这一点，绝不是上苍的意图。从发现北美大陆的时期上说，也能增加这个论据的力量，而当时各国移民的分布情况则使这一论据更具有说服力。宗教改革先于美洲的发现，仿佛是上帝慈悲为怀，有意为以后几年受迫害的人们开辟一个避难所似的，那时本国既不会给他们友谊，也不会给他们安全。

大不列颠对这个大陆的权能，是一个迟早必然要结束的政权形式：一个认真考虑问题的人会痛苦地坚决相信，他称之为“现在的政体”的这种体制只是临时性的，在这种心情的支配下，他瞻望前途，绝不会得到真正的快乐。我们身为父母，既然知道这个政权不会有很长的寿命足以保障我们可能传给后代的任何东西，心里也绝不会高兴。用一种简单的论证方法来说，既然我们会使下一辈人负债，我们就应该自己担当起来，否则我们对待他们的态度就显得卑鄙而可怜了。为了正确地发现我们的责任范围，我们应当照顾我们的子孙，把我们的职责地位在人生中更推进几年，那样高的位置将使我们看到一种被目前一些恐惧和偏见所掩蔽的形势。

虽然我愿意小心地避免作不必要的攻讦，可是我倒认为，凡是拥护和解论调的人都可以归入下列几类。

私心很重的不可靠的人，脑子糊涂的愚钝的人，不愿了解事物的抱有偏见的人，还有一批过分重视欧洲世界的稳健的人。而这最后的一类，由于考虑欠妥，将比其他 3 类对北美大陆造成更多的灾难。

许多人住的地点，离目前发生不幸事件的现场很远，这是他们的运气；祸害并没有十足地降临到他们的门口，使他们感到北美的全部财产岌岌可危。可是让我们的想象力把我们带到波士顿去一会儿吧，那个充满着灾难的地点会教我们学得聪明一些，并叮嘱我们永远同一种我们不能加以信任的政权断绝关系。不过在几个月以前，那个不幸城市的居民们还过着安乐和富裕的生活，可是他们现在除待在那里挨饿或出外求乞之外，[1] 没有别的办法。他们如果继续留在城里，就有遭受朋友们的炮火轰击的危险；他们如果离开，就要被军队洗劫。在目前的情况下，他们是一些没有超度希望的囚徒，在实行总攻击来救助他们的时候，他们将暴露在双方军队的猛烈炮火之下。禀性迟钝的人多少有些忽视大不列颠对我们的攻击，仍旧非常乐观，动辄喊道：来吧，来吧，纵然发生这一切事情，我们还是可以和好的。可是请你们考察一下人类的感情和感觉：把和解的主张根据自然的标准来衡量一下，然后告诉我，你们以后是否还能热爱、尊

[1] 波士顿的居民曾将价值 1800 英镑的 342 箱茶叶投入海中，英国议会为了镇压这些居民，采取了一系列的措施，即所谓关于停止宪法保障的一些法案：从 1774 年 6 月 1 日起生效的波士顿港法，在东印度公司的损失得到赔偿以前，禁止一切船只驶入该城的港口。第二个法案规定，凡被控在履行职责时犯有不法罪行的皇家官吏，得在其他殖民地和英国审讯。第三个法案规定英国军队驻在波士顿，而第四个法案则授予总督以任命地方会议代表。限制各城举行会议、照顾陪审员的任命等权力。潘恩所引证的波士顿公庚的情况并没有夸大。根据当时的统计，到 1775 年 5 月底，波士顿约有 15 万人濒于饿死。——译者注

敬并忠心耿耿地替那种已经在你们的土地上杀人放火的政权服务？假如这一切事情你们不能做到，那么你们不过是掩耳盗铃，由于你们的延误而使后代子孙遭到毁灭。你们既不敬爱英国，那你们将来和英国的联系一定是被迫的和不自然的，并且因为它是仅仅根据目前的权宜之计而形成的，它不久就会回复到比当初更不幸的老路上去。如果你们说，你们还能容忍那些侵犯，那么我要请教，你们的房屋有没有被烧掉？你们的财产是否曾在你们的面前被破坏？你们的妻儿还有床铺睡觉、有面包充饥吗？你们的父母儿女曾否遭他们的毒手，而你们自己是不是在颠沛流离中死里逃生的呢？如果你们没有这些遭遇，你们就不能很好地体会那些有过这种遭遇的人的心情。但如果你们遭了殃，还能同凶手握手言欢，那么你们便不配称为丈夫、父亲、朋友或爱人，并且不管你们这一辈子的地位或头衔如何，你们有着胆小鬼的心肠和马屁精的精神。

这不是火上加油或夸大其词，而是用自然所认为正当的情感和感情来检验这些问题，如果缺少那种情感和感情，我们就不能克尽人生的社会职责，也不能享受人生的种种幸福。我的意思并不是要揭露恐怖的景象来挑起复仇的情绪，而是要唤醒我们，不再优柔寡断，醉生梦死，这样才能毅然决然地追求某种确定的目标。如果北美不是由于延误和胆怯而自陷于被征服者的地位，英国或欧洲是征服不了北美的。目前这个冬季如果利用得当，可以抵得上一个时代，但如果磋跎和玩忽，整个大陆将同遭不幸。只要如此可贵和有用的季节在一个人的手里白白浪费掉，那么不论他是谁，他担任什么职务或他住在什么地方，任何处分对他都是罪有应得。

认为这个大陆可以长期受任何外来势力的支配，这种想法是悖理的，违反事物常规的，也是不合历代先例的，甚至英国最有自信的人也不这样想。这个时候，人们即使竭尽智慧，要不谈独立而保证这个大陆苟安一年，也是办不到的。和解在现今是个荒谬的梦想。造化既已抛弃这种联系，人力又不能有所补益。因为，正如密尔顿很精辟地表达的，“在不共戴天之仇的伤口已经裂得这样深的地方，永远产生不出真正的和解”。

每一种争取和平的温和的方法都已经失效。我们的历次恳求已经被鄙夷地一口拒绝。这使我们相信，反复的请愿最能鼓励国王们的自负和证实他们的顽固，而且只有那种做法最能助长欧洲国王们的专制。丹麦和瑞典就是很好的例子。因此，既然抵抗才有效力，那么为了上帝，就让我们达到最后的独立，不让下一代人在遭受侮辱的毫无意义的父子关系的名义下趋于灭亡吧。

要说他们不会再想那样干了，这是单凭想象而没有根据的。我们对于取消印花税法[1]曾经抱有这样的想法，然而一两年的工夫就打破了我们的迷梦，否则我们也可以认为那些已经打败的国家永远不会再寻衅了。

至于说到统治的问题，英国是无法以公平合理的态度来对待这个大陆的：它的事务不久就会十分纷繁，不是一个离我们这样远、对我们这样无知的国家用种种权宜之计所能经管的，因为如果他们不能征服我们，他们便无法统治我们。为了一件事情或一项申请，要经常奔波三四千英里，为了批复要等待四五个月，而得到批复以后又需要五六个月来加以解释，这种情况不出几年工夫就会被看作是荒唐和幼稚的行径。如果过去有一段时间它是适当的，那么现在便是它不再存在的适当时机了。

几个不能自卫的小小的岛屿，是政府[2]把它们置于保护之下的适当的对象，但是认为一个大陆可以永远受一个岛屿的统治，那就不免有些荒谬。在自然界从来没有使卫星大于它的主星的先例。既然英国和北美在彼此的关系上违反自然的一般规律，那么显而易见它们是属于不同的体系的。英国属于欧洲，北美属于它本身。

我并不是出于骄傲、党派或愤懑的动机来拥护分离和独立的主张的；我在良心上清楚地和绝对地相信，这样做是符合这个大陆的真正利益的；任何缺少真正利益的事情只是一种杂凑，不能提供悠久的幸福——这让我们的子孙遭受杀戮，并在多出一点力量、多跨进一步就可使这个大陆成为全世界的荣耀的关头退缩不前。

既然英国丝毫没有表现出要求和解的意思，我们可以确信，所能获取的条件是不值得北美大陆接受的，或者所能达到的目的是抵不上我们已经付出的生命和财产的损失的。

所争取的目的应该总是同所花费的代价具有某种正确的比例才好。诺斯的撤职[3]或整个可恶的私党的解散，是抵不上我们所付出的这样大的牺牲的。如果我们所反对的一切议会的法案真能废除的话，那么贸易的暂时中断给我们带来的损失，就足以抵消这些法案的废除。但是，如果整个大陆必须拿起武器来，如果人人都必须成为军人，那我们就不值得光是去反对一个卑鄙的内阁了。假如我们所争取的只是一些法案的废除，那么我们花费的代价就未免太大，因为，按照公正的估计，为了法律也像为了土地一样地付出一次班克山[4]的代价，是天大的傻事。我一向认为这个大陆的独立，是

[1] 指英国政府在1765年颁布的“印花税法”，目的在于弥补英国由于征服加拿大（1758—1760年）而带来的支出。——译者注

[2] 在后来的某些版本中作“一些王国”。——原编者

[3] 指大臣诺斯由于对北美各殖民政策的失败而在1782年被撤职。——译者注

[4] 波士顿的山名，1775年6月17日曾于此作战。——译者注

迟早一定会实现的一件大事，同样地，根据最近大陆向成熟阶段迅速发展的情况来看，这件大事绝不会离得很远。因此，在战争已经爆发的时候，我们不值得为了这样一个问题发生争论，如果我们不认真争辩这个问题的话，最后也定然会由时间来加以补救的，否则这就等于是向法院控诉一个租赁期刚满的佃户，要求制止他侵犯产权，因而在讼案中倾家荡产一样。在不祥的 1775 年 4 月 19 日以前，我本人要算是最渴望和解的了，但是一听到那天所发生的事件，我便永远否定了那个冷酷的、乖戾的英国法老，[1] 并且鄙视那个坏蛋，因为他虽然僭称为“人民之父”，却能够冷酷地听取他们遭到屠杀的消息，灵魂上沾满他们的鲜血而酣然入梦。

可是，如果承认问题已经解决，那将产生怎样的结果呢？我可以回答说，结果是北美大陆的毁灭。有几层理由可以说明。

第一，各种统治的权柄还掌握在英王的手里，他会否决这个大陆的全部立法。既然他已经暴露自己是自由的势不两立的敌人，显示出对专制政权的无限渴望，那么他是不是要对这些殖民地的人民说，除非经我同意，不准你们制定任何法律？北美是否还有哪一位居民这样无知，竟不知道按照所谓现行的政体规定，除经国王批准外，这个大陆不能制定任何法律呢？是否有谁这样愚笨，竟看不出（根据所发生的情况来判断）他除去那种能够迎合他的意图的法律以外，不会让我们在这里制定任何法律呢？北美没有法律，或顺从英国为我们制定的法律，实际上都可以奴役我们。在问题已经解决（有人这样说）以后，难道还会怀疑国王不一定运用全部权力来尽量镇压和抑制这个大陆吗？如果不前进，我们就会后退，或者永远发生争论，或者永远可笑地提出请求。我们已经达到的强大程度，不是英王希望我们达到的，他此后不会力图削弱我们吗？总括一句话，一个嫉妒我们繁荣昌盛的政权是否宜于来统治我们呢？凡是对这个问题表示否定意见的人是个狄立党员，因为独立自主的问题不外乎意味着：究竟是我们将自己制定我们的法律，还是让这个大陆的目前和将来最大的敌人——英王来吩咐我们，除我所喜欢的法律以外不准有任何法律。

你会说，可是英王在英国是有否决权的，那里的人民不经他的同意不能制定任何法律。按正当的和正常的道理来讲，一个 21 岁的青年（往往有过这种事情）居然可以对几百万比他年长和聪明的人说，“我禁止你们的某一决议变成法律”，这是十分可笑的。但是在目前情况下我不愿意作这种答复，虽然我还要继续揭露那种说法的荒唐，而只是回答说：英国是英王的权利所在地而北美并非如此这一点，形成截然不同的情

[1] 古埃及国王的称呼，这里借喻英国的专制国王。——译者注

况。英王在这里拥有否决权的危害性，要比在英国大 10 倍，因为在那里，对于一个尽力充实英国国防的议案，他是不会不予同意的，但在北美，他就绝不会让这样的议案通过。北美在英国的政治体系中不过居于次要的地位。这个国家的利益只有在适合英国本身的目标时它才会加以顾及。因此，它本身的利害关系引导它在任何不能增进它利益的场合尽力遏制我们利益的增长，或者至少要进行阻挠。从已经发生的情况来看，在这样一个间接的政府之下，不久我们的处境就一定够好的啦！人们并不会由于换了一个名字便从敌人转变为朋友。为了指出那种和解的主张现在是危险的，我敢断言，英王由于想恢复他在各个领地的统治地位，现在所采取的政策将是废除那些法令。其目的在于利用阴谋诡计，最后完成他在短期内通过武力和暴力所无法完成的事情。和解与毁灭是密切相关的。

第二，我们能够希望得到的哪怕是最好的条件，也不外乎是一种临时的办法，或者一种受保护的政权，这种政权在殖民地达到成人年龄时就不能再存在了，因此，总的形势和局面同时也将是不安定的、没有前途的。有产的移民绝不愿意到这样一个国家里来，这个国家的政体是朝不保夕的，它每天都有发生骚动和混乱的危险。现有的这些居民将抓住机会来处置他们的产业，离开这个大陆。

但一切论据中最有力的是，除了独立（即联合殖民地的政权形式）以外，再没有别的方式能维持大陆的治安，使它不受内战的侵害。我恐怕现在同英国和解，很可能接踵而来的是某处发生暴动，其后果也许远比英国的一切恶意来得可怕。

成千上万的人在英国人的野蛮行动下遭到毁灭（还有成千上万的人也许会碰到同样的命运），那些人的感情同我们这些没有受难的人是不一样的。他们现在仅有的财产是自由：他们以前享有的东西已在争取自由的斗争中牺牲了，现在他们既然不再有什么东西可以丧失，也就十分鄙视屈服。另外，殖民地对英国政府的一般情绪将类似一个接近成人年龄的青年的情绪，他们不会对它有何顾虑。而一个不能维持治安的政府根本就不是政府，在那种情况下我们拿出钱来是冤枉的。请问，万一在和解以后的第二天国内发生暴动，那么力量只表现在纸面上的英国，能够有什么作为呢？我听见有些人说（我相信其中很多人是没有经过思考的），他们害怕独立，唯恐独立以后会发生内战。没有经过考虑的想法总很少是真正正确的，这里也不例外，因为一个暂时弥补的关系比起独立来能够产生多至 10 倍的值得担心的事。我站在受害者的地位断然声明，如果我被人从房子里和家里赶出来，我的财产遭到破坏，我的环境受到损害，那么作为一个不甘受辱的男子汉，我绝不能同意和解的主张，也不能认为我自己因此就必须赞同这个主张。

各殖民地已经表现了良好秩序和服从大陆政府的精神，这种精神是足以使得每一个明白事理的人对那领导机构感到放心和满意的。如果有谁害怕一个殖民地会力求比另一殖民地占据更优越的地位，那么他只有根据真正幼稚和可笑的理由，才能为他的恐惧找到口实。

既然彼此没有差别，就不会产生地位优劣的问题；完全的平等不是诱人走入歧途的导因。欧洲各共和国现在都是（而且我们可以说经常是）和睦的。荷兰和瑞士无论对内或是对外都没有战争。的确，君主国家是绝不会长期平安无事的，王座本身便是对国内不逞之徒的诱惑力量；经常伴随着王权的那种极度的骄傲和横暴，在有些事情上容易同外国闹成决裂，而在同样的情况下，一个共和政府由于以比较自然的原则为组织基础，却能克服那种错误。如果真正有理由来担心独立的话，那是因为还没有定下计划的原因。人们看不清他们的出路。因此，作为研讨这件事情的开端，我提出下列几点意见；同时我毫不自夸地承认，我本人只认为这些意见可以成为引起一些更好的建议的手段罢了。如果许多个人的凌乱思想能够被收集起来，它们就往往会构成一种材料，由聪明干练的人来把它变成有用的东西。

各殖民地的会议应每年召开，应该只有一个议长。代表应更求平均，他们所处理的应该完全是国内问题，并受大陆会议的节制。

每一殖民地应分成 6 个、8 个或 10 个大小适当的区，每区都推出若干代表参加大陆会议，因此每一殖民地将至少派出代表 30 人。大陆会议的全体代表将至少为 390 人。每届会议应举行代表大会，用下列方法选举一人为议长。当代表开会时，由全部 13 个殖民地抽签抽出一个殖民地，然后由会议从该州代表中票选一人为议长。在下届大陆会议，仅从 12 个殖民地中抽出一个，上届已产生议长的那个殖民地不在抽签之列，以后依此程序进行，直至 13 个殖民地统统抽到为止。为了保证所通过的法律都十分正当，不少于 3/5 的人数才能称为多数。在这样一个公正地组成的政权之下，谁要是想挑唆不和，那一定是投到魔鬼的怀抱里去了。

但是，这件事情最初必须由谁做起，或者采取怎样的做法，乃是很伤脑筋的事，既然看来似乎由某种介于统治者和被统治者之间，即大陆会议和人民之间的团体来着手是最合情理的，那就让一个联合殖民地会议以下列方式和按照下列宗旨召开吧。

委员会包括由大陆会议推出的委员 26 人，即每一殖民地两人。每一州议会下院或州的制宪会议产生委员两人；每州从全体人民中产生代表 5 人，代表全州并对全州负责，这些代表由州内各地宜于参加选举的尽量多的有资格的选民在各州首府或首邑选出；或者，如果比较方便，代表也可在其中两三处人口最多的部分产生。在这样召开的会议中，将结合起经办事务的两个最重大的要素，即知识和力量。大陆会议、各州议会下院或制宪会议的成员们，由于对国家事务已积有经验，将成为干练而能发挥作用的议员，而整个会议既经人民授权，就具有真正法定的权力。

在议员集议的时候，应该让他们拟草大陆宪章或联合殖民地宪章（以回答所谓英国大宪章），确定选举大陆会议议员、州议会下院议员的人数和方式，以及它们开会的日期，划定它们之间的行政和司法的界线：经常要记牢，我们的力量是大陆的而不是州的。要按照良心的指示，为所有的人获致自由与财产，主要是信教的自由，以及宪章所必需规定的其他事项。此后，上述会议应随即解散，并应依据上述宪章选出一些人来，暂时做这个大陆的立法者和地方长官：愿上帝保佑他们的平安和幸福，阿门。

如果此后为了这个或某种相似的目的委任一些人的话，我要把贤明的政治学家德拉戈内蒂的下面一段语录奉送给他们。"政治家的科学"，他说，"在于确定幸福与自由的精义。凡是能够发现一种使国家花费最小代价为个人谋取最大幸福的政体的人，是值得永世感恩的。"（德拉戈内蒂：《论德行与报酬》。[1]）

有人说，可是北美的国王在哪儿呢？朋友，我要告诉你，他在天上统治着，不像大不列颠皇家畜生那样地残害人类。但是，如果庄严地规定有一天要宣布宪章，希望我们甚至在世俗的德行方面也不要露出缺点来；让发表的宪章以神法和《圣经》为根据；让我们为宪章加冕，从而使世人知道我们是否赞成君主政体，知道北美的法律就是国王。因为，在专制政府中国王便是法律，同样地，在自由国家中法律便应该成为国王，而且不应该有其他的情况。但为了预防以后发生滥用至高权威的流弊，那就不妨在典礼结束时推翻国王这一称号，把它分散给有权享受这种称号的人民。

组织我们自己的政府，乃是我们自然的权利。当一个人认真考虑到人事动荡时，他就会深深地相信，我们尽力以冷静审慎的态度来组织我们自己的政权形式，要比把这样一个重大的问题交给时间和机会去支配，来得无限地聪明和安全。如果我们现在不走这一步，也许以后会出现一个马萨涅洛，[2] 他在掌握了民众的动荡情绪以后，可以纠集亡命和不满之徒，自己攫取政权，最后像洪水一样把北美大陆的各种自由权利一扫而空。万一北美的政权又落到英国的手里，动摇的局势也会引诱某一个不顾一切的

[1] 指意大利法学家德拉戈内蒂·季亚青托（1789—1871年）的著作：Levertuedipremi。——译者注

[2] 托马斯·阿涅洛，又名马萨涅洛，是那不勒斯的渔夫，他在公共市场上鼓动同胞，以反对当时占有该地的西班牙人的压迫，并怂恿他们起义，结果他在一天中间便成了国王。——作者注

冒险家来碰碰运气。在这种情况下，英国能够给我们什么帮助呢？不等它听到消息，那个十分不幸的事件已经完成，而我们自己就会像处于征服者压迫下的可怜的不列颠人一样地受苦了。你们这些现在反对独立的人，你们不知道自己在干什么：你们让政权的位置空着，从而为无穷的虐政敞开门户。千千万万人认为光荣的，是把煽动印第安人和黑人起来消灭我们的那种野蛮凶恶的势力逐出大陆；那种残酷的行为有双重罪恶，它残忍地对待我们，奸诈地对待他们。对于有些人，我们的理智禁止我们加以信任，我们备受损伤的感情叮嘱我们加以憎恶，如果同这些人侈谈什么友谊，那是糊涂和愚蠢的。我们和他们之间残留的一点因缘每天都在损耗着；难道有什么理由可以希望，在关系消灭的同时，感情反会增加，或者当我们有 10 倍于过去的更大更多的事情要争论的时候，我们反倒会更加表示同意吗？

你们这些劝告我们要重视融洽与和解的人，你们能不能把已经消逝的时间重新交还给我们呢？你们能不能把过去的纯洁还给娼妓呢？你们要使英国与北美和解，也是办不到的。现在最后的一根纽带已经断了，英国人正在用各种言论反对我们，存在着天理所不容的侵害和侮辱；如果天理会宽恕的话，它就不成其为天理了。既然一个丈夫不能宽恕别人强奸他的妻子，北美大陆也就不能宽恕英国的那些杀人凶手。上帝已经赋予我们以决心做有益而聪明的事情的不可遏制的心情。这种心情是我们心中的上帝形象的守护神。它们使我们不同于一群普通的动物。假如我们不能爱憎分明，社会契约就会解体，公道就会在世上绝迹，或者不过偶然存在。假如我们所感受的侮辱不能激怒我们起来要求伸张正义，盗贼和杀人凶手将多半逍遥法外。

啊！你们这些热爱人类的人！你们这些不但敢反对暴政而且敢反对暴君的人，请站到前面来！旧世界遍地盛行着压迫，自由到处遭到追逐。亚洲和非洲早就已经把它逐出。欧洲把它当作异己分子，而英国已经对它下了逐客令。啊！接待这个逃亡者，及时地为人类准备一个避难所吧！

论北美目前的能力：附带谈一些杂感

无论在英国或北美，凡是我所碰到的人没有不坦白认为这两个国家是迟早要分立的。可是，在力图叙述我们所说的大陆已经具备独立条件或宜于宣布独立时，我们却比其他任何时候更少发表经过周密考虑的意见。

既然大家都同意这个方案，不过是对于实行的时间问题意见有所不同，那么，为了免除错误，就让我们概括地考察一下情况，在可能的条件下努力找出合适的时间。可是我的话毋需多讲，探究的手续立刻就告一段落了，因为时间已经找到了我们。各种形势的全面的凑合，也就是各种形势的令人鼓舞的一致性，证明了这个事实。

我们伟大的力量在于团结一致，而不在于人数的多寡。然而我们现在的人数是足以抵抗全世界的武力的。北美大陆目前拥有的武装齐备而训练有素的队伍，比世界上其他任何国家都大，而且恰巧在力量上达到这样的地步，那就是，单独一个殖民地无法独立自存，但联合起来的整体却什么都能办到。我们的陆上兵力是绰绰有余的，至于海军方面，只要这个大陆仍旧抓在英国手里，我们就不能不敏锐地感觉到，它是永远不会允许北美建造一艘军舰的。因此，即使在百年以后，我们的这一部门也不会比现在更有进展。可是实际的情况也许还不如今天，因为我国的木材每天都在减少，而最后剩下的一些不是在很远的地方，便是不容易获得。

如果大陆人口拥挤，它在目前情况下所受的痛苦将是不可忍受的。我们的海港城市愈多，我们需要防守和放弃的城市也愈多。我们现今的人数幸而在比例上合于我们的要求，因此谁也不会闲着没有事干。商业的减少能产生一支大军，而一支大军的必需品又产生一项新的商业。

我们没有债务，我们由于这个缘故而欠下的债款，将成为我们德行的光荣纪念。只要我们能够把一个固定的政权形式、一个与众不同的独立的政体留给后代，花任何代价来换取都是便宜的。但是，如果只是为了求得废除几项可恶的法令和打垮现在的内阁，那么花费几百万镑就划算不来了，而且这种对待后代的方式，是十分残酷的。因为这意味着，我们留给他们的是一件需要加以完成的艰巨工作和一项他们从中得不到好处的债务。有自尊心的人不应该存这样的念头，这十足代表气量狭小的人和无聊政客的想法。

只要事业成功，哪怕负一点债也是不值得我们顾虑的。任何一个国家都不应该没有债务。国债就是国家的证券，即使它不付利息，也绝不是一件了不起的事。英国负债在 14000 万镑以上，所付的利息超过 400 万镑。它有一支强大的海军，作为它负债的补偿；北美没有债务，也没有海军。然而我们只要花费英国国债的 1/20，就能拥有同样强大的一支海军。英国的海军在目前值不到 350 万镑。

这本小册子的第一、第二两段没有下列的计算数字，现在把它们列出来，用以证明上面的估计是有充分根据的。参看恩蒂克著《海军史》，绪论，第 56 页。

每种等级的一艘船舰的造价，连同桅杆、帆桁、帆和索具的装备费，以及按比例

存储的水手和船匠的 8 个月的食粮，据海军大臣波彻特先生的计算为

一艘装有 100 尊炮的船舰的代价	35553 镑
一艘装有 90 尊炮的船舰的代价	29886 镑
一艘装有 80 尊炮的船舰的代价	23638 镑
一艘装有 70 尊炮的船舰的代价	17785 镑
一艘装有 60 尊炮的船舰的代价	14197 镑
一艘装有 50 尊炮的船舰的代价	10606 镑
一艘装有 40 尊炮的船舰的代价	7558 镑
一艘装有 30 尊炮的船舰的代价	5846 镑
一艘装有 20 尊炮的船舰的代价	3710 镑

这样，我们倒很容易总计英国全部海军的价值或代价，因为它在 1757 年的极盛时代拥有下列的船舰数和火炮数。

船舰数	火炮数	每艘代价	全部代价
6	100	35553 镑	213318 镑
12	90	29886 镑	358632 镑
12	80	23638 镑	283656 镑
43	70	17785 镑	764755 镑
35	60	14197 镑	496895 镑
40	50	10606 镑	424240 镑
45	40	7558 镑	340110 镑
58	20	3710 镑	215180 镑
85 单桅帆船、爆破船、放火船			
彼此联系在一起		2000 镑	170000 镑
		代价	3266786 镑
		供添置火炮的余额	233214 镑
		共计	3500000 镑

世界上没有一个国家处于这样适当的位置，也没有一个国家能像北美这样从内部筹建一支舰队。柏油、木材、铁和绳索都是它的天然产品，我们用不着向国外购买什么。荷兰人把他们的军舰租给西班牙人和葡萄牙人，从而获得巨大的利润，但他们所用的原料却大部分不得不从国外输入。既然兴建舰队在我国具有优越的自然条件，我们就应当把这件事情看作一项商业。这是我们所能办到的最有利的投资。一支建成的海军舰队，价值比它的代价更高；而国家政策的颇有意义的地方就在于把商业和国防统一起来。让我们建造吧；如果我们不需要它们，我们可以出售，借此用现金和现银来代替我们的纸币。

关于在舰队里配置人员的问题，一般人的想法都有很大的错误；用不着要有 1/4 的人是水兵。那艘“可怖的”武装民船，“死神”船长，在上次战争中同任何船只作了最激烈的战斗，但是船上的水兵不到 20 人，虽然编制中的人数在 200 以上。只要有几个干练的、善于交际的水兵，就可以使许多积极的新水兵马上学会船上的普通工作。所以，现在既然我们的木材供应充沛，我们的渔场遭到封锁，我们的水手和船匠陷于失业，那么在这个时候来开创我们的海上事业，可以说是千载难逢的良机。40 年以前曾经在新英格兰造过几艘装有七八十尊火炮的战舰，为什么现在不采取同样的行动呢？造船是北美最值得骄傲的事业，总有一天它将在这方面超过世界各国。东方的老大帝国多半位居内陆，因此就不可能同北美匹敌。非洲现在还处于野蛮状态，而欧洲的任何国家既没有这样透迤的海岸，又没有这样国内的原料供应。自然界对于人类的赐予，往往一方面慷慨，另一方面吝啬，只有对北美它是两方面都很大方的。幅员广大的俄罗斯帝国几乎没有出海的道路，所以它的取之不尽的森林，它的柏油、铁和绳索不过是商品罢了。

从安全方面说，难道我们应该没有舰队吗？我们现在不是 60 年前的微不足道的人了。那时我们也许曾把财产放在街头，或者宁可说是放在田野，门户不必关锁也能睡得很安稳。现在情况不同了，我们自卫的方式应当随着我们财产的增加而有所改进。12 个月以前，一个普通的海盗很可能上溯特拉华河，向费城的居民任意勒索巨款；其他的地方也可能发生同样的意外。不但如此，任何剽悍的家伙利用一艘装有 14 门或 16 门火炮的双桅船，也许就可以洗劫整个大陆，抢走五六十万镑钱财。这些情况是值得我们注意的，并且也指出海防的必要性。

有些人也许会说，我们同英国讲和以后，它就会保护我们了。难道他们这样懵懂，竟认为它会为了保护我们而在我们的海港里常驻一支海军吗？常识告诉我们，一向企图对我们实施镇压的国家是所有国家中最不配来保卫我们的。它可以假借友谊的名义实行征服，而我们自己，在长期的英勇抵抗之后，终于会受骗而处于奴隶状态。如果我们不应该容许它的军舰开进我们的港口，请问它怎么来保护我们呢？远在三四千英里之外的海军是没有什么用处的，在突然的紧急关头就根本毫无用处。因此，假如我们以后必须实行自卫，为什么不自己动手呢？为什么要仰仗别人呢？

英国军舰的名单又长又多，但其中可以使用的船只在任何时候不到1/10，有很多现在已不存在了。然而只要船舰还剩下一条木板，它们的名字总是继续保留在名单里。在可以使用的船只中，能同时停泊在任何军港里备用的，不到1/5。东印度群岛、西印度群岛、地中海、非洲以及英国势力所扩展到的其他地区，都对它的海军提出了很大的要求。由于我们在心理上混杂着偏见和疏忽，我们对于英国的海军存有一种错误的想法，谈起来好像我们要同时和它全部的海军对抗似的，因而便认定我们必须有一支同样庞大的海军才好。这种不能立刻加以实行的想法，曾被一伙隐藏的托利党人利用，企图来打消我们的兴建海军的初步计划。这种想法要算是最错误的了，因为，只要北美拥有英国海军的1/20的船舰，它就绝对可以成为英国的一个劲敌。既然我们没有并且也不主张有国外的统治权，我们全部的海军就可以用在自己的海岸上，在这里我们将比对方占加倍的优势，而对方却在能够向我们进攻以前，必须航行三四千英里的路程，并须经过同样的距离回去修理船只和补充给养。虽然英国靠它的舰队可以截断我们对欧洲的贸易，但我们也同样可以截断英国对西印度群岛的贸易，因为西印度群岛位于北美大陆附近，是完全处在它的控制之下的。

如果我们竟认为不必维持常备的海军，那倒也可以想出一种在承平时期保持海军兵力的办法。假如奖励商人们建造一些装有20尊、30尊、40尊或50尊火炮的船只（奖金的多寡以商人在载货容积方面损失的大小为比例），那么，只要有这样的船只五六十艘，再加上几艘经常值勤的警备舰，就可以保持一支力量充足的海军，这样的办法可以使我们自己不致遭受英国深感头痛的那种厄运，在承平时期让舰队停在船坞里腐烂掉。把商业同国防的力量结合起来，是正确的政策，因为当我们的兵力和财富互相发生有利的作用时，我们就毋需害怕外来的敌人了。

差不多任何一种国防用品我们都很丰富。到处生产苎麻，所以我们并不缺少索具。我们铁的质量比其他各国都好。我们的轻武器不比世界上任何同样的武器差。大炮是我们能够随意铸造的。硝石和火药，我们每天都在生产。我们的知识无时无刻不在增进。意志坚定是我们固有的品质，而勇气也从来没有离开过我们。因此，我们还需要什么呢？我们为什么犹豫不决呢？除了毁灭以外，我们不能指望从英国得到任何东西。如果它再度被承认对北美享有统治权，这个大陆就不值得再住下去了。猜忌纷起，暴动不绝，谁愿意挺身出来弥平它们呢？谁愿意冒生命的危险来迫使他的同胞服从外国的统治呢？宾夕法尼亚和康涅狄格关于一些疆界未定的地区的争执，表明英国的政权是不重要的，并且充分证明只有北美大陆的政权才能管理北美大陆的事务。

足以说明现在正是大好时机的另一个理由是：我们的人数愈少，还没被人占有的地方就愈多，这些地方如果不被国王胡乱送给他的鄙陋的仆从，今后就不仅可以用来偿还目前的债款，而且能够正常维持政府的开支。天下没有一个国家具备这样有利的条件。

我们所说的各殖民地的幼稚状态，是一个有利于独立而绝不是不利于独立的论据。我们的人数已经相当众多，如果人数再有增加，可能在团结上就要差些。这是一个值得注意的问题，即一个国家人口愈多，他们的军队愈少。在军队的人数方面，古人远远地超过今人：这里面的道理是很明显的，因为，既然贸易是人口众多的结果，人们便专心致志于商业，不去注意其他任何事情了。商业减低了爱国和军事防御的精神。历史充分地告诉我们，最勇敢的业绩总是在一个国家的未成年的时期完成的。随着商业的发达，英国已经丧失了它的精神。伦敦城固然人口众多，却用一种胆小鬼的涵养功夫忍受着接二连三的侮辱。人们所拥有的可能会丧失的东西愈多，他们愈是不愿冒险。有钱的人一般说来都是恐惧的奴隶，像摇尾乞怜的小人似的装出一副战战兢兢的神气屈从于宫廷的势力。

青年时代是良好习惯的播种季节，在个人如此，在国家也是如此。要在 50 年之后把北美大陆组成单一的政府，这即使不是不可能的，也或许是困难的。由贸易和人口的增加所引起的多种多样的利害关系，会制造出混乱来。一个殖民地将反对另一个殖民地。各个殖民地由于羽毛丰满，将蔑视彼此的帮助。在傲慢愚蠢的人们以其有限的一点成就而自鸣得意的时候，有识之士将浩然长叹，懊悔没有及早组织联盟。所以，现在正是建立联盟的大好良机。在幼年时期缔结的友谊和在患难中形成的亲密感情，是一切情谊中最为经久而不可动摇的。我们目前的联盟标志着这两种特性：我们还未成年，并且我们曾经遭受不幸，但是我们的团结一致已经抗拒了灾难，正在开创一个足以为后世引以自豪的难忘的世纪。

另外，目前这个时期是一个国家只能一度遇到的特殊时期，即把自身组成一个政

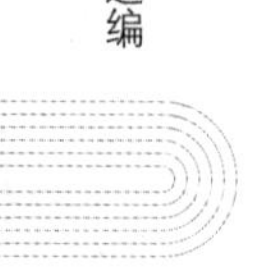

府的时期。大多数的国家错过了这个机会，因而不得不接受征服者的法律，而不是为自身制定法律。首先，它们有一个国王，其次，是有一个政体，所以会先制定统治的条款或宪章，后来才委托一些人出来加以执行。但我们不妨从别的国家错误中吸取经验教训，抓住现在的机会，从开头便正确地处理政权问题。

当威廉一世征服英国的时候，他曾强迫他们接受法律。同样地，在我们同意北美中央政府应该占有合法的和实权的地位以前，我们将发生实权地位为某一个幸运的坏蛋所窃据的危险，他可能会以同样的态度来对待我们，到那时候我们的自由何在？我们的财产何在？

至于宗教，我认为保护一切真诚地宣布自己的宗教信仰的人，乃是政府的必不可少的责任，并且我不知道政府在这方面还有其他的必要措施。如果你抛开各行各业的小气鬼所不愿舍弃的那种狭窄的心理和自私的原则，你在这个问题上就会立刻摆脱各种恐惧。猜疑是小心眼儿的伙伴，是一切幸福的社会生活的毒物。就我自己来说，我充分地、真诚地相信，在我们中间要存在多种多样的宗教信仰，那是上帝的意志。这给我们基督教徒一个发扬仁爱精神的更广阔的园地：如果我们的思想方法完全相同，我们的宗教倾向就缺少检验的根据；根据这个没有偏见的原则，我把我们中间的各种宗派看作一家的孩子一般，只是他们的所谓教名互有不同罢了。

在本文第 34 ~ 35 页上，我曾对大陆宪章的特点约略透露了一些看法（因为我只认为是提供线索而不是计划），这里不揣冒昧，再度提起这个问题，我觉得一个宪章可以被理解为人人必须参加的履行神圣义务的盟约，借以维护各个个别的部分在宗教、职业自由或财产方面的权利。牢固可靠的契约和公正合理的对待可以使友谊经久不变。

以前我也曾提到过建立广泛和平等的代表制的必要性，没有其他的政治问题比这更值得我们注意了。选民人数少和代表人数少，同样是危险的。但如果代表的人数不但是少，而且不平均，危险就更大。我举出下面一件事作为例证：当参加联合运动的人们的请愿书提交至宾夕法尼亚州议会的众议院时，到会的只有 28 个议员；8 名勃克斯县的议员一致投票反对，有 7 名契斯特县的议员也步了他们的后尘，这整个州就由区区两个县所操纵。而这种危险是经常容易引起的。那个众议院在上次开会时扬言要竭力压制该州的代表，这样的大言不惭应当促使全体人民注意，他们是怎样亲手把权力交托出去的。预备给他们各个代表的一套指示被凑拢起来，这些指示从常识和业务方面来说是连小学生都会感到耻辱的，而它们经过少数人，甚至极少数人在外面赞成以后，就带到议会里来，在那里议员们代表全州加以通过。另外，如果全州人民知道这个议会在着手拟定一些必要的公共措施时存有什么恶意，他们就会毫不犹豫地认为那些议员是辜负了这样的托付的。迫切的需要使许多事情带有权宜的性质，这些权宜之计如果继续采用的话，就会变成苦难。权宜手段和正当行为是两回事。当北美的灾难需要会商解决的时候，由几个州议会的众议院为此目的而指派一些人出来，乃是最简便的或者可以说在当时是最适当的办法。他们在进行工作时所表现的智慧曾使这个大陆免于毁灭。可是，既然我们不可能永远没有一个“议会”，每一个对良好秩序抱有热烈愿望的人必须承认，选举议会议员的方式是值得考虑的。我要对研究人类的人们提出这样一个问题：同一群人具有代议和选举的权力，这种权力是不是太大了？当我们为后代作打算时，我们应该记住，德行并不是遗传的。

我们往往从敌人方面获得颇有益处的箴言，时常被他们的错误所惊觉，开始用理智来作合理的判断。康沃尔先生（财政委员之一）以轻蔑的态度对待纽约州议会众议院的请愿书，因为他说那个州议会的众议院只有 26 位议员，他强调这样一点人数不能很适当地用来代表全体。我们感谢他的这种违反本意的诚实。[1]

总的来说，不管有些人觉得多么奇怪，不管他们是否愿意作这样的想法，这都没有什么关系，但我们可以举出许多有力的和显著的理由来表明，只有公开地和断然地宣布独立，才能很快地解决我们的问题。其中的几点理由是：第一，按照国际惯例，当任何两国交战时，由不参加争端的其他一些国家出面调解，提出缔结和约的预备条款。但只要北美大陆的人民还自称为大不列颠的臣民，任何国家不论它对我们怀着多大的好感，都不能以调停人自居。因此，在目前情况下，我们可能会永远争执下去。

第二，有人认为法国或西班牙会帮助我们，如果我们只打算利用这种帮助来弥补裂痕，巩固英国与北美大陆的关系，这种想法是不合理的，因为所产生的后果会使那些国家蒙受损失。

第三，只要我们还自承为英国的臣民，我们在外国的心目中就必然被认为是“反叛者”。许多人在臣民的名义下揭竿而起，这种先例对外国的治安多少有点危险。我们可以立刻解决这个矛盾，但是要把抵抗和臣服连在一起，却需要运用精妙得多的思想，不是普通人所能理解的。

---

[1] 读者如愿充分理解广泛和平等的代议制对于一个州来说是何等重要，应阅读波格著《政治研究》一书。——作者注

第四，如果我们发表一个宣言，把它分送给各外国宫廷，陈述我们所受的痛苦，以及我们行之无效的和平的补救办法；同时宣布，由于我们不能再在英廷的残酷统治下过幸福的或安全的生活，我们已经被迫而不得不同它割断一切联系；同时向所有那些宫廷保证，我们对它们抱有和平的意愿，希望同它们进行贸易。这样一个备忘录，对于这个大陆来说，比运载一船请愿书到英国去，能产生更好的效果。

我们目前带有英国臣民的名称，在国外既不能被人接纳，也不能被人承认：各国朝廷的惯例是对我们不利的，并将永远这样，直到我们通过独立而与其他国家并列为止。

这些行动乍看起来也许是生疏的和困难的，但像我们已经经历的其他一切步骤一样，不久就会变得很合适，没有什么稀奇了。在宣布独立以前，北美大陆会觉得自己好像这样一个人，他老是把某种不愉快的事情一天天地拖延下去，然而他知道这件事情非办不可，只是不愿动手，希望它已经得到解决，同时又念念不忘它的必要性。

附记

自从这本小册子的初版问世以后，或者可以说就在出版的那一天，英王在议会的演词在这个城市（费城）出现了。如果预言的神灵曾经掌握了这个作品的产生，那它也绝不会把它在一个更适当的关头或更必要的时机发表。一方面的嗜血心理证明另一方面是有采取确切方针的必要的。人们从报复行动中看这一切。英王的演词吓不倒人，反而为独立的果断原则铺平了道路。遵循礼法，甚或保持缄默，姑不论其动机如何，如果稍稍默许卑鄙和恶毒的行为，就会带有有害的倾向。因此，如果这个格言可以承认的话，自然就能得出这样的结论：英王的演词既然十分毒辣，便应该受到而且越发应该受到议会和人民的普遍诅咒。然而，由于一个国家国内的太平主要依靠那种完全可以称之为“国民风度”的纯朴，所以往往最好是怀着鄙弃的心理把一些事情轻轻放过，而不去使用那种可能会对我们那个和平与安全的监护人产生变革作用的表示憎恶的新方法。也许，主要是由于这种谨小慎微的态度，英王的演词才至今没有受到公众的谴责。那篇演词，如果可以称为演词的话，也至多只是对真理、公共幸福和人类生存的肆无忌惮的蓄意诽谤；是牺牲人类奉献于狂妄暴君的正式的、庄严的方法。但是，这种集体屠杀人类的暴行是君王们的一项特权和某种必然的结果。因为既然造化不知道他们，他们也就不知道造化，虽然他们是由我们自己创造出来的人，他们却不知道我们，并成为他们的创造者的上帝。那篇演词有一个好处，那就是，英王并不打算拿它来欺骗我们，而我们即使愿意的话，也不能受它的欺骗。蛮横与暴虐赫然现于纸上。它不容我们感到迷惘：甚至在阅读的时候，每一行都使我们相信，在树林里狩猎的赤身露体的粗野的印第安人，也不如英国国王那样野蛮。虚伪地称为《英国人民致北美居民书》这篇充满哀鸣的阴险作品的假定的作者约翰·达尔林普尔，也许曾经想当然地认为这里的人民可以被他对于一个国王的吹嘘和描述所吓倒，因而谈到了（虽然在他这方面是很不聪明的）现在这位国王的真实的性格。"可是"，这个作者说，"如果你想赞扬一个我们对它并无不满的政府（指撤销印花税法案的罗金哈姆侯爵[1]的内阁)，你不去歌颂那位君王，那是不公正的，因为只有经过他的同意，他们才被准许做任何事情。"这是十足的保王主义！这里有着甚至毫不掩饰的盲目崇拜。谁要是能够无动于衷地听取和容忍这样的主张，他就是已经丧失了辨别道理的权利——背弃人格的叛徒——并且应当被认为是不仅抛弃了人类的应有的尊严，而且已经自陷于动物的地位之下，像一条毛虫似的在世间卑鄙地爬行着。

然而，现在英王的所作所为是无关紧要了：他已经打破了人类的每一种道德的义务，践踏了天性和天良，并且由于一贯的傲慢与残酷的固有精神，已经为自己招来了普遍的憎恨。现在北美大陆的当务之急是为自身寻找出路。它已经拥有一个年轻的大家庭，它的责任是照顾这个家庭，而不是慷慨地拿出财产来，去支持一个辱没了人类和基督教徒的名誉的政权——你们的职责是遵守一个国家的道德原则，遵守你们所属的宗派或教派的道德原则，同时，你们更加直接地是公共自由的保护人，如果你们想要保全自己这片土地不受欧洲腐败现象的沾染，你们一定暗中希望独立。但是，抛开道德部分让各人去思索外，我将主要地就下列问题再作几点说明。

第一，脱离英国独立，是符合北美大陆的利益的。

第二，和解或者独立，究竟哪一种方案是最简便、最切合实际呢？这里附加一些必要的说明。

在拥护和解方面，如果我没有判断错误的话，我可以说出这个大陆上一些最能干最有经验的人的意见。他们对于这个问题的主张还没有公开宣布过。实际上这个见解是不言而喻的，因为任何一个国家，如果处于从属外国的地位，商业受到限制，立法权力受到束缚，它是永远不能跻于重要的地位的。北美大陆还并不知道什么叫作富裕，

[1] 罗金哈姆侯爵是辉格党自由派的领袖。——译者注

虽然它已有的发展在其他各国的历史上是无可比拟的，但它同它所能达到的成就比起来，还不过是幼年时代，而如果它像应有的那样掌握了立法权力，那种成就是完全可以达到的。英国现今正在扬扬得意地垂涎于那种一旦如愿以偿时对它并无好处的东西，而北美大陆则正在对这样一个问题犹豫不决，这个问题如果加以忽视，便将使它最后趋于灭亡。英国能够从中得到利益的，是北美的商业，而不是征服北美，假使两个国家像法国和西班牙一样的互不隶属，这种商业关系多半是会继续下去的：因为就许多物品来说，任何一方都找不到更好的市场。这个国家脱离英国或其他任何国家而独立，乃是目前值得争辩的主要的和唯一的问题，它像其他一切必然要被发现的真理一样，将日益显得清楚而有力。

第一，因为它迟早会产生这样的结果。

第二，因为迁延的时间愈长，完成起来将愈感困难。

我常常喜欢参加公共集会和私人聚会，悄悄地注意那些不经思考便高谈阔论的人们仿佛言之成理的谬误。在我所听到的许多谬论中间，下面的意见似乎是最普遍的，即假如这种决裂发生在四五十年以后而不是现在，北美大陆将更能摆脱所处的从属地位。对于这个意见我可以回答说，我们目前的军事技能是从上次战争[1]获得的经验中产生的，再过四五十年就要完全失败了。到那时候这个大陆将不会留下一个将军甚或一个军官；而我们，或者我们的继承人，在军事方面将像古代印第安人一样无知。单是这一论点，如果加以密切注意的话，将无可争辩地证明，现在这个时候是比其他一切时候更为有利的。于是论证就变成这样：在上次战争结束时，我们有了经验，但人数不够，过了四五十年，我们将有足够的人数而没有经验。因此，适当的时机应该是在两端之间的某一点，在这一点上，既保证充分的经验，又有相当增加的人数，而这一时间就是现在。

请读者原谅我说这些离题话，因为这并不是直接从我最初开始讨论的问题申述下来的，现在我又以下列的主张回到本题，即万一我们同英国的裂痕暂时弥补一下，它仍旧保留对北美的统治权和主权（随着现在形势的发展，北美正在完全放弃这个论点），我们就会使自己丧失那种偿还我们所欠的债款或再行举债的手段。边远地区（由于加拿大疆域的无理扩展，[2]有些省份的边远地区已暗中有所损失）的价值每 100 英亩仅以 5 镑计，达宾夕法尼亚币 2500 万以上；免役税以每英亩一便士计，年达

[1] 指 1754—1760 年英国殖民者由于俄亥俄流域对法国人和印第安人的斗争。——译者注

[2] 1774 年英国议会通过了魁北克法案，将北美阿勒青山以西的整个西北部领地都归并于魁北克（属加拿大），其目的在于保证美国获得地主及天主教僧侣的支持。——译者注

200 万。

出卖这些土地，就可以料理债务，而不致使任何人受累；对土地所保留的免役税将经常减轻并迟早完全供给政府每年的开支。在什么期间偿还债款，是没有多大意义的，只要所出卖的土地能用以还债就行，所有这一切事情暂时将由大陆委托议会办理。现在我开始谈第二个问题，即和解或者独立，究竟哪一种方案是最简便、最切合实际，并顺便做一些说明。凡是以事物的自然进程作为行动指南的人，是不容易被驳倒的，根据这个理由，我总括地回答说：独立是一个唯一的简单的路线，其权在我；而和解则是一个十分错综复杂的问题，一个背信弃义的、反复无常的宫廷一定要插手进来，那时就只可能有一种解决的办法。

北美的现状在每一个善于思考的人看来是的确严重的。没有法律，没有政府，除以盛情为基础并由盛情所授予的权力以外没有其他任何形式的权力。它是由空前的感情的一致所团结起来的，但是这种感情容易改变，每一个隐藏的敌人正在力图加以瓦解。我们现在的情况，是有立法而无法律，有智慧而无方案，有政体而无名称，而特别叫人吃惊的，是拼命想要处于从属地位的完全独立自主。这个情形是史无前例的，以前从来没有存在过，谁能说出它的结果将怎样呢？在目前这种毫无约束的状况下，任何人的财产都没有保障。人民大众的心理听其自然，不加理会，他们由于看不到前面的确定的目标，正在追求幻想或流言所指出的方向。没有什么事情算是犯罪的，没有叛逆这回事。因此每一个人都自认为可以随心所欲，为所欲为。托利党人是不敢气势汹汹地啸聚起来的，如果他们知道这种行动会使他们在国法面前丢掉性命的话。在战斗中俘获的英国士兵和所捉到的手执武器的北美居民之间，应该画清界线。前者是俘虏，而后者是叛徒。一个要剥夺他的自由，另一个要砍掉他的脑袋。

尽管我们很聪明，在我们的一些行动上却显然存在着优柔寡断的毛病，助长意见的分歧。“大陆的皮带”扣得太松；如果不及时采取办法，势必来不及做任何事情，那时我们将陷入一种既不能实行和解又不能实行独立的狼狈处境。国王和他的微不足道的信徒们忙着重施分裂大陆的故技，我们中间也不乏愿意为散布似乎真实的谎言而奔忙的印刷商。几个月以前在纽约两家报纸上以及其他两家报纸上发表的那封诡谲的假仁假义的信札，证明有些人是既无见识又不诚实的。

躲在角落里和洞里侈谈什么和解是容易的。可是这样一些人是否认真考虑过这项工作多么困难，如果大陆因而分裂的话有多么危险？他们是否注意过各种各样的人，这些人的情况和处境以及他们自己的情况和处境是应当在这方面考虑到的？他们是否曾设身处地想到那些已经丧失了一切的受难者，想到那些为了保卫自己的国家而放弃一切的士兵？如果他们的糊涂的稳健只顾适合于他们自己的个人的情况而不管别人的情况，到头来就会使他们相信，“他们是擅自决定的”。

有些人说，把我们放回到我们在 1763 年[1]的地位上去吧。对于这句话我回答说，这个要求现在不是英国所能够同意的，它也不会提出这个要求来。但是，如果这样的可能是存在的，如果这种要求能够得到满足，那我就自然要问：用什么方法可以使这样一个腐败的、毫无情义的宫廷履行义务呢？另一个议会，不，甚至现在这个议会，会在将来借口说这种义务是强迫加在身上的，或者说当初同意是愚蠢的，因而决定加以取消。在那种情况下，我们有什么办法求得是非曲直呢？不能控诉各国：大炮是国王们的律师；判决讼案的不是司法权，而是武力。要回到 1763 年的关系，只是把法律放在同样的状态是不够的，而是要把我们的环境也放在同样的状态才好。我们被烧毁和破坏的城市应当重新修建起来，我们私人的损失应该得到补偿，我们为防御而举借的公债应该偿还，否则我们的处境将比那个值得羡慕的时期坏上百万倍。这样一个要求，如果是在一年以前实现的话，也许还能投合大陆人民的心意，但是现在太晚了。“事情已经发展到不能挽回的地步了。”

此外，只是为了坚持取消一条财政上的法令而采用武力，正如像用武力来强迫推行这样的一条法令一样，似乎是为神法所不容的，并且也是违背人情的。在这两者的任何一方面，都不应当为了达到目的而不择手段，因为人命可贵，不能在这样微末的事情上浪掷掉。对我们人身所施的并威胁着我们的，就是暴力；是武装力量对我们财产的破坏；是用烧杀手段对我们国家的侵略。这种情况使我们从良心上觉得需要拿起武器来。在这样的自卫方式一旦成为必要时，我们对英国的一切顺从就该停止，北美独立的时代应该被认为是在对它发射第一发子弹时便开始了，并且由这发子弹所宣布了。这条线是前后一贯的；它既不是任意划出的，也不是为野心所延长的，而是由一连串绝非起因于各殖民地的事件所产生的。

我将用下面这些适时的和善意的意见来结束我的评论。我们应当了解，今年实行独立可以采取 3 种不同的方法，而三者中的任何一种迟早将决定北美的命运。它们是：依靠人民在议会中的合法呼声，依靠军事力量，或者依靠平民的起义。可是我们的兵

[1] 即 1763 年巴黎条约以前，根据这一条约，法国丧失了它的殖民地，而英国人则获得了北美广大地区的全部占有权。——译者注

士不一定总是公民，而人群也不一定总是有理智的人的集合体；像我已经说明的那样，德行不是遗传的，也不是永远不变的。假如国家的独立是由上述 3 种方法中的第一种实现的话，我们就会有各种机会和各方面的鼓励来建立世界上最高尚、最纯洁的政体。我们有能力开始重新建设世界。自从洪荒以来还没有发生过像目前这样的情况。一个新世界的诞生为期不远了，也许像全欧洲人口那样众多的一代新人将从几个月的事件中获取他们应得的一份自由。这种想法是严肃的，从这个观点看来，少数懦怯的或偏私的人的不足挂齿的无端指摘，同这具有世界意义的事业相比，该是多么微不足道、多么可笑啊。

假使我们忽视目前有利的美好的时期，以后用其他任何的方法来实行独立，那么必须对后果负责的就将是我们自己，或者宁可说是那些常常不加研究或思考便贸然反对这个措施的褊狭之辈。可以举出很多理由来支持独立，这些理由是人们应该私下想到而不是公开地讨论的。我们现在不应该来辩论我们是否会独立的问题，而是应该千方百计地力求在稳固的、可靠和正当的基础上来实现独立，并且因为还没有着手进行而感到不安。每天都使我们相信独立的必要性，甚至托利党（如果我们中间还有这样一些人的话）都应该比别人更热心地加以提倡：因为，最初委员会[1]的设立保护他们不致为民众所愤恨，同样地，一个合理的和妥善地成立的政体，将是进一步保护他们安全的唯一的可靠方法。因此，如果他们的德行还不够使他们成为独立党人，他们就真该通情达理，希望独立。

总之，独立是维系和团结我们的唯一纽带。那时我们就会看见我们的目标，我们的耳朵也就不会轻信一个诡计多端的和残暴的敌人的各种阴谋了，并且我们那时将站在正当的立场来对待英国。因为我们有理由可以断言，英国宫廷同北美联邦谈判和平条款，比它同它称为“叛民”的那些人谈判和解条件，在自尊心方面要少受一些损伤。我们在独立问题上迁延时日，助长着它希望征服我们的欲念，而我们迟疑不决，只会起延长战争的作用。既然我们曾经毫无成效地停止我们的贸易来发泄我们的不满，现在我们就不妨试行另一种独立的办法来减轻我们的不满情绪，然后自动开放贸易。英国的商人和明达人士是还会和我们在一起的，因为，有生意可做的和平环境，比没有贸易的战争来得好。假如这个建议不被接受的话，我们可以向其他的宫廷提出。

我把问题的解决放在这些基础上。既然还没有人提出意见来反驳这本小册子的以

[1] 指 1772—1774 年成立的通讯委员会，由北美 13 个英国殖民地的革命地方政权组成。——译者注

前几版中所包含的主张，那么可以作为反证的是：这个主张是驳不倒的，或者是赞成这个主张的人为数太多，无法加以反对。因此，让我们不要怀着猜疑的或疑惑的心理互相观望，而是每人要把真挚的友谊之手伸给街坊，来共同划一条界线，这条界线像特赦令一样，将不去追究以前的各种纷争。让独立党和托利党的名称消灭了吧，让人们在我们中间听到的名字，只是属于良好的公民、坦率和坚强的朋友、人权与自由和独立的北美联邦的勇敢的拥护者吧。

（马清槐　译）

《美国危机》第一篇

托马斯·潘恩

这是考验人们灵魂的时刻，那些岁寒不经霜的士兵和见风使舵随时俯仰的爱国者们，在这个危机中将会动摇退缩而不敢再为国效劳了，但是那些坚持下来的人们，现在理应得到人们的爱戴和感激。暴政就像地狱一样不易被战胜，然而我们慰藉自己：斗争愈是艰难，胜利就愈加荣光；获得愈廉价的东西，我们也就愈轻视，恰恰是昂贵才赋予每一件事物以价值。上天知道怎样给予它的造物以适当的价格，而像自由这样一件天赐无伦的物品，倘若不能被很高地定价，那才真是离奇。带着一支军队来强行实施暴政的英国已经宣称，她有权力（不仅仅是对税收）"在无论任何事务上都约束我们"。如果这样被约束还不算是奴役，恐怕世界上就没有奴役这回事了。这样的宣称也是渎神的，因为这样毫无限制的权力只能属于上帝。

北美大陆的独立到底是宣布得太早了还是拖得太晚了，现在我不想就此争辩。我的观点很简单，如果它再早 8 个月发生，那会好得多。我们没有适当地利用去年冬天，那时我们还要仰人鼻息，也不可能很好地利用它。然而如果有过错的话，也是我们自己的过错，我们只能责怪自己而不是别人。但我们也没有损失太大。[1] 过去豪 [2] 为现在这个月所做的所有事情，更多的是一场蹂躏而不是征服，倘若一年以前就能有新泽西人的斗志鼓舞人们对其迅速予以反击，那么时间和一点决心就能让它过去。

像其他任何生者一样，我也不怎么迷信，但我内心的想法过去是而且现在仍是：

[1] 如果正确利用的话，眼下这个冬天是一个大有可为的季节，但如果失败或是错过时机的话，整个大陆都会因此蒙难。无论何人何事何地导致这样一个宝贵和有益的季节被白白浪费了，那么人们因此遭到什么惩罚都是应得的。

[2] 威廉·豪（William Howe，1729—1814），独立战争期间英军统帅。

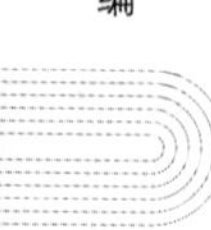

一个人那样热切而又再三地寻求免于兵燹之灾，并且采取了智慧所能及的每一种正派方式去避免战乱，全能的上帝不会弃绝他（她）任由武力毁灭，或弃绝他（她）任他孤立无援至死。我也没有那样多的异端念头，以至于设想上帝已经离弃了世俗的政府并将我们交由魔鬼照管。既然这样，我就想不出来英国的国王能找到什么理由向天堂寻求帮助来迫害我们。他所能有的借口，和一个普通的杀人凶手、一个拦路抢劫的恶棍或者一个闯入民宅的强盗所能有的并无二致。

眼见一场骚乱怎样迅速地弥漫一个国家，这是令人惊奇的。所有的国家和时代都遭遇过这样的事情。当法国的平底船队来到时，不列颠如同患了寒热一样惊惧战栗。14（15）世纪，在蹂躏了法兰西王国以后，英国军队就像因恐惧而石化的人一样被驱逐回国，而这一英雄业绩是由一个叫贞德的女人率领的一小支散兵游勇完成的。但愿上天能够降下某位新泽西少女去鼓舞她的同胞，拯救她美丽的姐妹们脱离蹂躏强暴之灾！然而有些情形下骚乱也会有作用，它们在为祸的同时也造福于人。它们持续的期间总是短暂的，经由它们理智会很快成熟，并能获得比以前更为坚定的习性。骚乱特有的益处在于，它们是忠贞与伪善的试金石，能揭示事件与人的真相，而如果没有它们，这些真相也许永远不得大白。事实上，它们对隐藏的叛国者所具有的效果，和一个无影鬼怪对一个未暴露的杀人犯具有的效果异曲同工。[1] 它们筛滤出了人们隐藏的念头，使这些念头公之于世。不少披着伪装的托利党人最近都现出了原形，而他们本来会怀着对美洲独立的诅咒，像悔罪一样隆重庆祝豪到达特拉华的那一天。

由于我和李堡（Fort Lee）的部队在一起，并同他们一道向宾夕法尼亚的边境行军，我对很多情形都非常熟悉，住在远处的人们对这些则知之甚少甚至一无所知。这里地处诺斯河（North River）和哈肯萨克（Hackensack）河之间的窄长地带，形势极度局促艰难。我们的部队数量还不及豪用来对付我们的 1/4，基本可以忽略不计。过去如果我们闭门不出待在自己的防御工事里，在近旁也没有军队可以解救这个要塞。由于担心豪将会试图攻击新泽西，那样李堡对我军就毫无裨益，所以我们的弹药、轻型炮和储备中最好的部分都被移走了。无论是否行伍出身，每一个有头脑的人都能想到，这种类型的野战堡垒只是备一时之需，只有当敌人挥师攻击它们能用于防御的某个特定目标时，它们才是有用的。11 月 20 日早晨，一个军官带来了敌军的 200 艘战

[1] 莎士比亚名剧《哈姆雷特》中载，丹麦国王老哈姆雷特突然惨死，其弟克劳斯迪继位，王后改嫁克劳斯迪。王子哈姆雷特回国奔丧，一天深夜，他在城堡里见到了父亲的鬼魂，亡灵说出了自己被克劳斯迪下毒害死的经过。老哈姆雷特要求儿子为他报仇，但不许伤害他的母亲，要让她受到良心的责备。——译者注

船已经在离此 7 英里的上游登陆的消息，那时李堡的形势就是如此。负责守卫要塞的纳撒尼尔·格林（Nathaniel Green）少将立即命令守军备战，并派出信使向驻扎在哈肯萨克城的华盛顿将军报信，哈肯萨克城距李堡需要摆渡 6 英里的路程。我军的第一要务是要确保哈肯萨克河上的渡桥不得闪失，这座渡桥凌于河上，处在我们和敌人之间，距我们 6 英里，距敌人 3 英里。华盛顿将军大约 45 分钟后到达了，他身先士卒，领着部队向渡桥的方向进发。本来我以为我们会在桥上相遇，但他们没打算同我们争道。我们的部队大部分都从桥上行军，其他的则通过渡口，还有一些人经过位于桥和渡口之间的一条小溪上的一个磨坊，从那里穿过沼泽地直到哈肯萨克城，然后才过了河。行军马车被装得满满登登，抢救出了足够的军火辎重，其余的就顾不上了。部队的任务就是要解救李堡要塞里的卫戍部队，护卫他们行军直到新泽西和宾夕法尼亚的军队前来增援他们，让他们可以有能力自卫。我军在纽华克（Newark）驻扎了 4 天，同一些新泽西部队一起聚建了前哨阵地。当得知敌军已经进发时，尽管兵力远逊于敌人，我军仍然出巡两次迎敌。以鄙人之愚见，豪在经过阿姆博伊（Amboy）时没有甩掉从斯塔滕岛（Staten Island）带出来的部队，这在指挥上犯了弥天大错。他本可以用这支部队夺取我们在布伦瑞克（Brunswick）的所有储备，并截断我们向宾夕法尼亚的行军。看来如果我们相信黑暗邪恶的力量必受阻遏，我们同样应该相信黑暗力量的代言人也在冥冥中为神意所挟制。

我不想再向特拉华人絮叨这次撤退的所有细节了。眼下我想要说的只是：军官们和士兵们都筋疲力尽，经常不得休息、缺衣少食，这些都是长途撤退不可避免的后果。尽管如此，他们都仗着威武的丈夫气概艰难跋涉。他们的愿望凝聚为一点，那就是国人们聚集起来，帮他们把敌人驱逐回去。伏尔泰曾经说，威廉国王从来没有显得春风得意，却总是困苦流离。[1] 同样的评论也可以用在华盛顿将军身上，因为那对他再合适不过了。有一些心灵中有一种天然的坚定，不会在琐事上表现出来，然而一旦表现出来，就能显示出极大的不屈不挠的精神。上帝已经赐福给华盛顿将军，让他保有从不间断的健康，赋予他即便在忧患之中也能殚精竭虑思考问题的才智。我认为这是神

[1] 威廉三世（King William III，1650—1702 年），英国斯图亚特王朝第五任国王（1689—1702 年在位），荷兰执政（1673—1702 年在位），出生于荷兰光荣的奥伦治家族，出生前 8 天时其父威廉二世年仅 24 岁就被天花夺去了生命，自小在母亲和祖母的吵闹声中长大，性格沉默寡言，而且患有肺结核和气喘病。他幼年时还面临失去祖传的作为荷兰执政资格的危险。1672 年威廉三世年仅 22 岁，即被委以荷兰陆海军统帅的重任，受命保卫阿姆斯特丹，将法国军队赶出国土，获得了“护国英雄”的称号，就任荷兰执政。24 岁时（和其父患天花同样的年龄）患了天花，幸而脱险。1688 年英国光荣革命被迎为英国国王，与其妻玛丽女王共治英国。一生主要精力都在同当时欧洲权势最大的人物“太阳王”法王路易十四作斗争，一度引起英国政局动荡。1702 年病死，没有后嗣。——译者注

赐予我们人民的福气，虽然我们往往不是一眼就能看出来。

我将要对我们的事务作一些涉及多方的判断，以此作为这篇短文的结论。我要从提出下面这些问题开始：为什么敌人抛下了新英格兰，而把这些中部地带作为战场？答案显而易见：新英格兰没有托利党人横行，我们这里却有。当我向他们大声疾呼表示谴责时曾经力图克制，并用了很多论据让他们看到自己身处险境，但现在绝不能为了他们的愚蠢或卑鄙再作无谓的牺牲了。时候已经到了，要么是他们，要么是我们，必须改弦更张，否则要么其中一个垮台，要么一起垮台。那么什么是一个托利党人？老天啊，他到底是什么？如果1000个托利党人武装起来，我会毫不畏惧地和100个辉格党人一起迎战他们。[1]每一个托利党人都是一个懦夫，因为卑躬屈膝的、奴性盲从的、自私自利的恐惧就是托利党立党的根基。一个被这种恐惧驱使的人，尽管他可能是残酷的，却绝不可能英勇。

但是托利党人啊，当不可恢复的决裂界线在我们之间划下以前，让我们一起分析一下问题的实质：你们的行为是对敌人的召唤，但是你们当中实在罕有人有足够的勇气加入敌人。美国人民的事业被你们损害了多少，豪也就同样被你们欺骗了多少。他希望你们拿起武器，肩扛步枪，齐集在他的麾下。你们的观点对他毫无用处，除非你们亲自支持他的事业。因为他需要的是士兵，而不是托利党人。

我曾经完全感受到了对托利党人所持的卑劣原则的那种愤怒，就像一个人所应该感受的那样。其中令人印象深刻的是一个在阿姆博伊开客栈的人，他站在客栈门口，手牵着一个八九岁左右的孩子，那是我曾经见过的最漂亮的孩子。他畅所欲言了所有他认为是谨慎的观念之后，用一句不像出自父亲之口的话做了结尾，“唉，但愿我有生之年能得太平。”住在这个大陆上的人都完全相信，分裂迟早要最终到来。一个宽容慈爱的父亲本应该这样说：“如果确实要有动乱，那就让它发生在我的有生之年，让我的孩子得到和平。”那么这个父亲的这句有失体面的话，如果适当理解，应当足以警醒我们每一个人奔赴国难。本来世界上没有哪个地方能像美国这样安乐，它的地理位置远离所有那些纷争不休的国度，除了同他们通商之外再没有来往。人可以把自己的情绪和理性区分开来，就像坚信上帝治理这个世界一样，我同样坚信，如果美国不脱离外国的控制，它永远都不会幸福。没完没了的战争该爆发总会爆发，但这个大陆最终必将战胜，因为尽管自由的火焰可能有时会暗淡无光，支持它燃烧的能量却永

[1] 辉格党（Whig），本来指英国同托利党相对立的政党，为后来英国自由党的前身，最早在英国光荣革命期间用来指称反对信奉天主教的詹姆士二世继位的人。美国独立战争期间，支持美国独立、反对英王统治的人也被称为辉格党。——译者注

不会衰竭。

美国过去不想要武力，现在也不想要武力，但它需要合理地利用武力。智慧不是朝夕之间可得的，所以我们第一次作战就犯错误并不奇怪。由于过分心慈手软，我们不愿建立常备军，而把我们的事业托付给一支心向正义的民兵的临时防卫。一个夏天的作战经验已经让我们学到了很多，就是靠着这些民兵，当他们还在被征集的时候，我们就已经阻止了敌人的进军，而且感谢上帝，他们现在又集聚到一起了。我向来以为民兵是这个世界上最适合突击作战的部队，但是他们不适合持久作战。豪可能会试图占领这座城市（费城），如果他在特拉华这边失败了，他就没前途了。但如果他成功了，我们的事业也不会被断送。因为他倾巢出动来对付我们的一部分兵力，即便他胜利了，从这个大陆两端来的军队将会因此出兵，来协助中部地区受难的朋友。他不能四面出击，那是不可能的。我把豪视作托利党人最大的敌人，他给这个国家带来了战争，倘若不是拜豪所赐和部分拜他们自己所赐，在这场战争中托利党人本来是可以置身事外的。如果豪现在被驱逐出去了，我以一个基督徒的所有虔诚，希望辉格党和托利党的名字再也不要被提及；但如果托利党人怂恿豪来侵犯我们，或者在他来犯之后提供协助，那我真诚地希望明年我们的军队能把他们从这块大陆驱赶出去，并且希望大陆会议没收他们的财产，用来救济那些行为端正无辜遭受战乱的人。明年,一场成功的战役就可以收拾大局。如果没收叛乱分子的财产，美国就可以坚持两年的战争，并且因为叛乱分子的被清除而获得安乐。与其把这说成是报复，不如把这说成是一个受难民族的适度义愤，这个民族饱得天赐之福但还无所希求，就倾其所有投入到一个前途未卜的事件中了。面对在劫难逃的艰难困苦，试图反驳是愚蠢荒唐的。雄辩可以振聋发聩，悲伤的言辞可以博取同情的眼泪，但是没有任何事物可以打动满怀偏见的铁石心肠。

让托利党之流见鬼去吧，我要用我的热忱向那些已经高贵地奋起反击但还没有决定抗争到底的人们呼吁。我不是向他们当中的一些人呼吁，而是向所有人；不是向这个州或那个州呼吁，而是向所有的州：起来，并且来帮助我们，和我们同舟共济。当这样伟大的事业危在旦夕时，有过多的力量参与总比力量不足要好。让我们告诉未来的世界：在冬天严寒凛冽的时刻，在只有希望和勇毅才可以脱离劫难的时刻，城市和乡村都被一个共同的危机警醒了，并且准备迎战和征服它。不要说数千人已经死了，要证明你们人数众多万万千千；不要祈求神恩摆脱艰难日子的负担，而是要“用你的行动见证你的信念”，那样上帝就会保佑你。地无分南北，人无分贵贱，祸福注定都要降临。无论远方还是临近，无论本土还是荒僻之地，无论富足还是穷乏贫困，所有人都会同样受难或是欢欣。现在麻木不仁的心灵都是死的，在少数人可以拯救全部人并为他们带来幸福的时刻，那些畏惧退缩的人，后代子孙的流血会诅咒他的懦夫行径。我爱那些面对困难微笑的人，爱那些能从危难中积聚力量、经过深思熟虑让自己变得勇敢的人。只有渺小卑微的心灵才会退缩，但那些意志坚定的人，那些用良知指引行动的人，将会坚守自己的原则至死不渝。对我自己来说，我思维的脉络就像一束光线那样直接而清晰。我相信世间所有的财富并不能够打动我去支持一场侵略战争，因为我认为那是谋杀。但如果一个强盗闯进了我的家，烧毁了我的财产，杀了我或是威胁要杀了我，或者杀了住在其中的人，并且“在无论任何事务上都要约束我”，让我服从于他的专断意志，我能坐以待毙吗？无论做这事的人是国王还是平民百姓，无论他是否是我的同胞，无论是一个歹徒还是一支军队，对我来说这意味着什么？倘若我们穷根究底，会发现这些情形没有什么分别，也没有任何一个正当的理由可以决定，为什么有些情形我们应该施行惩罚，另外一些却要宽恕。让他们把我称作叛逆并且迎接我吧，我对此毫不关心。但如果我要出卖自己的灵魂，向一个神智昏聩、愚笨麻木、固执己见、卑鄙无耻和残忍野蛮的人宣誓效忠，我会经受地狱一样的苦难。同样，接受一个人的恩惠，这个人会在最后的末日向将要掩埋自己的荒山野岭哀号求助，并且抛弃了美国的孤儿寡妇和牺牲者仓皇逃离，想到这个念头也让我毛骨悚然。

有一些罪恶是罄竹难书的，上面所说的正是其中之一。也有一些人不能充分认识威胁自己的邪恶，却寄希望于敌人一旦胜利就会慈悲为怀，以此安慰自己。期待那些拒绝施行正义的人会仁慈悲悯，这是十分愚蠢的，而仁慈如果是以征服为目的，那它不过是战争中的诡计。狐狸的狡诈就像豺狼的暴虐一样可以致人死命，对这二者我们应该同样戒备防范。豪对我们半威胁半许愿，他的首要目标就是要恐吓或哄骗人们伸出双臂接受他的恩惠。英国政府已经向盖奇推荐了同样的计划，[1] 这也正是托利党人所说的寻求和平，这真是“一种超越所有理解的和平”，一种会直接导致毁灭的和平，而这种毁灭比所有我们能想到的都要更糟。你们这些宾夕法尼亚人啊，在这些事情上用用脑子吧！如果蛮荒地方的人们放下武器，他们就会任由全副武装的印第安人欺凌，而托利党人可能不会为此难过。但如果本土的人们放下武器，他们就会遭受偏远地方

[1] 托马斯·盖奇（Thomas Gage，1721—1787 年），美国独立战争期间英国政府的马萨诸塞总督（1774—1775 年），负责镇压列克星敦和康科德等地的反抗，在威廉·豪之前担任驻美英军的总司令。1775 年邦克山战役之后，盖奇被召回英国。

人们的怨恨，任由那些人们严惩他们的背信弃义。如果哪一个州放下了武器，这个州就会由豪的所有英国和黑森军队守卫以防遭受其他各州的愤怒惩罚。[1] 相互畏惧是维系相互亲爱的首要环节，愿灾难降临到那些背弃盟约的州身上。豪在仁慈宽厚地引诱你们进行野蛮的破坏，那些看不到这一点的人们，要么是流氓无赖，要么就是白痴蠢材。我不要絮叨虚幻想象的泡影，我让你们听到理性的声音，并且是用像 ABC 一样平实的语言，让你们眼见事实的真相。

我无所畏惧，为此我感谢上帝。我看不到畏惧的真正理由，我深谙我们的形势，并且知道脱困的途径。当我们的军队还在征募的时候，豪不敢冒险进行一场战役。如果他从怀特平原（White Plains）撤营，等待时机卑鄙地蹂躏没有自卫能力的新泽西人，这对他是一件毫无光彩的事。但我们仅凭着少数兵力，就井然有序地完成了近百里路程的撤退，抢救出了弹药、所有野战炮和储备中最重要的部分，渡过了 4 条河流，这却是一件光荣无比的事。我们的撤退绝不是贸然轻率的，我们为此花了近 3 周时间，使当地人民有时间加入撤退的行列。我们两次回转行军迎战敌人，在野外一直待到天黑。我们的军营中没有畏敌的迹象，如果不是一些怯懦和心怀叛乱的平民在乡间妖言惑众制造恐慌的话，新泽西也绝不会被劫掠破坏。我们的军队被再一次聚集起来，也再一次征募新丁。在大陆的两端新军都在迅速募集，我们将会有一支 6 万人的装备精良的部队，就能重开一场战役。这就是我们的形势，人们都可以了解它的详情。靠着毅力和坚忍，我们就拥有光荣辉煌的前景。但如果胆怯畏缩和卑躬屈膝，我们就只能在各种不幸之间作无奈的选择：饱经摧残的国土、人烟稀少的城市、没有防御的住所和毫无希望的奴役。我们的家园会沦为黑森人的兵营和妓院，这里会诞生新的一代人，他们的父亲是谁会让我们生疑。看看这幅景象并为它哀悼哭泣吧！如果还有哪个没脑子的可怜虫不相信这些，那就让他去经受这一切吧，没有人会对他表示惋惜同情。

（柯岚　译）

[1] 1775 年英国议会决意要迫使北美的抗议者屈服，制定了派遣 5 万军队到北美殖民地的条款，其中有大约 3 万名来自德国 6 个公国的德国军人，在参战的德国军人中，其中大约 17000 人来自德国的黑森—卡塞尔（Hesse-Cassel）公国，被称为黑森军。——译者注

- 联邦与党争（《联邦党人文集》第 9、10 篇）
- 邦联的缺陷（《联邦党人文集》第 15、21 ~ 23 篇）
- 合众国政治体制的缺陷（1787 年 4 月）
- 分权制衡与宪政（《联邦党人文集》第 47、48、51 篇）
- 联邦政府的外交作用（《联邦党人文集》第 3、4 篇）
- 论政府的第一原则
- 《美国危机》第 13 篇　关于和平和可能带来的利益的思考

第二编　联邦政府

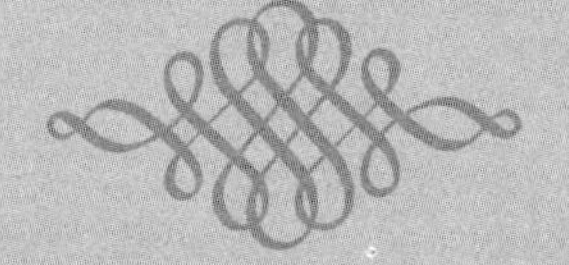

联邦与党争

（《联邦党人文集》第 9、10 篇）

亚历山大·汉密尔顿　詹姆斯·麦迪逊

第 9 篇　联邦是抵制内部分裂和叛乱的保障

致纽约州人民：

一个牢固的联邦将成为各州和平与自由的最大保障，它是抵制国内党争和叛乱的屏障。看一看希腊和意大利那些小共和国的历史，动乱不安绵延不绝，极端专制与无政府状态轮番登场，革命此起彼伏，真是令人惊骇反感，哪怕它们表现出暂时的平静，也不过是继之而来的狂风暴雨前的间歇。即便看到不时出现的短暂幸福，我们仍然怀有惋惜之情，因为这令人欣慰的图景很快就会被狂暴的骚乱和党派恩怨所淹没。假如沉沉暮气中透出暂时的荣光，它们灿烂的光辉会让我们感到眩目，而就在同时，也让我们痛惜政府的弊病将会使之转向歧途，让杰出的才能和高贵的秉赋黯然失色，正是这些才能和秉赋，使产生它们的幸运国土变得受人景仰。

混乱无序曾让共和国的历史黯淡无光，专制主义的拥护者以之为根据，不但反对共和政府的形式，也反对公民自由的原则。他们指责一切自由政府都与社会秩序格格不入，并对自由政府的支持者幸灾乐祸。但是，对于人类来说幸运的是，在自由的基础上建立起来的宏伟构造，已经享受世代的繁荣，我们只需少数光辉的事例，就可以驳倒那些悲观的诡辩。我相信，美利坚将是另外一些同样宏伟壮观的大厦广阔而坚固的基础，这些大厦也将成为对他们错误的永久纪念。

不可否认，他们所描绘的共和政体的景象，的确是这种政体的极端景象。但是，如果发现根本无法设计出一种更完善的结构，那么钟情于自由的人们由于无法为之辩护，也早忍痛放弃建立共和政府的动机了。然而，如同其他大多数学科一样，政治科学已获长足进步。诸多原理的效果，为古代人全然不知或知之不详，今日则已清楚无误。把权力均匀分配到不同部门、对立法进行平衡和约束、设立法院并使品行端正的法官持续任职、人民自己选举代表参加立法机关——所有这些，都是全新的发现，或者是在现代趋向完善方面取得的主要进步。这些都是手段，而且是有效的手段，共和政体的优点可借以保留，而缺点可以减少或避免。

我已经列举了使公民政府的制度趋于完善的一些具体做法，但我还是要冒昧地提出另一项做法，无论在一些人看来它多么与众不同，它仍可以对构成新宪法反对意见之基础的原则给予回应。我指的是，扩大这种制度的运作范围，或者在单个州的范围内这样做，或者在由若干小州合并成的一个大的联邦内这样做。后一种情况同我们正在讨论的主题密切相关。当然，对该做法适用于一个州的情况进行讨论，对于检验那一原则也是有用的，但或许可以在别的地方再加以关注。联邦在镇压内乱和确保各州和平，以及增强对外力量和外部和平方面的好处，的确并非新颖之见。它在不同的国家和不同的时代都曾被实践过，并且受到最为杰出的政治理论家的承认。新宪法的反对者，不厌其烦地引用和传播孟德斯鸠关于共和政府必须限于狭小地域的见解。但是，他们好像并不了解这位伟大人物在其著作的另一部分所表达的观点，更不用说他们根本没有想到轻率接受那一原则所导致的后果了。

当孟德斯鸠提出共和国要版图狭小时，他的标准比我们各州中任何一个的范围都要小得多。无论弗吉尼亚、马萨诸塞、宾夕法尼亚、纽约、北卡罗来纳或佐治亚，无论如何都不能同他所讨论的模型和所应用的条件相提并论。因此，如果把他在这一点上的看法当作真理的标准，我们就不得不作出如下抉择：要么立即投入君主制的怀抱寻求庇护，要么把我们自己进一步分裂成许多相互猜忌、互不容忍和喧嚣动乱的小州，成为持续冲突的不幸温床和世人怜悯轻视的可怜对象。许多在此问题上持不同见解的人，看来对这种困境也深有感触，他们也暗示把大州分裂是一件好事。如此昏庸的举措和危险的权宜手段，或许能通过增加微不足道的职位来满足那些无法将其影响扩展至私人密谋圈子以外地方的人，但它永远也不会增进美利坚人民的伟大和幸福。

关于前面提到的我们会在另一个场合讨论的那个原则，在这里我们作如下评论就可以了，亦即按照那位被反复引用的作者的看法，除了不妨碍它们共处于同一个联邦政府之下，最好的办法就是必须强行减少许多联邦成员的面积。这正是我们所关注的真正问题。

孟德斯鸠并没有一般性地反对若干邦国的联合，他明确地把联邦共和国作为扩展民治政府统治范围的有效办法，并认为这种办法综合了君主政体和共和政体的各自优点。他说：如果人类没有设计出一种政体，它既具有共和政体的对内优点，又具有君主政体的对外力量，则很有可能，人类早已被迫永远生活在独夫统治的政体之下了。我说的这种政体就是联邦共和国。

这种政府的形式是一种契约，若干小的邦国可借以达成一致，成为它们刻意建立的一个大国的成员邦。它是由若干共同体联合而成的一种新的大共同体，能够通过新的联合而不断扩大，直至其力量大到能够为联合起来的整体提供安全保障为止。

这种共和国，能够抵抗外来攻击，内部也不会腐化，因而可以自己维持下去。这种形式的共同体能够避免各种麻烦。

如果一个成员企图篡夺最高权力，很难设想它在联邦各成员中拥有同样的权威和号召力。如果它对某个成员有过分的影响，则会引起其他成员的警惕。即使它征服了联邦的某个部分，剩下的自由部分仍可凭借武力以反对之，能够在其僭取最高权力之前将其制服。

如果在联邦的某一个成员邦里发生民众叛乱，其他的邦就能把它镇压下去。如果弊端产生于联邦的某个部分，其他健康的部分就能够革除它。在联邦某一侧的州可能被摧毁，但另一侧的州则可能幸免；联邦可以解散，但是组成联邦的各邦仍保有主权。

既然这种政府由小共和国组成，它便使各共和国各享其内部幸福，至于对外方面的情况，由于联合的力量，它又具有大君主国的所有优点。

我认为，大量引用这些重要段落是适当的，它们包含的真知灼见是对赞成联邦的主要理由的精炼概括，一定能够有效地清除因对这部著作断章取义而有意造成的错误印象。同时，它们与本文的直接目的密切相连，亦即阐明联邦有抑制国内分裂和反叛的趋向。

有人指出，联邦和各州合并之间的区别微不足道，而非清晰显明。联邦的特征被说成是只能对其成员邦的集体权能施加权威，而不能对各邦中的个人发号施令。有人说，全国性议会不能对各邦内部事务说三道四。而且，也有人坚持认为各成员邦拥有完全平等的参政权乃是联邦政府的一个首要特征。这些看法，总的来看是武断的，难以获得抽象原则和既往先例的支持。

确实存在过的一种情况是，这种政府经常需要处理内部的差异，是这种政体的性质使然。大量的例外，是这种政府在实践中经常遇到的情形，这正像例子所说明的那样，无从以绝对的规则处置千差万别的情势。而且，这一考察也明白无误地说明，既然所争论的原则已经普及，它也就经常成为混乱和政府低效的原因。

联邦共和国的定义，看来不过是“一些共同体的联合”，或者“两个或者更多邦国联合为一个国家”。联邦权力的范围、修正和对象，不过是个可以自由裁量的问题。只要成员邦各自作为独立整体的地位不被废除，只要宪法保障各邦保有自己的地方性目标，那么即使各邦并不完全臣服于联邦的总体权威，但无论在事实上还是理论上它仍然可以称得上是一个各邦的联合体，或称联邦。这部被提议的宪法，不但根本没有废除州政府，而且通过赋予各州在参议院的直接代表权使它们成为全国性主权实体的组成部分，宪法也允许各州保留某些独有的和非常重要的主权。因此，就联邦共和国的合理含义而言，新宪法的设置是完全符合的。

吕西亚联盟由 23 个城邦或者共和国组成，最大的城邦在同盟委员会中有 3 个表决权，中等城邦有两个表决权，最小的城邦有一个表决权。同盟委员会有权任命所有法官和各邦行政长官。这确实是干涉各邦内部事务的精密措施，因为如果有什么能够排他性地侵夺地方权力的话，那就是任命它们自己的官员。孟德斯鸠对此却说：“如果要让我为联邦共和国找一个很好的典型，那就是吕西亚联盟。”因此我们可以看出，有些人坚持的那些差异性，并不属于这位启蒙思想家考虑的范围，我们也可以得出结论说，这些差异并非是一种可靠的立论根据，它不过是用来支持一种错误理论罢了。

普布利乌斯

第 10 篇　联邦有助于抑制党争

《纽约邮报》 1787 年 11 月 23 日

致纽约州人民：

一个组织良好的联邦可提供诸多裨益，最大的莫过于它有一种阻止和控制派系之争的趋向。大众政府的支持者，在面对这一危险恶习时，从未发现自己是如此的受到这种性质和命运的警示。因此，如果存在任何能够提供恰当救治方式的计划，且该计划又不致危及它所秉持的原则，一定应给予其应有的赞誉。带进公共议会中的不稳定、不公正和混乱，却已成为致使大众政府败亡的致命顽疾。而且，对于自由的敌人来说，这些弊害一直是他们进行似是而非的争辩时津津乐道的有效口实。美国宪法对古今民主模式所做的有益改进，的确怎样赞扬都不为过，但是，若认为这些改进已经有效地消除了人们一直努力避免的危险，却也是不折不扣的偏颇。我们最为深思熟虑和富有美德的公民——既有公共和私人信用的支持者，也有公共自由和私人自由的朋友——就经常抱怨我们的政府太不稳定，公共利益因党派之争而被忽视；他们抱怨政策多变，不能维护公正的规则和少数派的权利，而是受制于有利害关系和多数派的优越势力。无论我们多么期望这些抱怨言而无据，众所周知的事实仍使我们无法否认，在某种程度上的确如此。如果对面临的情势作一个坦率的评论，我们一定会发现，我们正在经历的不幸中，有一些一直控制着政府的活动；同时我们还发现，其他原因不会单独地造成我们的一些最大不幸，尤其是对于那些久已存在并日趋严重的对于公共事务的不信任，以及对于私人权利的忧虑，从我们大陆的一端到另一端均有反映。即使不是全部，这些情况也主要是动荡和不公导致的后果，派系精神已经污染了我们的公共管理活动。

我所理解的党争，亦即一些公民，无论其为全体的多数还是少数，在共同的激情或利益的驱使下联合起来采取共同行动，以反对其他公民的权利或者共同体的整体和长远利益。

消除党争危害有两种方式：一种是消除其原因；另一种是控制其影响。

消除党争的原因又有两种方式：一种是摧毁党争所赖以存在的自由；另一种是使每个公民拥有同样的观点、同样的情感和同样的利益。

对于第一种救治方式而言，最恰当的说法是它比所要治疗的疾病本身更糟。自由之于党争，正如空气之于火焰，离开它就会立刻熄灭。但是，因为自由助长党争而废除政治生活不可缺少的自由，正如因为空气给火焰以破坏力而希望消灭生命所必不可少的空气，实为同样的愚蠢。

第二种方式是做不到的，正如第一种方式是愚蠢的一样。只要人的理性会犯错误，并且人有运用理性的自由，不同的观点就会产生。只要人的理性和自爱之间存在联系，他的情感和观点就会相互影响。人们之间在禀赋上的差别，是财产权的起源，而对于人们追求共同利益来说，这些差别无疑是难以消除的障碍。保护这些禀赋，乃是政府的首要目标。而保护这些不同和不平等的禀赋，立即就会导致人们在财产种类和程度上的差别：由于这一切对相应的财产占有者的情感和见解的影响，必然使社会分裂为不同的利益群体和党派。

党争的内在原因，就是这样根植于人性当中的，我们看到，这些原因到处都根据公民社会的环境变化而体现为不同的行动。在宗教、政治问题上的不同见解以及其他或出于推理或出于实践而追求不同见解的热情、对那些出于野心而迷恋出人头地和无上权柄的领袖的依附，或者对于其财富足以激发人之激情的人们的依附，渐次把人们分裂为不同的党派，它们煽动彼此的憎恶，使人们倾向于怒火中烧，相互倾轧，而不是为了公共利益携手合作。人性中相互为敌的秉性如此强烈，以至于即使没有充分展现的场合，最微不足道和稀奇怪诞的差异也会点燃他们内心不友善的激情之火，并煽动起最为激烈的争斗。但是，党争最为常见和持久的源泉，在于人们财产上的类别相异和分布不均。有产者和穷人在社会中一直有不同的利益，债权人和债务人也是如此不同。土地利益、制造业利益、商业利益、金融利益，连同许多更小的利益，必然会在一个公民社会中成长起来，并把人们分为不同的阶级，让他们受不同的情感和观点驱使行事。调整这些不同和相互冲突的利益，是现代立法的主要任务，同时，党派情绪也会融入日常政治活动。

任何人都不能做自己案件的法官，因为他的利益一定会使他的判断带有偏见，而且私利会败坏其诚实的品格。不仅基于同样的原因，还有更充分的理由说明，一个由人组成的机构，不应同时既是裁判者又是当事人。然而，那些为数众多的重要法案，难道不是不仅事关个人权利而且还事关庞大公民团体的裁判结论吗？那些来自不同阶层的立法者，难道不是他们所决定的法案的辩护者和当事人吗？会提出一项只关系到私人债务的法律吗？问题一定是，债权人是一方当事人，而债务人是另一方。公正要求必须在他们中间保持平衡。但是当事人就是而且必然是他们自己的法官，那些人数众多的当事方，或者换言之，那些最有力量的派系，势必能够呼风唤雨。本国制造商能否以及在多大程度上有能力限制外国制造商？在这些问题上，地产阶层和制造业阶层会有不同的见解，他们都罔顾正义和公益。对各种财产确定税负，看来需要最大的公正，但恐怕没有一项法令能为那个一手遮天的党派提供更大的机会和诱惑来践踏正义的准则了。他们每让弱势者多负担一个先令，就能为自己的腰包省下一个先令。一种徒劳的说法是，贤明的政治家能够调整这些相互对抗的利益，使它们唯公益之命是从。

然而，并不总是贤明的政治家在掌握权力。在许多情况下，如果不做间接和长远的考虑，这种调整难以作出。深谋远虑很少能战胜眼前利益，因为一个派别在主张眼前利益时会无视其他派别的权利，也不会把整体利益放在心上。因此我们认为，党争的原因无法消除，欲求解决之道，只能控制其影响。

如果一个派系所包括的并非多数，可以通过共和原则治疗其弊病，也就是说，多数派通过通常的投票过程，自可挫败其险恶用心。党争可能阻碍行政措施的执行，搅动得社会动荡，但它难以用宪法的形式实施和掩盖其恶行。另一方面，当一个派系包括的是多数人时，大众政府为满足占优势地位的情感和利益，会牺牲公共利益和其他公民的权利。因此，我们的探究所要实现的重要目标是：既要确保公共利益和个人权利抵制党争的威胁，又能保持大众政府的形式和精神。我要补充的是，这一目标实为大众政府摆脱长期的耻辱最为迫切之物，实现了它，方能使这种政府为人们尊重和接受。

怎样才能达到这一目标？显然只能采用两种方式中的一种，要么必须防止多数派同时存在同样的激情和利益，要么必须使具有同样激情和利益的多数派由于其人数和特殊的情势而不能勾结起来实施其压迫计划。若实行压迫的冲动和机会恰好合二为一，我们深知绝难指望道德和宗教动机能成为进行适当控制的根据。如果在若干人的不义和暴行上都难以找到来自道德和宗教动机的约束，那么随着实施不义和暴行的人数增加，这种约束的效果就越是减弱。

这样来看问题，我们可以得出结论，一种纯粹的民主政体——我指的是少数公民组成的社会，他们亲自集会和管理政务——难以救治党争的弊害。几乎在所有情况下，整体中的多数都会感到有共同的情感或利益。联络和结合是这种政府形式自身的产物，没有任何方式能阻止牺牲弱小党派的诱惑，也无从制止个人的可憎动机。因此这种民主政体所勾画的，一直是一幅动乱和争夺不休的图景，它同个人安全和财产权是不相容的，而且，这种政体也往往由于暴亡而夭折。一些夸夸其谈的政治家赞成这种政府，他们错误地认为，如果使人们在政治权利上完全平等，就能在财产、见解和情感上完全平等。共和政体，我指的是一种采用代议制的政体，它为我们展现了一幅不同的图景，能给我们提供所需的救治措施。让我们来研究一下它和纯粹的民主政体的差别，这样就能理解救治措施的性质，以及它必然会从联邦得到的功效。

民主政体和共和政体有两大区别：第一，后者将政府委托给由其余公民选出的少数公民；第二，后者所能管辖的公民人数较多，国土范围也较大，它的地域可以扩展。第一个区别的结果，一方面，可以通过某个选出的公民团体作为媒介，使公众的意见得到提炼和扩大。这个团体的智慧，最能辨别国家的真正利益，而他们的爱国精神和对正义的热爱，也最少可能为暂时的或偏私的考虑而牺牲国家。在这样的限制下，很可能发生的情形是，由人民代表发出的公众声音，要比人民自己为此集会和亲自表达意见更符合公共利益。另一方面，结果也可能正相反。秉持派系习性、地方偏见或险恶用心的人，可能用阴谋、贿赂或其他方法首先取得参政权力，然后背叛人民的利益。这一结果带来的问题是，对于选举公共福祉的适当保护人而言，到底是小共和国好还是大共和国好。根据下面两个明显的考虑，可以断定后者较好。

首先，应该指出，共和国无论多小，代表必须达到一定数目以警惕少数人结党营私，同时，共和国无论多大，代表必须限于一定数目以防止人数众多带来的混乱。因此，在这两种情况下，代表的人数都不与两类共和国的选民人数成比例，在小共和国比例要大些。其结果是，如果大共和国里合适人选的比例并不比小共和国小，那它的公民将有较大的选择机会，从而更有可能作适当的选择。其次，在大共和国，由于每个代表将由比在小共和国里更多的公民选出，所以不称职的候选人就更难成功地采用在选举中司空见惯的邪恶伎俩；同时，由于在大共和国里人民的选择余地更大，选票也更能集中于那些德高望重的人士身上。

必须承认的是，在这种情况下，如同在其他许多情况下一样，折中看来两方面都有不便之处。过多地增加选民的人数，将使得代表难以知悉各地的特殊情况和较小的利益；而如果过多减少选民人数，就会使代表过分依赖于特殊情况和较小利益，这样就几乎不适于理解和追求重大的全国性目标。在这一方面，联邦宪法设计了一个恰当的结合方式：重大的和整体的利益诉诸全国性立法机关，地方的和特殊的利益诉诸州立法机关。

另一个区别是，共和政府能比民主政府管辖更多的公民和更辽阔的国土。主要是这一情况，使派系的联合在共和政府比在民主政府更不足惧。社会愈小，形成截然对立的党派和利益群体的可能性就愈小；对立的党派和利益群体愈少，则同一党派占多数的情况就愈常见；而组成多数派的人数愈少，他们的活动范围就愈小，也就更容易勾结起来实施其压迫计划。扩展联邦的范围，包罗其中的党派种类和利益群体就可以更多，而全体中的多数派形成共同动机，侵犯其他公民权利的可能性也就更少。换言之，即使存在这样一种共同动机，也使拥有此动机的人更难于显示自己的力量，也更难彼此协调一致地付诸实施。即使不存在其他障碍，我们也可以说，凡是在那些不正当和不道德的目的存在的地方，随着赢得支持所必需的人数的增加，相互的勾结也会因为相应增长的不信任而受到制约。

这样，显而易见的是，共和国在控制党争影响方面优于民主国的地方，也是大共和国优于小共和国之处，也是联邦优于组成联邦的各州之处。大共和国的优点，不正

在于能遴选出见解高明、品行高尚的代表，并能使他们超越地方偏见和不公计划吗？不能否认的是，联邦的代表最可能拥有这些必要的禀赋。联邦的优点，是否在于通过众多党派来防止一个党派凭借其人多势众而对其他党派实施压迫，从而提供了更好的防范措施呢？同样，联邦范围内各类党派的增加，确能加强这方面的保障。总之，联邦的优点不正在于给不讲正义和图谋私利的多数派设置更大的阻碍，防止他们沆瀣一气，使其秘而不宣的愿望得逞吗？在这里，联邦之幅员辽阔，再次显示了最为明显的优点。

派系领袖的势力，或许能在各自州里煽风点火，却难以将其蔓延至其他州。一个教派可能在联邦的某一部分蜕化为政治派系，但散布于邦联各地的其他教派，必然会保护全国性机构不受源于那里的任何威胁。对发行纸币、废除债务、均分财产或任何其他不当或邪恶目的的渴望，容易弥漫于联邦的某一州，却难以传遍整个联邦。这一情况，正如这种弊病可能流行于州的某一区县而不易殃及全州一样。

因此我们发现，在联邦的范围和恰当结构里，共和政府的那些常见弊病尚需共和政体的办法来加以救治。我们既以身为共和主义者为荣，亦应以同样的热情珍惜共和精神，并支持联邦党人的品格。

普布利乌斯

（姜峰　译）

邦联的缺陷

（《联邦党人文集》第 15、21 ~ 23 篇）[1]

亚历山大·汉密尔顿

第 15 篇

致纽约州人民：

同胞们，在前几篇文章里，我力求用清楚而令人信服的说明向你们提出联邦对你们的政治安全和幸福的重要意义。我曾向你们说明：如果你们让连接美国人民的神圣纽带被野心或贪婪、妒忌或谬论切断或解开，你们就会面临错综复杂的危险。在以后的共同探讨中，我们宣扬的真理将从以前未曾注意的事实和论据中得到进一步的证实。如果你们要走的道路在某些地方使你们觉得乏味或厌烦，你们就要想到，你们正在寻求能引起自由人民注意的一个最重要问题的知识，你们必须通过的原野本身是辽阔广大的，而诡辩法在路上设置的迷宫又不必要地增加了旅程的困难。我的目的是，尽可能用简单扼要的方式清除你们前进道路上的障碍，而不使速度影响效果。

在实行我为讨论这个问题所拟订的计划时，需要考察的下一个论点是"目前的邦联政府不足以维持联邦"。也许有人要问：何必要用推论或证明来说明一个根本无人辩驳或怀疑、各阶级的人一致同意、实质上为新宪法的反对者和赞成者一致承认的论点呢？必须老实承认，不管他们在其他各方面看法多么不同，一般说来在如下的意见上至少是一致的：就是说我们的国家制度存在着实质性的缺陷，必须设法使我们摆脱迫在眉睫的混乱状态。支持这个意见的种种事实，已不再是猜测的了。一般人民都已感觉到这些事实，而且终于迫使那些对使我们陷入困境的错误政策应负主要责任的人勉强承认，我们联邦政府的计划中的确存在着那些缺陷，它们早已为联邦的明智的赞

[1] 选自《联邦党人文集》，程逢如、在汉、舒逊译，商务印书馆 2009 年版，第 70-76 页，第 101-117 页。

助者所指出，并且深表遗憾。

其实，我们可以正确地说，现在几乎达到国家蒙受耻辱的最后阶段了。凡是能伤害一个独立国家的尊严或降低其品格的事情，我们差不多都经历过了。在人们中间难道还存在由于我们受到各种约束而必须履行的高尚保证吗？这些保证经常遭到恬不知耻的破坏。在保持我们的政治存在的危急存亡之际，我们不是向外国人和本国公民借过债吗？对于偿清这些债务依然未作任何适当的或令人满意的准备。某个国家不是占领着我们宝贵的领土和重要的要塞，而这些按照明确的规定不是早就应该交出了么？这些地方依旧被保留，既有损于我们的利益，同样也有损于我们的主权。我们能够表示愤慨或者打退这种侵略吗？我们既无军队，又无钱财，也无政府。我们能够庄严地提出抗议吗？首先必须洗刷同一条约使我们的信用蒙受的污损。根据自然条件和条约，我们有资格参加密西西比河的自由航行吗？西班牙把我们排除在这种航行之外。在发生公共危险的时候，公共的荣誉不是不可缺少的应变能力吗？我们似乎认为它的动因无望和不可挽回而放弃了。商业对国家财富难道不重要吗？我们的商业已衰败到了极点。外国列强心目中的威望，不是能够防备外国的侵略吗？我们的政府低能，甚至禁止他们同我们进行谈判。我们的驻外大使，只是模拟的主权的装饰品。土地价格暴跌不是国家穷困的征象吗？我国大部分熟地的价格大大低于用市场上荒地数量来说明的价格，而且只能用缺少私人的和公共的信用来充分说明，这个情况在各个阶层中间流行，非常惊人，并且有一种降低各种财产价格的直接趋势。私人信用不是工业的朋友和保护人吗？有关借贷的最有用的那种信用，被缩小在最小的范围内，这主要是认为货币的不可靠甚于货币的缺少。为了把这些既不会给予我们欢乐，也不会给我们教益的详情细节减缩一下，总的说来，我们可以这样提出问题：凡是能降临像我们这样特别享有优越自然条件的社会的全国性混乱、贫穷和无意义的征象，还有什么没有成为我们普遍不幸的悲惨事实呢？

这就是那些原理和议论把我们引入的忧郁境地，现在它们又要制止我们接受新提出的宪法；它们并不满足于把我们导向悬崖的边缘，似乎决定把我们投入那种在下面等待着我们的深渊。同胞们，在这里由于应该影响一个进步民族的每种动机所迫，让我们为我们的安全、平静、尊严和名誉坚持我们的立场吧！让我们最后把那长期以来引诱我们脱离幸福和繁荣道路的具有致命魔力的事物摧毁吧！

前面业已指出，种种难以歪曲的事实的确使人们对我们国家制度中存在着实质性缺点这一抽象命题产生了一致同意的看法，但是联邦措施的宿敌方面所作让步的效用，却被他们对矫正方法的坚决反对所破坏，他们反对能给予一个成功机会的唯一原则。他们在承认合众国政府无能的同时，却反对授予政府补充此种能力所需的各种权力。他们似乎依然指望相互矛盾和互不相容的事情；指望加强联邦的权力而不减少州的权力；指望联邦享有统治权，而各个成员又享有完全的独立。总之，他们似乎仍然盲目崇拜主权内的主权这种政治上的怪物。这就必须充分指出邦联政府的主要缺点，以便证明我们所经历的祸患并非来自局部的或细小的缺点，而是来自这个建筑物结构上的基本错误，除了改变建筑物的首要原则和更换栋梁以外，是无法修理的。

目前邦联政府结构上的主要弊病，在于立法原则是以各州或各州政府的共同的或集体的权能为单位，而不是以它们包含的各个个人为单位。虽然这一原则并没有贯穿到授予联邦的全部权力之中，然而它却渗透到并且支配着那些决定其他权力的效率的权力之中了。除了按比例分配的规则，合众国还有一种征调人员和征收款项的并不明确的处置权，但是各州却无权通过约束美国公民个人的规定实现以上目的。这种情况的结果是，虽然在理论上他们的有关这些问题的决定在宪法上是使联邦成员受约束的法律，但在实际上只不过是各州随意遵守或不遵守的一种劝告罢了。

这是人类思想不合情理的一个突出的实例，在我们从经验中得到有关此问题的所有告诫以后，仍然会发现有人反对新宪法，因为它脱离了一项原则，而该原则却是旧宪法的致命伤，本身显然是与政府的观念不相容的。简言之，该原则如果终究要执行的话，必然要用粗暴的武力来代替温和的政令。

独立国之间为了某些特定的目的而订立同盟或联盟的主张，决不是不合理的或行不通的，同这些目的有关的时间、地点、情况和数量等方面的一切详情细节均由盟约予以明确规定，什么事情也不留待未来酌定，盟约的履行要看双方的诚意。所有文明国家之间都有这种盟约，它们遭受战争与和平的经常变迁，订约国家既有遵守的也有不遵守的，要视其利益或情感而定。本世纪初，此种盟约在欧洲风行一时，当时的政治家一厢情愿地希望从盟约中得到好处，结果并未实现。为了要建立世界那一部分的力量平衡与和平，用尽了一切谈判方法，成立了三国联盟和四国联盟。但是这些联盟总是刚一订立就被破坏，这就给予人类一种有益而苦恼的教训：那些除了诚意的义务以外别无其他制裁手段，而且使和平与正义的一般考虑与任何直接利益或情感冲动相对立的盟约是多么的不可靠啊。

如果使我国的某些州处于同样的相互关系，并且放弃一种普遍的随意监督计划，那么此方案的确是有害的，会使我们遭到第一个题目下面所列举的一切祸患。但它至少会有不是自相矛盾而又切实可行的优点。放弃对邦联政府的一切看法，就会使我们组成一个简单的攻守同盟，就会使我们处于敌友关系交替变化的境地，因为由外国的阴谋滋养而成的相互嫉妒和对抗要求我们这样做。

但是，如果我们不愿处于这种可怕的境地，如果我们仍然坚持全国政府的计划，或者同样坚持由立法机关指导的监督权，我们就必须决定把那些构成同盟和政府之间主要区别的成分加入我们的计划，我们必须使联邦的权威达到政府的唯一真正对象——公民个人的身上。

政府意味着有权制定法律。对法律观念来说，主要是必须附有制裁手段。换言之，不守法要处以刑罚或惩罚。如果不守法而不受处罚，貌似法律的决议或命令事实上只不过是劝告或建议而已。这种处罚，无论是什么样的处罚，只能用两种方法来处理：由法院和司法人员处理，或者由军事力量来处理；行政上的强制，或者武力上的强制。第一种方法显然只能应用于个人；后一种方法必然要用来对付政治团体、社团或各州。显然没有一种司法程序能够作为强迫遵守法律的最后手段。对渎职者可以宣判，但这类判决只能用武力来执行。当总的权力限于组成这种权力的社团的集体机构时，每次违反法律必然造成战争状态；武力强制执行必然会成为人民遵守法律的唯一工具。这种事态当然不配具有政府的名义，任何慎重的人也不会把自己的幸福托付给它。

曾经有人告诉我们说，不至于会发生各州违反联邦当局规章的情形；公益感会主宰成员的行为，并使它们完全依从联邦宪法的一切要求。目前，当我们将要从智慧和经验的至理名言当中得到更多教训时，这种言辞同我们现在从同一个地方听到的大部分的说法一样，都将被认为荒诞不经。这种说法总是暴露了全然不知驱使人类行为的真正动力，并且违背了建立民权的原来动机。究竟为什么要组织政府呢？因为如果没有约束，人的情感就不会听从理智和正义的指挥。是否已经发现人的团体的作为比个人更加正直或更加无私呢？人类行为的正确观察家已经作出与此相反的结论，而且此种结论是有明显的理由作根据的。就名誉而论，当恶行的臭名由许多人分担时，其影响要比单独落在一人身上要小一些。党争精神容易玷污人们的所有团体的思想，往往会促使组成团体的个人行为不当而且过度，而他们以私人身份对此是会感到羞愧的。

除此以外，在统治权的本质中有一种对控制的急躁感，因而使那些受权行使统治权的人用一种邪恶的眼光来看待一切外来的约束或指挥其行动的企图。由于这种精神，在每个根据共同利益的原则由若干较小统治权组成的政治团体中，在从属的轨道里会发现有一种离心趋势，由于这种趋势的作用，每个团体一直在力求脱离共同的中心。

这种趋势是不难说明的。它起因于对权力的爱好。被约束的或被削减的权力，几乎经常是用以约束或削减那种权力的对手和仇敌。这个简单的道理将教育我们，作出这样期望的理由是多么的不充分：受托管理邦联某些成员的事务的人，将随时准备非常乐意、毫无偏见地关怀公共福利，执行总权力机构的决议或命令。由于人类的天性，往往产生与此相反的结果。

因此，如果邦联的措施没有一定的行政机关的干预就不能执行，那么执行这些措施的前景是很渺茫的。各个成员州的统治者无论有无宪法上的权利这样去做，都会亲自着手判断这些措施是否适当。他们会考虑，已经提出的或要求的事情是否符合他们的直接利益或目的；会考虑接受这些东西的暂时便利或不便。他们会以偏私和怀疑的精神对这一切进行研究，既不了解对于作出正确判断必不可少的国家情况和政治理由，又强烈偏爱局部事物，因而会导致错误的决定。在组成邦联的每个成员州里，同样的过程必然会得到重复，于是整个议事机构拟订的计划的执行，往往由于各部分的不正确的和偏私的意见的判断而变幻无常。凡是熟悉人民立法机关程序的人，都亲自目睹在没有外界条件的压力下，要使他们在重要问题上作出一致的决定往往是多么的困难。他们很容易设想，在不同地点、时间和印象下要引导若干这样的会议，渴望它在同样的意见和目的上进行合作，一定是多么的不可能。

至于说到我们的情况，按照邦联政府的条件，对于完全执行联邦的每个重要措施，必须有 12 个独立主权的意见一致。事情果然不出所料。联邦的措施并未执行；各州的懈怠情况逐渐达于极端，终于阻止了全国政府全部车轮的运转，使它们可怕地停顿下来。当时国会几乎没有维持政府形式的手段，直到各州能有时间同意一个更具体的东西来代替目前有名无实的联邦政府。事情并非一下子就达到了这种绝望的极端，前面详述的那些原因，最初只是使各州在服从联邦的要求上出现了程度上不平等和不相称的情况。做得较差的那些州，给予服从的或很少不尽职责的那些州以作为口实的榜样和利己的诱惑。为什么我们要比同我们一起进行政治航行的那些州做得更多呢？为什么我们要同意负担超过正当份额的公共负担呢？这类话是人类的自私心所不能抵制的，即使高瞻远瞩的人也不能立即予以驳斥。每个州听从了关于眼前利益或便利的劝导，相继收回自己的支持，直到脆弱而动摇的建筑物似乎就要倒在我们头上，使我们在其废墟下面压得粉身碎骨。

普布利乌斯

联邦党人文集　第 21 篇

原载 1787 年 12 月 4 日，星期二，《纽约邮报》

致纽约州人民：

在最近 3 篇论文中已经概括地回顾了描述其他邦联政府的特征和命运的主要情况和事实，现在我要继续论述我们现有制度已经使我们失望的那些最重要的缺点。为了给适当的改正作出一种可靠而令人满意的判断，我们绝对需要熟悉这种弊病的程度和恶劣性质。

目前邦联政府第二个最明显的缺点，就是它的法律完全缺乏支持。现在组成的合众国没有权力通过罚金、停止或剥夺权利或以任何其他合法方式来强制人民服从决议或惩罚违犯决议的人。没有明确授予他们对不尽职责的成员使用武力。如果说基于各州间的社会公约的性质，这种权利应当划归联邦首脑，那也一定是不顾邦联条款第二条的有关部分进行推论和解释。这一条说："各州得保留国会未曾明确授合众国的各项权力、权限和权利。"毫无疑问，假定这种权利不存在是极其荒谬的，但是我们处于进退两难的境地，要么接受那个看来荒谬的假定，要么把这个条款推翻或者搪塞过去。这个条款是新宪法的反对者近来一再颂扬的题目，新宪法正因为没有这种条款，曾经受到许多貌似有理的责备和严厉的批评。如果我们不愿削减这条被称赞的条款的力量，我们就不得不得出结论：合众国提供了一个特殊的政府标本，这个政府连执行法律的宪法权力的影子都没有。从已经援引的例子中可以看出，美国邦联在这方面不同于任何类似的其他制度，并且在政治界展示出一种前所未有的新现象。

各州政府缺乏相互保证，是联邦计划中另一个重大缺点，在组成联邦的条款中，并未申明这类保证。假如从效用考虑，暗示应有一种不言而喻的保证，要比从同样的考虑暗示应有一种不言而喻的强制权力，会更加昭著地背离上述的条款。缺乏保证，后果虽然可能使联邦遭到危险，但是并不像联邦的法律缺乏宪法支持那样会直接侵犯联邦的存在。

如果没有保证，来自联邦的、能抵制那些有时威胁州宪法存在的内部危险的帮助，也一定不存在了。篡夺权力的情形会在每个州里抬头，摧残人民的自由，而全国政府除了悔恨交集地眼看其侵害以外，在法律上什么事也不能做。成功的派别能在秩序和法律的废墟上建立苛政，而联邦在宪法上却不能为政府的同情者和支持者提供任何帮助。马萨诸塞州勉强摆脱的动乱局势，证明这类危险并非是推论出来的。假如政治煽动者有一个凯撒或克伦威尔来领导，那么，谁能决定最近动乱的结局呢？谁能预测，在马萨诸塞州建立起来的暴政，对新罕布什尔、罗得岛、康涅狄格或纽约等州的自由会产生什么影响呢？

对州的重要性的过于自豪，启发某些人反对联邦政府中的保证原则，认为它含有一种对其成员的内部事务的多余干涉。这类顾忌会使我们失去可望从联合中得到的一种主要益处，它只能来自对条款本身性质的误解。它并不能阻碍大多数人民用合法而和平的方式来改革各州宪法。这项权利是始终不会消失的。保证只能对暴力造成的变化起作用。对于预防这类灾祸，不能规定过多的限制。社会的平安和政府的稳定，完全决定于对这个问题所采取的预防办法的效力。在政府的全部权力掌握在人民手中的地方，一个州发生局部或偶然骚动时，采用暴力纠正法的口实也就少了。在民主政体或代议政体中，对于管理不善的自然纠正办法就是变动人事。国家当局的保证，不但能对付社会上党争和民变的动乱和暴行，同样也能对付统治者的篡权行为。

用定额规定各州向国库捐献的数量的原则，是邦联政府另一个主要错误。前面已经指出，各州厌恶为应付国家急需而作出足够的贡献，而且在为此所作的实验中，已充分表现了出来。现在我完全是用各州平等的看法来谈这个问题的。凡是习惯于设想产生和构成国家财富的情况的人，必然感到满意的是，没有可以确定其等级的共同准则或标准。无论土地的价值或人数（这些已先后被提出作为各州贡献的准则），都不能认为是适当的标本。如果我们把尼德兰联邦的财富和俄国或日耳曼，甚至法兰西的财富进行比较，如果我们同时把尼德兰的狭小地区的土地总值和总人口同上述 3 个国家中任何一国的广大地区的土地价值和总人口比较一下，我们立刻就会发现，这两个对象的大小与那些国家的相对财富是不可同日而语的。如果把美国某些州作同样的比较，就会得出同样的结果。让我们把弗吉尼亚与北卡罗来纳、宾夕法尼亚与康涅狄格、马里兰与新泽西进行比较，就可以确信，这些州各自的纳税能力，同它们的土地面积的比例或其人口总数的比例没有类似之处。用这个方法对同一州内各县进行比较，也同样可以说明这种情况。如果我们用土地总值或总人口作为标准，那么凡是熟悉纽约州的人，没有人怀疑：金县的流动财富比蒙哥马利县的流动财富看来要大得多。

各国的财富决定于各式各样的原因。位置、土壤、气候、物产性质、政府性质、公民的天资、他们掌握知识的程度、商业、技术和工业等方面的状况——这些情况以

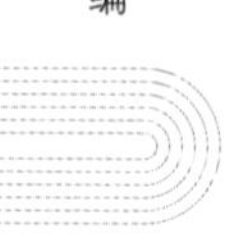

及其他许多过于复杂、微小或过于偶然以致无法逐一详述的情况，在各国相对富饶方面造成难以想象的差别。结果很明显，不可能有衡量国家财富的共同标准，当然也就没有决定各州纳税能力的一般的或固定的准则了。因此，用诸如此类的准则来规定邦联成员纳税额的企图，必然会造成明显的不平等和极大的压抑。

如果能够想出任何方法来强迫各州依从联邦的要求，那么，在美国，这种不平等本身就足以造成联邦的最后的灭亡。受难各州，不会长期同意在这样的原则上保持联合：它把公共负担用非常不公的办法进行分配，并且打算使某些州的公民变得贫穷，受到压迫，而其他各州公民则几乎感觉不到他们需要承担的一小部分负担。这是与定额和征收原则分不开的一种弊病。

除非授权全国政府用自己的方法筹措收入，没有任何方法可以避开这个麻烦。进口税、国产税，总之一切消费品的关税，好比一种液体，到时候总会与付税的财力相平衡的。每个公民的纳税额，在一定程度上可以自便，而且可视其资力加以规定。富人可以浪费，穷人能够节约；只要适当选择适于征税的商品，就经常可以避免个人受到压迫。如果在某些州里发生对某些商品征税不公平的现象，这些现象多半会被其他州里对其他商品征税的同样不公平现象所抵消。在时间和事物的进程中，平衡，就它能在如此复杂的问题上的实现情况而论，将会在各地建立起来。或者说，如果不公平现象仍旧存在，那么这些现象在程度上既不会如此严重，在作用上如此一致，也不会在外观上如此可厌，就像在任何可以以想象的范围内由于指标而必然产生的那种可厌的外观一样。

消费品税的明显优点，在于本身具有防止过度的性质。它们规定自己的限度；不破坏扩大税收的目的，就不能超越这个限度。当这种限度应用于这个目的时，下面这句话是既恰当又俏皮："在政治算术中，二加二并不经常等于四。"如果关税太高，它们就会使消费减少，征不到税，于是纳入国库的成果还不如把税收限于适当范围内的时候多。这样就能完全防止用这种税收对公民进行任何具体的压迫，这本身也是对征税权力的一种自然限制。

征收这种税通常是用间接税的名义，在长时期内必然会成为本国筹措收入的主要部分。那种直接税，主要是房地产税，可以采用分摊的规则。无论是土地的价值或人数都可以作为标准。一个国家的农业情况和人口的密度，彼此是互相关联的。通常为达到既定目的，人数由于简单而准确，往往被优先采用。在每个国家，估计地价是一项非常困难的任务。在一个尚未完全安定、正在不断改进的国家里，这种困难几乎会增加到无法进行的程度。正确估价的费用，在一切情况下是一个不可轻视的障碍。在事情的本质方面可以发现，在对政府的任意决定权没有限制的税收部门里，建立一种同这一目的并不矛盾的固定税则，所带来的麻烦要比全部保留这种权力少得多。

普布利乌斯

第 22 篇

原载 1787 年 12 月 14 日，星期五，《纽约邮报》

致纽约州人民：

目前联邦制度的缺点除了已经列举的以外，还有其他一些并非不重要的缺点，那些缺点凑合起来使这个制度完全不适宜管理联邦的事务。

缺乏管理商业的权力，是所有党派都承认的一个缺点。这种权力的效用，在我们探讨的第一个题目中，已经探讨过了。由于这个原因，以及对这个问题意见一致，所以就没有什么必要在这里加以补充了。根据最肤浅的看法，显然不存在同贸易或金融的利益有关，而且更强烈要求联邦管理的事物。缺乏这种管理，已经成为同外国订立有利条约的障碍，并且造成了各州之间的相互不满。凡是熟悉我们政治联盟的性质的国家，没有一个会不明智到同合众国签订条约的程度，因为他们通过条约就要获得对他们说来多少有点重要的特权。他们知道，联邦方面承担的义务可以在任何时候被其成员违犯；他们从经验中发现，他们可以在我们的市场上享受他们渴望的每种特权，除了暗示给予暂时方便以外，无须给我们任何回报。因此，下面这种情形没有什么值得奇怪的：詹金先生在向下议院提出一项管理两国暂时来往的议案，他在进行说明前先发表声明说，以前议案中的类似条款，是符合大不列颠商业的每项目的的，因此，在发现美国政府是否更加言行一致以前，还是坚持原案比较稳妥。

有些州竭力设法利用各种禁例、限制和排斥来影响英国在这方面的做法，然而由于缺乏总的权威和各州内部意见不同而造成的缺乏同心协力，迄今已使诸如此类的每次尝试都遭失败，今后只要采取一致措施的障碍继续存在，这类实验还会继续失败。

某些州的干涉性的、不友善的、与联邦精神相反的规定，在不同情况下曾给其他各州提供表示愤怒和抱怨的正当理由。值得担心的是，这种性质的事例，如果不用国家的管理加以制止，可能会增加和扩大，直到它们成为不和和冲突的重要原因，其严重性不亚于邦联各部分之间进行往来的有害障碍。“日耳曼帝国的商业，不断受到一些诸侯和城邦对通过他们领土的商品征收多种关税的束缚，由于这种做法，日耳曼如此幸运形成的名水大川几乎完全无用。”虽然我国人民的天性，从不容许把这种描写完全应用到我们身上，然而我们可以有理由地预期，由于各州的规章逐渐互相抵触，每一州的公民最后对其他各州公民的看法和对待，不会比对外国人和外国侨民好多少。

招募军队的权力，用邦联条款最明显的解释来说，只是向各州征募一定人数的权力。在最近的战争中发现，这种做法对一种有力的和经济的防御制度有很多妨碍。它引起制造拍卖人口的各州进行竞争。为了提供向它们要求的人数，它们互相竞争，直至补助金多到受不了的程度。进一步提高补助金的希望，诱使那些打算服役的人拖延应召日期，无意长期服役。因此，在我们出现问题的紧要关头，征兵又慢又少，应征人数少，费用却很多，军队人员不断变动，从而破坏军队纪律，使公众安全经常受到军队可能溃散的极大危险。因此在某些情况下，实行了强制的征兵方法，除了渴望自由以外，什么东西也不能使人民容忍这种办法。这种征募部队的方法，同平均分配负担相比，对于节省和花费的气力来说，并没有更不利之处。邻近战争地点的各州，受自卫动机的影响，竭力提供它们的兵士名额，甚至超过自己的能力范围；而远离战争危险的各州，多半在行动上消极怠慢，同别人的积极努力恰成对比。在这种情况下，这种不平等的直接压力不同于贡献金钱的压力，是不能用最后偿清的希望来缓和的。没有支付它们那一份钱款的各州，至少要负拖欠的责任；但是在人力供应方面却没有拖欠的账目。然而，当我们考虑到拖欠最多的州能够偿付它们欠款的希望是多么渺茫时，我们没有更多的理由对于缺乏这种希望感到惋惜。定额和摊派制度无论应用于人或钱财，从各方面看来都是联邦的一种愚蠢制度，也是一种对各成员不平等和不公正的制度。

各州的平等投票权，是邦联政府另一个特殊情况。每种按比例的主张，每种公平代表制的规定，都在谴责这样的原则：它使罗得岛的权力大小与马萨诸塞、康纳狄格或纽约等州完全相等。使特拉华在国事审议上同宾夕法尼亚、弗吉尼亚或北卡罗来纳有同等发言权。平等投票权的运用违反了共和政体的基本准则，该原则的要求是，多数的意见应该占优势。诡辩者可能这样回答：主权平等，各州投票构成的多数，就是联邦美国的多数。但是这种逻辑上的花招，永远驳不倒合乎正义和常识的明确见解。可能会发生这样的情况：州的多数却是美国人民的少数；而 2/3 的美国人民不会长期甘愿按照人为的区分和推论的花招，使自己的利益听任 1/3 的人口处理和摆布。较大的州不久就会嫌恶从较小的州接受法律的主张，默认丧失它们在政治地位上应有的重要性，不仅会对权力的热爱麻木不仁，甚至会牺牲对平等的渴望。期望前者既不明智，要求后者也不公正。小一些的州考虑到自己的安全和福利多么特殊地依赖于联合时，就应该毫不犹豫地放弃一种权利，这种权利如果不放弃，会成为联合的致命伤。

可能有人反对说：最重要的决议不是有 7 个州，必须有 9 个州，或者总数的 2/3 的同意。由此可以推论说：9 个州经常会包括联邦中的多数。但这并不排除面积和人口很不相同的各州有同等投票权是不适当的，就事实而论，这个论断也不正确，因为我们能够举出其总人数还少于人民多数的 9 个州的名字，而在宪法上这 9 个州是有可能投一致票的。此外，有些相当重要的问题是可以由微弱的多数决定的；还有一些使人怀疑的事情，如果被解释为有 7 个州投票就完全够了，就会使投票的作用扩大到最重要的事业上。此外，值得注意的是，州的数目可能增加，投票比例却没有相应增加的规定。

但是这还不是问题的全貌。初看起来像是补救的办法，实际上却是有害的东西。使少数有权否决多数（在需要超过多数才做决定的情况下，往往如此），其趋势就是使多数人的意见服从少数人的意见。由于少数几个州不出席，国会往往处于波兰议会的情况，那里只要有一票就足以停止其一切行动。联邦的 1/60，大约相当于特拉华和罗得岛，就曾多次反对完全禁止它进行活动。这就是实践效果与理论上预期的效果完全相反的一种高深理论。在公众团体中必须意见一致或近乎一致，这是以对安全有帮助为前提的。但是其真正作用却是妨害管理，破坏政府的能力，并且用随意处理、反复无常、无关紧要的计谋、社会骚乱、腐败的结党营私等，来代替值得尊重的多数人的正常审议和决定。在一个国家的紧急关头中，通常是需要采取行动的，其政府的好坏和强弱是极其重要的。公众事务必须以这种或那种方式继续进行。如果顽固的少数在用最好的方法处理公众事务方面能够控制多数，那么多数人为了能作出一点事情，就必须依从少数人的意见。于是少数人的意见就能统治多数人的意见，而且给全国的行动定下了调子。因此就有令人厌恶的拖延、不断的磋商和密谋，以及有关公益的卑鄙的妥协。然而在这样的制度下，能够有这种妥协还是幸运的，因为在某些场合下事情并不允许妥协，于是政府的措施必然会有害地搁置起来，或者注定失败，往往由于不能同时获得必要的票数而处于停滞状态。局势往往处于不振状态，有时则近乎混乱。

不难发现，这样一个原则给国内外提供派别斗争和舞弊的机会，比允许由多数人意见做决定的原则还要多，虽然曾经有过与此相反的推测。错误来自在某些紧要关头对阻碍政府前进的可能出现的危害未予应有的注意。当宪法要求多数人赞同执行某种国家法令时，我们容易满足于一切平安无事，因为似乎不至于作出任何不适当的事来。但是我们忘记了，通过阻碍必须要做的权力和使事情保持在某些时候偶然处于不利状况的权力，可能阻碍很多好事，又可能产生很多坏事。

例如，假定我们同某一外国联合，同另一外国进行战争。假定我们的情况需要求和，可是我们盟国的利益或野心使它要把战争继续下去，认为我们有理由单独妥协。在这样的情况下，我们的这个盟友显然会发现，利用贿赂和诡计束缚政府媾和的手脚，需要 2/3 的多数票达到这个目的要比简单多数容易得多。在前一种情况下，它不得不贿赂少数人，在后一种情况下，不得不贿赂更多的人。根据同样原则，对于同我们的交战的外国来说，扰乱我们的议会，阻挠我们的努力，是非常容易的事情。从商业上看，我们可能受到同样的不便。一个与我们订有贸易条约的国家，能够更容易地阻止我们同它在贸易上的竞争者建立联系，尽管这样的联系对我们是非常有利的。

不应该把这类弊病看作虚构的东西。共和国有许多优点，也有缺点，其中之一是很容易为外国舞弊提供门路。一个世袭君主，虽然常常要为其野心牺牲其人民，但他本人对于自己政府和国家的对外荣誉却非常关注，以致某个外国不容易给他相当于他因背叛祖国而蒙受损失的相应物品。虽然其他各种事例很多，但是世人目睹这种形式的皇帝卖国的例子却寥寥无几。

在共和国里，一部分人由于同胞的选举从社会群众当中上升到有权有势的地位。他们会由于背叛自己的职责而得到报酬，这种报酬除了那些受到高尚道德的激励和支配的人们以外，看来超过了他们在共同股份中的那部分利益，压倒了他们应尽的职责。因此历史给我们提供了在共和国政府中盛行的有关外国舞弊的令人痛心的许多事例。这种情况对古代国家的灭亡起了多大作用，前面已经详述。众所周知，乌得勒支联盟的代表在不同场合下被邻近王国的密使所收买。切斯特菲尔德伯爵（如果我没有记错）在写给朝廷的一封信里说：他在一次重要谈判中要想取得成功，必须取决于他为一位代表弄到陆军少校的任命。在瑞典，各党派被英法两国交替收买，使用的方式是如此卑鄙无耻，以致引起国内的普遍厌恶，这是欧洲最受限制的君主没有经过动乱、暴行和反抗，在一天之内变成最专制和不受监督的君主之一的主要原因。

有一种使邦联政府的缺点处于登峰造极的情况尚待论述，那就是缺乏司法权。法律如果没有法院来详细说明和解释其真正意义和作用，就是一纸空文。合众国的条约，如果要有任何力量的话，就必须认为是国家法律的一部分。条约的真正意义，就其对个人而言，必须像所有其他法律一样，由司法上的判决来加以确定。为了在这些判决中取得一致，它们最后必须提交最高法院。这个法院应该隶属于签订条约的同一个政权。这两个要素是不可缺少的。如果每个州里有一个最后审判法庭，同一问题上的不同的最后判决就会和法院的数目一样多，人们的意见就会产生没完没了的分歧。我们时常看到，不仅是法院不同，而且同一法院的法官意见也不一致。为了避免许多独立法院的相互矛盾的决定必然造成的混乱，所有国家都发现必须设立一个有全面监督权的最高法院，它有权最后决定和宣布有关民法的一致规则。

在政府结构非常复杂，以致全国的法律与地方法律有彼此抵触危险的地方，这点尤其必要。在这种情况下，如果特别法庭有最后审判权，那么除了由于意见不同可能造成的矛盾以外，地方观点和偏见，以及地方规章的干扰，都是非常值得担忧的。每逢发生这样的干扰，就会有理由理解，采用的往往是地方法律的条款，而不是全国法律的条款，因为执政的人们，对于他们借以任职的权力特别尊重，再也没有比这更加合乎自然的事情了。根据目前宪法签订的合众国条约，容易被 13 个不同的立法机关以及根据它们的权力办事的同样多的最后审判法庭所违背。于是整个联邦的信用、名誉与和平，不断由联邦成员的偏见、情感和利益所支配。对这样一个政府，难道外国有可能尊重或信任它吗？美国人民有可能会长期同意把他们的荣誉、幸福和安全寄托在如此靠不住的基础上吗？

在对邦联政府作出的这个评论中，我只限于指出它的最具体缺点；不去详述另外一些缺点，由于这些缺点，打算授予邦联政府的大部分权力多半没有实现。此时，对于能够放弃先入之见的深思熟虑的人们来说，显而易见的是，这个制度是如此错误百出和不健全，以致不能加以修改，而必须完全改变它的主要特征和性质。

国会组织本身，完全不适于行施委托给联邦的权力。单是一个议会，也许可以适当地保存以前授予联邦首脑的那些薄弱的或者说被束缚的权力，但是把这种权力和那些连新宪法的比较有节制的反对者都承认应该归于合众国的附加权力都托付给议会，就会不符合有效政府的所有原则了。如果那个计划不被采纳，如果联邦的必要性能够战胜旨在分裂联邦抬高自己的野心家的目的，我们可能会计划把附加权力给予国会，如同现在的设置那样。不是这部机器由于内在结构薄弱而分崩离析，即使我们作出不明智的努力去维持它，就是由于需要所迫不断增加它的力量和功能，我们最后将在一个单一的机构里积累起一切最重要的特权，从而给我们的后代留下人类糊里糊涂地创立的一种极为可憎的政体。这样，我们事实上就会建立起新宪法的反对者渴望防止或假装渴望防止的那种虐政。

目前的联盟制度从未经过人民批准，这一点对它现存缺点影响很大。由于它所依靠的基础仅仅是几个议会的同意，所以它经常遇到关于它的权力的合法性的复杂问题，在某些情况下还产生立法撤销权的重大原则问题。由于这个制度要由州的法律批准，所以有人争辩说同一权力可以撤销联邦的法律。不管坚持契约当事人的有权撤销契约这种说法是一种多么大的异端，但这原则本身也有不少的拥护者。这类性质的问题可能产生，证明必须把我们的全国政府的基础奠立得比只由委托权力机关批准奠立的基础要更加牢固。美利坚帝国的建筑物应该奠立在人民同意的牢固基础上。国家权力的河流应该直接来自一切合法权利的洁净的原始的泉源。

普布利乌斯

第 23 篇

原载 1787 年 12 月 18 日，星期二，《纽约邮报》

致纽约州市民：

为了维持联邦，需要一部宪法，它至少要和已经提出的这部宪法同样充满活力，这是我们现在所要研究的论点。

这个研究自然要分为 3 个部分——联邦政府规定的目的，达到这些目的所需要的权力，这种权力应对何人起作用。权力的分配和组织特别要求我们在以后的题目中予以注意。

联邦要达到的主要目的是：其成员的共同防务；维持公安，既要对付国内动乱，又要抵抗外国的进攻；管理国际贸易和州际贸易；管理我国同外国的政治交往和商业往来。

共同防御的必要权力是：建立陆军；建立和装备舰队；制定管理海陆军的规则；指挥海陆军作战；为海陆军提供给养。这些权力应该不受限制，因为不可能预测或规定国家发生紧急情况的范围和变化，以及符合需要的方法的相应范围和变化。威胁国家安全的情况很多，因此对保卫安全的权力从宪法上加以束缚，都是不明智的。这种权力必须同这些情况的一切可能结合同样久远，而且应由主持共同防务的同一会议来管理。

对于正确而无偏见的人来说，这是一个无须证明的真理；论证或推论会使它黯然失色，而不能使它更明白。它是以简单而普遍的公理作为根据的：手段必须与目的相称，期望通过自己的作用达到任何目的的人，应该具有用以达到目的的手段。

是否应该有一个受托负责共同防务的联邦政府，是一个首先值得公开讨论的问题。但是作出肯定的决定时，就应该赋予该政府完成自己职责所需的一切权力。除非能够表明影响公共安全的那些情况可以缩小到一定的限度，除非与此相反的态度能够得到公平合理的争辩，那就必须承认，必然的后果是，对于为社会的防御和保护而规定的权力，在对其效能来说是必不可少的任何问题上——也就是对于国家军队的建立、指挥或维持来说是必不可少的任何问题上——是不能加以限制的。

目前的邦联政府已经证明是有缺点的，但这个原则似乎为它的创始者所完全认识，虽然他们并未为实行这一原则制定适当的或充分的规定。国会有无限权力征募人力和款项，管理海陆军，指挥海陆军作战。因为它们的要求在宪法上须要各州遵守，各州事实上有极严肃的义务提供对他们要求的供应物品，意图显然在于，合众国应当有权支配它认为是“公共防务和公共福利”所需要的任何资源。可以设想，各州对真正利益的辨别力和对诚意指挥的关注，会被发现是它们为了及时履行责职而对联邦首脑的充分保证。

然而，实验证明此种期望根据不足，而且是一种幻想。在前一个题目下所作的论述，我认为足以使不存偏见而有判断力的人们相信，绝对需要彻底改变这个制度的最初的一些原则。如果我们真正要给予联邦以能力和持久性，就必须放弃把各州作为集体而对它们制定法律的空洞计划，我们必须把联邦政府的法律扩大到个别美国公民身上，我们也必须放弃定额和摊派的荒谬计划，因为它同样是行不通的和不公平的。从这一切得到的结果是，联邦应该赋予全权征募军队，建立和装备舰队，用其他政府实际采用的一般方式为建立和维持海陆军筹措所需要的款项。

如果我国的情况要求一个复杂而不是简单的、一个联合而不是单一的政府，尚待调整的主要论点是尽可能区别属于不同权力范围或权力部门的对象，给予每个对象以完成其受托任务的最大权力。联邦应当成为公共安全的保护人吗？为此目的的舰队、军队和税收是必不可少的吗？联邦政府必须有权通过与此有关的所有法律，制定与此有关的所有规则。在商业方面，以及其权限所及的其他问题上，情况必然是同样的。

同州公民之间法律的执行，是否应属地方政府的适当部门呢？这些地方政府必须具有与此有关的一切权力，以及与分配给它们特别审理和指导的其他问题有关的权力。在每种情况下，不授予同目的相称的一定程度的权力，就会破坏最明显的谨慎和稳妥的规则，并且毫无远见地把国家的重大利益交给不能有力而成功地进行管理的人。

有谁能像受任保卫公共安全的机构那样为公共防务作出适当准备吗？这个机构作为消息中心会最了解可能发生的危险的范围和紧急程度，作为整体的代表会感到对保全每一部分是休戚相关的。它由于分配给它的任务所包含的责任感，会最敏锐地感觉到作出适当努力的必要。它由于其权力遍及各州，能够单独使那些用以保卫共同安全的计划和措施协调一致。把全面防务移归联邦政府负责，而把作防务准备的有效权力留给州政府，这岂不是明显的矛盾吗？缺乏合作岂不是这样一种制度的必然结果吗？衰弱、混乱、不适当地分配负担和战争灾难，不必要地和不能忍受地增加开支，难道不会成为这个制度的不可避免的自然产物吗？在刚刚完成的革命过程中，我们不是有过关于这个制度的结果的明确经验吗？

作为正直的真理探究者，我们对这个问题可能采取的每种看法，都会使我们信服，拒绝授予联邦政府对交给它管理的一切对象的无限权力是既不明智又危险的。人民的确应该极为留神注意，政府要按这样的方式建立起来，使它能够可靠地接受必要的权力。如果曾经提出的或可能提供给我们考虑的任何计划，经过心平气和的研究，发现不符合这种说法时，就应该加以拒绝。倘若一个政府的结构使它不宜赋予自由人民所应该授予任何政府的一切权力，这个政府就会是国民利益的不安全的和不适当的储藏所。在适于托付这些国民利益的地方，同时也应给予相应的权力。这是对这个问题所做的一切正确推论的真正结果。反对制宪会议所宣布的计划的人们，他们只能表明，拟议的政府的内部结构使它不值得给予人民的信任。他们不应误入有关权力范围的煽动性论辩和无端指责的歧途。对于联邦政府的对象来说，或者换句话说，对于管理我们国民利益来说，这些权力范围并不太大，而且也不能想出任何令人满意的论据来表明这些权力由于过分庞大而值得指责。如果事情确实像另一方面的某些作家所暗示的那样，困难起因于事情的本质，国家的幅员不容许我们建立一个能可靠地授予这样充分权力的政府，那就会证明我们应当缩小我们的看法，采用权宜的、在比较可行的范围内运转的、分散的邦联。因为倘若把最重要的国民利益的管理交付给一个政府，而又不敢把适当而有效地管理所需要的权力交付给它，就必然是永远荒谬的。让我们不要试图调和矛盾，而断然采用一种合理的抉择吧！

然而，我相信，一个总的制度行不通是无法证明的。如果任何事情的影响还未超出这种趋向，那我就大错特错了，我自诩，这些论文中所作的论述，已足以把相反论点充分阐明，至少对尚未发生又无经验的事情恐怕也只能说到此种程度了。总之，这点必然很明显：由国家的幅员带来的困难，是赞成一个坚强政府的最有力的论据，因为任何其他政府决不能维持这样大的联邦。如果我们接受反对采用新宪法的那些人的原则作为我们的政治信条，我们必然会证实令人沮丧的说教，它预言：在目前邦联的全部范围内采用一种全国性的制度是行不通的。

普布利乌斯

（程逢如等　译）

合众国政治体制的缺陷

（1787 年 4 月）

詹姆斯·麦迪逊

1. 各州没有遵守宪法之规定

在战争时期和随后的和平时期，由于各州的为数众多和各自独立的权威所自然带来的不幸都已被如此充分地体验到，而且这种不幸在每一个类似的邦联中无一例外地都存在，以至于这种不幸与其被视为现有体制中所固有的、永远的内在问题，不如说这种不幸对现有体制的目标存在着致命的毁灭性。

2. 各州对联邦权威的侵犯

如此之类的例子不可胜数，而且在多数情况下，每当任何对某一州政府有益的目标呈现为一个诱惑时，这种侵犯的重复出现是可以被预见的。在这些实例中有乔治亚州与印第安人的战争与条约——弗吉尼亚州与马里兰州、宾夕法尼亚州与新泽西州之间的未经授权的合约——军队被调集并由马萨诸塞州供养。

3. 对国际法和条约的违反

由于州立法机构的数目、立法机构中的成员的生活背景和各州立法事务执行的环境，这类的违规事件必然经常发生。因此，不管哪个州没有一年不发生这样的事情。与法国、荷兰的和平条约，均已被违反。造成这些违规的原因，也必然导致在其他方面不断地违反国际法。

4. 对他州之权利的侵犯

这种情况存在令人担忧的征兆，而且每天都会被察觉，正如我们被每天的经历所警告的那样。注意弗吉尼亚州限制非本州人的船只进入某些港口的法律，马里兰州制定的有利于本州公民之船只的法律，纽约州类似的法律。

纸币、债务分期付款、法院的禁闭、债务的法定偿还，也许同样被认为是对其他州之权利的侵犯。同时，总体而言，每州的公民常常会或多或少地成为州际债务关系中的债权人或债务人，债务人所在州之对债务人有利的法律，影响了债权人所在州的利益，同样，当本州公民是相关的债权人时，也会有对本州公民有利、对他州公民不利的法律。这样的评论同样适用于外国。如果有关钱币的价值和纯度的排他性管理权被完全转移到中央政府手里，这一政策相应地要求对各州的以上行为进行控制。这必然意味着：①在全国范围内，保持流通货币的一致；②禁止对他州公民、外国公民的欺诈，这种欺诈会扰乱国内的和平，或者使合众国卷入国外的斗争中。

许多州都限制与其他州的贸易，将其他州的商品和产品视为外国货，虽然这些做法没有违反联盟条例（the Federal Articles），不过这些做法肯定违背了邦联的精神，而且容易导致产生报复性的规章，这不仅是昂贵的、令人伤脑筋的问题，更是对整体和平相处的破坏。

5. 在公共利益需要一致的事情上缺乏一致

这一缺陷在我们的贸易事务之状态中显得非常明显。国家的尊严、利益、税收在多大程度上因此而蒙受了损失？较次要的事例如：有关移民、著作权的法律缺乏一致性，缺乏有关国立高等教育机构、国家公益基金（Grants of Incorporation for National Purposes）、运河及其他公用事业的规定，目前所有这些会因某些州刚愎自用的反对而失败，因为他们的赞同是必须的。

6. 在抵抗内部的暴乱方面，各州的宪法和法律没有提供保障

邦联条例在这方面保持沉默，因此由于第二条款的规定，中央政府的手脚被束缚了。根据共和理论，权利和权力均被授予多数派，这被认为是同义反复的。根据事实和经验，通过诉诸暴力，少数派可能成为多数派的劲敌：①如果少数派的成员恰巧拥有军事生活的技能和习性，或拥有巨额的货币资金，那么仅仅 1/3 的少数派会征服剩余的 2/3 的多数派；②参与到选举统治者行列的 1/3 的少数派，可能会通过某些方式获得多数人的支持，如接近那些因为贫穷而没有选举权的人、接近那些显而易见容易加入到暴动行列中而不是加入到既有政府行列中的人；③在奴隶制存在的地方，共和理论越发显得荒谬。

7. 邦联政府对法律没有批准权和强制执行权

对于法律理念来说，批准权是至关重要的，同样，对于政府来说，强制执行权亦

是如此。同盟体制被剥夺了这两种权力，这种中央体制在国家宪法中缺乏一些至关重要的大原则。在这种国家宪法架构之下，同盟体制仅仅是许多完全独立、自治的州之间的一个商业和亲密关系的友善协议。是什么原因导致邦联条例中产生了这一致命的遗漏？其产生于一种错误的自信，即一些立法机构的正义、良善、荣誉、合理的政策，会使任何对一般动机的考察成为多余，而这些一般的动机正是法律用以确保个人福利的。这种自信尊敬立法者满腔热情的美德，但也忽略了他们经验的欠缺，正是由于经验的欠缺，他们就用危机来为自己的错误辩护。已逝去的这段时期有其双重效果，即增加了亮光，调和了热情，这使得艰辛的工作可以被修正。下列观念不再被怀疑，即不应指望13个州毫无异义地、严格地遵守中央政府的法案。即使是在战争时期，当外部的威胁在某种程度上弥补了法律的和强制的批准权时，各州在履行其对邦联的义务上是何等的不足呢？在和平时期，我们已经看到我们所能够期待的是什么。实际上我们怎么能有其他的期待呢？首先，邦联的每一个普通法案都一定因为联盟中的某个州或某些州而变得困难重重。其次，一些州对自身利益和权利的偏爱（追名逐利的谄媚者抚育了这种偏爱）自然会夸大已经存在的不平等，甚至在无不平等之处，怀疑不平等的存在。然后，不相信每个州会自愿顺从，会阻碍任何一个州的顺从，尽管这是所有州的潜在的倾向。在使中央政府之决策流产的事情上，这些原因和借口从来没有失败过。如果州的法律只是受本州公民的欢迎，或者如果州的法律需要由各郡的权力机构重新审断，会存在什么样的安全性、什么样的可能性以至于这些法律能够被实施？这些安全性、可能性是不是对邦联的集体行动更为有益？这些法律能否被实施取决于各州立法机构的意志，而各州的立法机构只具有有名无实的权威，他们的意见只是建议性的。

8. 邦联条例未得到大众的批准

在某些州，邦联被认可，并成为宪法的一部分。但是在其他州，邦联只是得到了立法机构的批准。这一缺陷将导致两件灾祸：①一旦一州的法律与国会的法案相矛盾，尤其是当后者比前者出现得比较晚时，此时必然出现的问题是后者是否必然不能被接受并流行，而且由于这一问题必须由州作出裁决，州极有可能会作出对本州有利的裁决；②由于各州邦联被认为是由多个独立主权组成的一个联盟，而不是一个政治宪章并因此形成的一个主权，所以，从契约原则必然可以推导出以下结论，即任何成员违背邦联条款的任何一条，必然免除其他成员的相关义务，并给其他成员完全解散联盟的权利，如果其他成员选择去为此而努力的话。

9. 在一些州，法律具有多样性

在逐步阐述合众国政治体制之弊端时，应该既包括直接影响所有州的弊端，也应存在于个别州的弊端，如此之阐述是合宜的，因为个别州的弊端会间接地影响整体的弊病，且在构建彻底的医治过程中这是必定不能被忽视的问题。那么，在我们当前形势下的弊端中，法律的多样性是其中非常重要的一项，没有一个州可以例外。虽然法律是必须的，是用来精确地规定守法之人的各种义务，并由执法之人作出判决，同时法律之数量是以自由为代价的。一旦法律超越了这一界限，他们就变成了一个令人讨厌之物：一种最致命的令人讨厌之物。用这一标准来检验一些州的法律，它们的立法所呈现出的是何等的繁茂。独立后的短时期内所制定的法律数目已经可以与之前一个世纪制定的法律总量相匹敌。每一年，几乎是每一个会议期，都会增加一部新的法律。这也许是革命带给我们的处境中部分印象，但其只能是一部分。对一些法律进行检验，将会发现以下一个事实，即最简短的法律中的所有必要的、有用的部分可能会被压缩为整部法律的 1/10，同时却变得十倍地清晰明白。

10. 州之法律的不稳定性

虽然这一缺陷与前述缺陷有密切联系，其仍然值得引起特别的注意，因为其是恶法的明显标志。我们每天都能看到的事情是：还未对一些法律的优点进行任何的裁断，甚至一些法律在打算将其实施的边远地区还未被熟识之前，这些法律就被废除或被取代。在贸易规则中，这种不稳定性不仅对我国的公民有害，对外国人也是如此。

11. 州之法律缺乏公正

如果法律的多样性和不稳定性都证明缺乏智慧，法律的不公正暴露出一个更令人担忧的缺陷：之所以更令人担忧，不仅仅是因为其本身是一个更大的缺陷，更因为其引发了对共和政体基本原则的更多怀疑，即在共和政体中永远拥有统治权的多数派，是公共利益和私人权利最安全的守护者。那么这一缺陷的形成应归咎于哪些原因？

这些原因存在于：①代表团；②民众自己。

（1）代表被选举任命是出于 3 个动机：①野心；②个人利益；③公共利益。不幸的是，经验证明前两者是最普遍的。因此对此深有体会的候选人，尤其是对第二个动机深有体会的候选人，都在非常勤勉、非常成功地追逐着他们的目标：这些人在立法会议中常常成为多数派，与其委托人的利益、观点相悖，出于自己的私心，他们联合起来对其委托人背信弃义。随后的选举可想而知，撤换了一个侵犯者，取而代之的是一个为害之人。但是卑鄙、自私的手段何以能如此轻易以公共利益和表面的权宜之计

为借口来伪装？同样的诡计和勤勉在第一次得逞之后，还会说服易受骗的人，这样的循环何以能够频频发生？

（2）如果不是更频繁的原因，也是更致命的原因，存在于民众本身。所有已经文明化的社会都被划分为不同的利益集团和派别，就如同社会中有债权人或债务人；富人或穷人；农民、商人或厂商；不同的宗教派别成员；不同政治领袖的追随者；不同区域的居民；不同种类之财产的所有者；等等。在共和政体中，无论多数派由哪些人构成，他们最终是法律的制定者。因此，当一个显而易见的利益或共同情感联合形成成多数派的时候，有什么东西会限制他们不去不公平地侵犯少数派或个人的权利和利益？只有 3 个动机可以限制：①审慎的考虑，即当涉及共同体整体的、永久的利益的时候，审慎地考虑他们自己的利益。这一考虑本身虽然占有决定性的分量，但是由经验可知，这一考虑往往被忽视。正如同经常被个人忘记一样，国家也经常忘记诚实是最好的审慎。②对品格的尊重。无论这一动机在个人里面是何等的强烈，都不会被认为能非常有效地限制多数派做不公正之事。在民众当中，其功效被削弱的程度与分享称颂或责备的人数成正比。此外，由于其涉及公众的意见，而在一个特定的社会，所谓的公众的意见就是多数派的意见，评价之标准的制定者就是用这一标准来测量其行为的那些人。不考虑社会的公众意见很少能得到一国民众的普遍尊敬。广义的、国家情感中的个人会将公共活动来符合这一标准，但是这样的榜样永远不会被大众追随。在评估纸币政策时，应该假设一个普通的公民，甚至一个 R. Island 的议员总是考虑或关心这一货币措施在法国或在荷兰被认为是何等的轻微，还是假设其关注这一措施在马萨诸塞州或康涅狄格州被认为是何等的轻微？为了他们自己的利益，两种假设都有充足的诱惑力：对于后者来说，其充分的支持是在于其在州里受欢迎，对于前者来说，其充分的支持是在邻国就是如此。③剩下的唯一动机是宗教信仰，难道宗教信仰是一个充分的限制？就对个人而言，宗教信仰不应虚假地被认为对人有如此的限制。从整体的角度来看，宗教信仰在限制多数派的效果上是否会更显著呢？恰恰相反。根据誓言行事（即最强的信仰约束）的每一个民众立法机构的作为，证明个人无情地集体加入到一些立法中，如果在同样的约束之下，在各自的集会密室中，这些法案被提交给他们的话，他们的良心会厌恶这样的法案。实际上，当宗教信仰被激发变成热忱时，就像其他激情一样，因为大众的忠诚，宗教信仰的影响力会增加。但是狂热只是宗教信仰一时的、不会持久的状态，而且当其持续时，其很少被乐意地视为掌控了政府大权。另外，正如宗教信仰作为对不公义的限制一样，当宗教信仰在其最冷淡的状态中时，其也可能会变成一种压迫。将 3 个人放在下列情境，即每一个人的利益都依赖于其余人的意见，并赋予其中的两个人一种权益来反对第三个人的权利，后者会安全无危险吗？每一个人的审慎似乎可以避免这种危险。公义的规则和程序则预料并预防这种危险。在同样的情境下，两千人会较少可能去侵犯一千人的权利吗？下列事实证明了相反的事实，即在存在有利时机的自治城市和被外在危险之恐惧所控制的小共和国，出现了声名狼藉的内讧和压迫。如果范围的扩大缩小了私人权利的不安全性，这不是因为在这种情形下共同利益或情感的驱动对多数派的支配性影响有所减少，而是因为以下事实的存在：相对于数目较少的人，在一大群人中，共同的利益或情感不易于被觉察到，必要的联合不易于形成。社会分解成更多不同的利益集团、追求、热情，彼此之间互相限制，同时有共同情感的人很少有沟通并一致行动的机会。由此可以得出的结论是受欢迎之州存在的麻烦与流行的学说相违背，这些麻烦与其程度不成正比，而与其地域的狭小成正比。

当前政府最迫切需要的是一种对独立主权的限制，这种限制将促使政府在不同的利益集团和派系之间保持足够的中立，以抑制社会中的一部分人不侵犯其他人的权利，同时足以控制政府本身不会设立与整个社会利益相悖的利益集团。在绝对的君主政体中，国王对他的臣民是非常中立的，但经常牺牲臣民的幸福，以满足自己的野心或贪婪。在小的共和国中，国家主权受到充分的控制，不会出现牺牲整个社会利益的情形，但是对组成这一政权的各个部分却不够中立。正如一个有限君主政体调和了绝对君主政体的缺陷一样，一个广阔的共和国改善了小共和国管理上的缺陷。

在改善共和国政体方面的辅助性需要下述的选举程序，即这种选举程序会尽最大可能地从社会中的民众中选举出最纯洁、最高尚的人；这种选举程序会立刻最强烈地感受到那些合理的动机，以追求任命这些人的目的，并且最有能力来设计达到目的的合理方法。

（李娟　译）

分权制衡与宪政

（《联邦党人文集》第 47、48、51 篇）

詹姆斯·麦迪逊

第 47 篇　分权原则的含义

《纽约邮报》 1788 年 2 月 1 日

致纽约州人民：

我们已对新政府的总体形式和授予它的权力进行了评论，接下来，我们考察一下这个政府的具体结构，以及权力在其各个部门的分配情况。

在一些著名的宪法反对者提出的主要批评意见中，其中之一是宪法违反了立法、行政和司法部门应当分立这一政治原则。有人说，在联邦政府的结构中看不到这一自由的重要防范措施。新宪法对几个部门的权力所做的那种分配和混合，既破坏了政府在形式上的均衡和美观，又将政府大厦的关键部分置于其他拥有不当权力的部分的威胁之下。

可以肯定，就这个反对意见所依据的基础而言，没有任何政治原理比它更具根本性意义了，也没有比它更明显地带有自由卫士的烙印了。所有立法、行政和司法权力，如果集中到同一势力手中，不论是一个人、少数人，还是许多人，也无论是世袭的、自封的，还是选举的，都可以正确地断定为是专制。因此，如果联邦宪法真的可以被指责为集中权力，或将权力混合起来，并形成了一种危险的集权倾向，那就无须再提出主张来煽动对这一制度的普遍指责了。但我相信，每个人都会明白，这种指责是根本站不住脚的，它所依据的那一政治原则已被完全误解和误用了。为了在这一重要问题上形成正确的见解，我们需要考察一下，为了维护自由，3 个部门应该分立的原则到底意味着什么。

人们在这一问题上经常求教和引用的，是大名鼎鼎的孟德斯鸠。即使他不是这一宝贵的政治学原理的提出者，也至少在阐释和卓有成效地宣扬这一原理方面大有贡献。首先，让我们仔细探究一下他在这一问题上到底是怎样的看法。

英国宪法之于孟德斯鸠，犹如史诗之于荷马。在史诗教习者看来，荷马乃是史诗写作原则和规范上的完美典范，所有这类作品，必由其作为评判的尺度。同样，孟德斯鸠这位伟大的政治学家，把英国宪法当成了衡量的尺度，或者用他自己的话来说，英国宪法乃是政治自由的一面镜子；他用基本原理的形式阐述了那一特殊制度的若干特有原则。这样，为了确保我们不致误解他在这一问题上的看法，先让我们重温一下那一政治原则的源头。

只需对英国宪法稍做观察即可发现，立法、行政和司法部门决不是完全分开和互不依赖的。行政首脑同为立法机构的组成部分，享有单独同外国缔约的特权，条约一旦签订，在遵循特定限制的条件下，具有同议会立法一样的效力。所有司法人员皆由行政首脑任命，不过，经议会两院提请亦可解除其职务。而且，只要他觉得必要，就有权任命一个宪法委员会机构以供咨议。立法机关的某个院，本身即是行政首脑的一个庞大的宪法顾问机构，在另一方面，它拥有审理弹劾案的全部司法权，对所有其他案件，也行使上诉管辖权。另外，法官同立法机关的关系是如此密切，以至于他们列席立法机关审议的情况司空见惯，尽管他们对立法没有表决权。

从孟德斯鸠所依据的这些事实明显看出，“哪里立法和行政权力集中于同一人或同一机构”或者“当司法权没有从立法和行政权分离出来时”，“哪里就没有自由”。他的意思并不是说这些部门根本不应有局部的混合，或者相互有所牵制。他的本意正如其所说的那样，当某个部门的所有权力由同时拥有其他部门权力的一些人行使时，自由宪法的那些基本原则就会遭到破坏，这一点，也是他所关注的英国宪法所进一步说明的。对于他考察过的英国宪法，国王身为唯一的行政长官，如果真的集全部立法权和最高司法权于一身，或者整个立法机关拥有最高司法权或最高行政权，英国的自由早就荡然无存了。事实上，英国宪法没有这种缺陷。握有全部行政权的行政首脑，尽管可以否决所有法律，却不能独自制定任何一部法律，他可以任命法官，却不能亲自审判案件。法官的任命虽然出自行政部门，却不能行使任何行政特权；同样，尽管法官需要听取立法机构的建议，却不享有任何立法职能。议会两院固然可以联合起来免去法官的职位，其中一院还拥有最高司法权，但立法机关作为一个整体却不能从事司法活动。另外，尽管议会中有一个分支本身即最高行政首脑，并且另一个分支在第三方提出弹劾案时能对所有下属行政官员进行审理和判刑，但立法机关整体却不能行使行政权能。孟德斯鸠提出那一原则时所根据的理由，进一步说明了他的本意。“当立法和行政权力集中到同一人或同一机构手中时，自由将不复存在，因为人们会担心，这个君主或者参议院机构将制定专横的法律，并用专横的方式实施它们。”他还说道：“如果司法权与立法权合二为一，生命和自由就会沦为专制统治的对象，因为那里的法官将成为立法者。如果司法权同行政权合二为一，法官就可能像压迫者那样专横。”这样的一些理由，在别的段落中还可找到更为详尽的解释，这里所列出的虽然简单，却足以阐明我们对于那一著名作家提出的著名原则所作的理解。

如果再考察一下各州宪法，我们会发现，尽管它们都强调这一原则，甚至有的宪法使用的是无可置疑的措辞，却没有任何一部宪法把各部门的权力彻底分开。新罕布什尔州的宪法制定得最晚，但它似乎已经充分理解，要想不让各部门的权力有所混合，是既不可能也不适当的。为了对那一原则加以限制，宪法规定：“立法、行政和司法的权力，应当在一个自由政府所能允许的范围内区分开并相互独立；或者，各部门权力的分立，应当同那一将整个宪法构造连接成一个不可分割的和谐整体的纽带相一致。”与此相应，新罕布什尔州宪法在某些方面将各个部门的权力混合了起来。作为立法部门之一院的参议院，同时是弹劾案的审判机关。总统既是行政首脑，也是参议院议长；此外，总统除在所有情况下有同等表决权外，在投票出现僵局时还可投出决定票。行政首脑自身，则由立法机关一年一度选举产生，他的政务委员会，也每年由同一机关从其议员中选出。州的某些官员，也由立法机关任命，而且司法部门的成员是由行政部门任命的。

马萨诸塞州宪法在体现这一保障自由的条款时，也提出了一个虽不引人注目却也最能说明问题的告诫。它宣称：“立法部门绝不能行使行政和司法权力或其中任何一种；司法部门绝不能行使立法和行政权力或其中任何一种。”这一宣告，与孟德斯鸠的原则完全一致，正如我们已经解释的那样，该原则也丝毫没有受到制宪会议的侵害。该宣告的意思，不过是禁止全部政府部门中的任何一个行使其他部门的权力。宪法虽作出这一宣告，但仍存在局部的权力混合。行政首长官对立法机关可以行使有限的否决权，作为立法机关一个分支的参议院，在弹劾行政和司法部门成员时，同时担当着审判法庭之责。另外，司法人员由行政首脑任命，经立法机关两院提请，行政首脑还可免去其职务。最后，相当一些官员系由立法部门一年一度任命的。由于任命官职尤其是行政职位，在性质上属于行政权能，宪法的制定者们至少是在这最后一点上修正了他们自己宣称的原则。

我不想讨论罗德岛和康涅狄格宪法的情况，因为它们都是在革命前就形成了的，那时，人们甚至在政治上对我们讨论的原则还不太关注。

纽约州宪法对这一问题没有明确宣示，但它显然注意到，将各部门权力不适当地混合起来是危险的。不过，行政长官还是可以对立法部门实施一定约束的，另外，他对司法部门也可以进行类似的牵制。在人事任命机构中，兼有立法机关和行政机关的成员，他们共同任命行政和司法官员。该州审判弹劾案和纠正错误的法庭，由立法机关的一院和司法部门的主要成员组成。

新泽西州的宪法比上述各州都更多地把权力混合了起来。州长作为行政长官，系由立法机关任命，他是州的衡平法院院长和法官，或者是州的代理人；他是最高上诉法院的成员，还是议会一个院中有权投出决定票的议长。也就是那个院，还为州长担当着行政咨议机构的功能，并同州长一起构成上诉法院的组成部分。司法人员由立法部门委任，一个院可根据另一院的弹劾解除其职务。

根据宾夕法尼亚宪法，作为行政首脑的州长，由立法部门主导的一年一度的选举产生。在一个行政委员会的协同下，州长任命司法部门的成员，组成弹劾法庭，可以审判所有行政和司法官员。最高法院的法官以及治安法官，似乎也可以由立法机关免职；行政部门在某些案件中的赦免权，也需要遵循立法机关的意旨。行政委员会的成员，则是全州范围内的治安法官。

在特拉华，行政首脑每年由立法机关选举产生。立法机关两院的议长，同时是行政部门的副长官。行政首脑和另外6人——议会两院各任命3人——组成最高上诉法院。他和立法部门一起任命其他法官。在所有各州，立法机关成员似乎都同时是治安法官；在该州，立法机关一院的成员都既是当然的治安法官，也是行政委员会的成员。行政部门的主要官员，均由立法机关任命；立法机关的一院，也是弹劾案的法庭。经立法机关提请，任何官员都可以被免职。

马里兰州用最不容置疑的措辞肯定分权原则，它宣称：政府的立法、行政和司法权应永远彼此分立。尽管如此，该州宪法还是使立法部门可以任命行政长官，而司法部门的成员也可以由行政部门来任命。

弗吉尼亚在这一问题上的表述也是直言不讳的，该州宪法宣称："立法、行政和司法部门应当彼此分立，任何部门既不能行使另一部门的正当权力，也不能使任何人同时行使一种以上的权力，县法院法官符合条件在州议会任何一院任职的情况除外。"然而我们发现，这个关于下级法院成员的规定，不是唯一的例外，州长及其行政委员会均可由立法机关任命，也属于这种例外情况；行政委员会的两个成员，由立法部门每3年一次随意更换；所有主要的行政和司法官员，都由立法部门任命。赦免权这一行政性质的特权，在某种情况下也由立法机关行使。北卡罗来纳宪法宣告："政府的立法、行政和最高司法权应该永远分立，彼此互不依赖。"但是同时，宪法却授权立法部门不仅可以任命行政首脑，而且还可以任命行政和司法部门的所有主要官员。

在南卡罗来纳，宪法规定由立法部门选任适合的行政长官。不仅如此，宪法还授权立法部门任命司法部门的成员，甚至包括治安法官和行政司法官；立法机关还有权任命行政部门的官员，直至州的海军上校和陆军上尉。

佐治亚的宪法宣告："立法、行政和司法部门应该分立，使任何部门不得行使另一部门的正当权力。"然而我们发现，行政部门的职位需要由立法部门来任命；赦免这一行政性质的权力，最终也由立法机关来行使，甚至连治安法官也由它来任命。

这些例子表明，立法、行政和司法部门并没有完全分立和互不依赖。我把它们作为例子，并不意味着推崇某些州政府的组成方式。我深知，这些州宪法所展现的许多珍贵原则在形成时都带有匆忙仓促的色彩，更缺乏经验的有力佐证，但在某些例子中显而易见的是，不同权力的高度混合，甚至事实上的权力合并，对我们正在考察的基本原则而言已确有偏离，而且从未有过任何一条适当的条款在实践上保持了纸面上所说的那种分立。我们希望能够说明，那种认为新宪法违反自由政府的神圣原则的责难，实在找不到什么根据，它既没有弄清该原则提出者的本意，也误解了迄今为止美国对该原则的理解。在下一篇论文中，我们将继续对这一重要问题进行讨论。

普布利乌斯

第 48 篇　仅靠书面分权是不够的

《纽约邮报》 1788 年 2 月 1 日

前篇论文已经指出，那一政治箴言并不要求立法、行政和司法部门完全互不相干。下面我要说的是，分权对于一个自由政府来说固然重要，但除非使各部门存在某种联系和混合以实现相互制约，那一政治原理所要求的分权程度永远不会得到恰当的维持。

毋庸置疑，一个部门的正当权力，不应直接和完全由别的部门行使。同样显而易见的是，在行使各自权力时，任何部门都不得直接或间接地拥有某种凌驾于其他部门之上的能力。不可否认，权力具有某种越出自身边界的本性，应当划定其界限以实施有效的限制。因此，在从理论上按权力的性质作出立法、行政和司法权力的划分之后，另一个最为困难的任务就是，怎样为每种权力提供有效的防卫措施以抵抗其他权力的侵害。这种防卫措施应当如何，是有待探究的重要问题。关于设置政府时各部门的边界问题，仅凭作出明确的标记，或者依赖这类纸面上的约束作为屏障，能够足以对抗权力的侵犯本性吗？而美国大多数州宪法的制定者，采用的就是那种防御措施。但是经验告诉我们，他们过高估计了这种措施的效果。政府的较弱部门若要抵制较强部门的侵害，必须借助于更恰当的防范措施。现在，立法部门正将它的活动范围延伸到所有领域，并把所有的权力卷入到它的强大旋涡中来。

我们那些共和国的建立者，展现的智慧是如此宝贵，以至于没有什么别的事情比指出他们的错误更让人不快了。但是出于对真理的尊重，我们不得不说，他们只看到一个拥有强大而无所不在的特权，并受到立法机构中世袭部门支持的世袭官长对自由的威胁，而好像从未注意到立法部门的篡权危险。通过把所有权力集中到同一些人手中，立法篡权也会导致行政篡权那样的专制。

在一个世袭君主拥有广泛特权的政府中，人们很自然地视行政部门为危险之源，出于对自由的热望而激起的所有猜忌，也都用来警惕这一部门。在民主政体中，民众亲自行使立法职能，但由于他们无力进行井然有序的审议，也难以采取协调一致的措施，所以往往为行政官长的野心所支配，一旦危急时刻提供沃土，专制就会应运而生。但是在一个代议制共和国里，行政权在范围和持续时间上都受到严格限制，然而，握有立法权的议会机关，拥有巨大的力量，它以能影响人民而有恃无恐。这个机关人数多得足以让人感受到激励多数的激情，但也没有多到能够在理性允许的范围内满足激情的目的。正是因为这个部门拥有的魄力和野心，人民才应不吝于将全部的猜疑和防备施加于它。

在我们的政府中，立法部门之所以拥有优越的地位，系基于其他情况。由于其宪法权力广泛而少有限制，它更能借助于复杂而间接的措施掩盖其对平行部门的篡夺。对于立法机关而言，一个甚为微妙而常见的问题是，某一举措是否会超出立法权力的范围。另外，行政权力所涉范围狭小，在性质上较为简单，而司法权的范围又相当明确，所以这两个部门中任何一个的篡夺行为，都会很快暴露并招致失败。这还不是问题的全部，立法部门可以单独接近人民的钱袋，对于其他部门人员的报酬，所有宪法都赋予其支配性的影响力，有些宪法还赋予其完全的决定权，这样，其他部门就会依赖于它，这给立法部门的篡权以更大的便利。在这一问题上，我已借我们自己的经验来说明其中的道理。如果要为这些经验提供更为细致的证据，那将举不胜举。每一个曾经参与和关注公共管理过程的公民，或许都可以成为见证人。从所有联邦各州的记录和档案中，我也可以收集到充足的证据。但是，我要援引两个州作为例子，它们既能说明问题，又简明扼要，并为两个无可指责的权威所证明。

第一个是弗吉尼亚的例子。正如我们看到的，该州宪法明确宣称政府的三大部门不能交叉。推崇这一规定的权威是杰弗逊先生，他不但因对政府事务的论述为人所知，而且自己就是州长。为了全面反映经验在这一问题上对他的影响，有必要从其非常引人注目的《弗吉尼亚笔记》第 195 页中摘录一段。

政府的所有权力——立法、行政和司法权，都归于立法机关。将这些权力集中于同一些人之手，正是专制政体的含义。即使这些权力由许多人而不是一个人行使，情况也不会更好。173 个暴君，肯定像一个暴君一样横行霸道。那些对此有所怀疑的人，可以看看威尼斯共和国的例子。即使他们由我们自己选出，也不会有什么好处。我们为之奋斗的，并不是一个选举的专制政府，而是一个建立在自由原则上的政府，不仅如此，它的权力在几个机构中是相互分离并保持平衡的，以至于没哪种权力能超出其合法限度而能不被其他权力加以有效制止和限制。基于这一理由，通过政府法令的会议，应建立在这样的基础之上：立法、行政和司法部门应当分立，不许任何人同时行使一个以上部门的权力。但是，在这几种权力之间却不存在任何障碍。司法和行政人员的生计，以及某些成员的继续任职，均取决于立法机关。因此，若立法机关觊觎行政和司法权力，多半不会招致反对；即便有所反对，也不可能有什么效果，因为在此情况下，它可以使自己的企图披上议会法令的外衣，而这定会使其他部门就范。相应地，在许多情况下，它拥有的许多确定无疑的权利，本应留给司法部门辩论定夺，而它在开会期间对行政部门发号施令的做法，也逐渐成为司空见惯的了。

我举的另一个例子是宾夕法尼亚，这另一个权威是1783—1784年的监察官委员会。根据宪法，这个机构的部分职责是“审查宪法是否在各个方面得到了遵守，以及政府的立法和行政部门是否履行了保护人民的责任，或者是否行使了超出宪法许可的权力”。在履行这一职责时，委员会必须对立法和行政机构的所作所为同宪法授予它们的权力进行比较；从它们所罗列的事实，以及双方在委员会上所做决定的许多实际情况来看，立法机关在诸多方面明目张胆地违背了宪法授权。

宪法规定所有具有公共性质的法案都必须以书面形式提交人民审议，这是宪法约束立法机关出台不当法案的主要办法，但事实上，立法机关通过的许多法律都违背了这一规则，而且没有什么明显的必要性。

受陪审团审判这一宪法权力也遭到侵犯，立法机关还行使了宪法未曾授予的权力。

行政权也被篡夺。

关于法官的薪俸，宪法明确规定需要固定，事实上却时常改变；许多属于司法部门审理的案件，也经常受制于立法部门的看法和决定。

那些希望了解上述情况细节的人，可以查阅已出版的该委员会议事记录。可以看到，有些越权可归因于与战事有关的特殊情况，但更多地属于一个组织不善的政府的自然产物。

人们还会发现，宪法之所以经常遭到破坏，行政部门也难逃干系。不过，在这一问题上需要考虑到3点。第一，大部分越权情况，不是直接由于战事的需要，就是根据国会或总司令的建议所致；第二，在大多数情况下，他们总是迎合立法机关已经公布或众所周知的看法；第三，宾夕法尼亚的行政部门在人数上不同于其他州。在这方面，行政部门同立法机构的关系与同行政委员会一样密切。由于个人对该部门通过的法令根本无须负责，还能从相互示范和共同行动中受到鼓励，越权的措施当然要比在由一个人或少数人掌管的行政部门里更容易冒险实施。

根据上面的讨论，我可以确定地得出结论说，仅仅对政府各部门的界限进行纸面上的划分，尚不足以阻止那种能够导致政府所有权力专断性地集中于同一些人手中的篡权。

普布利乌斯

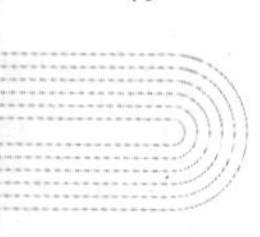

第 51 篇　以野心对抗野心

《纽约邮报》 1788 年 2 月 8 日

那么，我们到底用什么办法，来切实保障宪法各部门的权力有一个必要的区分呢？唯一可能的答案是，既然所有这些表面的规定都尚不充分，那么唯一的方式就是：通过设计政府的内部结构，使其各个部分把相互之间的不同关系作为确保其各司其职的手段。关于这一重要思想，我不打算进行详细的说明，而只是提出一些一般性的看法，这或许更能使其显得明了些，并能使我们对制宪会议确定的政府原则和结构有更为准确的判断。

从某种程度上说，政府的不同权力各行其道，对于维护自由而言是必不可少的，为了奠定达到这一目的的基础，显然各部门应该有它自己的意愿，因此各部门在组成时，其成员的任命应尽可能少地依赖其他部门。若要这一原则得到严格遵循，就必须使立法、行政和司法最高官员之任命来自于同一权力源泉——人民，而且任命的方式须互不依赖。或许，这样一种构建各个部门的方式，实践起来并不会像想象的那样困难，但是在付诸实施的过程中，一定还会遇到某些困难，并需要进行某种变通。因此，必须允许与原则有所出入，尤其是在设置司法部门时，严格遵循那一原则并不适宜。第一，由于特定的资格条件对于法官的选任至关重要，所以首先考虑的是，要选取那种最能确保这种条件得以适用的选任方式；第二，由于该部门人员需任职终身，所以定会很快丧失那种对任命者的依附心理。同样明显的是，在公职报酬方面，每个部门的成员应尽可能少地受制于其他部门。如果行政首脑或法官在这方面不能超然于立法机关，他们的独立就只不过有名无实了。

但是，避免各部门权力逐渐集中于一个部门的最佳保障，在于赋予各部门主事者以必要的制度手段和个人动机，这样才能对抗其他部门的侵蚀。在这方面，如同其他方面的道理一样，防御的手段必须与受到侵害的危险相称。野心必须用野心来对抗。人的利益必须与其所处地位的宪法权利相称。用这种方式来约束政府权力的滥用，对于人性而言或许是一种怀疑。但是，政府自身若不是对人性的最大怀疑，又是什么呢？如果人人皆为天使，就根本不需要任何政府了。如果是天使统治人，那么对政府的任何外部和内部控制都将成为多余。在建立一个由人统治人的政府时，最大的困难在于，首先必须使政府有能力约束被统治者，然后使政府能约束自身。依赖人民无疑是约束政府的主要办法，但经验告诉我们，还必须有辅助性的预防措施。

凭借相反的和对抗的利益来弥补较好动机的欠缺，此种方式在人类所有公私事务中都有迹可寻。它尤其体现在一切对下属权力的分配中，在这些场合，划分和安排公职的目的，一直是使它们能够彼此有所牵制——使个人的私利可以成为公共权利的保护人。在本州最高权力的分配中，这些审慎的发明是同样至关重要的。

但是，不可能给予每个部门以同等的自卫权力。在共和政府中，立法机关的权威必然处于主导地位。弥补这一不便的方式，是将立法机关分为不同的部门，并且在它们履行共同职能以及对社会有共同依赖的性质所容许的范围内，用不同的选任方式、不同的行动原则使它们尽可能少地发生联系。甚至，为了警惕有害的侵蚀，有必要采取进一步的防范措施。正如立法机关因其巨大权威而需要分开一样，在另一方面，行政部门因其软弱就需要设法使之加强。初看起来，行政长官对立法机关的绝对否决，乃是其用以自卫的当然武器。但是，这一武器既不全然可靠，单靠此举也尚不足用。在通常情况下，它的实施可能缺乏必要的坚定性，在非常情形下则还有可能为私心所滥用。若能使这一较弱部门同那个强大部门的较弱分支实现有限的结合，就既能引导立法机关支持行政部门的法定权利，又不致使其过分背离自己的权利，这一办法，难道不可以弥补绝对否决的缺陷吗？如果像我所说的那样，上述看法所依据的原则是正确的，并将其作为衡量一些州宪法和联邦宪法的标准，我们就会发现，如果说联邦宪法并未完全反映这些原则的话，那么州宪法的情况就更糟糕了。

另外，还有两个考虑特别适用于美国的联邦制度，它们使联邦制变得非常引人注目。

第一，在一个单一共和国里，人民交付的权力由一个单一的政府执行，防范篡权的方式，是把政府分为不同且相互独立的部门。在美国的复合共和国里，人民交出的权力首先分给两种不同的政府，然后再分给每个政府的不同部门。这样，人民的权利就有了双重保障。不同的政府之间将相互约束，同时每一种政府又受到自己的约束。

第二，在一个共和国里至关重要的是，不但要保护社会免受掌权者的压迫，而且要保护社会的一部分人免于另一部分人的不公。不同阶级的公民，必然有不同的利益。如果有共同利益的人能够联合起来形成多数，那么少数人的权利就得不到保障。只有两种途径可以防止这种罪恶：①在社会中形成一种不受多数控制亦即不受社会控制的意志；②让社会存在众多的公民群体，以至于多数派的不当联合即使并非不可能，也非常困难。所有基于世袭或自我授权的政府，都普遍采用前一种方法。而这至多是一种不可靠的保障方式，因为一种不受制于社会的权力，既可以支持少数派的正当利益，也可以纵容多数派的不当观点，并且能够同时用以反对两者。第二种方法，可以用美国联邦共和国例子说明。根据这种方式，所有的权威都来自社会并依赖于社会，社会自身分成如此多的部分、利益和公民团体，以致个人或少数派的权利很少受到多数派为求私利而勾结起来所造成的威胁。在一个自由政府中，对公民权利的保障无异于对宗教权利的保障。前者要求有多样的利益，后者要求有多样的宗派。两类权利的保障程度，都依赖于利益和宗派的数量；而且可以说，权利的保障程度取决于同一政府下国土的广狭以及人口的多少。这种观点，必然意味着尤其要向共和政体真诚而深思熟虑的支持者建议采用一种适当的联邦制度，因为它表明，在我们的联邦领土上，存在的联盟或者州数量越多，多数派具有压迫性的勾结就越容易形成，而共和形式对每个公民群体的权利的最佳保障，也就更容易被渐渐削弱，结果政府中某一部门的稳定有力和不受约束——唯一的另一个保障方式，也将逐渐增强。公正是政府的目的，是公民社会的目的，它过去一直是、将来也是人类追求的目标，直到获得它或在追求中丧失自由为止。可以坦言，在一个其制度形式使得强大派别能轻易形成联合以压迫弱小派别的社会，无政府就会像在自然状态下那样横行无忌，在这样的社会中，柔弱的个人根本无从抵抗强者的暴力。而在后一种保障方式下，即使是强者，由于使其强大的那些条件所具有的不确定性，也会乐于服从一个既能保护自己也能保护弱者的政府。这样，在前一种保障方式下，基于同样的动机，强势派别或团体也会慢慢倾向于希望政府保护所有的群体，无论是弱者还是强者。毋庸置疑，如果罗德岛从联邦分离出去独立为政，多数派的压迫必将在其狭小的领土内习以为常，大众政府素有的权利危机将会出现，而某种不受人民约束的权力——实施暴政的派别不可或缺之物，也将呼之欲出。而在我们幅员辽阔的联邦共和国里，利益、团体和派别千差万别，除了在维护公正和共同利益的原则方面之外，全社会的多数再难以形成别的联合。如果多数的意愿对少数的威胁不大，就没有理由将一种不受多数或社会自身约束的意愿引入政府以作为少数派的保障。尽管存在不同看法，我们仍深信不疑的一个重要见解是，社会的实际运行范围越大，越有可能实现自治。对于共和主义者来说幸运的是，通过对联邦原则的审慎修正和混合，这一运作范围可以扩展至一个很高的程度。

普布利乌斯

（姜峰　译）

联邦政府的外交作用

（《联邦党人文集》第 3、4 篇）

约翰 · 杰伊

第 3 篇　关于来自国外势力与影响的危险

致纽约州民众：

任何一国的民众（如果其民众像美国人一样明智、见多识广的话），在关系到他们切身利益时，很少会采纳并多年坚定地保持一种错误的观点，这不是什么新看法。这一因素自然倾向于对美国民众如此持久、一致拥抱的重要信念予以极大尊敬，即持续、坚定地团结在一个联邦政府之下的重要性，为了实现全体的和国家的目的，该联邦政府被授予充分的权力。

我愈是细心思考和调查产生这一信念的各种理由，我愈确信这些理由是令人信服且无可置疑的。

在一个明智、自由之民众所必须关注的许多事物之中，首要的事是为他们提供安全。民众的安全无疑会与各种各样的环境、因素有关，因而给那些希望精确、全面地界定它的人提供了广阔的空间。

目前我仅打算将安全视为是对和平与安宁之维持的确保，既抵抗国外军队和势力的威胁，也抵抗国内因内部原因而产生的类似威胁。由于外在威胁出现得早，先予以讨论是合宜的。因此让我们开始仔细检查民众的下述信念是否正确，即在一个有效的、全国性政府领导之下，一个友好的联盟为他们提供了可以想象到的最好的安全保障，足以抵抗国外的各种战争。

世界上已经发生的或将要发生的战争的次数，常常会与引发战争之原因的数量与分量成正比，无论这些原因是真实的还是虚假的，这些原因挑起了或引发了这些战争。如果这一评论是正确的，它将有助于查明下述问题，即联盟的美国可能给出的发动战争的正当理由和不联盟的美国给出的正当理由是否同样多。因为假如结果证明联盟的美国可能给出的理由最少，那么顺理成章的结论是，在这方面联盟最有利于保护其民众与其他国家处于和平状态。

在很大程度上，引起战争的正当原因不是违反条约，就是直接的侵犯。美国至少已经与6个国家签订了条约，除了普鲁士，所有这些国家都是海军国，因此都能骚扰、侵害我们。美国和葡萄牙、西班牙以及英国也有着广泛的贸易关系，而且关于后两国，还有需要另外注意的邻邦因素。

美国遵守与这些强国有关的国际法，对美国的和平有重大意义，而且在我看来，显而易见的是，与13个单独的州或三四个不同的邦联相比，一个全国性政府能够更完全、更精确地做到这一点。

因为一个有效的全国性政府一旦建立，全国精英不仅会同意为它服务，而且它还会广泛地任命这些精英来管理这个政府。因为虽然城镇或乡村，或其他联合起来的势力，可能会安插某些人到州里的众议院、参议院、法院或行政部门，然而要想推荐人进入全国性政府机关，就必须在才能和其他资格方面有更普遍、更广泛的声誉，尤其是当全国性政府有最广泛的选择范围时。同时永远不会出现合适人选的缺乏，而这在某些州并非罕见之事。因此，其结果是，全国性政府的管理、行政计划、司法判决将会比各州的更明智、更系统、更合理，所以能使其他国家更满意，也能使我们更安全。

因为，在如此之全国性政府的治理下，条约、条款，也和国际法一样，总是被解释为一种含义，并以同样的方式被执行——与此相反，针对同样的情况和同样的问题，13个州或三四个邦联的判决常常会不相符或不一致，这一方面产生于独立之法院和法官的多样性（他们由独立的各州所任命），同时不同的地方法律和利益也可能会影响和改变判决。无论如何赞扬制宪会议的智慧都不为过，因为他们将这样的问题交给一些由一个全国性政府指定并只向此全国性政府负责的法院来管辖和判决。

因为当前得失之计较常常会诱惑一两个州的执政党偏离诚信（Good Faith）和正义（Justice），但是这些诱惑并未影响其他州，因此对全国性政府的影响也很小或毫无影响，且使诚信与正义得以维持。与英国签订和平条约之事大大增加了这一推论的分量。

因为即使一州的执政党可能愿意去抵制这样的诱惑，然而由于这些诱惑可能，且一般常常是产生于该州的特殊情况，所以可能会影响到多数居民。此时执政党即使愿意，也常常无法阻止不公正之策划，或惩罚这些挑衅者。但是全国性政府由于不受这些地方情况的影响，既不会受引诱导致自己犯罪，也不会缺乏权力或意愿去阻止或惩罚别人的违法行为。

因此，无论是有计划地还是偶然地违反条约、国际法，都会为战争提供正当理由，就此而言，在一个全国政府的统治之下，与一些较小政府的统治相比，这些令人担心的理由要少很多，在这方面，前者最有利于保障民众的安全。

至于那些因直接的非法侵犯而产生的发动战争的正当理由，在我看来，同样显而易见的是，在防御这类危险方面，与任何其他政府相比，一个良好的全国性政府提供了更多的安全保障。

因为这种侵犯常常更多地起源于一部分人而非整体的情感与利益，起源于一两个州而非整个联盟。迄今为止，还没有任何一场与印第安人的战争是由目前软弱无力的联邦政府引起的，但是一些与印第安人的战争却是由个别州的不当行为挑起的，这些州不是不能就是不愿制止或处罚侵犯，导致许多无辜的居民被屠杀。

西班牙和英国的领土与一些州接壤，与其他州不接壤，与西班牙和英国的邻邦关系自然将争执的原因更直接地限定于边界居民。如果有任何的争执，一个接壤之州因一时愤怒的冲动和对表面利益或侵害的敏感意识，很可能会通过直接的暴力侵犯激起与这些国家的战争。没有任何事物会像一个全国性政府一样可以如此有效地排除这种危险，全国性政府的智慧和审慎不会被直接有利害关系之人的激情所削弱。

由全国性政府提出的正当的战争理由不仅更少，而且全国性政府还会更多地运用其权力去友善地调停和解决这些争端。与侵犯之州相比，全国政府会更有节制、更冷静，并且正如在其他方面一样，在这方面更有能力明智地行事。正如人的自负一样，各州的自负自然会使它们有下列倾向，即认为自己的一切行为都是正当的，拒绝承认、改正，或弥补它们的过错与侵犯。在这种情况下，全国性政府不会受这种自负的影响，反而会有节制地、公正地考虑和选定最适宜的方法，以使其摆脱威胁它们的困难。

此外，众所周知的事实是，一个团结的强国所做的道歉、解释和赔偿常常被认为令人满意而被接受，而一个不被尊重的或弱小的州或邦联所提出的道歉、解释和赔偿常常被认为无法令人满意而被拒绝。

在 1685 年，得罪了路易十四的热那亚州，竭力地去平息路易十四的怒气。路易

十四要求他们派遣总督或首席执政官，在 4 名议员陪同下，到法国去向他请罪并接受他提出的条件。为了和平的缘故，他们不得不屈服于这个要求。在任何情况下，路易十四可能会向西班牙或英国或任何其他的强国要求或得到类似的羞辱吗?

普布利乌斯

第 4 篇　相同主题之延续

为《独立日报》撰写

致纽约州民众：

我在前一篇文章里提到几个原因，来说明为什么联合最能保障民众的安全，并抵制因其他国家提出的正当战争理由而可能遭到的危险；同时那些原因也证明了下列事实，即无论与一个州政府还是与提议的小邦联相比，一个全国性政府不仅仅会提出更少如此之类的战争理由，还会更容易地和解。

但是在抵制外国势力的危险方面，美国民众的安全不仅取决于他们克制自己向其他国家提出正当的战争理由，还取决于他们将自己置于并保持自己处于一种不会招致敌意或侮辱的境地，因为不言自明的事实是，有正当的战争理由，也有虚假的战争理由。

同样真实的事实是，总体而言，无论何时当国家预计战争有利可图时，就会发动战争，尽管这对于人性来说是何等的羞耻。不仅如此，专制君主常常在战争对他们国家无利可图时，也发动战争，只是为了满足私人的意图和目的，如对军事荣誉的渴望、对个人受辱之报复、野心，或者为了履行增强或帮助自己家族或同党的私人盟约。这些动机及其他各种各样仅仅影响君主头脑的动机，常常导致他从事不正义的或不合民心、民利的战争。但是，除了这些值得我们高度关注、在专制君主国家中更普遍的战争诱因外，还有一些其他的因素既会影响君主，也会影响国家。仔细考察就会发现这些因素起源于与我们相关的处境和环境。

在渔业方面，我们和法国、英国是竞争对手，我们可以更有优势地为他们的市场提供更便宜的货物，尽管他们努力通过奖励本国渔业或对国外鱼类征税的方式来阻止这样的事情发生。

在海运和运输业方面，我们和法国、英国及欧洲其他多国都是竞争对手。如果我们认为他们中的任何一个国家乐于看到我们在这两个行业的蓬勃发展，那就是自欺，因为他们会更关心，也会有更多的政策来限制我们的运输业，而不是促进它。如果不在某种程度上削弱他们的运输业，我们的运输业就无法增长。

在与中国和印度的贸易中，我们妨碍的不止是一个国家，因为这种贸易使我们获取了一部分利益，这些利益在某种意义上是它们已垄断的利益，而且我们因此可以自己供给日用品，这些日用品我们以前常常从它们那里购买。

我们用自己的船只使我们自己的商业得以扩展，这不会使任何一个在本大陆或本大陆附近拥有领土的国家感到高兴，因为我们的产品物美价廉，加上地处近邻，以及我们的商人、航海者的胆识和灵巧，使我们从这些地区获得了更多的利益，这与相关各个国家统治者的愿望或政策不符。

一方面，西班牙认为封闭密西西比河来抵制我们是合宜的；另一方面，英国把我们赶出了圣劳伦斯河，两国都不允许位于它们和我们之间的河流成为互相往来和贸易的途径。

基于这些因素及诸如此类的因素（如果与审慎精神相符的话，这些因素也许可以更完整、更详细地被陈述出来），显而易见的是，其他国家的民众和内阁可能会逐渐强烈地感到嫉妒和不安，同时针对我们在联合方面、在海陆势力和影响方面的发展，我们也不应期望他们会漠不关心、坦然自若。

美国人民明白，战争的诱因可能起源于这些因素，有可能是目前还不明显的其他因素。美国人还明白，一旦这些诱因找到合适的时间和机会来运作，用来掩饰和辩解的借口并不缺乏。因此，美国人明智地认为联合和一个良好的全国性政府是必需的，以使他们处于、保持在下列状态中，即倾向于制止和阻拦战争，而不是挑起战争。这种状态存在于尽可能好的防御情形中，并必然依赖于政府、军队和国家的资源。

由于整体的安全是整体的利益，且没有政府就无法提供安全，不论是一个政府、多个政府还是许多政府。所以让我们来调查一个与此相关的问题，即与其他数量的政府相比，在提供安全保障方面，一个良好的政府是否会更胜任。

一个政府能够收集和利用精英之才能和经验，无论这些人是在联邦中的哪个地方被发现的。这个政府会根据统一的政策原则行事。它能够协调、吸收、保护各个组成部分及其成员，并使各个部分享受到其远见与审慎行事之益处。在签订条约时，它会考虑整体的利益，以及与整体利益有关之局部的特殊利益。它能够使用整体的资源和力量来捍卫任何一个组成部分，在这方面要比州政府或分散的邦联做得更容易、更迅速，因为后者缺乏体制上的一致和团结。它能够使民兵有统一的训练计划，同时将民兵军官按照合适的从属关系编队，置于总统的管理之下，借此将他们合并成一个军队，并因此使他们比分裂为 13 个或三四个各自独立的军队更有效。

如果英格兰的民兵服从英格兰政府、苏格兰的民兵服从苏格兰政府、威尔士的民兵服从威尔士政府，那么不列颠的民兵会是什么样呢？假如敌人入侵，这 3 个政府（如果他们达成完全一致）使用各自的兵力来对敌作战，能否像大不列颠单一政府那样有效呢？

我们久闻不列颠舰队的大名，如果我们明智的话，终有一天美国的舰队也会引人注目。但是如果一个全国性政府没有如此管理不列颠的海运以使其成为海员培养机构，如果一个全国性政府没有用国家全部的财力和物力来组建舰队，它们的威力和雄风将永远不会被人颂扬。假如让英格兰拥有自己的海运和舰队，让苏格兰拥有自己的海运和舰队，让威尔士拥有自己的海运和舰队，让爱尔兰拥有自己的海运和舰队，让不列颠帝国的 4 个组成部分由 4 个独立的政府管辖，很容易想到，不久它们每个都会萎缩的无足轻重。

将这些事例应用于我们自己，假如允许美国分裂为 13 个，或者如果你乐意，分裂成三四个独立的政府，它们能组建和供养什么样的陆军呢？它们究竟期望什么样的舰队呢？如果其中一个政府遭到了攻击，其他政府会迅速赶去援助，并在捍卫该政府时不惜牺牲它们的生命和金钱吗？不会存在下列危险吗？即其他政府因似是而非的承诺满足了自己的虚荣心而保持中立，或因对和平的过度喜好诱使它们不会为了邻居而牺牲自己的宁静和当前的安全，也许这些邻居是它们嫉妒很久的，它们乐意看到其重要性被削弱。尽管这些行为是不明智的，然而却是真实自然的事实。希腊城邦和其他国家的历史有许多这样的实例，以前如此频繁发生的事情，在类似的情境下会重新发生，这不是不可能的。

即使承认它们可能愿意帮助被侵略的州或邦联，但是如何、何时、按照什么比例来提供人力和金钱的帮助呢？谁来统帅联盟军，这个统帅应该听命于哪个政府呢？由谁来决定合约条款，在发生争议时，由谁在它们之间作出裁决并迫使他们默认呢？各种各样的困难和不便与下列情境密不可分，即存在 13 个或三四个独立政府。然而一个政府会照顾到整体、共同利益，并把全国的力量和资源进行合并和管理，这一个政府将会摆脱所有的这些困窘，并更有助于民众的安全。

但是无论我们的情况如何，不管是牢固地联合在一个政府之下，还是分裂为几个邦联，可以肯定的是，外国将知道并看得一清二楚，并对我们采取相应的行动。如果它们看到我们的全国性政府是高效的、管理良善的，我们的贸易得以审慎地调控，我们的民兵管理得当、训练有素，我们的资源和金融得以谨慎的管理，我们的信贷得以重建，我们的民众自由、满足、团结，它们将更愿意培养与我们的友谊，而不是激起我们的愤恨。另一方面，如果它们发现我们或缺乏一个有效的政府（每个州做对做错取决于其统治者所认为的便利），或分裂为三四个独立的、可能不和的共和国或邦联，一个亲英国，一个亲法国，第三个亲西班牙，也许这三者之间互相挑拨离间，在它们的眼中，美国所树立的形象是何等的可怜、可悲！它是何等易受到它们的蔑视和它们的凌辱，不久的将来，付出惨痛代价的经验将表明，当一个民族或一个家庭如此分裂时，必将对它们自己不利。

普布利乌斯

（李娟　译）

论政府的第一原则

托马斯·潘恩

代议制政府真实以及唯一真实的基础就是权利的平等。每个人都有权投一票，不再取决于代表的选择。富人不再有权把穷人排除在投票权、选举和被选举权以外，正如穷人也不能排除富人一样。无论在什么情况下尝试或提出，这都是一个权力而非权利问题。谁是那个能够排除另一个人的人？哪个人有权排除他？现在被称为精英统治的治理形式意味着一种权利的不平等，但是谁有权建立这种不平等？富人会将自身排除在外吗？不会。穷人会将自身排除在外吗？不会。那么依据什么权利把人排除在外？任何人或等级是否有权排除其自身，这是一个问题。但是无论如何，他们不能有权排除另一类。穷人不会代表富人的权利，富人也不会代表穷人的权利。如果能代表就不仅仅是独裁权力，还是抢劫犯罪的权利。

个人权利是最神圣物种的一种所有权，选举代表的权利就是其中之一。如果个人应该用财产所有权或财产所有权给他的势力去剥夺或抢掠他的另一所有权或权利，使用财产所有权就像使用枪炮，拿走最好。

权利的不平等是由共同体的一部分联合起来排除另外一部分的权利所造成的。不管什么时候制定宪法条款或一部法律，投票权或选举与被选举权都将专属拥有一定量财产的人，或多或少，都是拥有一定量财产的人联合起来，排除没有拥有同样多财产的人。他们授予自己权力就像社会自我创造的一部分，来排斥其他部分。

毫无疑问的是，那些反对权利平等的人从不认为排除应该发生在他们自己身上。如此来说，要宽恕事情的虚无，精英统治只是一个笑柄。自我安慰的虚无被另一自私的观念所鼓励：反对者以为他们正在玩一个安全的游戏，这个游戏里只有赢的机会，不会有人输；无论如何，平等原则包括他们在内，如果他们不能比他们反对的人得到更多权利，就排斥他们。

不满意平等权利、追求更多直到丧失所有，并且经历了他们想放在别人身上的可耻的不平等，对于这样的数千人来说，这种观念是致命的；不管从哪方面考虑，它都是危险和失策的，有时候是荒谬的，让财产成为选举权的标准总是不公平的。如果权利所建立之上的财产数量或价值相当可观，它就会排除大部分人，把他们联合在共同的利益之上反对政府、反对支持这一权利的人，因为权力总在多数人一边，无论什么时候，只要他们愿意，就能推翻这样一个政府及其支持者。如果为了避免这种危险，把少量财产作为权利标准确定下来，它所展示的自由就颜面扫地，因为这是把它和意外、无意义放在一起竞争。当母马幸运地生了小马，值些钱，就给它的主人投票权，或者马死了就剥夺主人投票权，那在这个人身上存在权利的起源吗？是在人身上，还是在马身上？当我们想到有多少种方式可能没有价值而获得财产，没有犯罪而失去财产，我们就应该弃绝让它成为权利标准的观念。但是这一案例令人生厌的方面就是这种选举权的排除意味着给排除在外的人贴上道德品质的标签；共同体的任何一部分都没有权利宣告代替另一部分。没有外部环境能够证明其正当性：财富不能给道德品质以证明，贫穷也不代表缺乏德行。正相反，财富经常是欺诈的推定证据，贫穷是清白的消极证据。因此如果财产多少成为一种标准，获取财产的手段也应该成为一种标准。排除选举权符合正义的唯一基础，是为了对那些认为应该剥夺他人权利的人施加一段时间的惩罚。

选举代表的权利是首要的权利，其他权利通过这一权利获得保护。剥夺这一权利就是把一个人变为奴隶，因为奴役就是受制于他者的意志，在这种情况中，他在选举代表当中没有一票。因此，剥夺任何一个阶层选举权的提案都和剥夺财产的提案一样罪恶。

当我们谈及权利时，始终应该和义务的观念联合起来；通过互换，权利成为义务。我享有的权利成为我的义务，这保障了另一个人的权利；同样，他的也保障了我的。谁违背义务，也就正当地丧失了权利。

用政治观点来看这种情况，政府力量和永久安全与人民支持的数量成比例。因此可靠的政策就是通过一种权利的平等引起所有人的注意，因为危险起于排斥。把人们排除在选举权以外是有可能的，但把他们排除在反抗排斥的权利以外是不可能的。当所有其他权利都被夺走，反抗的权利就完整了。

（肖志欣　译）

《美国危机》第 13 篇
关于和平和可能带来的利益的思考

托马斯·潘恩

这是考验人们灵魂的时刻，这个时刻已经过去了。[1] 世界上曾经有过的最伟大最彻底的革命，光荣和愉快地完成了。但从危急关头来到安全时刻，从战争的骚乱来到和平的静谧，尽管沉思让人愉悦欢欣，我们仍然需要渐渐恢复镇定自若，去接受这个结局。如果来得太过急促，即便平静也会有让人晕眩的效果。漫长而狂暴的飓风顷刻而止，这更容易让我们陷入惊愕而不是欢乐。在我们有能力品尝安宁的福祉之前，还得花些时间回忆。只有很少一些时刻，心灵能够接受突然的变迁。在新场景的意味被完全体会之前，反思、比较还有那些必须抽空去做的事情，能让人们从中得到乐趣。

在目前的情形下，待处理事务的惊人数量，我们所经历的各种不确定的命运，我们曾经遭遇和避免的无数复杂的危险，我们现在所处的显赫地位，以及摆在我们面前的广阔前景，所有这些必然驱使我们沉思冥想。

要相信我们有能力让世界欢乐，教会人们保持现状的艺术，在宇宙的剧场中展示一种史无前例的个性，就好像要在我们手中诞生一种新的物种。这些荣耀都值得我们反思，它们的价值是不可估量的，为了它们无论怎样感恩也不过分。

趁着这个回忆的间隙，趁着风暴正在平息、长期不安的心情就要归于宁静，让我们回想曾经过的场景，让经验教会我们应该做些什么。

从来没有哪个国家像我们现在这样，有那么多值得欢乐的事情。她正在开始新生活的旅程，就像晴朗的清晨旭日初升、万里无云、希望无限。她的理想光明正大，她的原则合乎正义与自由，她的性情安详宁静而又坚定不移，她的行动被最精密的步骤

[1] “这是考验人们灵魂的时刻”，《危机》第一篇，1776 年 12 月以油印小册子出版。

指引，关于她的一切都带着荣耀的印记。并不是每一个国家（也许没有任何其他国家）能拥有这样美好的开端，即便北美的第一个殖民地都和革命的性质交相辉映。罗马曾经是这个世界上骄横的霸主，最初却起源于一群流氓无赖，烧杀抢掠让她变得富裕，对千万人民的镇压才造就她的伟大。但美国从来都不需要耻于自己的出身，也不需要讲述她崛起成为帝国的历程。

过去的回忆如果能起到应有的作用，就应该用最可称道的雄心来鼓舞她，加添她最初的美好声名。世人已经看到她在逆境中的丰功伟绩，愈积愈多的困难压迫着她，她却从来不思屈服，只是努力奋进。面对苦难和不幸，面对风暴汹涌，她英勇地，不，应该说自豪地坚决反击。所有的荣誉都是她应得的，因为她的坚韧为她博得了美誉。那么，就让世人看看，她同样也可以承受繁荣的考验，她和平时的诚实美德，丝毫不逊色于战时的勇毅。

现在，她在转入平静的国内生活——柏树枝让人伤感的浓荫，在自己的土地和葡萄架下漫步的惬意，劳作的愉悦和辛苦的报偿。在这种情形下，愿她永不要忘记，美好的民族声誉和民族独立同样重要。那样的声誉具有征服世界的魔力，甚至能让敌人变得文明，它给予一个民族超越权力的尊严，当光彩和辉煌黯淡时仍能为她博得尊敬。

过去有一种境遇是我们曾经为之遗憾而且永不会忘记的，那是我们历史的污点，无论为了什么理由，它都导致了一场革命，这场革命荣耀了那些峥嵘岁月。它对于世界启蒙的贡献，对于在人类当中传播自由精神的贡献，都是史无前例的。

在一场漫长持久的战争中，搅乱那些在和平时看来那样令人惬意的美好感觉，这根本就不算什么不幸。不断看到的悲痛，会让美好的情感变得麻木，要亲眼看着苦难并且忍受它，这种无奈也使人们对灾难熟视无睹。同样的情形是，如果社会中的很多道德义务被削弱了，以至于人们把迫于无奈而行动的习惯当作借口，那这种习惯就真正成了罪行。然而一个民族应当公正地养成自己的品性，而持守这种品性更合乎正派和公义。没有哪个民族的开端要比美国更为美好，那么美国就负有最艰巨的义务去保持自己美好的品性。

美国在条约中约定的债务，[1] 同她得以实现的理想和由此产生的利益来说，根本就不值一提。这些债务她可以选择偿还还是不偿还，只要她愿意，她就可以生活得很快乐。北美的世界就在她手中，没有外国势力会来垄断她的贸易，干涉她的立法，或者控制

[1] 1783 年 9 月 3 日签订的《巴黎和约》第四部分中，美国政府承诺要向各州建议，废除没收效忠派财产的法令，不再对效忠派采取进一步的行动，并归还已被没收的效忠派财产。但归还财产的承诺美国政府后来并没有兑现。——译者注

她的发展。斗争结束了，如果这场斗争迟早都要来，那它可能来得正是时候。[1] 比起从前那个作威作福的主人，美国为自己赢得了一个同盟，法国堪为楷模的强大，和普泽世界的磊落胸怀，甚至逼迫美国的敌人承认了她的独立。

有了和平、独立和一个普遍贸易的祝福，各州，无论是单独还是集体的，都会有闲暇和机会来调整和建立自己的内部制度，并会让它们远离造谣中伤，也没有人会怀疑它们的荣誉。保持品性要比恢复品性容易，如果真有什么人，出于险恶用心或是因为灵魂的堕落，暗中破坏自己美好的品性，就会造成无法弥补的伤害。

由于我们已为子孙后代备下了遗产（各州的制度），那就让这份遗产带着一份可敬的转让证书的所有印记，世世代代传下去。比起各州的价值，它要花费的算不了什么。我们事业的伟大，和民族个性的价值，将会使它成为一个有利可图的事业。

但是那个必须更有力地冲击深思敏锐的心灵的事业，那个包括了所有次级事务也使它们变得更容易的事业，是各州的邦联。我们民族的伟大品性依赖于它，它必然在国外给我们地位，在国内给我们安全。有了它我们才在世界上获得国际承认也可能获得这种承认。合众国（United States）的旗帜使得我们的船只和货物在海上或外国港口都得以安全通行，我们在地中海的通行权也必须以同样的方式取得。我们所有的条约，无论是关于联盟、和平还是关于贸易的，都是根据合众国的主权缔结的，欧洲也正是通过这个名字了解我们的。

把国家划分为州合乎我们的便利，但是在国外这个区分就不再适用。每一个州的

[1] 革命正好在最适于实现目的的时期开始，这已经被事实所证明。但发动整场革命的引擎是各州邦联（Union of the States）的成立。任何单个州没有其余州的协助就没有能力对抗外国军队，这自然导致了邦联的产生。

假使各个州没有开战时那样的能力，它们的联合力量就不足以承担这个事业，那么很可能它们就会失败。假使各个州都比开战时能力更强，它们可能就看不到，或者更有甚者，可能都感觉不到联合的必要性。那么，不管是试图独自迎战还是结成小规模的联盟，它们都已经被各个击破打败了。

现在，由于我们不可能确定一个时刻（它必须经过很多年才会到来），那时任何一个州或者几个州联盟的力量就和现在整个美国相当，而且由于我们已经看到，共同进行战争达到胜利和保持我们民族在世界上的重要性，经过了极度的困难。因此，从我们的经验和已获的知识，对加强这个幸福邦联所带来的利益和它的必要性，我们必然留下了非常深刻的印象，否则我们就是在浪费自己的智慧。这个邦联拯救了我们，没有它，我们就是一个没有前途的民族。

在我写作这个注释的时候，我的目光落在了《常识》那本小册子上，我要从中节录一段，因为它恰好适用于这个情形，如下。

“无论是在英国还是在北美，凡是我所碰到的人没有不明确认为这两个国家迟早是要分立的。可是，在力图叙述我们所说的大陆已经具备独立条件或宜于宣布独立时，我们却比任何其他时候更少发表经过周密思虑的意见。”

“既然大家都同意这个方案，不过是对于实行的时间问题意见有所不同，那么，为了免除错误，就让我们概括地考察一下情况，在可能的条件下努力找出恰当的时间。可能我的话无须多讲，寻找时机的努力就可以告一段落了，因为时机已经送上门来了。各种条件的同时成就，也就是各种形势的令人鼓舞的一致性，已经证明了这个事实。”

“我们伟大的力量在于团结一致，而不在于人数的多寡。北美大陆的力量刚好到达了这样一个程度，那就是，单个的殖民地都无法自存，联合起来就能打败敌人。比现在的力量再多一点或少一点，都可能导致我们的毁灭。”

事务都是地方的，它们只能自己管自己，不能多管闲事。即便最富裕的州把自己的所有财富都花在了税收上，也不足以维持一个可以对抗外国侵略的主权政府。简而言之，除了合众国之外，我们没有别的国家主权。如果真有其他主权的话，那对我们甚至是灾难性的——代价太昂贵，以至于不可能被供养和维持。个人，或者单个的州，可以怎么高兴就怎么称呼自己。但世界，尤其是属于敌人的世界，是不可能听到一个名字就轻易对我们表示敬畏的。主权必须有能力保护所有组成和构成它的部分，作为合众国，我们在这个名称的重要性面前是地位同等的，没有这个名字就不是这样。我们的邦联，如果能够明智适当地管理和巩固，就是能让我们变得强大最经济的途径——变得国力强盛的最便捷的途径，和美国形势所允许的最恰当的政府构造。因为它从每一个州聚集力量，形成一个为所有州服务的集合体，而每个州单独的力量都是不足的，也就不能很好地运用它。

荷兰的各邦是一个各自主权分立的不幸例子，它们散乱无序的状态为自己招致了无数的阴谋、损失、灾难和敌人。它们几乎不能把各自的措施集合成为决议，也不能把决议付诸实施，如果我们也像它们那样，那各州的散乱无序也会成为无穷无尽的灾难之源。

对联合起来的各州来说，就像对社会里的个体一样，各自必须放弃一些东西以让整体获得安全。这样看来，我们通过给予而获得了一些东西，而且每年都能获得比投资更大的收益。当我听到我们的邦联，这个我们自由和安全的伟大保障被带着最轻微的不敬谈起时，我都感到自己受了伤害。它是美国宪法中最神圣的东西，每一个人都应该为它感到最骄傲，也最爱护它。我们在合众国的公民身份是我们作为国民的特性，我们在任何单个州的公民身份只是我们的地方特性。后者让我们在家乡被了解，前者却让我们走向世界。我们更大的头衔是美国人，次级的头衔则是因地而异的。

我已经尽我所能证明了，各州都已经被以友爱彼此相待、联合利益、保持统一的国家观念引导着。为了更好地帮助革命做好基础论证工作，我已经摒除了个人利益和官方立场，不管是在我居住的州，还是在合众国里，我都使自己超然于所有的党派和朋党关系，甚至也避免了所有的私人利益和不重要的事务。但我们重新回顾那些已经历的伟大业绩，感到（就像我们应该感到的那样）它的正义和重要性，我们就会看到，私人会谈中的小小争议和不体面的争辩，不仅扰乱了我们的安宁，同样也损害了我们的名誉。

是美国的事业使我变成了一个作家，那种冲击我心灵的力量，和这个国家呈现在我眼前的危急情形，使我感到同那些决意要削弱它的力量的人和解是不可能，和不自然的。《独立宣言》使我感到不能保持沉默，它驱使我投身于唯一能够巩固和拯救这个国家的事业。如果在 7 年的过程中，我已经为这个国家做了些什么事情，那么通过在人类的伟大事业中自由和无私地运用文字，并且证明一个人的天赋可以不被滥用，我同样也为文学增加了声誉。

对我来说，只要国民的感情能够联合起来一致对敌，独立一直是行得通的，也是可能实现的。世界上有一个民族，她有那样广阔的版图，同从前的思考习惯那样紧密地结合在一起，处在那样多变的形势之下，通过政治上的转变，她的独立会那样迅速和彻底地深入人心，这不是没有可能的。人们会坚持自己的观念，丝毫不加改变，但通过这样一长串的好运气和坏运气，最终独立就会深入人心，人们会用胜利来为它加冕。

但由于战争已经结束，每一个人都准备回家幸福生活，我也要向这个主题告别了。从始至终，我都最忠实地追随独立事业，我经历了它的转变和坎坷。以后不管我在哪个国家，我会永远为自己曾经从事的事业感到最真诚的自豪，并向自然和神意表示感谢，感谢它们赐予我力量，让我可以为人类做些有益的事情。

常　识

1783 年 4 月 19 日于费城

（柯岚　译）

· 联邦政府的一般征税权（《联邦党人文集》第 30 ~ 36 篇）

· 有关合众国银行合宪性的观点（1791 年 2 月 23 日）

· 国家银行合宪性的反对意见

· 关于银行法案

第三编　财政与联邦主义

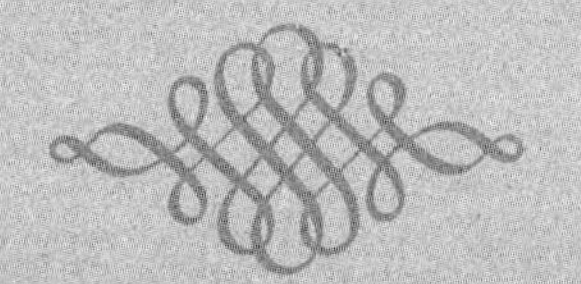

联邦政府的一般征税权

(《联邦党人文集》第 30 ~ 36 篇)[1]

亚历山大·汉密尔顿

第 30 篇

原载 1787 年 12 月 28 日，星期五，《纽约邮报》

致纽约州人民：

前面已经讲过，联邦政府应当拥有维持国家军队的权力。其中曾建议包括征募军队的费用、建造和装备舰队的费用，以及各种有关军事装置和作战的其他一切费用。但是联邦在税收方面的权限必须包括的目标不仅限于这些。这种权限必须包括准备维持国家文官薪俸的费用，准备偿还已经由契约规定或可能由契约规定的国债，以及通常要求国库支付的所有事情。结论是，在政府的结构中必须含有以这种或那种方式征税的全面权力。

货币被恰当地看作国家的重大要素，是维持国家的生命和行动，并使它能够执行其最主要职能的东西。因此，在社会资源容许的范围内，有足够的权力获得经常而充分的货币供应，被认为是每种政体所不可缺少的要素。由于这方面的缺乏，以下两种弊端必然会产生一种：不是人民必然遭到不断掠夺，作为代替供应公众需要的比较适当的办法，就是政府必然陷入致命的萎缩状态，并且在短时期内灭亡。

在奥斯曼或土耳其帝国，君主虽然在其他各方面是其臣民的生命财产的绝对主宰，但是却无权征收新税。结果，他容许巴夏或各省地方长官毫不容情地掠夺人民，然后又从巴夏身上榨取他所需要的款项，来满足他自己和国家的急需。在美国，由于同样

[1] 选自《联邦党人文集》，程逢如、在汉、舒逊译，北京，商务印书馆，2009 年，第 145-201 页。

的原因，联邦政府逐渐陷入衰退状态，几乎接近灭亡。谁能怀疑这两国人民的幸福会由管理得当的主管当局通过准备公众需要的收入而得到增进呢？

目前的邦联政府这样软弱，却打算把供应联邦资金需要的无限权力授予合众国。但是由于邦联政府按照错误的原则行事，所以它所采用的做法使它的打算完全不能实现。按照盟约中的条款（如前所述），国会有权确定和要求它们认为是合众国行政部门所需要的任何金额；而它们的要求如果符合分配的规则，在宪法的各种意义上均是各州应负的义务。各州无权询问要求是否适当，它们除了设计提供所需金额的方式方法以外，并无其他决定权。但是，尽管情况确实如此，尽管设想这样一种权利会违背邦联条款，尽管很少会或永远不会公然要求这种权利，但是实际上，这种权利却经常在行使，而且只要邦联政府的税收仍旧依赖于成员的居间作用，这种情况将会继续下去。这一制度的后果如何，即使是对我们的公务最不熟悉的人都知道，在这些论文中的不同部分里也有过详细的说明。正是这一点主要促使我们处于一种有充分理由要我们含垢忍辱、让敌人耀武扬威的情况。

除了改变产生这种情况的制度——荒谬的和欺骗的定额和摊派制度以外，能有什么办法来纠正这种情况呢？除了允许全国政府在地方政府的各种妥善规定的规章制度的许可下，通过正常的征税法来筹措收入以外，还能想出别的代替办法来代替这种金融上的妄想吗？足智多谋的人可以用花言巧语就任何题目进行雄辩，但是没有任何人类的智谋可以指出任何其他权宜办法，来使我们摆脱由于国库空虚而自然造成的麻烦和困难。

新宪法的比较聪明的反对者，承认这个推论的说服力，但是他们又提出所谓对内和对外征税的区别，来对这种承认加以限制。他们把前者保留给州政府，把后者解释为商业进口税或进口商品关税，表示愿意把它让给联邦首脑。然而，这种区别会破坏合理的和健全的政策准则，这一准则规定每种权力应该与其对象相称；这种区别仍旧会使全国政府处于一种对州政府进行保护的地位，这与一切讲究效力或效能的主张是不一致的。谁能自称只是商业进口税就等于联邦现在和将来的急需的款项总额？考虑到目前的外债和内债，根据一个对公共正义和公共信誉的重要性具有一般印象的人所赞成的任何偿还计划，再加上各方面认为必要的法规，我们丝毫不能合乎情理地自以为，单是这个来源，按照大为改善的税率，就能满足目前的需要。联邦的未来需要是无法估计或限制的；根据不止一次地谈到的原则，当这种需要出现时，满足这种需要的权力也应当不加限制。在事情的正常发展中，一个国家在其存在的每个阶段的需要，至少与其财源不相上下，我认为这可以看作人类历史所证实的一种见解。

如果说不足部分可以通过对各州征收来补足，那么这一方面是承认这个制度不能依靠，另一方面是指超过一定限度的一切事情不得不依靠它。凡是留心注意经验所揭示的或者在这些论文中所论及的关于此种制度的弊病和缺点的人，对于把国民利益或多或少地委托给此种制度去管理，必然会感到无法遏止的厌恶。每当实行此种制度时，其不可避免的趋势必然是削弱联邦，并且在联邦首脑及其成员之间，以及各成员相互之间播下不和与争执的种子。能否期望用这个方式补充不足部分，会比以前用同样方式供给联邦的全部需要更好一些呢？应该想到，如果对各州的要求少一些，它们满足需要的手段也相应地减少了。如果将已经提到的为区别而进行争论的那些人的意见当作真理的根据加以采纳，就会使人得出结论说，在国家事务的节约措施中有一个明显的分界点，在这一点上应该停下来说：迄今，供给政府需要会促进公众幸福目的的实现，超过这个界限的一切都不值得我们注意或关心。一个只得到一半供给的、经常贫穷的政府，怎能实现其制度的目的，怎能提供安全保障，增进繁荣或维持国家的名声？这样的政府怎么能够拥有能力或保持稳定，享有尊严或信用，得到国内信任或国外的尊敬呢？它的管理除了连续不断地采用姑息的、无能的而且可耻的权宜办法以外，还能有别的办法吗？它怎能不会为了一时需要而经常牺牲自己的事业呢？它怎能承担或执行任何广泛的或扩大的公益计划呢？

让我们看看这个情况在我们可能参加的第一次战争中会产生什么结果。为了辩论起见，我们假定，来自进口税的收入，是符合供应公债和联邦平时机构的需要的。在这种情况下战争爆发了。在这样一种紧急状态下，政府可能采取什么措施呢？经验教导说，依靠摊派是靠不住的，政府本身的权力不能保有新的财源，而且又为国家危险的考虑所催逼，难道政府不会被迫设法把已经拨出的经费从原来的对象转到国防上去么？怎能避免这样一个步骤是不容易看出来的？如果采取这个步骤的话，显然会证明公众信用就在它成为共同安全必不可少的时刻遭到了破坏。认为在这样一个危急存亡之际可以不要信用，真是糊涂到了极点。在现代战争体系下，最富裕的国家也不得不求助于大宗借款。像我们这样不富裕的国家，必然会更加强烈地感到有这种需要了。但是有谁会把钱借给这样一个政府，它在借款以前的行为表明，它的付款措施是靠不住的呢？可能获得的借款必然数量有限而且条件苛刻。这种借款所依据的原则和高利贷者通常借款给破产的或诈骗的债务人时所依据的原则是一样的——出手吝啬，利息极高。

也许可以这样想，由于国家财源贫乏，尽管全国政府拥有无限制的征税权，但是在假定的情况下会有必要把规定的经费转作他用。但是有两点理由可以用来缓和对于这个问题的一切忧虑：其一是，我们确信社会的全部资源将为联邦的利益而发生作用；其二是，无论有多少不足，都能毫无困难地用借款来补充。

全国政府通过自己的权威，根据新的纳税对象建立新财源的权力，能使它按照需要去借款。这样，外国人和美国公民都能对政府的契约合理地表示信任。但是要信赖一个本身在履行契约时必须依赖其他 13 个州政府的政府，一旦情况了解清楚，就会需要一种在人类金钱交往中并非经常遇到而且与常见的贪婪的尖锐看法不怎么调和的轻信了。

这类意见，对于希望看到在美国实现诗歌中或神话中那种升平景象的人们来说，可能是无足轻重的，但是对于相信我们可能经历其他各国命中注定的变迁和灾祸的共同命运的人来说，这些意见必然是值得重视的。这样的人必然以痛苦的关切心情注视着自己国家的真实情况，必然反对野心或报复轻而易举地使它蒙受的那些祸害。

普布利乌斯

第 31 篇

原载 1788 年 1 月 1 日，星期二，《纽约邮报》

致纽约州人民：

在各种讨论中，都有一定的基本真理或首要原理，它们必然作为以后一切推论的根据。这些真理含有一种内在的证据，它能先于一切思考或组合得到人们的赞同。在产生并非这种结果的地方，必然是由于知觉器官的某些缺点或失常，或者由于某些强烈的兴趣、情感或偏见的影响。几何学原理就具有这种性质："整体大于部分，等于同一事物的东西彼此相等，两条直线不能围成一个平面，凡是直角彼此都相等。"伦理学和政治学的其他原理也具有同样的性质：例如没有原因就不能有结果，手段应当与目的相称，每种权力应当与其对象相称，注定要影响一种自身不能进行限制的目的的权力，也应不受限制。后两门学科中还有其他的真理，如果它们不能自称属于公理之列，仍然是公理的直接推理，本身又是如此明了，而且如此符合常识的自然而纯朴的支配，以致它们以几乎同样不可抗拒的力量和信念唤起健全而无偏见的人们的同意。

几何学研究的对象是那些完全脱离激动人心的强烈情感的那些研究，所以人类不仅很容易接受比较简单的科学定理，而且还有那些深奥的反论，那些反论虽然能够证明，但是同自然概念是矛盾的，这些概念没有哲学的帮助，会引导人们在思想上接受这种学科。物体的无限可分性，或者换句话说，有限物的无限可分性，甚至扩大到最小的原子，是几何学家同意的一个论点，虽然这对常识来说和那些遭到不信宗教的人们所不断攻击的任何宗教玄义同样难以理解。

但是在伦理学和政治学方面，人是很不容易处理的。在某种程度上，这样的情况是合理而有益的。慎重和调查研究是防止错误和欺骗的必要防护品。但是过于难弄，就可能变质为顽固、倔强或虚伪。虽然不能要求伦理和政治知识的原理一般具有和数学原理同样程度的确实性，但是它们在这方面的可信，要比人们在个别情况下的行为显示的信心高得多。含糊之处往往在于说理者的情感和偏见，而不在于题目本身。在很多情况下，人们的理解不公正。但是他们由于屈服于某些顽强的偏见，而在言辞上进行纠缠，在细微的区别上混淆不清。

怎么可能发生这样的事（如果我们承认反对者是真心反对）：像表明联邦政府需要有全面征税权那样明确的主张，会在善于辨别的人们中间遇到什么反对者？虽然这些主张已经在别处予以充分说明，但是这里扼要重述一下，作为研究可能对它们提出的反对意见的导言，也许不是不适当的。这些主张大体如下。

一个政府应该拥有全面完成交给它管理的事情和全面执行它应负责任所需要的各种权力，除了关心公益和人民的意见以外，不受其他控制。

由于主管国防和维护公众安全，防止国内外的暴力行为的责任包括对不可能规定范围的灾难和危险的准备，所以作此准备的权力除了国家的迫切需要和社会对策以外，不应有其他限制。

由于税收是用以获得应付国家迫切需要的手段的主要方法，所以充分获得税收的权力，必须包括在为迫切需要作准备的权力之中。

由于理论和实践同时证明，获得税收的权力在对各州集体行使时是无效的，所以联邦政府必须授予用寻常方法征税的无限权力。

如果经验并未证明相反的情况，自然会得出这样的结论：全国政府有全权征税是适当的，确实可以以这些主张为根据，不需要借助于任何其他论证或说明。但是事实上我们发现，新宪法的反对者，迄今没有默认其正确或真实，似乎在竭力反对计划中的这一部分。因此，把他们用以表示反对的论点分析一下，也许是符合要求的。

最经常利用的反对论点大体可以归纳如下："不能因为联邦的迫切需要无法加以限制，就认为其征税权不应受到限制。税收对地方政府的用途和对联邦政府的用途都是同样需要的；对人民幸福来说，前者至少和后者是同样的重要。因此，州政府应当有能力支配供给自己需要的手段，就像全国政府拥有关于供应联邦需要的同样权力一样。但是后者的无限征税权可能，而且到时候很可能剥夺前者提供自身需要的手段，会使它们完全听从国家立法机关的摆布。由于联邦的法律将要成为国家的最高法律，又由于它将要有权通过为执行建议授予它的那种权力所必需的一切法律，全国政府随时可以借口与其本身目的有抵触而撤销为了州内目的而征的税收。为了使国家税收生效，也许主张这样做是必要的。这样一来，所有的税收财源将逐渐成为联邦独占的东西，把州政府完全排除在外。"

这种论辩方式有时似乎转到全国政府有篡夺行为这个假定上，有时又似乎只是想从全国政府按宪法行使职权方面作出推论。只有后一种见解才能被承认有点公正之处。在我们开始推测联邦政府有篡夺行为时，我们就陷入了一个深不可测的深渊，完全使我们变得不可理喻。想象可以海阔天空，直到它在魔法城堡的迷宫中惊惶失措，不知该转向何方才能脱离如此鲁莽闯入的混乱状态。无论对联邦权力可能有些什么限制或约束，连续不断的可能危险是容易想象得到的。而由于过分的猜疑和胆怯，我们会使自己处于一种绝对怀疑和优柔寡断的状态。我在这里把大体上已在另一篇论文中说过的话重复一遍：凡是以篡夺的危险为根据的一切论述，应该着眼于政府的组织和结构，而不是政府权力的性质或范围。各州政府通过原来的州宪被赋予完全的主权。我们对付来自那方面的篡夺的保证在哪里呢？无疑在于州政府的组织形式和管理州政府的人员对人民的应有依靠。如果计划中的联邦政府结构，经过公平考察，被认为能在适当范围内提供同样的保证，那么为篡夺而产生的忧虑，都应当打消。

切勿忘记，州政府侵犯联邦权力的倾向，和联邦侵犯州政府权力的倾向是同样可能发生的。在这样的一种斗争中，哪一方可能占优势，必然取决于斗争双方能够用以取得成功的手段。由于在共和国里力量经常在人民一边，并且有些重要理由使人们相信州政府通常对人民具有最大的影响，所以自然的结论是：这种斗争最容易对联邦不利而结束，而且各成员侵犯联邦的可能性，要比联邦侵犯成员的可能性还要大。但是很明显，诸如此类的一切推测是极其含糊、极不正确的，最安全的办法是完全把它们丢开，把我们的注意力完全集中在宪法所勾画的权力的性质和范围上。此外，一切事情必须由人民的智慧和坚定来决定。由于人民亲手掌握天平，可以期望他们经常留心保持全国政府和州政府之间合乎宪法的平衡。在这个显然可靠的基础上，不难消除反对合众国有无限征税权的意见。

普布利乌斯

第 32 篇

原载 1788 年 1 月 3 日，星期四，《每日广告报》

致纽约州人民：

虽然我认为，由于联邦有权在征税方面控制州政府，而使它们感到担忧的真正危险并不存在，因为我相信，人民的舆论触犯州政府的极端危险，以及确信地方政府为了局部目的的用途和需要，将会完全防止滥用这种权力。然而我愿意在这里完全承认，要求各州具有为供应自身需要而筹措收入的独立自主权的论证，是公正的。在作这个让步时，我肯定（只有进出口关税除外），各州在制宪会议计划下，将在绝对的意义上保留这种权力。全国政府若有任何剥夺它们行使这种权力的企图，将是一种任何宪法条款所不允许的粗暴篡夺权力的行为。

各州合并为一个完全的全国性的主权国家，意味着各部分完全处于从属地位；各部分无论保留什么权力，都将完全取决于总的意志。但是由于制宪会议计划的目的只在于局部的联合或合并，各州政府显然要保留它们以前所有的、按照条款并未专门委托合众国的一切主权。各州主权的这种专门委托，或者不如说这种让与，只在 3 种情况下存在：在宪法明文规定授予联邦专有权的地方；宪法在某种情况下授予联邦一种权力，在另一种情况下，却禁止各州行使同样权力；宪法授予联邦一种权力，而这种权力是与各州的类似权力绝对和完全矛盾且不相容的地方。我用这些字眼把最后一种情况同看来类似、事实上却有根本区别的另一情况加以区别。我指的是，行使并存的职权可能偶然触犯任何行政部门的政策，但是就宪法权力而言，不含有任何直接抵触或矛盾的意思。联邦政府的这 3 种专有职权的情况可以用下面的例子来解说：第一条第八项倒数第二节明文规定，国会对政府所在地区得行使“绝对立法权”。这个例子符合第一种情况。同一项第一节规定，国会有权“征收税捐、关税、进口税及货物税”；同一条第一项第二节宣布：“各州未经国会同意不得对进口货或出口货征收任何进口税或关税，除非此种课税是为了执行该州的检查法。”因此除了上述的特殊例外，联邦就有全权对进出口商品征收关税。但是此种权力却被另一条款削弱，该条款宣布，不得对任何州输出的商品课税或征收关税。由于这种限制，此种权力现在只能应用于进口货的关税方面。这一点符合第二种情况。第三种情况可以在下面的条款中看到，该条款宣布，国会有权“制定全合众国的统一归化条例”。这必须是专有的权力，因为如果各州有权制定不同的条例，就不可能有统一的条例。

有一种情况可能被认为与后者类似，但事实上却大不相同，而且影响了即将考虑的问题。我指的是对进出口商品以外的一切商品的征税权。我认为这显然是合众国和各州共有的彼此平等的权力。在授权条款中显然并未说明该项权力是联邦专有的，也没有单立条款或条文禁止各州行使此项权力。相反，从进出口商品的关税方面对各州的限制上可以推论出一个明确的、不容有异议的相反论点。这个限制意味着承认，即使没有列入条文，各州也拥有限制以外的权力，并且进一步承认，关于其他各种税收，各州的权力仍然没有减少。从任何其他观点来看，这种限制是不必要的，而且是危险的。其之所以不必要，是因为假使授予联邦征收这种关税的权力就意味着排斥各州，甚至意味着各州在这方面处于从属地位，那么就不需要这样一种限制了；其之所以危险，是因为采用这个限制会直接导致上述结论，如果反对者的推论是正确的话，这个结论并非原来想要得出的。我是说各州在限制并不适用的一切情况下和联邦有共同的征税权。正在谈论的这种限制，相当于律师们所说的“否定含蓄”——即否定一件事，肯定另一件事；否定各州有权对进出口商品征税，而肯定它们有权对所有其他商品征税。如果争辩说，这指的是绝对排除它们征收前一种税，使它们有权在国家立法机关的控制下征收其他税，那么这只不过是一种诡辩罢了。限制或禁止的条款只说：各州未经国会同意不得征收这种关税。如果我们从上述的意义上去理解这句话，就会使宪法为了一个非常荒谬的结论而加上一条正式条款，这个条款是：各州经国家立法机关同意，可以征收进出口税，除非受到同一机构的限制，而且可以对其他商品征税。如果这就是目的，为什么不在最初就让它得到据说是原有条款的自然效力，把全部征税权授予联邦呢？显然这不可能是目的，不能对它作这种解释。

至于各州征税权和联邦征税权会发生矛盾的假设，不能从需要排斥各州的意义上得到支持。由于一个州对某种商品征税，使得联邦对同样商品再次征税成为不适当的事情，这的确是可能的，但是这并不含有按照宪法不能再次征税的意思。征税的数量，任一方面的增税是否适当，将是共同慎重考虑的问题，但是不会包含权力的直接抵触。全国和州的财政制度的具体政策，也许会经常不一致，并且可能需要互相克制。然而，这不只是在行使权力时可能造成不便，而是一种同宪法的直接矛盾，它意味着让与和消除原有的主权。

由于主权的划分，在某些情况下需要一种同时存在的权限。凡是没有明显地从各州移归联邦的一切权力仍由各州全力执行这一条规则，并非权力划分理论的结果，而是得到了包括新宪法条款的文件的全部宗旨的明确承认。我们在这个文件里看出，尽管肯定了授予一般权力，但是仍然非常注意那些认为各州不宜有同样权力的情况，而且列进了禁止各州行使那些权力的否定性条文。第一款第十节所包括的全是这样的条文。这个情况明确表明了制宪会议的意见，并从条例正文中提供解释的规则，它证明了我所提出的主张是正确的，并且驳斥了一切相反的假设。

普布利乌斯

第 33 篇

原载 1788 年 1 月 3 日《每日广告报》

致纽约州人民：

反对宪法中关于征税条款的其他议论，是同下面这一条款有联系的。正在研究的方案的第一条第八项最后一条，授权国家立法机关"制定一切必要和适当的法律，以实施宪法授予合众国政府或政府任何部门或官员的各种权力"。方案的第六条第二项宣布："本宪法与合众国依此制定的各种法律，以及根据合众国的权力缔结的一切条约，均为本国的最高法律，不论各州宪法或法律是否与此抵触。"

这两条是反对新宪法的恶毒咒骂和无礼争辩的根源。向人民提到这两条时，它们被夸大歪曲为用以破坏地方政府和消灭人民自由的恶毒手段，是一种无论男女老幼、高低贵贱、神圣或世俗都不免遭它吞食的可怕怪物。然而说来也奇怪，在这一切吵闹以后，对于那些碰巧不用同样见解来看待这两项条款的人来说，可以有充分信心肯定：如果把这两条完全删去，计划中政府的合乎宪法的作用丝毫不会改变，如同这两项条文在每一条中都得到重复一样。它们不过是说明一件事实：它们由于不可避免的关系，是成立联邦政府和授予它某些特定权力的条令所造成的。这是一件非常明白的事情，即使中庸之道本身也难于心平气和地听取反对这一部分方案的大量奚落之词。

除了做一件事的能力或技能以外，权力又是什么东西呢？除了运用执行权力的必要手段的力量以外，什么是做一件事的能力呢？除了制定法律的权力以外，什么是立法权呢？除了法律以外，什么是执行立法权的手段呢？除了征税立法权，或制定征税法律的权力以外，什么是征税权呢？除了必要和适当的法律以外，什么是执行这样一种权力的适当手段呢？

这一连串简单的问题，立刻提供给我们一个用以判断所批评的条款的实质的标准。这一连串问题向我们指出这个明显的真理：征收税款的权力，必须是通过执行该项权力必需的和适当的法律的权力；那个在议论中的被诽谤的倒霉条款，除了申明同一真理外，又能说明什么呢？这就是说已经被授予征税权的国家立法机关，可以在执行该项权力时通过执行权力所需要的和适当的一切法律。因此，我特别把这些意见应用于征税权，因为它是正在研究的迫切问题，又因为它是建议授予联邦的那些权力中最重要的一种权力。但是关于宪法上宣布的其他一切权力，同样的过程会得出同样的结果。正是特别为了执行这些权力，这种被故意称为包罗万象的条款授权国家立法机关通过一切必要而适当的法律。如果有什么可以反对的东西，必须在这个一般声明所依据的特殊权力中去寻找。这个声明本身，虽然可以指责它有重复或多余的缺点，至少是完全无害的。

但怀疑者可能会问：那么为什么要采用这个声明呢？回答是，这样做只能是为了更加谨慎，防止以后想削弱和逃避联邦的合法权利的人们吹毛求疵。制宪会议也许预料到这些论文反复阐述的主要目的是，对我们政治幸福威胁最大的危险就是各州政府最后会削弱联邦的基础，因此可能认为在如此主要的一点上必须解释清楚。不管这样做的动机是什么，根据反对它的呼声来判断，谨慎小心显然是明智的，因为正是那种呼声吐露出怀疑这一伟大而必要的真理的意向，这个真理显然是该条款所要表明的目的。

但是怀疑者可能再问：由谁判断为执行联邦权力而打算通过的法律是必要的和适当的呢？我回答说：第一，这个问题是既由于说明性的条款，也由于单纯授予那些权力而提出的；第二，全国政府和其他政府一样，首先必须判断自己行使的权力是否适当，最后再由选民去判断。如果联邦政府超越其权力的正当范围，并且滥用权力，创立政府的人民必然求助于他们所建立的标准，并采取作为谨慎考虑的应急措施，来补救对宪法造成的损害。从宪法观点来看，法律的适当与否，必须经常取决于作为法律基础的权力的性质。假定联邦立法机关利用对其权力的某些牵强附会的解释（这的确是不易想象的），企图改变任何一州的继承法作此尝试时，它岂不是明显地超越其权限，而且侵犯了该州的权限吗？再假定，联邦立法机关借口其税收受到干扰，就着手废除由某一州的当局所征收的土地税。这就侵犯了关于这种税收的同时并存的权力，该项权力又是宪法明确认为属于州政府的，这岂不是同样明显的事情吗？如果在这个题目上有所疑惑的话，完全是那些理论家的功劳，他们怀有一种对制宪会议计划轻率的仇恨情绪，努力把疑问包藏在为了掩盖最简单明了的真理的云雾之中。

据说联邦的法律将要成为国家的最高法律。如果这些法律不能成为最高法律，那么从这点上能得出什么结论呢？这些法律又相当于什么东西呢？显然它们什么也不是。顾名思义，一条法律包括最高权力。法律是一种规定的对象所必须遵守的条例。这是一切政治联合所产生的结果。如果个人参加一个社团，该社团的法律必然是他们行为的最高标准。如果几个政治社团加入一个较大的政治社团，后者按照宪法赋予它的权力而制定的法律，必然高居于这些团体和组成这些团体的个人之上。否则它只不过是一种有赖于双方诚意的盟约，而不是一个政府，政府不过是政治权力和最高权力的另一种说法罢了。但不能根据这个原则就说，较大团体的那些不符合其宪法权力并且侵犯较小团体的剩余权力的法令，将会成为国家的最高法律。这些法令只会是篡夺的法令，而且应该这样看待它们。因此，我们看出，宣布联邦法律有最高权力的条款，和我们以前已经研究过的条款一样，即只宣布一个必然从联邦政府的组成直接得出的真理。我以为，不会不注意到，它明确限制这种法律上至高无上的权力是根据宪法规定的。我提到这点只是作为制宪会议慎重行事的例子，因为这种限制即使没有表示出来，也应该为人所了解。

因此，虽然一种为了合众国的用途而征收税款的法律在性质上是至高无上的，而且不能合法地加以反对或控制，但是一种废除或阻止州政府征税的法律（除非是对进出口商品），就不会成为国家的最高法律，而是一种宪法所没有授权的篡夺行为了。就对同一样物品不适当地加征税款会使征税困难或不稳定而言，这是一种相互的不便，并非起因于任何一方权力的优劣，而是由于一方或另一方用对双方同样不利的方式不适当地行使自己的权利。然而，可以期望和设想，相互有利会造成这方面的一致，从而避免任何重大的不便。根据整个情况可以得出结论，各州在新宪法下面会保留一种独立而不受拘束的权力，它可以在它们迫切需要的范围内，通过各种税收（进出口关税除外）筹措收入。在下一篇论文中将要指出：在征税条款上这种同时并存的权力，是唯一可以用来代替州的这一部分权力完全从属于联邦权力的情况。

普布利乌斯

第 34 篇

原载 1788 年 1 月 4 日，星期五，《纽约邮报》

致纽约州人民：

我自以为我在前一篇论文中业已清楚表明，各州在新宪法中将在税收项目上同联邦有同等权力（进口关税除外）。由于这种权力把绝大部分社会财源公开交给各州，所以不能借口断定，各州在摆脱外界控制的情况下不会拥有像想象那样充裕的收入来供应自身的需要。当我们想到，州政府提供的公共费用为数不多时，那种充分广阔的领域将会更加完全地显现出来。

根据抽象原则就认为这种同等权力不能存在，就是以假定和理论来反对事实和现实。不管证明一件事不应存在的这类理论是多么正当，在用它们证明该事物的不存在违反事实本身的证据时，这些理论会完全遭到否定。众所周知，罗马共和国的立法权，作为最后手段，很久以来都是由两个不同的政治团体执掌的。这两个团体并非同一个立法机关的分支机构，而是两个不同的独立立法机关，它们当中，各有一种反对势力占着优势：一种是贵族，另一种是平民。可以举出许多论据来证明这两种看来是互相矛盾的权力是不适当的，因为它们都有权力取消或撤销对方的法令。但是如果有人在罗马试图反驳这两种权力的存在，他就会被认为是个疯子。当然，我们指的是百人团选出的罗马人民议会（Comitia Centu Triata）和部族选出的罗马人民议会（Comitia Tributa）。前一种议会，由人民通过百人团选举，安排得使贵族势力占优势；后一种议会取决于人数，所以平民势力占完全优势。然而这两个立法机关同时存在很长时期，罗马共和国达到了人类伟大的最高峰。

在正在特别研讨的情况中，并没有上述例子中出现的那种矛盾；任何一方都无权取消另一方的法令。在实践中，没有什么理由担忧会产生任何麻烦，因为在短时间内，各州的需要自然会缩减到非常狭小的范围内，而且不久合众国就很可能发现，完全放弃某些州想要依赖的那些对象是适宜的。

为了对这个问题的真正的是非曲直作出比较正确的判断，不妨谈论一下需要联邦政府征税来维持的对象和需要州政府征税来维持的对象之间的比例。我们会发现，前者完全是无限的，而后者则限于非常适当的范围内。在研究这个问题时，我们必须记住，我们不要把自己的视野限于目前时期，而要瞻望遥远的未来。文明政府的宪法是不能根据对当前迫切需要的估计来制定的，而是按照人类事务的自然和经过考验的程序，根据长时期内可能出现的种种迫切需要的结合而制定的。因此，再也没有比从估计全国政府的迫切需要出发，来推论适于划归全国政府的任何权力范围更加荒谬了。由于未来的意外事件可能发生，所以就应该有一种为它们作准备的能力，又由于这些事情的性质不可估量，所以不可能有把握地限制那种能力。也许，的确可以相当准确地作出符合如下目的的计算：偿清联邦现有债务，以及在相当时间内维持平时需要的机构所必需的收入总额。但是在这一点上停止不前，而且让受任管理国防的政府在为社会提供保护、防止将来由于外来战争或国内动乱而侵犯公共治安时，处于一种绝对无能的状态，这难道是明智的？难道不是极端愚蠢的吗？假使相反，我们应该越过这一点，可是除了由于可能发生突然事变而规定一种无限权力以外，我们又能停在什么地方呢？虽然一般说来很容易断定，对可能发生的危险作出应有准备这点是有可能作出合理判断的，然而我们不妨要求那些作出断定的人提出他们的论据，可以肯定这些论据会是含糊不定的，就像提出确定世界可能存在多久的任何论据一样。只限于预料内部袭击的意见，是不值得重视的，虽然那些预料也不能作出令人满意的推测。但是倘若我们要想成为商业人民，有朝一日它必然会成为我们能够保护这种商业的政策的一部分。维持一支海军和进行海战，将会包括一些政治算术无论如何也计算不出的意外事件。

即使我们应该在政治上进行一次新奇而荒唐的实验——束缚政府不以国家为理由发动进攻性战争，我们当然也不应该使政府不能保卫社会，防备别国的野心或敌意。乌云笼罩在欧洲世界的上空，已经有些时间了。如果这片乌云化为风暴，谁能向我们保证，在它发展的进程中，它的一部分愤怒不会发泄在我们身上？没有一个有理性的人会仓促断定，我们完全不在它的范围之内。如果现在似乎正在收集的可燃性物质，在尚未成熟以前就已消耗殆尽，或者说，如果火焰没有到达我们这里就已发出亮光，我们能有什么保证可以使我们的平静状态长期不受某些其他行动或某些其他方面的扰乱呢？让我们记住，和平或战争经常不会由我们来选择；不管我们怎样稳健或毫无野心，我们也不能依赖稳健，或者希望消除别人的野心。在上一次战争结束时，谁能想象，英法两国虽然均已精疲力竭，彼此很快就会这样仇视？从人类历史来判断，我们将被迫得出结论：战争的愤怒和破坏性情感在人的心目中所占的支配地位，远远超过和平的温和、善良的情感，而根据对持久平静的推测来建立我们的政治制度，就是指望人性的比较软弱的原动力。

每个政府支出的主要起因是什么？是什么东西使得几个欧洲国家债台高筑？回

答很清楚，是战争和叛乱，是维持了国家为防范这两种致命的社会病症所必需的那些机构。它们同国家的纯粹内部治安有关的那些机构的开支，同维持国家的立法、行政和司法部门及其附属机关有关的那些机构的开支，以及同促进工农业有关的那些机构（它几乎包括国家支出的全部对象）的开支，同国防有关的开支比较起来，是微不足道的。

在大不列颠王国，一切浮华的君主国机构得到供养，国家每年收入的不到 1/15 拨作上述一类开支，而其他 14/15 全部用于支付该国因进行战争而欠下的债务利息和维持舰队和陆军方面。如果一方面应该说，一个君主国实行野心勃勃的计划和追求虚荣所造成的支出，并不是判断一个共和国必要支出的适当标准，那么另一方面也应该说，一个富饶的君主国在内部管理方面的奢侈浪费和一个共和政府在这方面的精打细算及简单朴素之间也有同样巨大的不均衡。如果我们把从一方面所得的适当折扣同认为应由另一方面作出的折扣进行平衡，那么这种比例仍然可以认为是恰当的。

但是只要让我们想到我们自己在一次战争中所欠的大量债务，而且让我们估计一下扰乱国家和平的事件所造成的一般负担，我们立刻就会看出，不需要任何详细说明，在联邦支出对象和各州支出对象之间必然经常会有一个极大的不均衡。的确，若干州各自为巨额债务所拖累，这些债务是最近一次战争所造成的一种赘瘤。如果采用已经提出的制度，就不可能再度发生这样的事情。当这些债务偿清之后，州政府继续遇到的唯一较重大的征税需要不过是维持各州的文官费用。此项费用，倘若再加上一切难以预料的费用，各州应该负担的总数不到 20 万镑。

在为我们自己，同时也为子孙后代组织一个政府时，我们在那些打算成为永久性的条款中，应该考虑到永久性支出的理由，而不是临时支出的理由。如果这个原则是正确的话，我们应注意赞成州政府有每年大约 20 万镑经费的规定；联邦的紧急需要是可以不受限制的，即使在想象中也是如此。这样来看这个问题时，凭什么道理主张地方政府应该永远支配总数超过 20 万镑的独占税收来源呢？排斥联邦权力，扩大州的权力，就是为了把社会财源放在那些不能有正当或适当需要的另一些人的手中，而把它们从急需满足公众福利需要的人们的手中夺走。

因此，假定制宪会议想要按照联邦及其成员之间相对需要的比例，把税收对象重新加以划分，能选择什么样的特殊财源供各州利用时既不会太多也不会太少——对各州的当前需要来说太少，而对它们未来的需要来说又是太多呢？至于外税和内税的分界线，约略估计起来，会使各州自由使用 2/3 的社会财源来支付 1/10 ～ 1/20 的自身支出，而让联邦使用 1/3 的社会财源来支付 19/20 ～ 9/10 的自身支出。倘若我们抛开这个界限，满足于让各州有征收房地产税的专有权力，那么，在手段和目的之间仍有极大的不相称；各州拥有 1/3 的社会财源，至多供应自身需要的 1/10。如果能够选择和分配任何等于而不大于其对象的财源，它就会不足以清偿各州现有的债务，会使各州依赖联邦来清偿债务。

上述一系列意见，会证明在别处已经提出的论点是正确的："征税条款上的同等权力，是唯一可以代替州在这方面的权力完全从属于联邦权力的办法"。对税收对象的任何划分，等于为了个别州的权力而牺牲联邦的重大利益。制宪会议认为，同等权力比那种从属关系略胜一筹。显然此种办法至少有这样的优点：使联邦政府在征税方面的法定无限权力同各州供应自身需要的充分自主权协调起来。在这个重要的征税问题上，还有其他一些看法需要进一步加以研究。

普布利乌斯

第 35 篇

为《独立日报》撰写

致纽约州人民：

在我们继续研究对联邦无限征税权的其他反对意见以前，我将提出一个总的意见：如果全国政府在税收项目上的权限应当限于某些对象，比例不当的公共负担落到这些对象身上的情况就会自然发生。由此会引起两种弊病：其一是抑制某些工业部门的发展，其二是各州之间和一个州的公民之间同样存在税款分配的不平等。

假定，就像有人争论的那样，联邦征税权应限于进口关税，那么显然是，政府会因为不能支配其他财源而经常试图把这种关税增大到有害的过分程度。有些人认为，这种税款的征收绝不会过度，因为这种关税越高，就愈加肯定会阻碍奢侈的消费，越能有助于造成贸易上的有利平衡和促进国内工业的发展。但是一切极端都是以不同方式造成危害的。过高的进口关税会造成普遍的走私倾向。这往往不利于正当商人，最终也不利于税收本身。这种关税会使社会上其他成分不适当地从属于工业阶级，给予后者过早垄断市场的机会。这种关税有时迫使工业离开其比较自然的渠道，进入其他比较不利的渠道，最后还压迫商人，商人往往自己必须付税而不能从消费者身上取得报酬。当市场上的需求与商品的供应相等时，关税通常由消费者负担。但是当市场存货过多，很大一部分关税就落到商人身上，有时不仅取尽他们的利润，而且还影响他们的资金。我时常想到，买方和卖方之间对税款的划分，实际上经常发生，比通常想象的次数要多。一种商品的价格往往不可能按照向它征收的每种附加费用的确切比例而提高。商人，特别是在一个小商业资本的国家里，往往为了更快地销售而需要保持低价。

顾客是付款者这一原理，往往比相反的命题正确得多，所以把进口关税归入总的国库，要比把全部利益归于进货诸州公平得多。但是要使进口关税成为唯一的国家财源，这个原则还没普遍达到真正公平的程度。当商人付税时，进口关税成为进货州的一项附加税，该州公民以顾客身份付出自己的一份税款。由此看来，这种税造成了各州之间的不平等，此种不平等会随着关税额的增多而增加。把国家税收限于这种进口税，由于另一原因会在工业州和非工业州之间带来不平等。在最能做到工业品自给自足的各州，不会像并非处于同样有利状况的各州一样，按照其人口或财富消费那么多的进口货。因此，单是以此种方式，这些州是不会根据其能力的比例为国库提供税款的。要这些州做到这一点，就需要依靠国产税，其适当对象是某几种工业品。纽约州对这些意见的兴趣，比主张把联邦的权力限于他们知道的外税的该州公民要浓厚得多。纽约是一个进口州，似乎不会很快成为一个较大的工业州。当然，由于把联邦的权限限于进口商品税方面，纽约州会蒙受双重损失。

针对进口关税有增加到有害的极端危险的说教，可以提出同这些论文中另一部分的说法一致的意见：税收利益本身就足以防止这样一种极端。我毫不犹豫地承认，只要其他财源开放，情况就是这样。但是，如果收入来源被封闭，由于需要而得到鼓励的希望，会招致用严格预防和增加罚款的办法得到加强的尝试，那些尝试暂时会有预期的效果，直到有时间设法逃避这些新的预防办法时为止。最初的成功容易引起错误的意见，那是需要以后经过漫长的过程去纠正的。需要，特别是政治上的需要，往往产生错误的希望、错误的理论和一系列相应错误的措施。但是，即使这种假定的过度并非限制联邦征税权的结果，那么所谈的不平等，虽然程度不同，仍旧会由于其他已经提及的原因而产生。现在让我们回过来研究反对意见。

如果我们可以根据其多次重复的情况来判断，看来最可靠的一条反对意见是，为

了把社会各部分的利益和感情联合在一起，并在这个代表机关及其选民之间产生应有的同情，众议院没有很多能力接待所有不同阶级的公民。这种论调是以冠冕堂皇和煽动性的形式出现的，并且很想抓住听众的偏见。但是当我们郑重地予以剖析时，就会发觉它只不过是一些漂亮的言辞。看来它所针对的目标，首先是不切实际的，而且就它所争论的意义来说，也是不必要的。我把众议院人数足够与否的问题留在别处讨论，在这里只要分析一下已经成为关于我们所探讨的直接题目的相反假定的特殊用途，我就感到满足了。

由各阶级的人真正代表所有阶级人民的想法，是完全不切实际的。除非宪法明文规定，各行各业得派出一名或一名以上的代表，这种事情实际上是永远办不到的。工匠和生产者，除少数例外，往往愿意投商人的票，而不愿意投自己行业人的票。那些有见识的公民深知，手工和制造工艺为工商业提供了材料。事实上，他们当中有许多人是直接与商业活动连在一起的。他们知道，商人是他们的天然顾客和朋友，而且他们还知道，不管他们对自己的良知有多大信任，商人比他们自己更能有效地促进他们的利益。他们知道自己的生活习惯未曾给予他们那些必要的后天才能，而在审议会上要是没有那些才能，即使最伟大的天赋多半也是无用的。他们还知道，商人的影响、势力和高深的学识，使他们更适合与公众会议上偶然出现的任何不利于工商界的精神进行斗争。这些考虑以及其他许多也许已经提到的考虑证明，而且经验也证实：工匠和制造者通常都倾向于投商人和商人所推荐的人们的票。因此我们必须把商人看作社会上所有这些阶级的自然代表。

至于知识界人士，不必多说。他们的确并不构成社会上一个独特的利益集团，根据他们的地位和才能，他们会一律成为互相信任和选择的对象，以及社会上其他各部分信任和选择的对象。

剩下的就是土地占有集团了。从政治上看，特别是从税收问题上看，我认为从最富的地主到最穷的佃户是完全联系在一起的。对土地征税，没有一种不是对千百万英亩土地占有者和一英亩土地占有者同样发生影响的。因此每个土地占有者都有一种共同利益：要使土地税尽可能保持在低水平上，而共同利益往往会被认为是最可靠的同情纽带。但是，即使我们能够假定富裕地主和普通农民之间在利益上有区别，那么又有什么理由得出结论说前者比后者有更好的机会被委任为国家立法机关的代表呢？假如我们把事实作为向导，观察我们自己的参院和众院，我们会发现在两院中是中等土地占有者占优势，在人数较少的参院，这种情形不亚于人数较多的众院。在选举人的资格相同的地方，不管他们要选举少数人或许多人，他们的票将投给自己最信任的人，不管他们是有大量财产、中等财产或完全没有财产。

各阶级的公民为了使自己的情感和利益得到更好的了解和照顾，应当在代议制机关中有自己的一定数量的代表，这据说是需要的。但是我们看到，在使人民自由投票的任何一种安排下，这种事情是绝不会发生的。在这样安排的地方，代议制机关仍会由土地占有者、商人和知识界人士组成，极少有例外，因此不可能对政府的风气发生任何影响。但是这 3 类人不了解或不照顾各阶级公民的利益和情感的危险何在呢？土地占有者难道不理解什么东西能增进或保障地产利益吗？由于他自身利益属于那种财产，他难道不会反对任何损害或妨碍其利益的企图吗？难道商人不会了解并且打算在尽可能适当的范围内增进与自己的商业有非常密切联系的手工和制造技术的利益吗？在各工业部门之间的竞争中会保持中立的知识界人士，难道不会成为它们之间的公平仲裁人，准备促进任何一方，只要他们认为该项工业有益于社会的总利益吗？

如果我们考虑到在社会各部分可能流行的而且是明智的政府决不会不加注意的、一时的兴致或倾向，难道一个所处地位使他广泛了解情况的人，不比一个观察范围不超过其邻人和熟人的人更有资格判断那些倾向的性质、范围和根据吗？作为人民爱戴的候选人和依靠其同胞的投票来继续担任公职的人，一定要了解同胞的心情和爱好，愿意让他们对自己的行为有适度的影响，这难道不是很自然的事吗？这种依存性以及他自己及其后代为他所同意的法律约束之必要性，乃是真理，它们是代表和选民之间强有力的同情和弦。

在政府的行政工作中，没有一个部门像征税业务那样需要了解那么多的广泛消息和充分的政治经济学原理的知识。对那些原理理解得最透彻的人，似乎最不可能采用高压手段，或牺牲任一个阶级的公民来获得税收。最富于成效的金融制度，往往会是负担最轻的金融制度，这是可以证明的。毫无疑问，为了合理行使征税权，执政者必须熟悉一般人民的一般性格、习惯和思想方法以及国家的财源。这就是对人民的利益和感情的了解的合理意义。就任何其他意义来说，这个说法或者毫无意思，或者是荒谬的。在那种意义上，让每个细心的公民自己判断，何处最有可能找到必要的限制条件吧！

普布利乌斯

第 36 篇

原载 1788 年 1 月 8 日，星期二，《纽约邮报》

致纽约州人民：

我们看到，前一篇论文中主要意见的结果是，由于社会上各阶级的不同利益和见解的自然作用，不管人民的代表多一些或少一些，他们几乎完全是由土地所有者、商人和知识界人士组成，这些人会忠实代表一切不同的利益和主张。如果有人反对说，我们在地方立法机关曾经见过其他各种人，我可以回答说，那条通则容许有例外，但是例外人数不足以影响政府的整个情况或性质。每个阶级都有坚强的人，他们不受不利形势的影响，他们的功绩不仅得到自己所属阶级的颂赞，而且还得到了整个社会的颂赞。门应该一律平等地对所有的人打开。我相信，为了人性的荣誉，我们将看到这类生机勃勃的幼苗在联邦立法机关和州的立法机关的土壤上繁荣滋长的事例。但是这种偶然的事例，不会减少以事物的一般发展为根据的推论的可靠性。

这个问题可以从其他角度来了解，而且会得出同样结果。可以特别提出一个问题：在木匠和铁匠、亚麻布生产者或织袜者之间，比商人和他们当中的任何一方之间，能表现出什么样的更加密切的关系或利害关系呢？众所周知，在手工或制造工艺的各部门之间和任何部门的劳动与行业之间，其竞争情况往往同样严重。所以，除非代议制机关的人数远远超过符合它所考虑的正规或明智的打算，我们现在所考虑的反对意见的精神，实际上是不可能实现的。但是我不想再详细论述这样的问题了，它的外衣过于宽大，无法确切检查它的原形或趋势。

另外还有一种性质更加明确的反对意见，值得我们注意。有人断言，国家立法机关的国内征税权的行使，绝不会有利，这既由于缺乏对地方情况的充分了解，也由于联邦和个别州的征税法相互抵触。缺乏适当了解的假定，似乎是毫无根据的。如果州的立法机关有一个关于某县的问题悬而未决，而这个问题又需要了解当地的详细情况，怎样去了解呢？无疑要从该县议员提供的情况中去了解。类似的知识难道不能在国家立法机关里从各州议员那里取得吗？难道不能认为，通常派到那里去的人具有能够传达那种情况的必要智力吗？适用于征税的地方情况知识，是一种关于各州的所有山脉、大河、溪流、公路和小道的详细地形知识呢，还是对各州的位置和资源，它的农业、商业和工业的情况、产品和消费的性质以及各种类别的财富、财产和工业的一般了解呢？

一般国家，即使在一种比较民主的政体下，通常把金融管理交给某一个人或由少数人组成的委员会。他们首先详细研究和准备征税计划，然后由最高当局或立法机关通过，成为法律。

善于研究的开明政治家，到处被认为最适于合理选择适当的征税对象，这就清楚指出，就人类的见识对这个问题的影响而论，征税需要的地方情况知识属于哪一种类了。

打算列入国内税的总名义下的税收，可分为直接税和间接税。虽然这两种都遭到反对，但是反对的论据似乎仅限于前一种。的确，就后者而言，它指的必然是消费品的关税和国产税，人们难以设想所担忧的困难的性质是什么。关于那些税的知识，显然一定是商品本身的性质所能显示的那种知识，或者很容易地从任何见识广博的人士，特别是从商人阶级那里获得的知识。一个州不同于另一州的情况，一定是极少的，简单的而且是容易理解的。应该注意的主要事情是，避开那些以前拨给某一州使用的商品，而各州的税收制度也是不难弄清楚的。这往往能从有关的法典和若干州的议员所提供的情况中了解到。

这种反对意见应用到不动产或房地产时，初看起来似乎较有根据，但是即使如此，它也经不起仔细的研究。地产税通常用如下两种方式之一征收：根据永久或定期的实际估价，或者根据专职估价官员的意思或他们的最好判断而进行临时估价。在任何一种情况下，执行这项需要了解当地详细知识的业务，必然交给考虑周到的特派员或估税官，他们是为此目的由人民选出或经政府任命的。法律所能做的一切，必然是任命人选或规定选举或任命的方式，决定他们的人数和资格，以及大致规定他们的职权。这一切当中有什么是国家立法机关所不能执行而州的立法机关能够执行的呢？两者当中任何一方只能注意到一般原则。如前所述，当地的详情必须告诉执行计划的人。

但是可以用一个简单的观点来看这个问题，这必然会完全令人满意。国家立法机关可以利用各州内部的制度。联邦政府可以完全采纳和应用各州征收这种税款的方法。

应该想到，这些税的比例并非由国家立法机关自行决定，而是如第一条第二节所规定的那样，决定于各州的人数。必须用实际的人口调查或计算来决定这条规则，这样能有效地阻止偏向或压制。这种征税权的滥用，似乎已严加提防。除了上述的

预防办法以外，还有这样的规定："一切关税、进口税及国产税，在合众国境内必须划一。"

拥护宪法的各讲演家和作家曾经非常适当地指出：如果联邦行使国内征税权在实验中发现的确存在麻烦，那么联邦政府就可以停止行使，而代之以摊派。作为对这点的答复，有人神气活现地问道：为什么不一开始就不用那种含糊的权力而依靠后一种方法呢？这可以作出两种具体的答复。其一是：如果方便的话，最好是行使那种权力，因为它比较有效；在理论上或者除了通过实验以外都不能证明，这种权力的行使是不会有好处的。的确，最有可能的似乎是相反的情况。其二是：在宪法上存在这样一种权力，在使摊派法生效上将有强大影响。当各州知道联邦不通过它们的作用也能自己做时，对各州将是一种强有力的推动。

至于联邦税收法律及其成员的税收法律的抵触问题，我们已经看到不可能有权力的抵触或矛盾。因此，从法律上的意义来说，法律是不能彼此抵触的，甚至它们不同制度的政策方面的抵触也绝不是不能避免的。为此目的的一种有效手段，将是相互避开对方可能首先依靠的那些对象。由于任何一方面都不能控制对方，各方在这种互相容忍当中都会有一种明显而感觉得到的利益。在有直接的共同利益的地方，我们确实可以指望这种容忍的效果。当各州业已偿清各自的债务，而它们的开支终于限制在自然范围内时几乎所有的抵触可能性将会消失。小额的土地税将会符合各州的需要，将会成为它们最简单和最适当的财源。

对这种国内税收权曾提出许多恐怖的理由，以激起人民的忧虑：两套税务官，双重税收造成他们的双重负担，以及可恨的、强迫性的人头税的各种可怕形式，都被巧妙的政治诡辩说得天花乱坠。

至于第一点，在两种情况下不可能有两套官员：其一是在征税权完全归联邦执掌的地方，这适用于进口关税；其二是在对象尚未属于州的任何规定的地方，这可适用于各种对象。在其他情况下，可能性是合众国或者完全避开预先被用于地方需要的对象，或者利用州官员和州的规定征收附加税。这会完全符合税收的目的，因为它将节省征税的开支，并且能完全避免使州政府和人民产生厌恶的原因。总之，这是避免此种麻烦的实际办法，除了指出预言的弊端并非必然由于计划而造成以外，再也不需要什么了。

至于从一种假定的有影响的制度得出的任何论据，只说假定是不应该的，就是充分的答复了，但是这种假定是可以有一个比较明确的回答的。如果这样一种精神干扰了联邦议会，达到其目的的必然道路就是尽可能地使用州的官员，并且用增加薪金的办法使他们从属于联邦。这种办法可用来把州的影响引入全国政府的渠道，而不是使联邦的影响纳入相反方向。但是诸如此类的一切假定是令人厌恶的，应该排除在人民考虑的重大问题之外。这些假定除了蒙蔽真理以外，不能符合其他目的。至于双重税的建议，回答是很清楚的。联邦的需要必须用这种或那种方法来满足。如果通过联邦政府的权力去完成，那就不用通过州政府的权力去完成了。社会应付的税额，在任何一种情况下都是一样的。但如果由联邦来规定，则有这样的优点，进口商品税的主要财源（那是最便利的一部分税收），在联邦管理下比在州的管理下能慎重地增加到更大的限度，当然就没有什么必要依赖比较不方便的方法了。此外，这还有另一个优点，只要在行使国内税权上有任何真正的困难，就会更加注意方法的选择和安排，并且一定会自然地使它成为全国政府政策的固定点，以便尽可能使富人的奢侈对公共财政有所贡献，目的在于减少那些可能引起社会穷人和大多数阶层人民不满的税收的必要性。当政府在保持其本身权力时得到的利益与公共负担的适当分配相一致，并且能防止社会上最贫穷的一部分人受到压迫，那是多么令人高兴的啊！

就人头税来说，我毫无顾忌地承认，我是不赞成的。虽然这种税从很早时期起就盛行于一致最坚持自己权利的诸州，但是我对在全国政府下面采用此种税感到遗憾。但是否因为有征收这种税的权力，就必然会真正征收这种税呢？联邦的每个州都有征收这种税的权力，然而在若干州内实际上从未实行。州政府是否因为具有这种权力就应被指责为暴虐无道呢？如果州政府并未遭到这样的指责，那么有什么正当理由责备全国政府的这种权力，或者甚至以此作为对采用此种税的障碍呢？我虽然对这种征税极少好感，但我仍然深信，采用此税的权力应该存在于联邦政府手中。国家处于某种紧急状态时，在事物的正常情况下应该受到限制的一些权宜办法会成为对公共福利必不可少的东西。政府由于可能发生这种紧急情况，应该有利用这些办法的取舍权。可以认为是丰富的税收财源对象，在本国的确极少，这是不剥夺国家议会在这方面的决定权的特殊理由。国家可能有某些危急存亡的时候，这时人头税就会成为无法估计的财源。由于我不知道有什么东西能使地球的这一部分避免其他部分所遭到的共同灾难，我承认自己不赞成任何旨在解除政府某一武器的计划，此种武器在任何可能发生的紧急情况中可以有效地用来进行全面防御。

现在，我已经研究了可以认为是与政府的能量直接有关的、打算授予合众国的那些权力，并且已经努力设法回答了已经提出的对那些权力的主要反对意见。我不提那些次要的权力，它们或者无足轻重，不值得宪法的反对者的仇视，或者因显然非常适当而不容进行争论。然而，假如不是考虑到对裁决权的体制与其范围结合起来研究可以更加有利，大部分的裁决权也许是值得在这个题目下进行研究的。这使我决定把这个问题放在下一部分研究。

普布利乌斯

（程逢如等　译）

有关合众国银行合宪性的观点 

（1791 年 2 月 23 日）

亚历山大·汉密尔顿

财政部长已留心地精读了包含国务卿和司法部长[1]对建立国家银行法案合宪性观点的文件，进而根据总统命令，提交一些能使其接纳另一不同观点的理由。

可以很自然地预见到，在执行这项任务时，他将非比寻常地热忱。这一措施是他发起的，单是这一点引起的个人考虑就足以产生这种热忱。这一个机构对于政府机关成功运作十分重要，他特别关注，并已证实这一重要性的意义，而且他预见到如果这项措施失败将导致的严重恶果，这些都使他在公共账目（Public Accounts）的问题上不得不焦躁忧虑。但其热忱的主要原因在于要坚定地说服大家，那些国务卿和司法部长赞同的解释原则，对合众国刚刚建立和不可或缺的权威将是致命的打击。

在进入讨论之前，应该预先提一下，国务卿和司法部长的反对是基于对合众国组建社团权力的一般否认。而后者，确实要明确承认，如果法案中有什么是未得到宪法授权的话，那就是组建社团的条款。

现在，在财政部长看来，这一般原则是政府的完整含义所固有（Inherent）的，是合众国政府发展中每一步的基础，也就是说：所有授予政府的权力都在其"主权"性中，通过条款的表述（by Force of the Term），这些权力包括，运用所有为了实现这种权力的目的（Ends）而必需的和正当适用的手段（Means）的权力，只要这些手段为宪法明确规定的限制和例外所排除，或是非道德的，或与政治社会的基本目标（the Essential Ends）背道而驰。

[1] 财政部长指汉密尔顿，国务卿指杰斐逊，司法部长指埃德蒙·伦道夫。——译者注

这一原则，当普遍应用于政府时，应被认定为公理；谁想要否认这一公理，就要责无旁贷地证实一个差异（Distinction），说明一个在一般社会体制中对社会秩序的维持起基础作用的规则，对合众国却不适用。

在这个国家，主权权力在国家和州政府之间分享，这一环境也并不能说明所要求的差异。由此环境并不能得出，授权给这个州或那个州的各权力部分之于其恰当的目标不是最高的（with Regard to Its Proper Objects）。由此只能得出，每一个权力部分对于特定事项享有最高权力，而对于其他事项则不享有。如果因为合众国政府的权力无法适用于所有情况，而否认它对其所宣誓的目标和期望（Trusts）享有最高权力的话，就等于因为州政府的权力无法适用于每一种情况，从而否认州政府在任何案例中享有最高权力。而宪法第一条第十款长长地罗列了一些非常重要事情，州政府却不能为。因此，合众国将展现一种单一景象，要么是无主权的政治社会，要么是一个无政府的人民主权（a People Governed）。

如果说有必要为如此清晰的观点提供证据的话，就如同要确认联邦政府的权力之于其目标是最高权力一样，画蛇添足。宪法中有一条具有决定意义的条款。这一条款规定，宪法，依照本宪法制定之合众国法律，以及合众国权力下所有已缔结和将要缔结的条约，都为本国之最高法律。可以在任何情况下制定本国最高法律的权力，无疑在如此情况下具有最高性（主权性）。

这个一般的、无可争辩的原则立刻为这一理论问题画上了句号，合众国是否有权力组建社团。也就是说，是否有权力给一个或一些人赋予合法或人为的能力，而有别于自然人。因为，组建社团无疑附随于主权权力，从而，对于授权政府管理的目标而言，其亦附随于合众国主权权力。区别就在于，当对政府进行一般授权时，它就能在所有情况下组建社团，而当对政府的授权仅限定于特定某些立法分支（Branches of Legislation）时，它就只在那些情况下才能组建社团。

到此，关于国务卿和司法部长的反对理由，组建银行法案合宪性的正方已进行了正面阐述，可以告一段落。这会令总统想到，此处提到的原则，他们中的任何一个人都未曾提及。

但是，为了更进一步地阐释这一点，对于他们用来反对政府组建社团权力的论点，应给予专门讨论，无论这些观点多么的不适用于上述重要、基本的原则。在显示他们不会轻易示弱后，我们也发现，在确定情况下附随于政府的组建社团的权力，的确可以正当地适用于该法案目标的那种特定情况。

他们的第一个论点就是，宪法的根基建立于这一基础上："所有宪法未授权给合众国，亦未被各州禁止的权力，都是保留给州，或保留给人民的。"由此意在推导出，国会绝不能执行任何未包含在宪法所列举之列的权力。而可以肯定的是，组建社团的权力并不包含在任何列举权力中。

这里所说的主要观点，在其真正的含义上说无可置疑。这只不过是共和制座右铭的一个结论，只不过是对宪法特有条款的解释，而这一解释用来引导出政府的一般原则和一般目标。

不可否认，宪法中有一种默示的权力，如同明示权力一样，前者与后者一样被有效授权。为了论述的精确性，应当说有另外一类权力，可以恰当地被称"作为结果的权力"（Resulting Powers）。毋庸置疑，如果合众国要征服其邻国的领土，它们对其占领领土就拥有主权管辖权。毋宁说这是某一特别列举权力的结果，倒不如说这是政府整体权力和政治社会天性的一个结果。

但无论如何，这为我们所主张的一般原则提供了一个鲜活事例。它展示了一种普遍存在的情况，在这种情况下，组建社团权要么暗含于一些或所有授权给国家政府的权力中，要么是由一些或所有授权给国家政府的权力而产生。对这种被征服国家的管辖权肯定包括各种立法权。

言归正传，我们承认默示权力可视为与明示权力有同等的授权。那么接下来，组建社团的权力可能如同其他默示权力一样，是默示的，它也可以作为一种执行明确规定权力的工具或手段，就像其他的工具或手段一样。如同在其他情况下，这里唯一的问题必然是，所使用的手段，或说这一事例中要组建的公司，与政府已知的法定目标是否存在天然的联系。因此，国会不能因管理费城治安而组建社团，因为它们没有管理那个城市治安的授权。但在与征税、与外国间的贸易、州之间的贸易或与印第安部落的贸易相关时则可以组建社团，因为，这属于联邦政府管理的领域，并且使用所有能使其管理达到最好最大效果的所有手段，是附随于管理事务的一般主权或立法权的。

依此推理模式，管理使用所有适于执行政府明确规定权力的手段的权利，遭到了否决，它们认为，只能使用必要且恰当的手段；而国务卿坚持认为，只有无其则授权权力无价值的那些手段才能被视为具有必要性。不仅如此，他对这个词的解释如此狭隘，以至于确保权力合宪运行的必要性情况只能取决于偶然和临时的环境，单是这一观点本身就驳斥了这一解释方法。确实，在一个特定的时间，执行一个特定权力，须是因地制宜的，但执行它的宪法权利却必须是统一和永恒的。

因此，反对法案合宪性的所有论点都源起于某些州银行的偶然存在——这些机构，今天碰巧存在，无关合众国政府，明天可能就消失了——我们不仅须因其谬误而拒绝这些论点，而且必须看到，它揭示了推理中存在错误的根本渊源。

这是国家政府本质的基础，而“必要性”一词语的含义如此谬误，应当推翻。

可以肯定的是，无论是从语法上还是从通俗的理解上，都不允许这种解释方法。根据语法和通俗的理解，必要性通常只是指需要、必需、附随、有用和有益的。当只能认为或理解为政府或个人利益需要，或为增进政府或个人的利益时，我们说，对政府或个人来说，有必要去做这个事情或那个事情，这是一种普通的表达模式。在此意义上使用这个词语的例证可以随手拈来。而当在宪法中使用时，如此理解才是正确的。含有“必要性”一词的条款，其整个措辞都表明，制宪会议意在通过这一条款，给予行使明确规定权力一个宽泛的范围（a Liberal Latitude）。其表述本身就有独特的宽泛性（Peculiar Comprehensiveness）。其表述是：**“为了行使上述各项权力，以及行使本宪法授予合众国政府或其部门或其官员的所有权力，制定一切必要和恰当的法律。”**

如果按照国务卿的方式理解该词语，将背离其明显和通俗的理解，而只能限制性地使用该词，这是一个从未被接受的观点。其效力就如同这个词前缀了绝对的或不可或缺的这样的词语。

这样的解释将会引起永无止境的不确定和困惑。其情况必须明显且极端，其中要肯定地表明，这个措施是绝对必要的，或说，没有这个措施，一个特定权力的执行就没有价值。几乎没有任何政府措施可以经受如此严厉的考验。如果坚持这样认为，默示权力的行使标准就会成为一种具有极端必要性的情况。与其说这种必要性是一个控制平常行使宪法授权的规则，倒不如说它是证实宪法授权的越权行为正当性的规则。

确切地说，所有政府，包括合众国政府，只有权通过如下法律，这些法律对实现其被授权的目标具有必要性和恰当性，因为政府无权仅仅依喜好行事。因此，以类似于国务卿的推理过程，可以证实，州政府同样无权组建银行。事实表明，即使没有银行，州的所有公共事务都可以履行，从而可以推出银行不具有必要性，就会有人站出来说，组建银行不可行，因为它违背了刚提到的规则。同样的推理方式可以证明，政府无权着眼于获得更好的治安秩序而将一个镇的居民合并且组建市镇。因为不建市镇肯定也可以，虽然最好建一个。要记得，任何州宪法中都没有建立市镇的明示权力。

一项措施必要性的程度，绝不能看是否有采取这项措施的法定权利，而必须看其问题的本质，只能是其是否合乎目的。这项措施合宪性的标准必须要看措施和目的之间的关系，为了行使权力所使用手段的性质与权力目标之间的关系，而不是或多或少的必要性和效用性。

政府的实践活动也反对国务卿所宣称的解释规则。其中，关于灯塔、信标、浮标和公共码头的法案是具有决定性的事例。毫无疑问，这些必然涉及管理贸易的权力，与之密切相关。但却不能断言该例中权力的行使具有严格的必要性，或说，没有这种管理设施，管理贸易这一权力本身就是毫无价值。

对“必要性”一词的限制性解释也违反解释的根本原理，即政府构成中所包含的权力，尤其是那些关于国家事务一般管理的权力，像金融、贸易、国防等，应该为了提升公共利益而进行自由的解释。这一规则并不取决于政府的特有形式，也不取决于政府权力界限的特别界定，而是取决于政府本身的性质和目标。为了解决国家的紧急事件、消除国家的麻烦、提升国家繁荣而采取的手段，是如此多种多样、范围广阔、复杂多变，以至于必然需要在选择和应用这些手段时具有见多识广的判断力。因此，行使权力的必要性和适当性，得在自由解释的原则上，授权给政府判断。

司法部长承认这一规则，但却区别对待州宪法和合众国宪法。他认为，合众国宪法应予更严格的解释，因为界定部分（Partial）权力比界定一般权力（General Powers）更容易犯错。但该规则的推理却不允许进行如此区分。这一推理，即国家公共紧急事件的种类和范围，其中绝大部分都更加危急，是国家管理的目标，而非州管理的目标。就可设想的范围内，也更容易犯错，这是在实践中更谨慎对待的理由，而不是限制性解释规则的理由。

关于当下正在讨论的宪法条款，司法部长承认，它不产生任何限制性影响，他是如此定义“必要”一词的：“必要就是指附随的，可以将其称为行使一个权力的自然手段。”

但是一方面，我们不能认可国务卿的解释；另一方面，我们也并不能主张，正在讨论中的这一条款赋予了任何新的或独立的权力。但它直接认可了默示权力这一原则，就等同于承认，政府之于其明确规定权力和目标享有绝对的和最高的授权，在一些情况下高于州权力，而在另一些情况下则等同于州权力。这一宣称的意思如此明晰，政府可以为了行使那些权力而通过所有必要和适当的法律。

要说这一原则蓄意将联邦政府的权力延伸到州议会的所有角落，这样的反对是毫无根据的。每一次行使默示或解释权力时，都有人曾说过或可能说这样的话。

一旦离开其字面含义，就容易造成错误和滥用。而坚持其权力的字面含义将会立即掣肘政府的行动。从各个方面看都要同意解释性权力（Constructive Powers）的行使不可或缺，不仅如此，已通过的每一个法案都或多或少地成为其例证。其中一个例证刚才已经提到了——就是关于灯塔等的例子——那一法案宣告了总统随意开除政府官员的权力，在另一个单独的事例中也揭示了同样道理。

事实是，这一问题上的困难为联邦体制（Federal Constitution）性质所固有，是立法权划分造成的必然结果。这种划分的结果是，有些情况明显属于联邦政府的权力范围，而其他的则明显不在其权限内。还有第三种情况，就留下了争论和存在不同观点的空间，涉及应采用哪一种合理的判断维度。

但不能因为它所造成的结果就控诉这里所主张的原则。不能断称联邦政府在所有方面都是最高的，而是在一个特定范围内，也就是，在其明确规定权力目标的范围内，它是最高的。

因此就留下了一个标准来判断哪些是合宪的，哪些是不合宪的。这标准就是目的，为此目的而采用一定的措施作为达成目的的手段。如果这个目的明确包含在明确规定的权力之内，且措施与目的之间有明显的关系，又不为任何宪法的特别条款所禁止，那么就可以确定地认为这一措施在国家授权范围内。也有更进一步的标准，可以从根本上帮助作出判断：所提议措施是否过渡到了任何州或个人先存在的权利？如果没有，就可以大胆假设这个措施具有合宪性，进而，如果不涉及任何宪法所宣告的反对，则大局已定，可以作出合宪性的判断。

以国务卿和司法部长的逻辑推理而来的对所提出原则的一般反对意见，我已进行了论述，希望能收到满意效果。现在要讨论一下那些更特别的反对意见。

国务卿通过具体考察引入了他的观点，他考察得出，所提议组建的公司将产生特定的能力、财产，或者特征，而这些违反了外侨法、遗嘱继承法、土地归还法、罚没法、财产分配法、垄断法，且授予了一个制定法律高于州法律的权力。他在另一处说到，除了必要性，没有其他方法，能证实这种对这些法律的违反是正当的，这些法律构成了整个法制的支柱，是州政府的基础性法律。如果这些真是各州的基础性法律，那么它们中的大部分早已推翻它们自己的基础。因为自从各州制定自己特有的宪法，它们无一不对其部门法作出了根本改变，尤其是继承法。但不能认为，有什么州宪法中未规定作为基础性法律的东西，只要称之为州政府基础性法律，就不能被普遍立法机关变更。这进而说明了，有关必要性的问题，只能是一个是否适宜的问题，而不是一个有无权利的问题。

组建社团，就是赋予自然人一个法定人格或人为人格，当涉及一定数量的人时，就使这群人具有个体属性。这样的法定或人为人格一旦被创造，那么，所有州的普通法，就附加了被认为摧毁法制主要支柱的所有那些附属事件和特征。

要说组建社团就违反了那些州法律中的几部主要法律的话，肯定是不精确的，因为组建社团不过是创立了一种人或实体，对它而言，那些州法律并不适用，且那些法律的一般规则所涉及的也是不同的领域。外侨法无法适用于人为的人格，因为它根本没有国家；遗嘱继承的法律也无法适用，因为它没有继承人；土地归还的法律也因同样的理由无法适用；罚没法也不适用，因其根本不能犯罪；而财产分配法也不适用，虽然财产是可分配的，但它本身却不会死亡。

确实可能有人认为，制定使外国人归化的制度，这种权力的行使违反外侨法，而事实上这只是使其不再是那个法律规范的对象。要做一项违反法律的事是指做法律禁止的事，或做违背法律的事。

但是就算承认组建社团直接改变了州法律在列举权力细节上的规定，也不能证明这一措施是违宪的。如果合众国政府不能制定法案，变更一个州的法律，那么其所有权力将毫无意义，因为几乎每一个新法，都是在某一方面，对旧法，无论是普通法或成文法所做的变更。

一些州有关于破产的法律。一些州有管理外国货币价值的法律。而国会有权在全国范围内，制定统一的关于破产的法律，也有权管理外国货币价值。这些国会权力的行使，无一不必然变更那些州的法律。

同样，根据各州普通法，每个人都可以按其意愿向外国输出自己的财产。但是，为了履行贸易管理权，国会可以禁止商品的输出，而这么做，就将变更州的普通法，减损个人的权利。

因此，如果因为某个法案变更了州法律，就说这个法案违宪的话，这绝不可能是一个好的推理。要说明作出变更的法案违宪，就必须有其他理由，而不能仅因为它作出了变更这一点。

我们已经注意到，在国务卿的观点中有两点特别的错误。一个是，所提议的组建违反垄断法，因为它规定只能在国家授权下才能从事银行业的排他性权利；另一个，则是它授予了这一机构制定高于州法律的法律的权力。

但是，关于第一点，这一法案既没有禁止州建立银行（州可以随意建立银行），也没有禁止任何个人合作开展这一商业活动，因此，指责这个法案形成垄断并不成立，

因为，垄断意味着设立法定障碍（Legal Impediment），阻止除它授权外的主体开展同类贸易。

第二点说法，也缺少根据。像银行这种机构的议事程序，只能赖于其成员而运作——只能涉及银行自有财产的处理，而这从本质上类似于私人商业合伙的制度。明显，它们不能违反法律，这里的法律既包括州法律，也包括合众国法律。毋庸置疑，如果公司章程违反了州法律，就必须被宣布无效，除非州法律违反合众国法律，那么，这时就不是州法律和公司章程之间的问题了，而变成了州法律和合众国法律之间的问题。

国务卿的大部分观点，前述评论中并未涉及，那些观点从性质上说更适于讨论法案的适宜性，而不是法案的合宪性。然而，这个问题中必然涉及那些特有的主要的政府权力，当涉及这一讨论时，必然会再注意这些观点。

现在将对司法部长的观点进行适当讨论。

他的第一条反对意见是，组建社团权并未明确授予给国会。这一点我们可以承认，但只是在这个意义上承认：宪法中没有明确的条款宣告国会可以组建社团。但这并不意味着没有某种明示权力，不可避免地包含了组建社团权。例如，国会有这一明示权力，对于个别州权力让与和国会权力承受，充当合众国首府的区域内（不超过 10 平方英里），国会对其一切事务享有独占立法权，对于经州议会同意，向州政府购得的一切区域内，国会可以行使同样的权力，以修筑要塞、军火库、兵工厂、船坞和其他必要建筑物。那么，这就是一种对特定区域无论任何事务都可以行使独占立法权的明示权力，也就是说，是一种在那些地区里可以做任何政府可以做的事情的明示权力。“主权权力”这一词就指明了一个完整的权力范围，其他综合术语都无法涵盖。换句话说，这是一个可以通过任何法律的权力，从而，可以为组建社团而通过法律，正如自由政府中为了任何其他目的，而这一目的是法律的正当目标。

我们肯定不能认为，在任何情况下都能行使独占立法权的国会，不能为更好的治安管理，而在将成为首府的区域内组建社团。而国务卿和司法部长那一方，却绝对地反对，认为所有情况下都无权组建社团；国务卿也确实在言及此权时用了如此强烈的措辞：那是一个只有州享有的权利。

那么，既然有可以进行任何立法特别行动的明示权力，上述所描述的情况中就有组建社团的明示权力。但是，确切地说，没有任何特别权力不是一般权力中所隐含的权力。因此，为一加仑朗姆酒规定和征收税金的权力只是隐含于规定和征收税金、捐税、关税及国产税这个一般权力之中的特别权力。这就可以用来解释在何种意义上有人会说国会没有组建社团的明示权力。

这里注意一下众议院辩论中提出的论点也许并无不当。有人争辩说，如果宪法有意授予一个如此重要的组建社团权的话，宪法条文中早就会明确提及。然而，我们刚关注的那个案例，这样一个权力无疑存在，虽然没有关于它的规定和明确授权，却更胜于每一个隐含于一般权力中而被认为获得授权的特别权力。

但这一争辩本身就是建立在一个对这一权力的性质夸大、错误的界定之上。我们已经可以看出，它并非像推理假设的那样超凡，而从一个公正的角度看，它是一条应该已被铺设在那里用以推理的路径，而不是一个应该已被明确授权的结果。

在评述了组建社团权并未明确授权给国会后，司法部长继续这么说："如果他们能行使此权力，必须是：①因为联邦政府的性质隐含了这一权力；②因为某些明确规定的立法权之中涉及了这一权力；③因为这一权力对某些明确规定权力的行使具有必要性和适当性。"

他说，如果说隐含于联邦政府性质之中的话，就会产生一个如此模糊的原则，以至于可以攫取所有权力。

应当说，这一主张并不精确，甚至可以说，它所依赖的根据并不充分。这一主张所依赖的根据是，明确规定的国会权力在它们的主权性中。组建社团的权力附随于主权权力，因此，在其权力领域内及当涉及其权力目标时，国会有权利组建社团。但是，我们猜想司法部长会以同一角度考虑这两种主张，而反对其中一个，也就会反对另外一个。

对此反对意见我们已给予回复。那就是，我们在叙述这一原则时带有明确的限定，即组建社团的权利只能适用于明确规定的政府权力范围内的情况和目标。一般立法授权（A General Legislative Authority）隐含了可以在所有情况下组建社团的权力。而特定立法权（A Particular Legislative Power）隐含了只给予由此权力产生的情况下组建社团的授权。因此，要断言作为主权权力的附属，国会就有权在涉及税收征缴时组建社团，就只不过是断言国会可以随意做其他任何事情，好比，要说它们有权管理贸易，就是在断言它们有权管理宗教，要坚持认为它们有关征税的主权权力，就是坚持认为它们有关其他所有事务的主权权力。

下一步司法部长需要说明，委托给国家政府的明确规定的立法权中，并不包含组建社团的权力。为此，他尝试着一一列举，明确规定他认为权力的头几个中所包含的细节，如规定和征收税金的权力；以合众国信用借款的权力；管理与外国之间、州之间，以及与印第安部落之间贸易的权力；关于合众国所属领土和财产的事务处理权以及制定关于合众国所属领土和财产所需规章制度的权力。策划如此列举，旨在说明，那几个明确规定的权力都包含什么内容，而组建社团的权力并不在其中。

这种推论或总结依赖于列举的准确性。如果能发现列举存在瑕疵，这一推论就将被推翻，而要证明列举有瑕疵毫不费力。

规定和征缴税金的权力中的内容被论述为如下。

（1）规定要贷出款项的总额。

（2）利息或不支付利息。

（3）偿还的时间和方式，除非这笔贷款被划为无法兑现的资金。

这一列举易于受到各方面的反对。首先，它忽略了一笔资金的质押或抵押物，这是为了贷出资金安全的一个常用手段，且在大部分情况中是一个基础要素。

规定利息或无利息的观点过于狭隘。应当更确切地说，要规定贷款的考虑事项。个人借款通常深思熟虑，绝不只考虑利息的支付，政府亦是如此，且它们常常发现有必要对贷款深思熟虑。这会使我们想起英国为了诱导人们借钱给政府的抽奖券和其他奖赏。经常也会有些附加条件，而列举中都没有进行慎重考虑。在荷兰为了借款而订立的合同中，都引入了借款总额免于征税，免于战时查封扣押，免于为保证偿还而抵押合众国的所有土地和财产的规定。

我们也知道，抽奖券是为了借钱而普遍使用的方法，而这肯定不属于那些列举中的任一项。

管理与外国之间贸易权力的内容被论述为如下。

（1）禁止外国及其商品到我们港口。

（2）以前未征税，要对其征税，已经征税的，要增加其税负。

（3）将其列于海关管理种类名录中。

（4）授予他们符合政策的豁免权和特权。

这一列举比前面任何一个都更容易引起争议。它忽略了一切有关于公民船只和合众国货物的事项。

我们立刻就能发现，下列权力明显被忽略了。

（1）禁止商品出口的权力，这一权力不仅平时一直存在，且在战时更有必要，特别是需要禁止关于海军、军事备战物资的出口。

（2）规定美国船只的特征和特权的权力；如何对其进行引航，是由国内船只还是国外船只引航，或是各占一定比例共同引航。

（3）管理与海员订约方式的权力，以及管理航行中船只警务等的权力，其中，在商船部门中涉及控制和管理海员的法案是一个典范。

最后一项列举，是合众国所属领土和财产相关的事务处置权和制定合众国所属领土和财产所需规章制度的权力。

这一权力的内容被论述为如下。

（1）对合众国领土，也许会被适当地称为合众国财产，行使所有权的权力，这之于西部领土，则是在其领土上建立政府的权力。

（2）对合众国其他财产行使所有权的权力。

对合众国领土和其他财产行使所有权的观点，特别模糊和不明确。它丝毫不能符合制定所需规章制度这一权力所本欲表达概念的要求，且对一个未进行更多授权的特别条款也毫无用处。因为行使所有权的权力隐含于财产的完整概念中。我承认，关于西部领土，这一权力意指更多。甚至是建立一个政府，也就是建立一个具有最高性的政治实体，或社团，这个社团，在成熟后，本身也能组建社团。那么为何同样的条款，当涉及合众国其他财产的管理或处理时，就未授予组建社团权？

这一观点将在其他地方展开论述。

如此看上去，司法部长试图进行的列举十分不完美，无法达成任何结论；因此，那些列举无法驳斥与之相关的每一个及所有权力，包括组建社团的权力，而是毫无疑问地一步一步成为组建社团权力的例证。

可以说在前面评论的过程中，我已经充分说明下列观点。

（1）政府的权力，之于委托其管理的目标而言，在性质上是主权性的。

（2）组建社团的权力是其中之一，与主权权力的观念密不可分。

（3）除了宪法授予的权力外，合众国政府无权行使任何权力，这一论点并不对此原则产生反作用。

（4）一般性条款中的“必要”一词，不能限制性使用，以免减损这一原则的效力。确实，一项措施必要或不必要的程度，不能以是否是宪法性权利作为检测标准，而仅应当以其是否适当作为检验标准。

（5）组建社团的权力不应当被看成一项独立或实质的权力，而应当被看成是一种附随、辅助的权力，因此，更适于推理得出，而不是明确地授权。

（6）争议中的原则并没有将政府权力延伸到宪法规定的限制之外，因为它只是为了明确规定的权力范围内的目的而确认了组建社团的权力。

最后，在一些确定的情况下，行使如此权力的权利是以最明确和全面的词语得到明确授权的。只需要再附加说明一点，实际上这样的权力已经在两个非常著名的事例，也就是在两个政府的建立中行使过了：一个在俄亥俄河的西北，而另一个在河的西南——先前殖民地中最后一个宣告独立的政府。从而，这就全面、完全地证实了，国务卿和司法部长在笼统地反对国家政府组建社团权力时，犯了一个错误。

现在要致力于说明，法案所提议机构的组建权力是存在的。这一点可以通过追寻一个银行机构和政府列举权力的目标之间自然、明显的关系来完成。进而由此说明，用政治语言说，组建银行对政府列举权力中的一个或更多权力的有效行使具有必要性。

在这一研究过程中，会通过那些权力中组建社团权利的举例，叙述到各种各样的例子。

应适当地进行一些准备性的讨论。

为创立共同资本，主要且基本用于贷款，所提议银行需要由一个自然人团体来组成。这个目标不仅是合法的，而且只是在行使法律所赋予所有公民的权利。纽约银行，就不是组建的，而是这样一个自然人团体组成的例子。这一法案所提议的内容，只是增加了这些内容：在这一企业中政府成为共同所有人之一；允许其在收支中接受见票即付的公司票据；规定不得向其他机构授予等同于法律授予其本身的特权。所有这些，毋庸置疑，都在政府自由裁量权的范围内。唯一的问题是，它是否有权利，为了更有效地完成本身合法的目标，而组建这样的公司。

要建立这样一个权利，仍然需要说明如此机构与一个或多个明确规定的政府权力之间的联系。因此，可以断言，这一机构，与征税权、借款权、管理州际贸易权以及建立和供养海军和陆军的权力之间，存在联系，直接程度或多或少。与前两者权力的联系，可以说是直接；而最后一个可能有人提出争议，说宪法中有条款清楚的授权政府，可以制定有关合众国财产所需的规章制度，而且政府在实践中早已如此。

银行与征税权之间的联系，有两种方式——间接地，增加流通媒介的数量和提升流通速率，从而直接便利了支付的手段；另外则是它创造了一种可用来支付税款的方便媒介。

选择和确定用钱还是其他东西支付税款，是征税权不仅恰当而且必要的行使。因而，在有关关税和吨税的法律中，国会规定这些税种可用金或银支付。但是，既然确定支付介质是一部分必不可少的工作，那么具体介质的选择就只是需裁量的一个事项。可以允许用商品本身支付税款，就是以货代款，尽管为人诟病，但却并不乏先例，甚至是在合众国；或者确定以某州的纸币，或北美银行、纽约银行和马萨诸塞州银行的汇票支付，两者都采用或选用其一均可；也可以确定用合众国授权发行的票据支付。

假定这里的内容都无可争议。那么，税款以钱或其他东西支付的指定权，就附随于征税权。而在众多可以采用的适当媒介中，有一个就是合众国授权发行的票据。

现在这些票据的发行方式再次成为需要裁量的事项。政府无疑可通过下列方式发行票据。

它可以规定，票据的发行必须在确定的政府官员的监管下进行，须为见票即付的票据；且为了增强票据的信用和使其流通稳定，除了允许其在税收中流通外，可从其财政的资金中取出一笔款项，在政府官员的监管下划拨出来，用于当票据持有人提交票据要求支付时偿付票据的资金。

所有这些的合宪性都不容置疑，那么，这就等同于着眼于更加便利的征税，而建立一个银行。因为银行最简单、最准确的概念就是，把货币或其他财产储存起来，作为信用流通的基础资金，用以应付资金的提取。如果存放划拨资金的地方，也能接收其他所有出于安全保管的考虑而愿意在那存钱的人的钱财，那很明显，这种安排等同于建立银行；而如果负责监管这笔资金的政府官员，基于良好的安全性，被授权按照正常息率贴现，那么更加一目了然，这就等于建立银行。要反对政府有权在其计划之上添加这些要素的话，就等于阻止改善政府。

再推进一步仍将更加清晰地阐明这一点。假设，当所说的那种银行机构即将成立时，其本身就迫切需要，为了保证具有应有程度的信用，不仅应当一般地取出和划拨资金，而且还应当将这笔资金特别授权给即将监管它使用的官员和其继任官员，结果，这笔资金就具有私有财产的性质，其财产权将受到政府认可的保护，除非违背政府许可，不能收回，且不能引起更严重和全面的恐慌——这恐慌会启动对政府的检查。这一观点可能将遭到反对银行便利性或反对其可靠推论的那些论点的反对，但我们难以想象什么观点会极力抨击其合宪性，而这一处理就等同于组建公司，因为公司的真正含义似乎应该是这样的：它是一个合法的人，或者是一个法律创造的人，由一个或更多的自然人组成，这些自然人持有财产，或持有继承而来的特许经营权，具有与自然人形成鲜明对照的合法能力。

让我们把阐述再向前推进一步。假设，一个具有所说那种性质的银行已经成立，无论是否是（政府）组建的，而经验已经表明，且很可能再次表明，作为公共管控下的机构，它无法具有票据信用所要求的信用。同样假设，由于一些国家时而会遭遇到不利事态，国家的钱财已经极度干涸，那么，这时不仅引起普遍的危机，需要一个充足的流通媒介，且由于这种环境，将产生大量对公共财政的侵吞挪用。同样假设，任何州都未成立银行。在这种态势下，法案所提议银行的组建，将立即成为与有效征收税款相关的一项措施，且完全属于通过必要且适当的法律而提供征收手段的主权权力范围，这是不是就再明白不过？如果说，这种状态下就使其具有必要性，且具有当下不具有的合宪性，那么这一问题的答案，且毫无疑问的一个可靠答案就必然是早已论述的那个——环境可以影响一项措施的便利性，但却无法增加或减少它的合宪性。

银行与借款权之间具有直接的联系，因为它是政府获得贷款的一个常用工具，而在突然性紧急事件中，更是政府获得贷款的基本工具。

受到战争威胁的国家，会突然需要大量资金来置办必需军备。税收就是为此目的而设，但要从税收中见效却需要时间。人无远虑，必有近忧。这时如果有一个银行，供给就会立即到位。如果没有银行，就必须寻求向个人借款。而对于紧急事件来说，这一过程常常过于缓慢，且在一些情形下，根本不具有可行性。当那时，常常能提前预期从银行获得贷款就十分重要。

这样一种机构作为贷款工具的重要性，在这一时刻得以证明。印度远征军即将开拔，能够持续不断地从公共参与者中获得资金的唯一方式就是税收，而征税要从明年七月才开始。但是，军备却刻不容缓。因此，就必须要借钱——如果没有公共银行，能向谁借钱呢？

恰巧我们有些这种机构，但如果完全没有，就必须成立一个。

那么让我们假设有必要（比如发生了事故），提议获得一笔贷款，很多人跑来说，我们愿意以我们手里的钱和可以凭它借到的钱来帮助政府，但我们担心还是不能凑足所需的款项，为此，我们应该组成一个银行。这是一个基础，由此我们可以握有权力，去做我们想做的事，而我们也会负责开一个账户，使其具备贷款的条件或考虑因素。

难道我们能说听从这一提议就是违宪的吗？这本身不就能证实其合宪性吗？能约定贷款的条件和考虑因素，本身就是借款权的一个必要部分。这也证明，正如我在其他地方说过的，约定条件和考虑因素，并不是仅限于特许经营权的规定。如果可以约定，我还没想到不可以约定的理由，那么，就可以将授权成立法人约定为贷款条件。赋予一群有意借钱给政府的人以个人特性或法人能力，这似乎并无不妥，与这一事情的性质也相符，且最好能让他们这么做，以便于在未来国家紧急事件中，他们能成为一个贷款的普通工具。但用更宽阔的视角看这一问题将更令人满意。借款立法权，以及为行使此权而制定必要且适当法律的立法权，看上去明显有能力对这样的机构进行指定，而通过这一机构，个人的能力和意愿将最大限度地运用以借款帮助政府。

司法部长用如下评述反对这一推理："借款就预先假定要汇聚一笔资金用于借贷，而这于创设借贷能力而言并不重要"。从理论上看这似是而非，但从实际看，这一观点却是错误的。从大量事例看，先前汇聚的资金等同于所需款项总额的情况并不存在。实际上，除了实际地预先假定存在一项资源，可以通过政府运作的性质使其发挥最大效用，而达到期望其能产生的效果外，无法预先假定其他事情。所有政府的规定和操作都必须按照其真实面目来预期。

银行机构与州际贸易管理权也存在天然联系，就银行可以创造一种州际交易的便捷介质且能确保其完全流通而言，这就省却了双方互相汇款时需要经常转移金属的麻烦。货币是商业运转的重要枢纽。而货币却不仅仅指金和银，很多其他的东西也可以实现这一目的，虽然效用程度不同。纸币现在已经得到了广泛使用。

因此，我们不能认同司法部长的这种观点，当提到州际贸易管理中的流通和交易介质时，就想当然地认为是钱币。我们甚至可以想象，倘若如此，也许我们国家所有或绝大部分钱币都将用于州际贸易的运行。

国务卿用下面的推理方式来反对此处我所主张的联系——他说，建立银行和管理贸易是两种非常不同的行为。建立银行就是以其法案创造一个贸易主体；这一主体来生产一蒲式耳的小麦，或从矿里挖出一美元，但其却并不因此就管理了贸易。制作一样可以买卖的东西，并不意味着就进行了买卖的管理。

这使商业管理寓于制定买卖规则中，制定买卖规则的确是贸易管理的一个方面，但却更适于由本地管辖权管理，而不是由联邦政府管辖，我们应当认识到，联邦政府的成立就是旨在关注有关国家整体利益倚仗的贸易的整体政治布局，而不是去关注买卖的细节。因此，合众国法律中我们只能发现这样的管理，其目标是鼓励国内商人发展企业，促进我们的航海业和手工业发展。就是当与这些贸易的整体关系有关时，银行的建立提供了流通便利及一种交易、转让的便利媒介，我们应当视其为一种贸易管理。

国务卿进一步反驳道，如果说这是执行管理贸易权的话，那么，它就像管理州外

部贸易一样而将权力的触角延伸到了州的内部贸易，这一权力将因此而无效。然而，有什么贸易管理不会延伸到州内部贸易中呢？怎么对进口商品课以的重税，几乎等于要禁止进口，而却对国内手工业加以如此多的补贴，对不同的公民群体以这样不同的方式影响他们的利益？怎么沿海贸易法中的所有规定都涉及同一个州内区与区之间的贸易？简言之，管理州际贸易的法律，怎么能无须涉及每个州内部的贸易？作用于整体的东西，怎么能无须涉及其中每一部分？

银行与行使公共防御权之间的关系，前面已经预见到了。我们已经注意到，在非常时期，此类机构的援助对为保护边境而采取的措施具有基础性作用。

行文到此，仍要继续说明，组建银行就属于那个授权国会制定关于合众国财产所需规章制度的条款的规范范围。但在此之前，有必要先反驳一下司法部长所提出的一个概念区别。

他承认其中“财产”一词可指个人财产，无论其是如何获得的，但却断然否认，该词可指从宪法规定的财政来源获得的资金，因为他说，“通过税收募集资金的最终目的就是处置和管理它”。

但更确切地说，募集资金的最终目的是本来打算将这笔钱用于的目标，而不是对其本身的处置和管理。

提供政府经费——提供公共防御部队的经费——偿还公共债务，是募集资金的最终目的。当资金募集到位，对这笔资金的处置和管理是将其应用于其募集目的的步骤，而不是目的本身。因此，通过税收募集而来的资金，如同任何其他个人财产一样，应当被认为是在制定关于合众国财产所需规章制度的授权中财产的含义内，正如其字面含义的确包含这部分一样。

举个例子会使这一点更清晰。假设要偿还公共债务，现在要把为公共债务而抵押的资金变现。某些情况下，我们发现适于用撤销赋税的方法；而其他情况下，撤销税收可能会损害我们自己的工业、农业和制造业。当然，在这些情形下，税收应被保留。那么，这时就需要用财政授权来源募集的资金偿还公共债务，而这将不符合司法部长的规则，通过这一规则他力图将这些资金同其他个人财产剥离开来，继而将其排除在我们所讨论条款的运用范围之外。正锁在政府保险柜里的资金，怎么防止其像法案所打算的那样被处置，或者相关各方如何在已引用条款下组建社团？

在涉及西部领土时，他们赋予了组建社团的权力——换句话说，就是建立政府的权力，这一点获得了认可。而他采用了何种解释规则，使其就本来能获得一致解释的主题上，却要坚持认为，政府宪法中的同一词语，在用于此类财产和彼类财产时，却产生不同影响？或者说，涉及公共财产时，制定所需规章制度和通过必要且适当法律的立法权，在一种情形中授权国会组建社团，而在另一个情形中，却不给予授权？这将证实西部领土上组建政府的合法性，却不能证实为了合众国财产更有效管理而组建的银行具有合法性？如果该条款对后者的应用，同前者相同，那么，单是该条款，就足以证明这一法案的合宪性，因为法案中规定，合众国将成为银行股权的共同所有人。

在此也需要注意，国务卿对于该影响的阐述：国会不能随心所欲地为任何目的随意课税，而只能是为了偿还债务，或为联邦提供公共福祉。而从中肯定是不能得出任何推论，来反对国会享有将资金用于建立银行的权力。在不违背委托约定的情况下，它们确实不能为了公共福祉以外的其他任何目的而课税，其他任何政府亦不能。从社会上募集的资金，其使用的唯一合法目的就是社会公共福祉。国会可看作只受到一个不适用于其他政府的限制——他们不能正当地将社会募集的资金只是或单纯用于地方化的目的。但除此之外，它们在资金的使用上与任何立法机关享有一样大的自由裁量权。要看一个权利的行使是否合宪，其标准始终须是，行使这一权利的目的是全国性的，还是地方性的。如果权利行使的目的是全国性的，就无须证实其为宪法性权力。而至于这一目标的质量，其能在多大程度上真正促进或无法促进联邦公共福祉，只是一个行使权力裁量权时是否尽职的问题，而在这个角度上支持和反对一项措施的观点都只能是就其是否适宜而言，而不涉及其是否是宪法性权力。无论与财政总体目标，与贸易总体利益等之间有多大的关联，只要是全国性的目标，对资金的应用来讲就都是合宪的。

那么，一个银行，其票据将在国家整个财政中流通，就明显是一个全国性目标，并且正是由于这个原因，就考虑资金运用于它而言，这个银行显然是合宪的。而银行真的有益与否，却是个值得认真研究的问题，但就合宪性这一点，无须作为问题特别提及，就如同西部的土地应当卖 20 美分一亩，还是 30 美分一亩无须作为问题特别提及一样。

希望到此为止进行的论述能令总统满意地看到，银行与征税权、贸易管理权、为公共防务提供经费的权力之间存在着天然的联系，并且，由于讨论中的该法案是从一个银行股份共同所有人的角度考虑政府的，这就将该情况纳入了宪法中与合众国财产条款直接相关的那一条款的授权范围。

在确信这种联系存在的基础上，财政部长尽管对提出反对意见的人怀有敬意，却仍然相信，从这种联系出发将得出一个必然的结论，那就是之于恰当的目标，所有政府的规定权力都是最高的；一个银行的组建是一项合宪的措施，而对于银行法案的反对意见，从这一方面讲，都无确实根据。

但是，对于如此微妙而又重要的问题，财政部长殷切期望能尽最大可能满足总统的想法，因此，请求总统任他另外再举一些事例，从中可以看出，组建银行的权力可以在那前几个政府的规定权力基础上运行，而其声称这些权力就包含着组建一个银行的权力。

（1）这似乎不会产生置疑，如果国会在征税法中，曾考虑适当地规定，在需要的情况下，将承诺纳税的保证金交给该地区的征收员，A 或 B，以确保该征收员或其职位的接任者，为合众国代管，那么，这种安排就与宪法相一致；而这就可以认为等同于组建。

（2）形成特殊的财政来源，是税收的一种并非不常使用的适宜方法——也就是说，以一定的确定金额将它们的产品抵押或变卖掉，而将征收物留给抵押或变卖的交易方手里。甚至在美国就有这样的例子。假设，有些特别的财政来源，明显适于建立于这一基础之上，并且有一批人愿意参与其中，与政府交易，条件是他们必须组建一个社团，而且为了更好地保证资金的安全，也为了更便利地回收和管理税金，这笔资金要授权给他们。可以想象这项措施会有宪法上的障碍吗？我们认为没有。这肯定是政府裁量权下可以采用的一种征收模式，虽然要让财长认为适宜采用这种模式的环境要十分超乎寻常。

（3）假设与某些外国之间，自然出现了一种全新而未曾尝试的贸易。假设十分明显，为了使其有效进行，需要很多个人的资本联合起来，而为了避免私人合伙中个人以其全部财产在最大限度上为公司债务负责的情况，也为了更便利地管理贸易，如果不组建公司的话，这些个人就不同意开始运作——有什么理由可以怀疑国家政府享有建立和组建这种公司的宪法性权力？没有。它们享有管理与外国贸易的一般授权。组建公司是一个手段，已经被所有主要贸易国家用于管理贸易的手段，至今这些主权国家中仍有贸易公司，而这些贸易公司的历史已长达数世纪。那为什么合众国，就不能合宪地，采用那些在其他国家通常采用的手段，而实现宪法委托给它们的目标呢？

制定有关领土所需规章制度的权力，已被解读为建立政府的权力。管理贸易权就是制定有关贸易所需规章制度的权力。既然在其他情况下可以建立政府，那么，为何管理贸易权中就不可以像这样包含建立贸易公司的权力呢？

值得注意的是，州制宪会议中已经提出了关于此点的修正案，几乎这样表达了如果并非他们所有人，至少也是其中大部分人的观点：国会不能授予垄断权，也不能建立任何享有唯一性商业利益的公司！如此，他们同时也表达了他们的理解判断，即建立贸易公司或机构的权力是国会所固有的，而他们反对的只不过是国会对公司授予唯一性的特权而已。

财政部长接纳了所有主要关于这类公司效用性而提出的质疑，但仍然无法在脑海中形成一个理由，说服他对合众国所享有的组建公司的合宪性权力产生怀疑。如果需要这样一个理由的话，没有什么可以拿得出手，除非这么说：国会不能组建公司。这还不如说，它们不能这么做，因为它们不能这么做——首先毫无理由地假设一种不能，然后，再用其作为不能这么做的理由。这种解释方法可以循环往复，永无止境。然而，也无法指望能有什么进展。

对于这一点，从整体的角度看宪法就会得出一种证据，这些权力并不是微不足道的：规定和征收税金及使用税金收益的一般性权力，不确定地借款的一般性权力，铸币和管理外国货币的一般性权力，制定有关合众国财产所需规章制度的一般性权力。这些权力结合起来看，辅之以制定宪法的原因及宪法的性质，就强烈地表明了：把有效管理合众国金融所需的所有权力都授权给国会，是宪法明显的设计和范畴。只要涉及这个目标，看上去宪法在权力的授予问题上毫不吝啬。

那么，如果假设，阻止政府为了管理其金融而使用像银行这样一些如此平常又如此重要的工具，就是在假设不符合宪法整体要义和特征的东西，就是在假设与新观众对于此点所接纳的印象不同的东西。

除非宪法中有禁止性的条款，否则没什么能驳倒由政府一般特征推得的有力推定。除了能举出事例，否则也不能驳斥此权力存在的观点。

在所有这种性质的问题中，人类的实践应该是反对个人理论的有力武器。

例如，所有主要贸易国家已利用贸易公司或贸易团体，管理外部贸易的事实，就是证明贸易公司的建立附随于贸易管理的确凿证据。

再比如，银行是管理国家金融的一个通常工具，也是一个普遍应用和最有效的贷款工具，且在我们国家，也是贷款的基础工具，这一事实就强烈地驳斥了该假定——政府，尽管享有有关其财政、债务、债权、防务、贸易、外事交涉的大部分最重要的

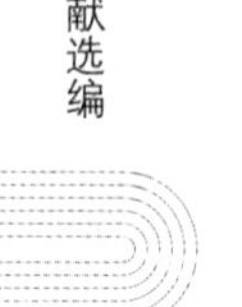

至高权力，却不得将银行这一工具作为其自身授权的附件来使用。

前文已有所论述，看它是否减损了任何州或个人的在先权利，可以作为对合宪权力的一种辅助检验标准。在这一点上，所提议的调查将能承受最严格的检验，各州仍然可按其意愿建立银行，所有自然人也仍然能按其意愿在任何范围内开展银行商业活动。

另一个检验标准可以是：该机构或事件，就其作用来说，与州政府保留权力的目标之间的联系，与授权合众国权力的目标之间的联系相比，是否更为直接。这一标准确实不如前一标准精确，但它仍能在某些方面作为引导。较那些州政府关心的目标而言，银行与授权给国家政府管理的目标之间的关联肯定更为密切。在这一对比中，公共防务的事例具有决定性意义。

可以说，国务卿和司法部长考察得出的结论，在前文中都已注意阐述，无一遗漏。

确实，国务卿还有意进行了各种各样的考察，旨在说明所谓银行关于税金征缴和贸易的效用，在没有银行时也能获得；如果对此加以分析，将会使讨论延伸到主题范围之外。有两点理由可以驳斥其论述。第一，因为关于银行的报告中，本身在这方面已有所阐述；第二，因为所有那些论述都是基于一个错误的观念，即必要性或效用性的量多量少是权力运行是否合宪的检验标准。

在此只需要进行一两个评论。一个是，他没有注意到，报告中所提到的银行流通的存在，其在公众评价中等同于金银，这一特性将从根本上有利于总体贸易。正是这一点，使得它不必再为了定期偿还利息，而封锁全国资金流通，连续数月集中汇集资金。另一个是：他认为，贸易过程中的国库支付令（Treasury Orders）和汇票（Bills of Exchange），可以避免金属货币的大量转移，此论点建立在对这一问题的独特视角上。举一个例子就可以说明。一个州征收税金的总额可能相对小于要支付的债务总额；其与首府之间直接或间接的贸易也可能是平衡的，或是接近平衡。那么，这时，如果没有银行汇票（Bank Bills），那个州拿什么来满足对货币的需求呢？这就势必会产生货币的转移，要按照州征收总额和偿还债务总额之间的差的比例来补足。如果有银行汇票，这种转移就无须发生，或者虽有转移，但是却循序渐进、不易察觉。在许多其他方面，也会有暂时、不便利的货币转移，甚至在贸易进行时，货币最终也可能会回流到恰当的渠道。

在对财政的便利性这一点上，该两种情况的差别可以一言以蔽之，规定以汇票（Stock）支付利息的州，将面临着不停在13个州间变换地点的尴尬境地。

此时就出现了一个曾忽略的事情，虽然它对主要论述并无实质性影响。国务卿断言这一法案规定的只是一笔偿还政府的款项，而不是一笔给政府的贷款。但此时他确实犯了个错。政府在银行股份中投资的金额确实恰好等于他获得的贷款金额。但我们要记得，并不因此政府就停止了其作为股份所有人的身份，如果借出去的资金以偿还的形式又被接收回来，就恰好能说明这一点。政府仍然是一个股份所有人，它按照分红的多少，扣除按照借款总额应当支付的利息，来共享收益、共担损失。因此，这笔款项明显是且在严格意义上就是一笔贷款。

（高瞰　译）

国家银行合宪性的反对意见

托马斯·杰斐逊

（1）建立国家银行的法案将会产生以下其他后果。

① 使签署人组成一个公司。

② 使他们得以公司的能力接受土地转让，而这违反了永久营业法（the Laws of Mortmain）。

③ 使外国的签署人有能力持有土地，而这违反了外侨法（the Laws of Alienage）。

④ 会在所有者死后，将这些土地按照特定的顺序，转移给继承人所有，而这就改变了继承法的程序（the Course of Descents）。

⑤ 会将土地置于罚款或归还的范围之外，而这就违反了罚没法和土地归还法（the Laws of Forfeiture and Escheat）。

⑥ 会将个人动产（Personal Chattels）按特定的顺序转移给继承人所有，而这就违反了财产分配法（Laws of Distribution）。

⑦ 会赋予他们在国家权威下经营金融业的唯一且排他的权利，而这违反了垄断法。

⑧ 会给他们一个制定高于州法律的法律的权力，因为他们极有可能，以保护这个机构免于受州议会控制而必须采取的解释方式，来进行解释。

（2）我认为宪法的根基建立在这一基础上："所有宪法未授予合众国或未禁止各州行使之权利，均由各州或由人民保留之。"【宪法第十修正案】。在专门为国会权力设定的边界外单独采取一个措施（a Single Step），就等于拥有一个无边的权力，再也容不下任何界定。

（3）银行的组建权以及该法案所赋予的权力，依我之见，宪法尚未授予给合众国。

①它们不在所列举权力之中，因为列举的权力是：第一，为偿付合众国债务而征税的权力，但没有任何债务需通过该法案偿付，也就无须征税。如果这是一个募资的法案，那么其在参议院被提议之初就应为宪法所谴责。第二，“借款权”。但该法案既不是借款，也不是为了确保借款。银行的所有人正如其他财产持有人一样，可以自由地决定是否借款给公众。法案中所提议的运作是，首先贷给他们两百万，然后再从他们那里借回来，这种运作无法改变后面之行为的性质，不管你用什么名称去叫它，那依然是个偿还行为（Payment），而不是贷款（Loan）。第三，“管理与外国、州与州之间以及与印第安部落之间的贸易”的权力。建立银行和管理贸易是两种非常不同的行为。建立银行就是以其法案创造一个贸易主体，这一主体来生产一蒲式耳的小麦，或从矿里挖出一美元，但其却并不因此就管理了贸易。制作一样可以买卖的东西，并不意味着就进行了买卖的管理。此外，如果说这是执行管理贸易权的话，那么，它就像管理州外部贸易一样而将权力的触角延伸到了州的内部贸易，这一权力将因此而无效。因为宪法授予国会的权力没有延伸到州贸易的内部管理（亦即居民之间的贸易），州贸易的内部管理只有州议会享有；宪法授予国会的权力只涉及州外部贸易，亦即，只涉及州与州之间，与其他国家，或与印第安部落之间的贸易。因此该法案所提出的措施并不是一项贸易管理的措施，而是一项“能为贸易提供可观有利条件”的措施。任何其他特别列举的权力中也都不能覆盖这些权力。

②他们也不属于如下两个一般规定（General Phrases）中的任一说法：

为提供合众国一般福利经费而征税的权力，也就是说，“以提供合众国一般福利经费为目的而征税”。因为征税是一项权力，而一般福利即是行使这一权力的目的。它们不能凭其喜好的任何目的就随意征税，而只能是为了偿付国债或提供一般福利经费这一目的。同样地，它们也不能为提供一般福利经费就随意采取任何手段，只能为此目的而征税。如果不把后一种说法视为对第一种说法之目的的描述，而将其视为赋予了一个清晰而独立的权力，可以采取任何其认为有利于联邦的措施的话，就将致使所有之前和其后的权力列举完全丧失意义。因为它把整个宪法缩减为一个简单的说法，那就是组建一个国会，这一国会有权做任何有利于合众国的事情；而由于它们是好坏的唯一判断者，这也就成了一项可以为所欲为行恶的权力。当一个规定可能有两种含义时，有一个确定的解释规则，就是选取对宪法（the Instrument）中其他部分同样适用的那个含义，而摒弃致使其他部分毫无疑义的那个含义。宪法肯定不会意在给予国会如此宽泛的权力。其意在使国会的权力严格限定于所列举的权力，以及那些无其则列举权力无法有效运行的措施。据知，当下所提议作为手段的这一权力，曾被制定宪法的制宪会议拒绝作为一个目标写入宪法。曾有提案要求制宪会议授权国会开通运河，并有一个修正案要求授权国会组建公司。但所有这些都被否决了，辩论中所提出的否决原因之一即是，如果这一提案被通过，国会将享有建立银行的权力，而这将致使那些对此议题有偏见和猜忌的大城市反对接受宪法。

第二个一般规定是，"为执行列举权力而制定必要且适当法律"的权力。但是在无银行的情况下，所列举的权力亦能执行。因此，银行并非必要，从而银行亦未由此规定而获得授权。

有人极力主张，银行可以在税务的征缴中带来极大的方便和便利。假使如此，但宪法只允许那些对实现列举权力具有必要性的手段，而不是那些仅仅具有便利性的手段。如果对这一规定允许使用如此自由的解释尺度，正如授予一切未列举权力一样，那么这一解释将适用于每一个规定，因为任一情况下，都可以将富有想象力的创造发明歪曲成一个便利的手段，从而可以归于那长长的列举权力名单中的某一个权力。这会吞噬所有被授权权力，并将其归为一个权力，如前所述。这也就是宪法将国会限制于必要措施，亦即，限制于那些无其则授权权力无价值的措施的原因。

让我们审视这种便利性，看看它是什么。此议题的报告中，第三页，陈述的唯一一般便利性，即避免州与国库之间货币的运输和再运输（因为我忽略掉通货的增长，将其归于一个缺点，且以我之于纸币的看法，这明显是一个缺点）。每一个州都须将税款总额（a Sum of Tax Money）缴入国库，而国库须向各州解款，以偿付公共债务的部分利息，及居住于该州政府官员的工资。在大部分州中，仍会有税款盈余，要上缴到首都，以供养居住在那里的官员。各州的利息和工资可以由国库向州收税员下达支付令来支付。这将在州所收缴货币的开支中占很大部分，从而避免了大量货币流出该州。如果一个州在对首都的贸易中有顺差，那税款盈余就可以与贸易顺差所产生的汇票（Bills of Exchange）相抵消。即使有银行，也必然如此。但若没有贸易顺差，无论是直接的还是间接的顺差，除了用钱，世界上所有银行都无法消除税款盈余。那么，没有银行的帮助，国库支付令及汇票也可以避免收缴货币的大量移转。而当这两者行不通时，即使有银行，大量货币的流转亦不可避免。

也许，银行汇款（Bank Bills）确实是一种比国库支付令更便利的工具，但是，在便利程度上的细微差别并不能构成必要性，这一宪法确定地接受任何非列举权力的基础。

除此之外，现有银行都将毫无疑问地参与出借它们机构的合约，且更为有利的是，它们将为此展开竞争。然而，这一法令把我们绑定到了国家银行，它可以仅以自己的条件就自由拒绝合约，而在遭遇如此拒绝时，公众却不能同样自由地选择其他银行。我相信费城银行正用汇票（Post-notes）从事此项活动，经与财政部的安排，费城银行的汇票可由州收税员支付给其要提交的对象。单是这一权宜之计就足以否定必要性的存在，这一必要性可以证实，将一项非列举权力作为一个实施列举权力的手段的假设是正当的。即使没有这个假定，这事同样可行，且已经存在，并运行良好。因此，其无须基于那种程度的必要性就得以立足。

可能有人说，其汇票可以通行全国的银行，比汇票只能在单个州流通的银行更具便利性。如此说来，应该有一个汇票通行全世界的银行，那将更为便利。但更好的便利性并不能得出，在那里就存在一个建立世界性银行的权力，或者说，没有如此银行，世界就无法良性运转。

能否认为，因为这或多或少的便利性上的细微差别，宪法就有意授权国会，而摧毁各州最古老、最基础的法律。比如说，永久经营法（Mortmain）、外侨法（the Laws of Alienage）、继承规则（the Rules of Descent）、财产分配法（the Acts of Distribution）、领土归还和罚款法（the Laws of Escheat and Forfeiture）以及垄断法（the Laws of Monopoly）？除了必要性，没有任何方法能证实这种法律的滥用是正当的，而这些法律正是我们整个法律制度的支柱。难道国会为了细枝末节的便利性（the Slightest Convenience）就忽略州政府的基本法，如此刻板，而不能发挥宪法的实效？

总统否决权是宪法赋予的一个盾牌，用于下列事项免受议会的侵害：①行政权；②司法权；③州权利及州立法权。目前讨论的问题，正是只有州才能享有的一项权利，也就是宪法意欲维护的那些权利之一。

然而，必须补充一点，除非总统对极力主张和反对该法案的所有观点有起码清醒的认识，意识到这未经宪法授权，或如果辩论的正反双方如此均势而未左右其决断，那出于对立法机关智慧的尊敬，总统将会自然而然地将天平倾向于议会的观点。正是因为很多时候议会明显地被错误、野心、利益所误导，宪法才授予总统否决权，使其能再次审视。

（高瞰　译）

关于银行法案

詹姆斯·麦迪逊

宪法第三条赋予了为行使列举权力而通过必要且适当法律的权力。

无论该条款可能含有什么意思，都不能认为，它将赋予国会一项毫无限制的裁量权。

根据这一条款的自然、明显的效力及从上下文看，其含义必然限于指，通过那些对于目标具有必要性，并且附随于列举权利性质的法律。

实际上，该条款只是宣告了根据不可避免的默示的推论，即执行那些列举权力的适当手段，一定程度上说，是技术手段。在这个意义上，该条款已由宪法之友解释，并已被制宪会议正式批准。

如果所有手段，正如银行法案的序言中所言，所有“被认为可能有益于成功管理金融业，或被认为易于为获得贷款提供便利”的手段都可以使用，而不是仅允许直接和附随手段的话，那么政府的基本特征，即由有限和列举权力组成这一点，就将被摧毁。他[1]力主大家注意那些繁冗、可延展的词语，这些词语被用来表达法案中所包含的权力的弹性(可延展权力)。他将这些词语与宪法中所使用的词语，必要和适当加以比较，并试图寻求一种可能，把这两种描述视同为一个意思，或将其中一种视为对另一种的公正而可靠的解释。

如果延续他的推理，国会由于有借款权，就可以创造贷款的手段，而为履行这些手段，就可以组建一个银行，那么，像这样，无论多么创造性的手段，它们都可以做。

东印度公司已是英国政府的借款人，也是英国银行的借款人。而南海公司是更大

[1] 指银行法案的提议者汉密尔顿。——译者注

的一个债权人。那么，同样不是出于管理贸易的考虑，而是出于贷款的考虑，国会就可以在合众国组建类似的公司。

在对英国政府的贷款中，个人资金是主要来源。那么，国会可以采取任何被认为有利于资金汇集的方式。它们可以建立制造业厂商，可以赋予所有手工业生产部门以垄断权。

此外，如果国会因有借款权就可以产生贷款能力的话，它们也可以因有征税权而产生使用税款的能力。使用税款的能力取决于社会的公共福利，而这又取决于农业、手工业和商业的繁荣发达。继而国会就可以在所有这些事项上设立奖罚机制。

州政府享有与合众国政府并行的在各方面赋课和征收税的权力。州政府享有此权，并非因此种权力明确地保留给了州政府，而是因为宪法并未禁止。银行法案之所以不能被认可，即在于它使得州的这项权利无效。为什么国会不认为一种划一、排他的税收课征，会比所提议的银行，同样地“有益于成功管理国家金融，易于为政府所使用财政资金的获得提供便利呢”？

默示的原则总是一个柔性原则。其他政府已对此危险有所体会。在采用我们的默示原则时，也体会到一些微妙之处。如果我们不紧紧围绕着宪法权威的话，那也会体会这一危险。

注意银行法案的合法性所依据的推理。当借款被设定为目的时，就默示资金汇集为手段。那么，如果资金汇集成为目的，就默示银行为手段。如果银行成为目的，就默示建立公司、垄断及死刑等的特许（Charter）为手段。

如果这样联系微弱、繁殖叠加的默示可以连在一起，那么就形成了一个链条，能实现议会的每一个目标，政治经济范围内的每一个目标。

银行法案所需要的解释维度被宪法本身设定的规则所非难。

国会享有“管理货币价值”的权力，且宪法明确规定，未留有默示的空间，伪造假币将受到惩罚。

国会有“宣战”的权力，军队之于宣战的附随程度，远甚于建立银行之于借款。但宪法明确规定了“募军并提供给养”的权力，且对此还明确规定了“为管理军队制定规章制度”的权力。关于海军的权力也是同样情况。

管理和出动民兵之于战争，比所提议银行之于借款，更具有附属性，然而，对此，宪法并未疏于规定。

较于从借款权推出组建垄断银行，战争权能更直接地推出借款的权力，因而借款

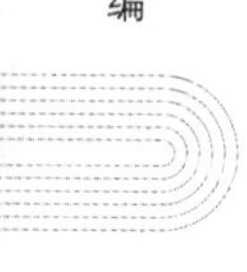

权并没有留待默示。

不能认为宪法中每一个插入或省略的内容都是体系性考虑的结果。任何人类著作都不具有这个特征，尤其是一群人的著作。上述列举的例子及可以列举的其他例子，充分地向我们展示了一个解释规则，与银行法案所基于的解释规则完全不同。他们不允许任何未明显、必要地以明确权力形式规定的权力的运行，特别是重大和重要的权力。

不可否认，当下提议执行的权力是一项重要权力。

作为组建公司的宪章，银行法案创造了一个先前法律中不存在的法人。它授予其重要的民事权利和特征，而无须其另外主张即可享有。这虽不完全等同于，但至少相当于外侨的归化（Natrulization of an Alien），通过归化，外侨即获得某些特定的新公民属性。如果宪法没有明确授予的话，国会是否已享有归化的权力呢？

在授予制定公司内部规章（Bye Laws）的权力中，银行法案授予了一种立法权，这无疑是一种具有高级、重要性质的行为。他注意到为公司内部规章设定的唯一限制，就是不得违反法律和银行章程（Constitution of the Bank），且要看此法律是指何种法律。如果是指合众国法律，它们法典的缺位将赋予一项此前从未授予给公司的权力，也是州所厌恶的权力，州法律此后不仅会被国会的法律，还会在公司自己的权限内被公司内部规章所替代。如果所指的法律是州法律，那么州就可能制定损害合众国制度的法律。

银行法案授予了购买和持有土地的权力；国会本身在“未获州议会同意”时，尚且不能购买该州内的土地，它们怎能把自己尚未享有的权利授予他人呢？

因为一个不恰当的词语，它剥夺了我们的继承人行使此权利的机会，它们本应享有与我们同等的权力，而且借助于经验，它们本将更有能力决断这一问题。

它剥夺了我们的选民对未经审议的法案（the Untried Measure）仔细研究的机会，尽管它们的双手也因同样一个词语而被束缚。

它将带来垄断，而这垄断将影响每一位公民的平等权利。

它将产生一个刑事制度，也许是死刑，这种主权权力下最严肃的刑罚。

从法案中所运行的组建公司权看，绝不能认为，这是作为运行另外一个权力的手段，而默示导出的一种附属权力或次要权力；它在性质上是一种明显的、独立的且实质上的特权，而这一特权并未在宪法中列举之列，未在宪法中列举的权力就意味着不包含在宪法中，而不包含在宪法中的权力绝不能正当运行。

这里他提到一个区别，据他说未曾得到充分的考虑，那就是对政府或联邦而言必要、恰当的权力，以及对运行列举权力而言必要、恰当的权力之间，两者存在区别。在后一种情况下，包含于列举权力中的权力并未明确表述，而是由每一个列举权力的性质延伸来的。而在前一种情况下，构成政府的权力是明确列举的。这形成了政府的独特性质，任何未被列举的权力，不能因政府的一般性质而推论得出。例如，假若列举权力中漏掉了缔约权，那么无论这一权力多么必要，对此缺失也只能感到遗憾，或待修订宪法来弥补。

但是，所提议的银行对政府而言，甚至不能称其具有必要性，充其量只能说它具有便利性。它之于政府的作用可以通过预先保留一点税款，通过向个人借款，通过向其他银行借款等方法来实现，政府对这些事项有同等的支配权。不仅如此，甚至于，因为它可以授权，也可以拒绝这些特权，这就为提议的银行准备了一份免费且不可收回的礼物，那就是允许在联邦财政中使用银行的纸币。

（高瞰　译）

· 论司法部门

· 论司法（《联邦党人文集》第 78、80、81、83 篇）

· 美国联邦最高法院马伯里诉麦迪逊案判词

· 宪法之友论司法（亚历山大公报约翰 · 马歇尔的文章）

第四编　司法权与司法审查

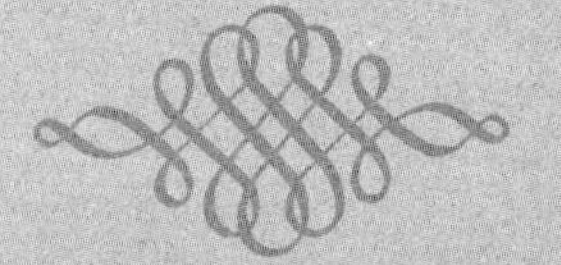

论司法部门[1]

詹姆斯·威尔逊

联邦司法权属于一个最高法院以及由议会确立的下级法院。[2]

根据我们的柯克爵士的说法，[3] 法院是公正地进行司法的地方。

在我们学到了许多智慧的埃及，我们探索到第一个法院机构。关于其运作，埃及人了然于胸；他们认为，其完全取决于社会的支持还是拆台。他们最高的法庭由3位法官组成。[4] 为首的人应拥有最多的智慧、正直和公共声望。

据说，其审判以书面方式进行；为了避免不必要的拖延，允许各方当事人只做一次答复。当证据完备时，法官们一起商议案件的定性。在充分理解和考虑之后，首席法官给出进行裁判的信号，拿着一个镶着宝石的小人像。在宣布判决时，首席法官用这个人像触摸赢得诉讼的当事人。这个人像没有眼睛，是埃及人习惯于表示真理的标志。可能由于这情况，司法（正义）被描画成盲人。

这个法院的法官从政府处获得必要的支持，因此，人民无须为获得司法而进行任何支付。

我们被告知，在这种审判中，不接受辩护人。但是当事人自己可以设计自己的程序。然而，这种理解一定有某种局限，因为我们无法合理地设想，所有埃及居民不仅会写，而且拥有某种法律技能，足以胜任于设计他们自己的辩护。有可能的是，这个规定不过是我们所见在其他政府所采纳的——每个人都有权让自己和辩护律师听审。

[1] 选自詹姆斯·威尔逊《法律哲学讲座》。

[2] Cons. U. S. art. 3. s. 1.

[3] 1. Ins. 58.

[4] 1. Gog. Or. L. 55.

在埃及这种高等审判模式的基础上，在雅典形成了著名的最高法院（Court of the Areopagus）。[1] 这个法院由刻克洛普斯（Cecrops）[2] 于公元前1500年建立，他来自埃及低地地区城市Sais，雅典在文学、文明、修辞和爱国精神方面的奠基归功于他。

这个杰出的人为了躲避他的祖国当时正遭遇的暴政，放弃了肥沃的尼罗河畔。在一段沉闷的旅程之后，他到达了阿提卡海滨：受到了当地居民最友好的接待。一些时间后，他成为当地事务的首脑，他构想了授予他的入籍国以幸福的绝妙设计。出于这个目的，他介绍给他的新同胞许多有价值的、值得纪念的制度，实际上，他并非严格意义上的创造者——如果是，他将成为第一个立法者和最伟大的人物——但是对这些制度，他进行了自己明智的改进，他专注于使它们长期完美。他的一些制度——在所有制度所闪耀的智慧和人性的光芒中——将引起我们未来的关注。目前，只谈论雅典最高法院。

阿里斯提德斯（Aristides）[3] 非常胜任于就这种问题发言，因为他因公正的名声而著名。他告诉我们，这个法院是全希腊最神圣的、最庄严的法庭。从其创建时起，就不曾宣布过可以合理地申诉的判决。陌生人，甚至主权者，都征求和服从其判决；最为重要的是，它最先在希腊人中传播了正义的原则。[4]

有时，这个法庭中的程序非常庄严、引人注目。在对谋杀的检控中，检控人必须发誓，他与被害人有关——因为只有近亲属可以起诉——并且犯人是导致被害人死亡的原因。犯人发誓，他没有犯他被检控的罪行。将用最可怕的咒语确认他的誓言；如果他的誓言不属实，将遭到天谴，他自己、他的家人和他的房子将被完全摧毁和毁灭。[5]

据说，在早期，当事人必须为自己辩护，但是这个严格规定后来放松了。被检控的人可以利用辩护律师的帮助。然而，在答辩中，辩护律师不被允许偏离案件的主题。这种紧恰的、具有相关性的发言方式形成了雅典律师界的特色，并扩展到其他会议中发表的演说。[6] 如此，我们可以自然地解释德摩斯梯尼（Demosthenes）[7] 的演说中的凝练热烈。

让我通过一个事件来总结雅典最高法院的特点，这个事件似乎不大重要，但是这

[1] Areopagus，雅典一小丘名，雅典最高法院在该处断案，因而得名。——译者注

[2] 希腊神话中的半龙半人，雅典创建者，阿提卡（Attica）第一任国王。——译者注

[3] 阿里斯提德斯·昆提利阿努斯（Aristides Quintilianus），古希腊正直的政治领袖，活跃于公元2—3世纪。——译者注

[4] 2. Gog. Or. L. 16. 21. 1. Anac. 11.

[5] 1. Pot. Ant. 106.

[6] 2. Gog. Or. L. 23.

[7] 公元前384—前322，古希腊的政治家、雄辩家。——译者注

个事件所产生的后果引起了共鸣，它并非无关轻重。一只被敌人追逐的小鸟仓皇逃到了一个法官的怀中。他没有保护它，而是闷死了它。由于这种残忍的行为，他受到了惩罚，因而告诉我们，他的内心麻木不仁，不应让他掌握公民的生杀大权。

听过之后，当你被告知，雅典最高法院的判决被视为人道和智慧的标准，你不会吃惊。[1]

为了充分和准确地理解美联邦以及宾夕法尼亚的司法制度，最有效的方法是花一点时间，采取历史的视角观察英格兰司法的建立，尤其是在撒克逊政府统治时期形成的司法制度。

公民政府构建之初不过是为了社会目的的自愿联合。当撒克逊人首次在不列颠定居时，由于当时的无秩序状态，他们发现必须为了彼此的安全与保障而联合起来。由血缘或其他纽带联结的家庭发现，为了享受和平的愉悦以及在战时给予和获得帮助，与邻居住在一起广受欢迎且是必要的。这些社会被称为村庄或城镇。[2] 在一些情况下，同样的联合也是必要的，因而逐渐形成了更大区域的居民的联合。这些更大的区域名为百户邑。[3] 在紧急情况时，社会的联系与应急变得更加重要和普遍，不同百户邑的成员也联合起来，形成了比之前更大的区域，命名为郡。负责它们的官员被称为市政官（Alderman）或伯爵（Earl）。百户长和保长[4]，顾名思义，负责更小的联合。[5]

这些保、百户邑和郡的建立尽管起初主要是为了居民的相互保护，但很快服务于其他有益的、重要的目的。[6] 同样的动机也使他们为了抵御外国威胁而联合，还使他们采取措施阻止或者调解内部的分化或仇恨。以同样的方式，保对于成员的司法权威逐渐形成。以同样的方式和根据同样的原则，百户邑行使决定纠纷的权力在更大区域范围内产生了。又是以同样的方式和根据同样的原则，郡确立了类似的针对更广泛区域的其所属的不同百户邑的司法管辖权。[7]

这些法院审理各种案件，民事的和刑事的。起初，它们各自享有其领域内的唯一的司法管辖权，很快，它们自然地发展为彼此从属；保的判决可以上诉到百户邑，百户邑的判决可以上诉到郡。

[1] 2. Anac. 290.
[2] Millar. 113.
[3] Millar. 117.
[4] 十户为保。——译者注
[5] Id. 117. 114.
[6] Id. 121.
[7] Id. 122.

还应该知道的是——因为很重要——除了保卫国家和法律诉讼的判决之外，撒克逊的保、百户邑和郡还开始习惯于就有更大影响的事务进行协商。它们接受各自地区内关于行政中的冤屈或权力滥用的申诉，通过引入新的规定而适用救济。因而，每个保的家族首脑在他们自己的范围内行使立法权，但是应受到百户邑会议的控制，其在更大的地域内享有同样的立法权。二者都从属于郡会议，其拥有的立法权覆盖广泛的地域内的所有百户邑。[1] 塞尔登认为，[2] 所有郡的自由民到郡法庭集会，学习法律，进行司法，为公众提供救济。[3]

由于保、百户邑、郡的自由民决定他们各自区域的公共事务，因而属于不同郡的人民的联合形成了更大的会议，包括王国的所有自由民。这个国家议事会称为民会（Wittenagemote），由国王主持，在七国联盟期间（Heptarchy）[4]，每一个撒克逊王国都有自己的民会，但是当它们全部并为一个王国时，一个更大的民会形成了，其权威扩展到整个英国。[5] 不能亲自参加民会的人有指定代理人代表他们出席的权利。[6]

民会行使司法权，以及立法权。它们听取普通法院无法调整或矫正的关于重大争议和暴行的申诉，它们用它们的优越权力努力调和当事人，或者裁决其争议。由于这种经常介入的性质，这个大议事会形成了常规的法院，成为王国的最高法庭。这个法庭对来自各个郡法院的上诉以及不同郡的居民之间的初审案件作出最终判决。[7]

民会最初的集会每年定期举行两次，但是随着业务的增加，尤其是司法事务，使得它后来有必要更频繁地开会。因而，不定期的集会由国王召集。在这些不定期集会上，住在偏远地区的贵族很少跋涉来参加。因而，事务移交给碰巧出席法庭的成员，或者被认为可能构成国王枢密院的人。由于这个原因，他们很少承担一般立法事务，而主要投身于听讼。民会的这些小型的、不定期的集会似乎暗含了国王的法庭的意味。[8]

诺曼征服之后，上诉到议会日益增加，这个会议的成员越来越不愿执行这部分责

---

[1] Millar. 130.

[2] Bac. on Gov. 42.

[3] 至少有时可以发现一个显著的类比。秘鲁帝国被划分成小区，每一个小区包括 10 个家族。其中 5 个组成上等阶层：两个构成第三等级，称为百户邑；十个百户邑形成更大的千户。每一个区域都有一个指挥官，被任命来进行司法，并且规定，向他提交事务的人应该提供工业资金和生活必需品。两个政府之间，彼此的时空距离很长，这个类比物不是模仿的产物，应该是类似的政府和社会环境的本土产物。Bever. 7，8.

[4] 又称七头政治时期，449—828 年的盎格鲁 - 撒克逊时代，七王国是指诺森布里亚、墨西亚、盎格里亚、东撒克斯、南撒克斯、西撒克斯、肯特。——译者注

[5] Millar. 132.

[6] Id. 143，144.

[7] Id. 150.

[8] Millar. 242. 243.

任。因而，为了解决这个问题，常规的法庭形成了。在这个法庭中，国王的重要官员构成了其成员。除此之外，还有一些人，由于他们的法律知识，被认为适合于给出最好的协助。[1] 这个法院在它通常召开的地方接受上诉。这种构造，与法国的王室法院异曲同工，在休·卡比特[2] 即位之后，该法院逐渐脱胎于法国古代巴列门；它也与宫廷会议（Aulick Council）[3] 不谋而合，在鄂图大帝（Otho the Great）[4] 时期之后，以同样的方式脱胎于日耳曼帝国的会议。[5]

在它起初成立的一段时间里，国王想做法官的时候，就会主持国王的法庭；但是他最后不再承担法官的普通职能；高等法官成为法院的唯一掌管者。[6]

这种法院机构是司法政策体制的重大改进。它总是对裁决每一起纠纷（刑事的和民事的）准备就绪。对损害的弥补得到了保证；诉讼的成本减少了；司法遍及了王国的偏远地区。它拥有审查下级司法机关判决的权力；通过此，在全国的司法系统内，创造了一致的、甚至统一的判决。[7]

然而，从环境上看，这是英格兰的封建制度产生和发展的自然结果，这个法院开始并且继续对下级司法机关进行野心勃勃的、多余的侵犯。也是在征服后不久，教会法院开始完全独立于世俗法院。主教不再在郡法院里充当法官；也不再是百户邑的执事长。从这一分离伊始，教士便热衷于扩展他们自己的司法管辖权，并且取得成功，他们侵犯了世俗的下级法庭的司法管辖权。[8] 由于这些原因和环境的渐进的与激进的推动，郡法院尤其变得无足轻重；充其量，它们的权力仅行使于微不足道的事情；绝大部分民事、刑事和财政案件或者提交给国王的法庭，或者提交给教会法院。[9]

这些与国王的法庭有关的改变之后果是，这个法院在开始时极好地适应于司法体制的安排，之后开始活力四射，再后来变得不完善、笨拙和不便。一旦王国的政治状态需要它出现，它就追随着国王。这个法院因而是流动的，与法官形成判决所必要的宽松空间和协商相抵触；它更加与当事人的利益相悖，当事人与他们的证人不得不来回奔波，才能获得最终的判决。[10] 除此之外，司法业务大大增加，都涌向了国王的法

[1] Id. 316.
[2] 938—996 年，法国国王，987—996 年在位。——译者注
[3] 神圣罗马帝国的两个最高法院之一。——译者注
[4] 即鄂图一世，912—973 年，神圣罗马帝国皇帝之一。——译者注
[5] Id. 317.
[6] Millar. 318.
[7] Id. 324. 325.
[8] Id. 331.
[9] Millar. 326. 331.
[10] Id. 421. 422.

庭，使得难以恰当地分派任务：因而，由于这个原因，以及其他原因，司法成为冗长的、繁重的、高昂的。

对这些问题的补救似乎自然而简单——把国王的法庭确立为固定的法院，要求大部分初审案件提交给最适合的法庭首先裁决。这些补救尽管容易和自然，却并没有适用。郡的司法管辖权不再受到法院的支持；国王的亲随承担了司法以及行政职务，光宗耀祖，难以割舍。

事实上，补救措施之一一定被部分采纳了，但即使在这一部分，补救也很难获得，很快成为异想天开的法律虚构。大宪章要求国王约翰，把一个条款插入这个重要的文件——"民事诉讼应不再追随国王的法院，而应在固定且适当的地方进行"。当我们看到这个规定成为国王与国家之间重大交易的一部分时，我们可能心满意足，但这只是希望，不可能轻易实现。这个规定的意图，即一个与国王的法庭分离的民事诉讼法院，建立起来了，后来被指定拥有固定且永久的地址。尽管民事诉讼法院以这种方式实现了单独的建制，由独立的法官主持，但是它在级别上低于国王的法庭，国王的法庭由高等政法官主持，国王依旧有时亲自听审。由于这个原因，前者应服从后者对判决的审查。[1]

还有更多理由相信，减少或者消除由于国王的法庭的业务拥挤所带来不便的其他自然且容易的补救——在初审层级恢复下级司法管辖权——绝不可能逃脱获得大宪章的人的关注。他们要求的条文之一是："国王应该承诺任命知晓且严格遵守王国法律的司法官员、治安官、郡长和执行吏。"[2] 应这一要求，国王逐字遵照，开始任命具有这种特点的人。[3] 随着这一承诺的继续和完成，下级地区，尤其是郡司法组织——我希望请您尤其注意郡的组织——在逐渐恢复，但也在逐渐失去它们最初的尊严与重要性。一致地、连续地任命聪慧、正直、独立的法官——根据大宪章的语言，"知晓且遵守王国的法律"——尽管没有进一步的或更明确的规定，也足以获得和保证起诉者的信心，必然的结果是，恢复和保持这种法院的有效性和尊荣。然而，这种行为既没有持续，也没有完成。在亨利三世的确认文件中，作为许多约翰大宪章的重要规定之一，该条不幸地被略掉了。从那时到现在，郡司法组织在英格兰被熟视无睹；其他对于国家而言不大自然和不大方便的组织替代了它们的位置。接下来，我们谈论其他组织。

当我们考虑理论上的司法时，似乎对 3 个主要部分的安排非常敏感。检控犯罪很

[1] Millar. 424.
[2] Bl. 8. art. 42.
[3] Id. 18. art. 45.

容易区分于关于财产的诉讼：在关于财产的诉讼中，政府的要求很容易区分于个人的要求。在英格兰，在这一似是而非的理论的基础上，3 个部分组成了国王的法庭的笨重的司法管辖权。我们已经看到，“民事诉讼”或财产的要求由私人提出，脱离了大宪章的条款规定的法院。在爱德华一世统治时期，对司法权进行了进一步的划分，建立了财政法院，来决定关于公共收入的事务。对犯罪的确认是唯一保留给初审法院的部分。国王的法庭简化为王座法院，实质性地改变了其司法管辖权和权力，以及组织和名称。这个法院就其构造而言依旧是流动的，会在国王所到的王国的任何地方关照国王的臣民。这个法院的程序以国王之名，“无论我们在英格兰的何处”都应回到国王的面前。[1]

我们现在清晰而充分地看到，3 个重要的普通法院的起源，在几个世纪中，它们一度是威斯敏斯特大厅[2]的装饰物；我们现在清晰而充分地看到这 3 个法院分别建立的独特原则。王座法院被分派了刑事犯罪的管辖权；关于个人财产的裁决——如我们书中所称的我的还是你的东西——分配给了民事诉讼法院；强制征收公共收入托付给了财政法院。

现在我总结我关于一段时期内英格兰司法史的考察，这也是其他人通常开始论述英格兰司法史的开始时期。

对于宾夕法尼亚的法学家而言，这个关于分配权力和国王的法庭的司法管辖权的考察尽管微不足道，但是非常有趣；它也不是绝对必要，因为根据宾夕法尼亚的宪法和法律，类似于国王的法庭的混合管辖权的司法管辖权在州最高法院中重新结合了起来。但是与这种重新结合一道，避免其不便的恰当措施也被采纳了。最高法院是固定的；高度受人尊敬的司法组织在每个郡都有。这些应该及时地受到特别关注。

根据我们的历史演绎，我们现在可以通过详细的考察恰当地检视合众国及本州的司法部门，并且可以正确评价各种司法管辖权，最高的与从属的，以及根据其性质与工作量，检视这些部门的兴衰，以及与这些部门有关的每件事。

全国政府的司法权力扩展到——由于宪法、合众国法律和合众国缔结的条约而产生的一切普通法的和衡平的案件；涉及大使和领事的一切案件；关于海事法和海事管辖权的一切案件；合众国为一方当事人的诉讼；两个或两个以上州之间的诉讼；一州和他州公民之间的诉讼；不同州公民之间的诉讼；同州公民之间对不同州授予土地的

[1] 3. Bl. Com. 41.

[2] 指英国国会。——译者注

所有权的诉讼；一州或其公民同外国或外国公民或国民之间的诉讼[1]。[2]

除了根据宪法确立的最高法院之外，联邦司法权目前还被授予巡回法院和联邦地方法院。

最高法院对所有州为一方当事人的案件、涉及大使和领事的案件，都有初审管辖权。对于所有前述的其他案件，它都拥有对法律和事实的上诉管辖权，但是如果国会有规定除外。[3] 它包括一个首席法官和 5 个一般法官；每年在全国政府所在地开庭两次。一次在 2 月第一个星期一；另一次在 8 月第一个星期一。法定出席人数为 4 位法官[4]。[5]

最高法院和下级法院的法官只要行为良好，可一直任职，并应在规定的时间获得服务报酬，此项报酬在他们继续任职期间不得减少。[6]

当地区法院作为海事法院或承担战时司法管辖权时，最高法院有权向其签发禁止令状；在原则和法律习惯授权的案件中，最高法院有权向任何根据合众国的权威被任命的法院人员或公职人员签发执行职务令（Writs of Mandamus）[7]。[8]

最高法院可以根据纠错令（a Writ of Errour）[9] 来审查、保留或者确认纠纷标的超

---

[1] Cons. U. S. art. 3. s. 2.

[2] 在 Chisholm v. the state of Georgia（2 Dall. 419.）案中，联邦最高法院判决，根据宪法条款，把合众国司法权力扩展到"一州和他州公民之间的诉讼"，该州有义务就这种公民提出的诉讼而为自己辩护。但是根据宪法第十一修正案，"合众国的司法权，不得被解释为适用于由他州公民或任何外国公民或国民对合众国一州提出的或控诉的任何普通法或衡平的诉讼"。Vide post. ch. 4. *Ed.*

[3] Cons. U. S. Art. 3. s. 2.

[4] Laws. U. S. 1. con. 1. sess. c. 20. s. 1.

[5] 根据国会于 1802 年 4 月 29 日通过的法案，最高法院应每年只开庭一次，在 2 月第一个星期一。4 位法官是法定人数。如果从规定的开始时间起 10 天内，没有 4 位法官出席，业务将留到下一次开庭期；任何一位或多位法官都可以就回到该法院重新审理的案件的审问、审判或判决发出必要的准备令。8 月开庭期被取消了，但是一位法官被指派每年 8 月第一个星期一出现在政府所在地，有权就任何案件发出必要的命令，要求其回到最高法院接受重新审理，准备审问、审判或判决。令状和程序可以按照 2 月开庭期的方式在 8 月的第一个星期一送回，也可以在那一天提供证人，就像法院在开庭一样。Laws. U.S. 7. con. 1. sess. c. 31. s. 1. 2. *Ed.*

[6] Cons. U. S. art. 3. s. 1.

[7] 上级法院对私人、公司、市政当局或其官员、司法官员或下级法院发布的命令，要求履行属于其职责的特定行为，或要求恢复原告被非法剥夺的权利或特权。执行职务令只是在特殊情况下发布，以纠正下级法院滥用权力或拒绝履行职责，不同于在正常诉讼情况下对下级法院错判的改判。——译者注

[8] Laws. U. S. 1. con. 1. sess. c. 20. s. 13.

[9] 一种由具有上诉管辖权的法院签发给存卷法院的法官，命令其将被指控有误的包含有判决结果的案卷提交给上诉法院进行审查或命令其自行审查的令状。审查的结果可能是撤销原判、改判或维持原判。但是，审查只限于案卷中明显的错误。根据这种令状提起的诉讼是一个新诉的开始，而不是原诉的继续。当事人不能同时寻求上诉救济和纠错令救济，至少直至上诉请求被驳回后才能获得纠错令救济，并且，纠错令在原判决被撤销前不能阻止判决的执行。16 世纪以前，大部分纠错令的签发都是基于技术和程序方面的原因，在此之后，才逐渐涉及一些实体问题（如合同中对价的充分性等）。1852 年纠错令在英格兰被废止，审查错误的程序变成了诉讼中的一个步骤，而不再是一个单独的诉讼。1875 年审查错误程序本身也因上诉制度的采用而被废止。在美国，若纠错令没有被州的成文法废止，则其作为一种权利令状根据普通法的程序可适用于所有案件，但不适用于与普通法不一致的案件，除非成文法另有规定。参见《元照英美法词典》。——译者注

过 2 000 美元的终审裁判和巡回法院判决。[1] [2]

如果合众国法令或条约的有效性或根据它们行使权力的有效性受到质疑，州最高的普通法院或衡平法院的任何诉讼可以就此作出判决；如果任何州的法令或该州行使权力的有效性在这种法院的诉讼中受到质疑，被认为与合众国的宪法、条约、法令不一致，可以作出判决认定其无效；如果对合众国宪法、条约、法令的任何条款的解释或者根据它们执行的任务在这种法院的任何诉讼中受到质疑，可以作出支持其有效性的判决；在所有这类案件中，终审判决或判决都可以根据纠错令被联邦最高法院审查、确认、推翻，根据这一条款，任何一方特别提出或主张的资格、权利、特权或豁免，都可以被判决驳回。[3]

合众国分为巡回区和行政区。

行政区（Districts）在数量上是 16 个[4]：一个包含马萨诸塞州的部分，位于新罕布什尔州东部，称为缅因区；一个包含新罕布什尔州，称为新罕布什尔区；一个包含马萨诸塞州的其余部分，称为马萨诸塞区；一个包含罗德岛州和普罗维斯登种植园（Providence Plantations），称为罗德岛区；一个包含康涅狄格州，称为康涅狄格区；一个包含纽约州，称为纽约区；一个包含新泽西州，称为新泽西区；一个包含宾夕法尼亚州，称为宾夕法尼亚区；一个包含特拉华州，称为特拉华区；一个包含马里兰州，称为马里兰区；一个包含弗吉尼亚州，称为弗吉尼亚区；一个包含北卡罗来纳州，称为北卡罗来纳区；一个包含南卡罗来纳州，称为南卡罗来纳区；一个包含佐治亚州，称为佐治亚区；[5] 一个包含佛蒙特州，称为佛蒙特区；[6] 一个包含肯塔基州，称为肯塔基区。

除缅因和肯塔基之外，所有这些区共分为 3 个巡回区，东部的、中部的和南部的。东部巡回区包括新罕布什尔、马萨诸塞、罗德岛、康涅狄格、纽约和佛蒙特诸区；中部巡回区包括新泽西、宾夕法尼亚、特拉华、马里兰和弗吉尼亚诸区；南部巡回区包

---

[1] Laws. U. S. 1. con. 1. sess. c. 20. s. 22.

[2] 参见 Wiscart et al. v. Dauchy，（3. Dall. 321. 327）。在该案中，联邦最高法院判决，海事案件，战时司法管辖权，衡平诉讼，以及其他民事诉讼，只可以根据纠错令从巡回法院移交给最高法院，而不能根据上诉，因而只能根据法律才能移交审查。根据议会法规定（7. con. 2. sess. c. 93. s. 2.），巡回法院就衡平案件、海事案件、战时司法管辖权和奖赏的终审判决或判决可以上诉到联邦最高法院；争议标的，除去成本，应超过 2 000 美元。然而，除了海军职位和奖赏的案件之外，最高法院在听取上诉时不得接受新证据。Ed.

[3] Laws. U. S. 1. con. 1. sess. c. 20. s. 25.

[4] 指当时的情况。如今是 51 个。——译者注

[5] Id. 1. con. 1. sess. c. 20. s. 2.

[6] Laws U. S. 1. con. 3. sess. c. 12. s. 2.

括北卡罗来纳、南卡罗来纳和佐治亚区。[1]

在每个区，都有一个地区法院，拥有一位法官，[2] 该法官居住在该区，每天 4 次开庭。[3]

在这 3 个巡回区的每个行政区，有两个法院，称为巡回法院，每年开庭一次。这些法院包括两位最高法院的法官和两位地区法院的法官，二人构成法定人数。[4] [5]

在公海上或各自行政区内的犯罪和轻罪，并且根据合众国的权力可以审理的，地区法院拥有司法管辖权；不超过 30 鞭笞、100 美元罚金或 6 个月监禁的案件，地区法院拥有司法管辖权。几个州的法院被排除了对这种犯罪或轻罪的司法管辖权。[6]

首先，地区法院对所有海事案件和战时司法管辖权拥有唯一的裁判权，[7] 根据关税法、航海法或贸易法的扣押，且扣押是在公海上，各自行政区内，可以航行载重 10 吨以上的船只的水域，地区法院拥有唯一的裁判权。但是在所有案件中，普通法能够救济的权利保留给起诉者。[8] 上述描述之外的陆地或者水域上的扣押，以及所有根据合众国法律引发的关于惩罚和罚款的诉讼，地区法院同样首先拥有唯一的裁判权。

外国人起诉违反合众国法律或条约的所有侵权案件，地区法院与巡回法院或几个州的法院一起拥有共同裁判权。对于所有合众国起诉的、诉讼标的除去成本超过 100 美元的普通法诉讼，它们同样拥有共同裁判权。除了几个州的法院之外，它们对于所有针对领事或副领事的诉讼拥有司法管辖权，除了上诉描述的轻罪之外。[9]

巡回法院对于地区法院可以审理的犯罪与轻罪，与地区法院一起拥有共同管辖权，它们对于所有根据合众国的权威可以审理的其他犯罪和轻罪拥有唯一裁判权，除非另有规定。

---

[1] Id. 1. con. 1. sess. c. 20. s. 4.

[2] Id. s. 3.

[3] 在把合众国分为行政区和巡回区时，出现了这种变化，地区法院开庭期的数量因地而异，参见 Laws U. S. 3. cong. 1. sess. c. 54. 7. cong. 1. sess. c. 31. 7. cong. 2. sess. c. 60. *Ed.*

[4] Laws U. S. 1. con. 1. sess. c. 20. s. 4.

[5] 巡回法院现在包括一位最高法院的法官和一位地区法院的法官；任一人都可以主持法院。在根据上诉或纠错令由地区法院移交巡回法院的案件中，判决的作出应根据最高法院法官的意见。在其他案件中，如果最高法院法官的意见遭到反对，在同一时期，关于他们不同意的问题应该应任一方当事人或代理人的要求，根据最高法院法官的指示说明，并且向最高法院书面证明，由最高法院最初裁决；他们的判决和命令将传达给巡回法院，记录在案，根据判决或命令的性质生效。在任何情况下，当法官有意见分歧时，都不得施加惩罚。Laws U. S. 7. cong. 1. sess. c. 31. s. 4. 5. 6. *Ed.*

[6] Laws U. S. 1. con. 1. sess. c. 20. s. 9.

[7] 每个合众国地区法院都拥有海事法院的所有权力，无论是作为诉讼，还是作为奖赏。3. Dall. 16. *Ed.*

[8] Laws U. S. 1. con. 1. sess. c. 20. s. 9.

[9] Id. ibid.

它们与几个州法院对于下述所有普通法或衡平的诉讼拥有共同的初审裁判权：争议标的除去成本应超过 500 美元，且合众国为原告，或外国人为一方当事人，或者诉讼是在不同州的公民之间进行。[1]

对于争议标的除去成本超过 50 美元的诉讼，地区法院在民事诉讼中的最终判决可以根据纠错令在同一行政区的巡回法院被重审、推翻或确认。[2] [3]

如前所述，很必要，尽管并不有趣的是，我们发现，合众国宪法和法律只规定了 3 种法院；即使在其中一个法院，也没有安排法官恰当的序列；巡回法院的法官共同与最高法院和地区法院的法官对立。这种非常不寻常的安排将成为未来讨论的对象。

我继续观察宾夕法尼亚法院。

首先吸引我注意的是，“负责纠错和上诉的高等法院”。这个法院根据后来的法律建立。同样名字和同类的法院在现行宪法之前就已在宾夕法尼亚存在。正如当前的设置一样，这个法院包括一位最高法院的法官、民事诉讼法院的首席法官以及其他行为良好者 3 人，任命和解职的方式与最高法院法官相同。5 位法官构成法定人数。它被授权根据最高法院的纠错令作出决定，并且审理来自邦联的几个县的登记法庭的上诉。[4]

最高法院在宾夕法尼亚早已有之，尽管不总是叫这个名字。通过参考我们法律的记录，我们发现“一部建立省级法院的法令”，早在 1684 年就通过了。它有权审理在县法院无法决定的土地资格、所有普通法和衡平的民事和刑事案件，对来自于下级司法机关的上诉进行判决。[5] 根据当时生效的一般规定，这部法律从一个大会会期持续到另一个会期，直到 1690 年。从那时到 1700 年，是宾夕法尼亚法律的空白期。对于熟悉该省通史的人，对这段空白了如指掌。

在 1701 年，一部新法令通过了，确立了一个省级法院。根据这部法令，这个法院根据法案和答辩拥有衡平的司法管辖权，正如在大法官法院一样，这是必要的。[6] 在 1705 年，这部法律被女王在枢密院废除。

[1] Laws U. S. 1. con. 1. sess. c. 20. s. 11.

[2] Id. s. 22.

[3] 根据同一条的第二十一款，对于争议标的除去成本超过 300 美元的案件，地区法院对海事案件和战时司法管辖的最终判决可以上诉到巡回法院。根据后面的法条（7. cong. 2. sess. c. 93. s. 2.），对于争议标的除去成本超过 50 美元的案件，合众国地区法院的最终判决可以上诉到同一行政区的巡回法院。*Ed.*

[4] 3. Laws Penn. 97. s. 17.

[5] R. O. book A. p. 71.

[6] R. O. book A. vol. 1. p. 110.

1715 年，另一部法律通过了，“建立普通法和衡平的最高或省级法院”。[1] 它与前者的命运相同——在 1719 年，它被国王在枢密院废除了。

请允许我顺便提及，这也是宾夕法尼亚早期通过的许多最有价值的法律的命运。它们值得每个希望掌握其司法史的人关注。它们以最醒目和最可信赖的方式揭示了，猜忌的心理如何迅速在殖民地的管理中蔓延。

是否可以认为，伟大的自由保护神——人身保护令——的益处被拒绝授予这个殖民地？是否可以认为，苏默斯 [2] 的名字——在欧洲，这个名字等于自由——居于暴君拒绝的名单之首？如果没有最无可辩驳的证据，这些事情无法被相信；但是如果可以提出其真实性的最无可辩驳的证据，这些事情就应该被相信和说出。它们表明，自由依赖于外国的支持是多么危险。

在 1695 年 12 月，该种植园委员会写信给马萨诸塞的推事和议事会，谈论了殖民地的立法机构通过的各种法律。其中许多法律有利于自由；这种精神集中体现在人身保护令上。关于这一法律，该委员会以极其鲜明的方式进行了陈述。“根据争取臣民自由、防止非法监禁的法令，要求授予人身保护令，与英格兰的查理二世的第三十一条法令指定的方式一样。其中规定的特权还没有在任何陛下的种植园授予，由于国王的缺席，该法令应该继续生效是不恰当的，因而同样应该被废除。”[3]

我们回到州的最高法院。

根据 1722 年制定、现在依然生效的一部法律，最高法院建立了，模仿了宾夕法尼亚最高法院。赋予法院根据职权签署人身保护令、移送令状、纠错令以及所有救济令状的权力。[4] 其法官被授权对所有人实施司法，并且根据法律授权行使司法管辖权和其他权力，与位于威斯敏斯特的王座法院、民事法院、财政法院的法官的职权一样充分、丰富。[5] 尚不清楚的是，根据这一法律，这个最高法院是否拥有初审管辖权和就此进行审理。几年前通过的一项法律明确赋予了它在一些具体的案件中的初审管辖权。[6]

根据宾夕法尼亚宪法，[7] 这个最高法院的司法管辖权应该扩展到整个州。其法官根

[1] R. O. book A. vol. 2. p. 109.
[2] John Somers（1651–1716 年），第一位苏默斯男爵，著名的英国法律学者和政治家。——译者注
[3] Chal. 74.
[4] 1. Laws Penn. 179. s. 11.
[5] Id. 180. s. 13.
[6] 2. Laws Penn. 472. s. 4. 5.
[7] Art. 5. s. 3.

据他们的职务对几个县进行庭审和判决，并对所有一般在押犯进行清理定案。

除了前面所述和通常行使的权力之外，它现在还拥有像大法官法庭一样的与证言的永久保存（Perpetuating of Testimony）[1] 相关的权力，从本州以外的地区获得证据，照料精神不健全的人的人身和财产。[2]

这个法院的法官行为良好，可一直任职；但是若行为不够良好，出于合理的理由，还达不到弹劾的标准，推事可以根据立法机关每个分支的2/3的意见对他们撤职。[3] 在规定的时间内，他们应因服务而获得充分的补偿，补偿数额由法律规定；他们持续任职期间，该数额不应减少。

根据今年通过的一项法律，这个最高法院建立的方式和拥有的权力与此前根据州法律建立的最高法院一样，与宪法中包含的条款一致。[4] 它每年开庭3次。第一次，在1月的第一个星期一；第二次，在4月的第一个星期一；第三次，在9月的第一个星期一。[5] [6]

根据宾夕法尼亚宪法，[7] 在每个县建立民事诉讼法院、孤儿法院、保释法庭和和平时期的四季法庭（a Court of Quarter Sessions）。在我分别探讨这些司法机构之前，设定一些适用于所有这些法院的理论是恰当的。

在司法权的配置中，县的司法机构一直是一个引人瞩目的事物。英格兰分成诸县通常归功于阿尔弗雷德大帝的立法天赋。他的天赋毫无疑问胜任这项任务；但是部分任务是在他统治前实施的。根据当时的政策和紧急状况，如七王国之大的国家如果不分成下级区域，将很难进行司法。相应地，在古老的法律中，在埃格伯特（Egbert）[8] 统一英格兰之前，我们发现，提到了郡长和郡。[9] 尽管阿尔弗雷德不是滥觞者，但是他无疑扩展了英格兰的县组织。在他统治之前，丹麦人广泛定居在王国的北部。在他开始统治一些年后，他们把他局限在非常小的范围内，并且任意蹂躏其他土地。然而，

[1] 将证人证言用证据保全的方法事先录取下来以供将来诉讼时使用，以防因证人可能死亡或丧失行为能力而导致证言丢失。——译者注

[2] Cons. Penn. art. 5. s. 6.

[3] Cons. Penn. art. 5. s. 2.

[4] 3. Laws Penn. 92. s. 1.

[5] Id. ibid.

[6] 州最高法院的开庭期现在开始于3月、9月和12月的第一个星期一。3月开庭期持续3周；9月开庭期持续两周；12月开庭期持续4周。每个开庭期的第一天和最后一天都不计算在内。5. Laws Penn. 166. *Ed.*

[7] Art. 5. s. 1.

[8] 威塞克斯王朝国王，770–839年，802–839年在位，见证了威塞克斯王朝的崛起，成为盎格鲁－撒克逊王国最强大的部分。——译者注

[9] Sulliv. 245.

最后，这个伟大的人，尽管危机四伏、四面楚歌，却使那些轻视他的人俯首称臣。在他征服丹麦人之后，他设定了英格兰每一部分的县的边界。在王国的南部，它们可能是根据原有的界限被划定的。在北部，土地比较贫瘠，它们被划定了更大的范围。因而，直至今天，我们发现，英格兰北部的县很大。

在每个县，司法都是由邻近的居民来掌管，省去了诉诸威斯敏斯特的拖延和费用。

正如塞尔登告诉我们的，每个县或郡都有两位主要推事分配司法。郡长是更德高望重的，在某些案件中，受到县权力的支持。他的职位部分是司法性的，部分是行政性的。在后一种角色中，他是执行国王命令的仆从：首先，他管理县范围内的法院。另一位官员是验尸官，他的职责是调查杀人者、没收土地和财物、接受重罪的上诉以及保管刑事程序案卷。他和郡长一样，是从县的第一阶层中选出的。[1]

在当时，县法院被无数有名望的服务人员环绕着：它被视为一个大剧院，县司法和权力在那里粉墨登场。[2] 在当时，司法主要由县组织掌管；只有在非同寻常的案件中，才求助于管辖权及于整个王国的司法法庭。在当时，县法院的程序和判决很简便，正如一位博学的作者所说，[3] 它适应了不完善的法律，而我斗胆说，它尽善尽美。这已经是，并且仍将是恰当构建和组织的县组织的真正特征和本土产物。

现在让我们追溯其在宾夕法尼亚的起源和发展。

在其立法机关的第二个会期，制定法律规定，“所有债务、账目、诽谤和侵权的诉讼都应首先由案件发生地的县法院审理”。[4] 在随后的会期中，建立了一个衡平法院和一个普通法法院。[5] 不久后，县司法管辖权的范围扩大了。法律规定，土地资格，债务、账目、诽谤的诉讼，以及所有民事或刑事的诉讼都应首先由各县的司法庭审和裁决（叛国、谋杀、一般杀人和其他重大犯罪除外）；县法院应该每个季度或更频繁地开庭。[6]

这些机构掉入了我曾经提到过的立法的缺陷，但是其精神后来复活了，一直延续，充满活力。的确，它们受到了一些制衡，就像最高法院所经历的一样。在 1714 年，通过了一项法案，在省内建立几个民事诉讼法院。[7] 它与建立最高法院的法律一样在

[1] Bac. on Gov. 40，41.

[2] Forum plebeiae justitiae，et theatrum comitivae potesatis. Spel. Gloss. v. comitatus.

[3] 4. Bl. Com. 407.

[4] R. O. Book A. p. 32.

[5] Id. p. 70.

[6] Id. p. 84.

[7] Id. vol. 2. p. 112.

同一时间以同样的方式遭遇了同样的命运。

较为幸运的是，根据随后的法律，最高法院模仿县民事诉讼法院在每个县建立起来了，有权听审和裁决所有辩论和案件，即根据省法律和宪法的民事的、私人的、不动产的和混合的案件。[1] 这里出现了民事与刑事司法管辖的明显分离，在此之前，它们都授予县法院。根据同一部法律，刑事司法管辖转移给了同时构建的法院，[2] 模仿“和平时期的一般四季治安法院和对在押犯的清理定案”。[3]

根据宪法，[4] 民事诉讼法院的法官只要行为良好可一直任职。

我接下来考虑宾夕法尼亚孤儿法院的建立和司法管辖权。这些是对州福利而言最重要的制度。

在古代，在学习和实践法理学与政府科学方面取得巨大成功的人确信，并且通过他们的行为展示了他们的确信，州的命运依赖于年轻人的教育。

历史经验和哲学共同表明，国家最大的幸福在于国家是最开明的。

“这是我们祖先的首要原则，”苏格拉底在他关于雅典政府改革的演说中说，“不把公民的教育限制在任何特定的时期。他们在青年时期苦其心志；当他们成年之时，他们更加坚忍不拔。他们的修养是这种高度关注的对象，雅典最高法院的构建似乎只是为了保存它们。”[5] 这正是这个法院为年轻人指定家庭教师和督管的用意。注意，他们受教育的方式与他们的地位相对应。[6]

在希腊的其他地方，类似程度的关注也给予了教育。我们被告知，Epaminondas[7] 在他生命的最后一年说、听、行为同样的事情，如同他接受基础教育时一样。[8]

事实上，没有什么事情比让我们的孩子如我们一样行为良好更重要。

“习惯，”我们的爵士说，“是人类生活的主要长官。习惯的确是最完美的，它始于幼年。我们称之为教育之物，实际上不过是早期的习惯。但是如果简单和单独的习惯的效力很大的话，那么复杂的、复合的、学院的习惯的效力就会更大，因为有示范、交往、仿效、鼓励。的确，人类的各种德行依赖于拥有良好秩序的社会。”[9]

---

[1] 1. Laws Penn. 182. s. 21.

[2] See R. O. Book A. vol. 2. p. 90.

[3] 1. Laws Penn. p. 176. s. 3.

[4] Art. 5. s. 2.

[5] Gil. Lys. & Isoc. 487.

[6] 1. Pot. Ant. 104.

[7] 公元前 418- 前 362 年，杰出的底比斯将军，推翻了斯巴达在伯罗奔尼撒的统治。——译者注

[8] Mont. Sp. L. b. 4. c. 4.

[9] 3. Ld. Bac. 357. 358.

事情有时因其对立面而得到最好的展示。传播知识曾经是爱国的立法者的最初目的；而钳制知识则是暴君及其佞臣的恶毒愿望。霍布斯先生的政治原则众所周知。他敌视民众政府以及自由原则，他希望看到二者从地球上消失。根据他错误的想法，为了实现这一目标，他建议王子摧毁希腊和拉丁作家的作品。"由于阅读他们，"他说，"在自由的假象下，人们形成了喜欢吵闹的习惯，放肆地控制他们的主权者的行为。"[1] 在法兰西王朝末期，一位大臣说："我将让所有学校关门。"另一位大臣则宣布："我对这些出版物厌烦了；如果我再任职 10 年，我决定，除了宫廷日历之外，不得在巴黎印刷任何书。"[2] 但是，法兰西的王朝末期一去不复返了。

在早些时候，在美国也出现过同样野蛮、暴虐的语言。但是那些时代也一去不复返了。然而，我们鉴古知今是有益的，我们悲喜交集地追寻过去与现在的政府的观点之鲜明对立。

在查理二世统治时期，种植园的上议院委员会传递给弗吉尼亚一系列关于殖民地状况的调查。在后来成为其推事的威廉·伯克利爵士的反馈中，我们发现了如下一句，引人注目。"我感谢上帝，这里没有自由的学校，也没有印刷物。我希望，我们永远没有。因为知识带来了不服从、异端以及社会分裂；印刷物揭露和诽谤最好的政府，上帝使我们免于这些！"[3] 这个祈祷被查理的朝廷最慷慨地接受了；一位继任者同意其原则，他命令"任何人不得在任何场合使用印刷物"。[4]

非常不同的是激发不朽的阿尔弗雷德的天赋的原则。他把知识和科学视为他统治的荣耀。他创建并且资助了学校：尽管在那个未开化的年代，这很困难，但是他提供给学校优良的教师。为了更进一步传播对知识的兴趣、荫护子孙，他制定了法律，强迫所有拥有两海德以上土地的土地所有者把儿子送到学校，给予他们自由的教育。以他自己为例，他是当时最多才多艺的学者，他有力地促进了知识的传播，使得知识至上，他引导他的人民最热切地求知。有人，老大徒伤悲；有人，少壮勤努力。所有人都关注于为自己的孩子和年轻的亲属获得优良的指导。[5]

根据柏拉图的理论[6] 和莱库古（Lycurgus）的制度[7]，儿童的培养和教育完全脱离

[1] Lev. P. 2. c. 21. 1. Shaft. Char. 88.
[2] Fr. Rev. 266.
[3] Chal. 328.
[4] Id. 345.
[5] 2. Henry 356.
[6] 4. Anac. 341.
[7] Id. 163.

他们的父母。我现在暂不检视这条规定的恰当性。可以毫不含糊地说，法律应该对于儿童教育给予尽可能的鼓励与资助。但特别之处是，儿童不幸地脱离了他们的父母。

我们现在来看建立孤儿法院的理由和重要性。其首要的管辖对象是孤儿的教育，它们的财产是其次的。

早在宾夕法尼亚立法机构的第二个会期，就在每个县建立了孤儿法院，涉及孤儿的不动产、用益和雇佣;“照管，”法律规定，“应该为了孤儿，而非为了自己。”[1]他们的教育是同一会期后来制定的法律的更直接目标。[2]“穷人和富人都应被传授有益的知识，”法律规定，“所有有子女的人以及孤儿的监护人或托管人应该让儿童接受读写教育；学习有益的交易或职业；穷人可以自力更生，富人如果变穷，也能自食其力。”

根据现在依然生效的法律，如果法院判断孤儿无法为自己选择监护人，根据普通法的规则，孤儿法院将指定监护人；承认孤儿在恰当的年纪为自己选择监护人；指导让孤儿成为交易或其他工作的学徒的约定。但是还规定，如果有人的宗教信仰不同于孤儿的父母，孤儿不得被迫成为其学徒，或者处于其监护之下。[3]

你可能感到吃惊，我们法律中对孤儿教育的规定与这里很接近。你有理由吃惊。这些规定实际上是有缺陷的。在父母影响下的教育在大多数情况下都是值得信赖的。但是法律没有其他理由来依赖这种固有的信任，直接作用于孤儿，最终指向公众。在斯巴达，政府最值得尊敬的成员之一被列为所有儿童之首。一些类似的其他制度难道不适合于这些被剥夺父母的孩子吗？

我们来谈法律的第二大分支——家事法，在此，孤儿法院的司法管辖权由于关系到孤儿的财产，得到了更恰当的讨论。

根据宾夕法尼亚宪法，[4]每个县的民事诉讼法院的法官组成孤儿法院。

我接下来讨论登记法院。

在英格兰，遗嘱检验和授予遗产管理证书属于教会法院管辖。在宾夕法尼亚，这种司法管辖权转移给了截然不同的渠道。

在宾夕法尼亚议会的第一个会期，为遗嘱、遗产管理证书以及监护人和执行人的姓名建立了一个登记处。[5]

[1] R. O. Book A. p. 34.
[2] Id. p. 46.
[3] 1. Laws. Penn. 101. s. 7. 102. s. 12.
[4] Art. 5. s. 7.
[5] R. O. Book. A. p. 18.

1705 年通过的一部法律指出，应任命总登记官来检验遗嘱和授予遗产管理证书。他在费城任职，在该省的每个县设立代表人。这个代理人有权检验遗嘱和授予遗产管理证书，与总登记官的职能一样。在任何县，遗嘱证明或遗产管理证书的授予代替了其他县的遗嘱检验或遗产管理证书授予的必要性。[1]

当出现异议，申请中止遗嘱检验或遗产管理证书的授予时；当最终考虑执行人或管理人，或者分配死者不动产时，总登记官及其代理人分别有义务要求民事诉讼法院法官二人以上给予协助，对于所有司法法令中涉及的前述事务，法官有权并且有义务给予协助。这就是登记法院。[2]

总登记官现在被取消了；根据宪法，遗嘱检验和授予遗产管理证书的登记官应该在每个县保留。[3]

遗嘱登记官与民事诉讼法院法官一起，或者其中任意二人，组成登记法院。[4]

和平时期的四季治安法院是，根据宾夕法尼亚宪法为州的每个县建立司法组织的最后的法院。

在英格兰，一般法院或和平时期的四季治安法院是每个县每个季度开庭的最高法院。由两个以上的治安法官主持，履行治安委员会以及各种议会法令授予他们的权力。

根据 34 Ed. III. c. 1. 法令，一般四季法院有权听取和审理所在县发生的所有重罪与侵权案件。但是他们很少审理更大的犯罪，而是把罪行恶劣的犯罪交给巡回法庭，作出公开、神圣的审判和裁决。有许多具体属于四季法院管辖的违法行为应该在该法院提起诉讼。这种是更小的犯罪，不是重罪，如与公路、酒馆、游民和学徒有关的违法行为。它还审理与穷人的温饱有关的争议，以及他们迁移的命令。它不可以审理新规定的违法行为，除非规定该违法行为的法令明确授权。[5]

在宾夕法尼亚，四季治安法院根据英格兰同一名称的法院的实践模式而建立和行使管辖权。然而，在一个重要方面，二者有着非常实质性的区别。英格兰的四季法院由治安法官组成，他们只根据国王的喜好履行职务；在宾夕法尼亚，四季法院由民事诉讼法院的法官组成，他们行为良好可一直任职。[6]

---

[1] 1. Laws. Penn. 56. s. 8.

[2] R. O. book A. vol. 2. p. 43.

[3] Cons. Penn. art. 5. s. 11.

[4] Id. art. 5. s. 7.

[5] Wood. Ins. 499. 4. Bl. Com. 268.

[6] Cons. Penn. art. 5. s. 7. 2.

因而我们再多谈一谈四季法院。

在每个县，以及在法律指定的行政区，宾夕法尼亚的推事任命足够的治安法官。[1]

对于普通法而言，保持治安一直是最主要的关注。在已知的治安法官制度很久之前，许多官员是依职权、根据选举或者具体任命而成为公共安宁的守护者——卫队。[2]

当争议突然产生时，当诉诸暴力时，当暴乱可能发生时，等待普通法院的介入是徒劳的。普通法院不可能迅速有效地阻止或平息动乱。因而，非常重要的是，有影响的人物可以就紧急状况轻松地应对，应该赋予他们充分的权力可以逮捕暴乱人物，限制他们的自由，维持或者恢复国家的安宁。

在最宽泛的意义上，和平这个词涵括了全部刑法。所有犯罪都是"反对和平"。因而，有权审理犯罪的人就其职务本质而言就是和平的守护者。国王本人在他的整个领土上是和平的大守护者。他的法官和司法大臣也是和平的官方守护者。根据任期或规定，其他人也是守护者。根据发给郡长的令状，其他人在全数出席的县法院被选出。除了这些之外，和平的特别守护者由国王根据偶尔的需要来任命。培根爵士说，他们终身任职或者是根据国王的喜好。对于这个职务附加重要的权力，由县之最优秀的人作出选择，很少在郡里作出。他们可以让人负责维持和平，保持行为良好；他们可以捉拿当事人，向郡长或治安官发布许可逮捕当事人，并带到他们面前。

当出现控诉时，或者当有人倾向于破坏和平、行为残暴时，当事人彼此担心是正常的。在这些案件中，守护者可以根据自己的判断传唤知情人员，使其保证和平或行为良好。如果他拒绝提供保证，将其投入监狱是不可避免的结果。

就其职务本质而言，和平的守护者依旧保有职位和权力；但根据选举或任命，他们逐渐被治安法官取代。[3]

柯克爵士说，[4] 这种机构是一种从属政府，是为了领土的安宁，基督教没有相应机构，应适时地建立。

治安法官的权力有两个不同的来源——任命和议会法案，二者还设立了他们的管辖权的对象。

根据任命，每个法官成为和平的守护者，被授予独立的镇压暴乱和骚乱的权力，保证和平或行为良好；未能担保者，可能会被投入普通监狱或感化院。对于叛国、重

[1] Cons. Penn. art. 5. s. 10.

[2] Millar，433.

[3] 4. Ld. Bac. 59. 99. 1. Bl. Com. 349. 2. Reev. 122.

[4] 4. Ins. 170.

罪或违反和平，治安法官可以委托一位助理法官。[1]

这项权力根据议会法案偶尔授予一位、两位或更多的治安法官，积累到一定程度，形成涵括广泛、极其重要的法域。他们如此众多和重要，正如威廉·布莱克斯通爵士所观察的，[2] 国家很大程度上服从于举足轻重的治安官，他们心地纯正、任劳任怨。由于这个原因，他们受到许多法令的保护，可忠实履行职责；对于许多无意的错误，可以在正式法院得到宽宏处理。另一方面，残暴地滥用权力将受到严厉的惩罚；关于有意或恶意的伤害的不利判决，推翻判决的所有人都可以获得双倍赔偿。

在英格兰，治安法官只因国王的喜好而拥有职位；根据宾夕法尼亚宪法，治安法官行为良好即可拥有职位。他可以因渎职、恶性犯罪或者参众两院的发言而被撤职。[3]

只要涉及刑事案件，民事诉讼法院的院长在他们的巡回区之内与其他几位法官在各自的县之内是治安法官。[4]

宪法中所暗含的这种区分使我们看到非常重要的治安法官权力分支。他在宾夕法尼亚拥有民事以及刑事管辖权，就财产权以及轻罪作出裁决。这个权力分支值得特别关注。

这个简便、常规、迅速的司法在每个良好的政府中都是特别关注的对象。为了实现如此引人关注的目标，在便利的地区分配司法权力是极其有益的。因而，这种分配在许多州都与其重要性非常相配。每个公民都应该一直受到法律及官员的照看和保护，司法系统的每个部分都应该在所有方面给予和相应地接受监督。

在雅典，有推事（Magistrates）职务，在几个地区当争议总额没有超过 10 drachms[5] 时，他们拥有司法管辖权。他们还审理攻击和斗殴的诉讼。[6]

仲裁人同样在雅典的司法剧院中扮演了非常重要的角色。有两种仲裁人。一种根据抽签选出，在他们自己的部落中决定要求超过 10 drachms 的争议。他们的判决不是最终的，因而如果争议的任一方认为他们自己受到了该判决的损害，他可以诉诸更高级别的法院获得救济。[7] 另一种仲裁人是当事人自己选择的决定争议者。对于这种仲裁人的决定，法律不允许上诉。但是他们要发誓作出公正的判决。[8]

[1] Wood. Ins. 80.

[2] 1. Bl. Com. 354.

[3] Cons. Penn. art. 5. s. 10.

[4] Id. art. 5. s. 9.

[5] 古希腊的银币名。——译者注

[6] Gil. Lys. & Isoc. 489. 1. Pot. Ant. 122.

[7] 1. Pot. Ant. 122.

[8] 1. Pot. Ant. 123.

我们已经看到和追溯了县组织的重要性。但是对于居民随时集会而言，县的范围太大了，因而应有下级分支。

在撒克逊人中，有一位地方官员叫作百户长（Hundredary），他掌管称作百户邑的郡分支。据我们发现，在塔西佗的著作中，[1] 这位推事在古日耳曼就有了，并明确提到了他的司法管辖权。就其职务性质而言，百户长有权指定百户邑法院集会的时间和地点；主持集会；执行法院判决。百户邑的所有成员起初都是百户邑法院的成员，在严厉惩罚的威胁之下，必须参加法院。然而，经验证明这是不便利的，因而，这个法院根据阿尔弗雷德大帝的法律进行了重塑。减少为百户长或他的执行吏，以及百户邑之 12 人；这 12 人要发誓不会冤枉无辜者，也不会放纵有罪者。它是一种混合法庭，同时拥有民事和刑事管辖权。许多小案件诉诸于它。它的程序很简洁，但是如果有人认为自己受到了其判决的不公正对待，他有权上诉到更高级别的法庭。在这个法院，出售土地和同一百户邑的成员间的其他重要交易被公布和确认。[2]

我们已经看到，在宾夕法尼亚，非常早就对县法院令人尊敬的组织给予了关注。在该省建立后的第二个开庭期，还对更具体的区域给予了关注。在每个区域中都规定，每年应该选择 3 人作为该区域的和平制造者。法令指出，其裁判可以作为有效的法院判决，当事人应该向如此选定的和平制造者签署关于争议事项的证明书。该证明书由县法院批准，和平制造者的判定是终局性裁判，与其他裁判一样在法院登记在案。[3]

在同一会期，还作出了进一步的规定，可以对穷人和小额事务适用快速审判。40 先令以下的债务应由案件发生县的任两位治安法官根据充分的证据听审和裁决。法官应向下一个县法院报告他们的裁判。如果得到该法院认可，这个裁判就被记录为良好的、有约束力的。[4] 因而小额债务事务在立法空白之前不断被提及。

在 1705 年，制定了一部法律，授权任一位治安法官审理 40 先令以下的债务。他对此的裁判是终局性的，不得上诉。[5] 这部法律已经被废止了，但是其原则被 10 年后的另一部法律所确认。[6] 正是这部法律依旧与 40 先令以下的债务有关。

根据 1745 年制定的一部法律，单一的治安法官的司法管辖权扩展了，从 40 先令以下扩展到了不超过 5 英镑。但是在行使这项扩张了的管辖权之时，使用了两项非常

[1] De mor. Ger. c. 12.
[2] Bac. on. Gov，42，43. 2. Henry. 241. 242.
[3] R. O. Book A. p. 29.
[4] Id. p. 34.
[5] Id. vol. 1. p. 154.
[6] 1. Laws Penn. 113，114.

有益的预防措施。根据当事人的要求，由当事人选择、法官确认的仲裁人应该听取和审查案件。根据他们的呈报，法官作出裁判。在所有案件中，除了根据仲裁人呈报而作出裁决的案件之外，可以向下一次民事诉讼法院上诉。对于上诉，法官应把他裁判的副本发给对案件拥有上诉管辖权的法院的首席书记。[1]

从革命时起，[2] 单一法官的司法管辖权扩展到不超过 10 英镑的债务。[3]

根据这个历史的演绎，可以推理出，治安法官的民事管辖权似乎由于宾夕法尼亚的立法机构而一度增长。起初，它是被谨慎而有保留地引入：40 先令以下的案件；被交给两位推事，而非一位；两位推事的裁判也不具有约束力，除非得到县法院的认可。同样的管辖权后来交给了一位推事，其裁决是终局性的，不得上诉。一位推事的司法管辖权从 2 英镑扩展到 5 英镑，又从 5 英镑扩展到 10 英镑，有两个预防措施，实际上我前面已经注意到。

---

[1] 1. Laws Penn. 305. s. 1. 307. s. 7. 8.

[2] 2. Laws Penn. 304.

[3] 根据 1794 年通过的一部法律（3. Laws Penn. 536.），根据 1745 年法令包括的规定和例外，治安法官的司法管辖权扩展到不超过 20 英镑的债务诉讼和其他主张的诉讼。对民事诉讼法院法官的判决，只有债务或主张超过 5 英镑的案件才允许上诉。如果债务或主张超过 10 英镑，在法官作出判决之前，任一方当事人都可以选择在民事诉讼法院审理案件。

根据目前的宾夕法尼亚宪法（art. 9. s.6.）："从今以后，由陪审团审判的权利不得侵犯。"这部宪法在 1790 年被采纳。当时，治安法官的司法管辖权（在他们之前，不得进行陪审团审判）限于债务和合同不超过 10 英镑的案件；即使是这些案件，一些主张未清算的赔偿金的案件被排除出他们的管辖。在侵权案件中，他们不拥有任何司法管辖权。1794 年的法律很早就反对上述宪法规定，即，"除非根据政府的一般权力"，"不得侵犯其权利"。（Art. 9. s.26.）在该法令在众议院通过时，众议院中值得尊敬的少数抗议这部法令。（Jour. H. Rep. 23d. Feb. 1793.）对这个问题的司法裁决没有出现。这个问题曾经拿到州最高法院，但是这部暂时的法律被废止了，法官拒绝作出判决。然而，立法机构对治安法官司法管辖权的添加一直继续。根据其最后一个会期（1804 年 3 月）通过的一部法律，撤销上述所有之前的法律，治安法官的司法管辖权扩展到不超过 100 英镑的债务和损害赔偿金的案件。（s. 1.）但是它宣布，他们的司法管辖权不应解释为扩展到根据不动产销售、转让合同或者根据婚姻承诺（s. 15.）的驱逐、财物发还的诉讼。在不超过 100 美元的出租案件中，他们有权强迫地主挪用公款或抵消承租人的正当账户，但是地主可以在法官面前进一步推进程序，用通常的方式，为了收支平衡而使用扣押财物的方法。（s. 12.）

如果要求没有超过 5 美元 33 美分，法官自己可以听取当事人的诉讼，作出裁判，该裁判是最终的裁判。如果要求超过该数量，而不超过 53 美元；如果双方当事人同意，案件应提交仲裁人，其裁定应该转交给法官，法官应该对此作出判断，该判断是最终的和结论性的。（s. 3.）如果当事人的任一方拒绝仲裁，法官可以听讼和裁判。（s. 4.）

如果案件由法官单独作出判决，并且要求超过 5 美元 33 美分，任一方当事人如果不满意裁判，可以上诉到民事诉讼法院；如果裁判是根据仲裁人的裁定作出的，并且裁定的数额超过 53 美元，他同样可以上诉。（s. 4.）出租案件不存在上诉，但是财物发还的补偿在该法令通过前应维持。（s. 12.）

这个法令没有得到地方长官的认可；在它成为法律交给他 10 天之内，他没有回复创立该法令的众议院。类似性质的法令在之前的两个会期获得了两院的通过，也被他否定，理由是这些法令与上述宪法规定相悖（他宣称，上述宪法是他坚定的立场，三思而后更加坚定），并且它们具有危险和压迫性的趋势。

根据这些情况，以及本注释前面所述，这个问题反映了后法的合宪性必须最不受质疑。还值得思考的是，对于后法的异议比对 1794 年法律更加强硬。因为根据前法，没有给予任一方当事人选择在法官作出裁判前在民事诉讼法院进行陪审团审判的权利，而后法则给予了这项权利。

根据 1799 年 3 月 1 日通过的一部法案（4. Laws Penn. 351.）（临时的，但是已经获得永久地位），治安法官还拥有关于对不动产或个人财产的侵犯恢复损害的诉讼的管辖权，并且该诉讼标的不超过 20 美元。Ed.

可以观察到，而且这个观察肯定是有价值的，事实，对事物最好的验证，一定无可置疑地支持这种管辖权；否则不会渐进地引入和扩展这种管辖权。但是这种观察的价值应该与另一种相对的观察相比较。

我们已经看到谁将行使这种管辖权，让我们现在看看将对谁行使——“针对较贫穷的人，”法律规定，“无法承担普通起诉的费用的人。”[1] 让我们假定，推事在行使终局性的管辖权时，推事能够对偏袒或枉法感到不安，那么由于他的不公或偏袒而遭受不幸的人将获得何种补偿？只有通过针对他的起诉。但是遭受不幸的人出现或被带到他面前，仅仅因为不能承担普通起诉的费用。难道针对拥有权力的推事的起诉（在他的同事面前应诉）更便宜？无法承担起诉费用的人能够以这种方式增强实力来承担起诉推事的负担么？被压迫者无声地承受压迫，就是遭受不幸的证明。

在制定目前的宪法之前，在宾夕法尼亚，这是一个非常受关注的问题。在该州，差不多个人财产的一半在革命年代成为司法判决的对象，而今由陪审团审判撤销，交给治安法官作出概括性的、唯一的裁决。在目前的宪法制定之前，被授予这种管辖权的唯一的推事不是由任何受尊敬的、负责任的官员任命，也不是由共同体的多数选择，在规定的或众所周知的时间，他们是秘密选出的，随时任命，没有规划。在一个案件来到被选出的法官面前时，又迫不及待地要再选法官，一方当事人可能投票他继续当选，另一方当事人可能没有这种投票资格，案件通常在这样的双方当事人之间进行。共同体中的穷人和无依无靠的人——最容易被压迫的人——最没有能力抗争，他们被绑缚到拥有权力的推事面前。的确，这是值得警醒的问题。

值得警醒的理由被目前的州宪法中有益的规定取消了。治安法官由行政长官任命，行政长官是由州的公民选举产生，对州的公民负责。治安法官只要行为良好可一直任职，不会由于不独立的地位而被诱使、屈尊地作出邪恶的判决。此外，他们习惯上受到民事诉讼法院法官的控制。这些法官在他们各自的县拥有与最高法院法官同样的权力，向治安法官签署移送令状，把其记录带到他们面前，也拥有同样的权利和司法职能。[2]

尽管值得警醒的理由现在不存在了，但是应该慎重的理由依然存在：由治安法官决定的财产权由陪审团审判撤除，这种情况依然存在。事实上，宪法暗示，这些推事应行使民事管辖权，但是将被行使的管辖权的条款和范围恰当地交由了立法机构的知

[1] 1. Laws Penn. 304. 305.

[2] Cons. Penn. art. 5. s. 8.

识和经验来决定。

或许我描绘的百户邑法院的远景与目前的问题不大相关，或许一段时间之后，把它们引入到宾夕法尼亚，经过修正，但不破坏其原则，并非不切实际。这种法庭不应被视作空想的改造，或者狂热的实验；它应该被视为接近阿尔弗雷德大帝设计的古代方案的智慧，符合于其卓越的、庄严的精神的制度。对于实现这种目标，立法机构完全胜任，因为宪法[1]授权它随时建立法院。

我现在已经通过许多宾夕法尼亚的法院巡视了合众国的法院。或许我这里应该因轻描淡写而道歉。让我叙述一个事件来将功补过，这件事是我在年轻时听到的。

在苏格兰的爱丁堡城堡，景色非常丰富、广阔和多样。一位附近受过教育的年轻的绅士开始巡游欧洲，留意他认为最值得记住的每一件事情。一天，当他到达罗马时，优雅的景色成为一个文学组织谈论的话题，他被介绍给了这个组织。在这些人当中，来自爱丁堡的人被提及；对于我们年轻的旅行者而言，介绍自然简短地涉及其区别和美妙之处。他们表现出非常高兴有机会了解每一个特别之处，粗略的介绍已经大大引起了他们的赞美。年轻人红着脸不得不披露了一个事实——尽管他生下来就住在那附近，应该非常了解，但是他从未留意过那里，因而完全无法通过描述满足这个组织的需要。一片静寂。这并没有打击年轻的旅行者。他立刻回到苏格兰，获得了关于在家乡值得了解的知识，他又去了更远的外国，寻找外国的独特之处。

其他国家和其他时代的制度毫无疑问值得我们精研。年轻的阿纳沙希思（Anacharsis）[2]的游记非常值得阅读和赞叹，其中斯巴达和雅典的政府与法律得到了美妙的描述。但是对于我们而言，合众国和宾夕法尼亚的政府、法律和制度应该是不变的标准，我们据此来比较其他国家的政府、法律和制度，我们怎能用未知的标准来比较呢？

因而，相信我所描述的事物的有趣性弥补了我的轻描淡写，我接下来分析合众国与本州的宪法和法律中的一些其他管辖权。

巡回法院组成了我们宾夕法尼亚司法系统的一部分，并且是非常有价值的一部分。有两种法院：初审（Nisi Prius）法院，审理民事案件中涉及的问题；高等刑事法庭（Courts of Oyer and Terminer）和清理定案法庭听审和判决刑事案件。

初审法院（the Courts of Nisi Prius）源自于最高法院，作为其辅助机构，行使非

[1] Art. 5. s. 1.

[2] 公元前6世纪，希腊作家。——译者注

常重要的司法管辖权。在几个县，它们决定所有民事案件的事实问题。它们被称为 Nisi Prius 法院是由于以下原因——开始于威斯敏斯特国会法庭的案件根据法庭进程指定在法庭公开审理，发回案件发生地的县的陪审团审理。但是对于禁止陪审团出席的令状，除非在预先指定的日期之前，巡回法官来到该县，否则不得出现这样的限制性令状。的确如此：案件涉及的问题是在恰当的县审理的；在陪审团必须出席和公开审理的当天作出裁决，交回上述法庭。[1] 通过这种方法，为当事人、陪审团和证人节省了许多麻烦和开支。[2] 通过这个智慧的安排，事实——即使在民事案件中也通常产生最重要后果的问题——调查在争议发生的县进行，有时在非常邻近的地方；而法律问题留给更适合于解决困难和重要问题的法院（由于其永久的地位）考虑。

初审法院在最高法院开庭期之间举行，[3] 是法官认为最方便人民的时间。[4]

如果由于非常方便，民事诉讼应该在案件发生的县审判；那就更有理由，刑事检控应该在犯罪发生的县审判。证言是最能证明犯罪的方式。但是在所有证明方式中，要求证人千里迢迢地出席，必然是最麻烦和昂贵的。从另一个角度看，同样非常重要的是，在罪行发生的邻近地方审判每一起犯罪，惩罚每一起犯罪。惩罚的一个伟大的设计是防止其他人效仿犯罪行为。当看到违反法律的人也见证了负面的结果（因此违法行为不能继续）时，这种设计才是最有效的。

在英格兰，犯罪一般由法官审判，他们根据国王的两项任命而坐堂。一是听审并判决；二是对全部在押犯人的清审定案。正如培根爵士告诉我们的，前者指派给巡回法官，以及其他在巡回区内最有资格的人。根据这一任命，他们有权听审和决定所有叛国罪、重罪和轻罪。但是这一任命没有给予他们不告而理的权力。第二项任命只指

[1] 4. Ld. Bac. 64.

[2] 3. Bl. Com. 59.

[3] 3. Laws Penn. 92. s. 1.

[4] 初审法院现在只在宾夕法尼亚县举行。在该州的其他县，它们被“巡回法院”的模式所取代，后者根据 1799 年国民会议的一部法令建立（4. Laws Penn. 362.）。

巡回法院由一位或多位最高法院的法官主持，由该法院的法官指定时间和地点，恰当地考虑人民的便利（s. 1.）。在大多数县，根据法官的指令，巡回法院一年召开一次，有时两次。

它们没有初审管辖权，但是有权签署最高法院法官根据其职务有权授予的移送令状、人身保护令和所有其他纠正令、令状和程序（除纠错令，裁判、指令或判决之后的移送令之外）。这样签署的令状和程序在巡回法院是可以退回的。对于县登记注册法院和孤儿法院，可以上诉到该县的巡回法院。（s. 3.）

巡回法院有权作出裁判、通过法令、判决执行，在任何案件中通常行使类似的权力，给予它们的司法管辖权非常丰富。尽管不像高等刑事法庭一样，他们有权审理任何移交给巡回法院的死刑或其他刑事案件、宣布判决、判决执行，如最高法院的权力一样丰富。

如果从民事诉讼法院、登记注册法院、孤儿法院移送的任一诉讼的任一方当事人不满巡回法院关于任何异议、特别裁决（Special Verdict，陪审团只提供已证明的事实，交由法庭进行判决）、判决要点陈述（Case Stated）、审判保留、停止裁判或进行新审判的动议，或搁置裁判、中止裁判、不裁判的决定，可以上诉到最高法院。（s. 4.）Ed.

派给法官本人、巡回法庭的助理人员。这一任命授权他们审理和释放每一个在押犯，不管他们所犯何罪，由哪位法官审理。但是，根据这个任命，他们只对在押犯行使权力。[1]

柯克爵士说，[2]根据王国的法律，这一任命的创立是为了保证人们不会被拘留很久，而能够获得充分和快速的司法。

听审并判决的任命不是普遍的，也是具体针对个人或犯罪发生地。[3]有时，根据紧急情况，国王会就刑事审判和清审定案发布特殊任命，只限于要求即刻调查和惩罚的犯罪。对此，诉讼程序与普通任命一样。[4]

宾夕法尼亚宪法宣称，[5]不应签署任何听审并判决和清审定案的委托状。此项权力应由政府的一般权力予以规定。在英格兰根据委任状而授予的权力在本州能更好地服务于公民的安全与利益。在几个县，最高法院的法官就其职务性质而言是听审并判决和普遍清审定案的司法者。在每个县，对于该县的重要违法行为和其他违法行为，民事诉讼法院的法官都以同样的方式进行庭审并判决和清审定案。[6]

我们已经看到，所有这些法官只要行为良好，可以一直任职。合众国最高法院和下级法院的法官的任期一样。在英格兰行使刑事管辖权与在合众国和宾夕法尼亚行使刑事管辖权的法官之间重要的本质区别，在我的前一篇演讲中得到了充分展示，[7]在那篇演讲中，我同时比较了合众国政府与大英政府。

你们经常听到普通法与衡平法、衡平法院、衡平管辖权和衡平权力的区别。

尽管衡平法院在美国或宾夕法尼亚不是单独存在的，但是值得密切关注。它在法学中占有重要的地位。

根据亚里士多德的说法，衡平被这样界定——“校正法律中的一般缺陷”。[8]在制定法律时，不可能详细规定或者预见每一种情况，因而按照立法者的原意根据情况解释法律，这是必要的。然而，这种解释应该极其慎重。轻率地纵容，法官就可能成为独裁者，而不是司法者。除非有最充分、便宜的理由，否则不得适用该种解释。适用解释的充分理由来自于法律的精神，或者主导立法机构制定该法律的动机。当在这个意义上理解衡平时，每个普通法院也是衡平法院。当在这个意义上使用衡平、适用法

[1] 4. Ld. Bac. 61.
[2] 4. Ins. 168.
[3] 4. Ins. 162. 163.
[4] 4. Bl. Com. 267.
[5] Art. 9. s. 15. 26.
[6] Cons. Penn. art. 5. s. 3. 5.
[7] Ante. vol. 1. p. 744.
[8] Gro. 366.

律解释时，这就是衡平的真正含义，是正确而合理的解释。[1]

术语以及术语的相对位置经常误导我们。当我们发现普通法院与衡平法院彼此相对时，自然会得出结论，前者判决不用衡平，后者判决不用普通法。然而，这个结论大错特错。

事实上，关于衡平法院，据说是根据规则的精神，而不是文字来裁决的。但是普通法院是否也可以这样说呢？二者不是同样要根据立法者的意图来解释法律，而不是在于如何表述么？在解释法律时，无论是严格解释还是字面解释，都没有唯一的标准，不能以同样的方式、以同样的效力采用。因此，我们发现普通法院与衡平法院没有区别。

假定，衡平法院独特的、唯一的业务就是审理诈骗、事故和信托。一种信托，事实上是一种技术性的、无价值的、有害的信托（我将在合适的地方表明），一种根据二手的限制而创设的信托，进入衡平法院，是根据普通法院的细化。至于其他信托，普通法院可以充分地、不受限制地审理，尤其是非常重要的、广泛的一个人为了他人的利益而接受的金钱信托。由于其有益的影响，基于这种信托的诉讼通常称为衡平法诉状（a Bill in Equity）。至于事故，也是在普通法院寻找救济：实际损失；支付、收款和账目的错误；记录的毁坏；各种其他审理。至于其他事故的救济，由普通法院审理是无效的，但是由衡平法院审理也是无效的。至于诈骗，它们同样是普通法院与衡平法院的审理对象；获得土地遗赠的诈骗总是由大法官法庭转交，根据普通法裁决。[2]因此，又一次，我们发现普通法院与衡平法院没有差别。

衡平法院一度被描绘成不受先例或规则的约束，而是根据大法官对具体案件的情绪而任意裁断。但实际上，先例与规则控制着大法官法院，正如它们控制普通法院一样。判决通常正是基于尊重一系列先前的判断。因此，又一次，我们发现衡平法院与普通法院没有区别。财产规则、解释规则和证据规则都是一样的。两类法院的管辖系统也是一样的设计，同样是基于同样的正义和制定法原则。

让我们进一步观察，不同法院所运用的法律与衡平之间的区分，目前还不为人所知，此前在任何国家似乎也不为人所知，除了英格兰，还有其殖民地曾效仿过英格兰的实践。即使在英格兰，正如我们看到的，自古以来，最高法院管理着整个王国，根据衡平法和普通法实施公平正义。我们的古代作家，如格兰维尔[3]、布莱克顿、弗利塔

[1] 3. Bl. Com. 429.

[2] 3. Bl. Com. 431.

[3] Ranulf de Glanvill（？ -1190 年），亨利二世统治时期英格兰的首席司法官。他的名著是《论英格兰的法律与习惯》（Tractatus de legibus et consuetudinibus regni Anglie，Treatise of the Laws and Customs of England，1187-1189 年）。——译者注

和布林顿（Britton）[1]，我们发现，他们当中无一人提到大法官法院的衡平司法。当最高法院变得笨拙，分为许多地区法院之时，独立于普通法院的衡平法院并没有进入到分划的最初计划。[2]

那么，这种独立的衡平司法在英格兰是从何时开始变得如此广泛和重要的？在何种意义上，它不同于根据普通法的规则和原则行使的司法管辖权？这些问题值得充分和认真地回答。

在早期，英格兰的衡平大法官不过是内阁官员。他是国王的秘书长。在这个意义上，他负有唯一职责书写国王的书状。也是由于这个职责，他获得了签署国王令状的唯一权力。[3] 这些令状不仅把被告带到法院，而且赋予法院对该案件的管辖权。因为在诺曼征服之后不久，没有国王的令状，任何诉讼不得在国王的法庭进行，这成为普遍规则。[4] 随着案件和案件种类的增加，大法官越来越多地签署令状，构造新令状，指示普通法院，以授权它们在这些案件中作出救济，此前它们无法给予任何救济。

关于这个问题，我们发现了早期的立法规定。[5]"在一个案件中，当大法官法院创建了一个令状之时，在类似的案件中，根据同样的权利可以要求同样的救济，如果没有令状先例，大法官法院的职员将被指示构造一个新的先例。如果他们没有达成一致意见，问题将推迟到下一届会议，令状可以根据法学家的意见而形成。"这条规定的制定，"是为了防止国王的法院无法为起诉者提供充分的正义"。这里我们看到，大法官法院的建立完全是一个重要的短期会场。然而，所有这些令状在法院都是可以撤回的。在当时，大法官法院本身不被视作法院：他总是仅仅被视作行政机构。[6]

在理查德二世统治时期，我们刚才独到的规定被适用于无法预见的目的。王国的习惯——不是财产方面的，而是对财产利益的人为的、费解的主张，我后面将仔细讲解——开始出现。这些习惯的确立对于神职人员而言是有利的：因为它规避了永久营业的法令。为了实现这一目标，索尔兹伯里主教、当时的大法官约翰·沃尔瑟姆（John Waltham）[7] 根据对于法律牵强的解释，为了强迫封地受领人说明土地的收益，设计了传唤令（Writ of Subpoena）——大法官法院司法管辖的有力工具——而且在大法官法

[1] 可能指 13 世纪后期佚名作者所写的法律文本。第一本英国法律书就是用诺曼法语写就，而不是用拉丁语。——译者注

[2] 3. Bl. Com. 49.

[3] Millar. 469.

[4] 1. Reev. 66.

[5] St. 13. Edw. 1. c. 24.

[6] 1. Reev. 43.

[7] 1386–1389 年任玉玺保管人，1391 年到他 1395 年去世，任财政部长。——译者注

院可以撤销。[1] 在承担这种案件的司法管辖权方面，大法官是成功的，后来他把管辖权扩展到了其他案件；在爱德华四世时，传唤程序成为法院的日常程序。这也是大法官法院衡平司法的起源。

我们以前对衡平法院和普通法院以及衡平司法和普通司法的描述，与今天和过去几百年或者绝大部分时间的英格兰大法官法院和普通法院的实践与程序是一致的。但是这种描述并不适用于更远时期的这些法院的实践和程序：在更远的时期，衡平法院被视作拥有任意的权力。“衡平，”塞尔登先生说，[2] “是一件无耻的事。对于法律，我们已经有了标准：知道该信任什么。衡平是根据大法官的良心；可宽可松，这就是衡平。正如设定大法官的脚的标准一样，这将是一个多么不确定的标准！有的大法官脚长；有的脚短；还有的不大不小。大法官的良心也一样。”同样，尽管没有明确表达，或许是以类似的方式，当时的重要律师的感受也是一样，如斯佩尔曼、柯克、拉姆巴德（Lambard）[3]，甚至伟大的培根，[4] 他自己便是大法官，在所有人中，他似乎最能理解那个职位的性质。事实上，这是所谓的大法官法庭的幼年期，其管辖权还未确立，部分由于对法律的无知，部分由于野心和贪恋权力，当大法官冒称这种不受限制的权力时，就注定要被他们的后继者完全抛弃。

在我们提到的更远的时期，一方面衡平法院充当并且被视作拥有任意的权力，另一方面，普通法院遵照狭窄的、不公正的原则行事。[5] 如果普通法院法官一直是自由的，大法官法院就不会膨胀成目前的样子。“我一直认为，”这位能力出众、学识渊博的法官说，[6] “此前在普通法院，法官的思考方式极其有限；衡平法院的兴起，是因为法官没有恰当地适用普通法原则，而是狭隘地局限于古老的案例和格言，严重妨碍了公众获得法律的益处。”这种受限的思想在很长时间里在普通法院占主导地位，必然使大量起诉者进入衡平法院寻求救济。衡平法院的大门一直向他们开放。

我举一个熟悉的、显著的例子。我认为，对于英格兰和那些采纳英格兰法的国家，双倍债券——按照双倍金额处罚——是一种特殊手段。起初设立它是为了规避荒谬的章程，该章程禁止货币借款的利息的收支。由于法律不允许利息，当债务人没有

---

[1] Millar. 475. 3. Bl. Com. 51.

[2] Table talk.

[3] 1536—1601 年，英国法学家，著有 Archaionomia（1568），Eirenarcha（1581）和 Archaion（1591）。——译者注

[4] Millar. 477. 3. Bl. Com. 433.

[5] 3. Bl. Com. 433.

[6] Lord Chief Justice Wilmot. 2. Wils. 350.

在规定的时间履行协议时，普通法院的惩罚被视作真正的债务，裁判相应地作出惩罚。随着业务和贸易的扩张，收支利息的必要性和正当性日益明显，并且被法律允许；在亨利八世统治时期，国会的法令宣布，债务或者贷款本身是“公正的”，应附加义务。人们自然地假定，这种立法宣布是普通法院改变此前裁判所依据的原则的充分权威。但是思想狭隘的法官则不这样认为，他们在意识上和技术上都坚持既定的先例，拒绝考虑支付充分补偿债务的本金、利息和成本。在衡平法院，更自由的精神占主导地位，根据“公正和真实的意图”，这种手段仅仅被视作对实际应付金钱的保证，根据款项而履行。但是在这种情况中，普通法院依然固执地遵从他们的先例，甚至直到本世纪，国会最后被迫提出，长期在衡平法院实践的未来也应该在普通法院实践。[1]

我们现在看到了在英格兰独立的衡平司法管辖权产生的过程。

然而事实上，在许多情况中，根据先例和判决的一般原则，普通法院和衡平法院在过去的一个世纪中逐渐彼此接近。一些杰出的律师不断填充着大法官法院的席位，把衡平体系塑造成一个常规的科学，正如法律科学一样，不经过学习和实践，就不可能获得。在普通法院，许多同样出色的律师逐渐吸收了扩大了的、开明的原则，普通法与衡平法一样受这些原则的支配和启示。在大法官法院，有一句格言，衡平追随普通法。在普通法院，采纳一项原则或规则的强大理由是，这项原则或规则曾被大法官法院采纳。其权限也尽可能地彼此效仿，以最有效地获得确定、和平与正义的伟大目的。实际上，赋予衡平法院管辖权的每一个衡平法案的建议依旧是因为，原告在普通法院无法获得救济。但是认为大法官法院决定的案件多样且广泛的人，一定满意于这项建议现在仅仅是虚构，实际上是模仿此前的实践。

我们现在准备回答第二个问题，是在很久之前提出的——在何种实际意义上，大法官法院的司法管辖权不同于根据普通法的规则和原则行事的管辖权？

正如我们已经看到的，它们的区别不在于财产、证据或解释的规则，不在于司法或制定法的规则。然而，它们的区别在某些方面依旧是实质性的，应该知晓。

关于证明模式的区别。根据普通法规则，作为一方当事人，不得作为己方证人，因此他不可能被迫成为不利于自己的证人，或者提供不利于自己的证据。但是衡平法关于这个问题更加复杂和精细。如果被告知道关于他的主张的充分理由，他既不应该隐瞒，也不应该拒绝提供。如果没有行为不当，他可以毫无保留地、公正地宣布他的所作所为。如果他的行为是欺骗性的，欺诈行为不应该获得保护；如果他可以隐瞒，

[1] 3. Bl. Com. 435.

就获得了保护。由于这些原因，当关键事实仅仅依赖于此方当事人的信息时，衡平法院将根据誓言检视他的交易的真实性。

在商业交易中，这种证据发现模式尤其合理、重要。在这种交易中，当事人一般相距遥远，因此他们的合同不可能在有证人在场的情况下订立。在这种交易中，每一方当事人都坚持或者应该坚持记日记或者账目，另一方自然很大程度上依赖于这种记录的真实性和准确性。

由于这种证据发现模式不为普通法院所知，衡平法院与普通法院一起获得了对所有账目事件的共同管辖权。由于同样的原因，它还获得了对于欺诈事件的管辖权，以及通过欺诈或隐瞒而获得的普通法裁判。

在普通法院，审判是由陪审团进行的。这种审判要求，证人应该口头作证，并且在公开的法庭上。但是在衡平法院，审判模式是质问证人，在他们的所在地记录他们的证言。由于这个原因，当证人在国外或者打算出国或者由于年龄或身体原因不能出庭时，大法官法院自己就可以通过委托来取证。

当订约或毁约之时，普通法院只是对于违约施以赔偿金；但是衡平法院将判决具体的履行，它同时撤销契约、要求销售并且转让土地。[1]

这就是衡平法院的管辖权本质上不同于普通法院的原则，尽管不是唯一的要点。我根据它们一直被看待的视角谈论这些管辖权。据我所知，有一个特殊的视角，还没有从这个视角看待过它们，但是我将立刻提醒你们注意。

同时，应该考虑一个让最杰出的法律作家头痛的问题。根据衡平法的管辖权和根据普通法的管辖权是否应该交给同一个法院，还是应该在不同的法院之间区分？

培根爵士认为，它们应该分离；而凯姆斯爵士（Lord Kaims）认为，它们应该合并。这都很自然。培根主持一个独立的法庭；凯姆斯爵士是联合司法的法官。让我们注意他们的论断：这些大师的论断表明了充分的意见，即使我们无法苟同。

培根赞成在几个法院之间分割管辖权的理由是，如果这些管辖权交给一个法院，它们之间的区分很快就将消失，因为任意将很快与法律权力同行。[2]

凯姆斯爵士承认，在法理学中，衡平法与普通法之间明确的界限毫无疑问非常重要，因为非此，我们将无法期望公正的判决。他补充道，不确定某个案件是属于衡平法还是普通法的法官，不可能对于应该作出什么样的裁判拥有清晰的概念。但是，另

[1] Millar. 482. 3. Bl. Com. 437.

[2] 1. Ld. Bac. 253. Aph. 45.

一方面，不可以认为，划分不同法院与每一个提起诉讼的人密切相关，因为在他提起诉讼前，他必须冒险作出抉择——这个案件是由衡平法还是由普通法管理？从来没有最充分的知识足以防止关于这个问题的不便之处：因为，尽管它可能非常熟悉他自己的要求，但是他不可能准确地预见辩方，也不可能区分辩方是根据普通法还是衡平法。根据他的观点，衡量这些不同的主张，占有优势的方法似乎是支持联合管辖权。联合管辖——试图混合普通法与衡平法——的唯一不便之处是需要构建一种救济，跨越它们的界限；而分立的管辖权的不便之处是承认没有任何有效的救济。[1]

这些伟大的人们都同意一点——普通法与衡平法的区分一定应该保持，其中有人甚至建议应该严格区分它们的界限。出于对权威的尊重，值得检视，在人和事都变动不定的情况中，试图确定普通法与衡平法的永久分界线是否是徒劳的或不切实际的。我倾向于认为，这个界限的确立必然根据不同的环境而改变——财产状况、技艺的改善、法官的经验、人民的素质。

在野蛮年代，法官的第一个判决可能来自于他们的直觉。换言之，来自于对衡平的考量。在他们实践的过程中，许多类似的案件相继发生，对于这些，类似的判决自然产生。因而，许多先例的引入来源于习惯的权力，借此获得权威和尊重。一般规则逐渐形成；确立这些规则的有效性成为关注的目标。然而，有时会发现这些规则对于进一步的实践来说过于狭窄了；在另一些时候，又过于宽泛了。在所有时间都严格遵循它们将是在法律许可之下的非正义。为了避免这种令人担忧的恶，对于非常情况，不适用一般的准则，而是像最初一样根据正义的直觉作出判决，这被认为是可取的。以这种方式，衡平法和严格的普通法之间的区分可以作出：前者包含了既定的规则；后者包含了例外。

但是当例外增多时，其中许多还是类似的，因而需要类似的判决。这些类似的判决及时地产生了新的规则；这些新的规则反过来又产生了新的例外。

如果这种考虑是正当的，似乎也是自然的，那么普通法与衡平法就处在连续衔接的状态中，前仆后继。现在由严格意义的普通法占据的位置此前是由衡平法占据；现在是由衡平法占据的位置此前是由严格意义的普通法占据。

根据这种观点（也是一种有趣的观点），衡平法可以被认为是把普通法引向精致、完美状态的指挥者。

根据这种观点，我们可以容易地发现，每一个普通法院也应该是衡平法院，因为

[1] Prin. of Eq. 49.

每个制度都应该追求尽善尽美。

根据这种观点，我们还可以轻松地发现，每一个衡平法院都会逐渐变成普通法院，因为其起初自由裁量的判决会逐渐受到一般原则和规则的指导。在英格兰，大法官法院逐渐失去了其最初的任意的特征，而接近于普通法院。因而，又一次，在英格兰，普通法院具有自由时代所激发的改进精神，扩大了它们判决的权力，进驻到了衡平法的范围内。

它们之间依然不同，具体之处很重要，但是我觉得没有理由认为大法官法院的独立权力不能转移给普通法院。

迫使一方发现证据的权力完全可以附加给普通法院。在某种程度上，已经根据合众国的普通法这样做了。在审判根据普通法的诉讼中，全国政府的法院被授权要求当事人在能力所及的范围内提出书面证据，而在大法官法院，他们可能要根据一般规则被迫提出证据。[1]

对于合众国法院和宾夕法尼亚法院，授权对外国的、免职的或犹疑不决的证人进行讯问的权力很平常。

我认为，具体执行的权力在严格意义上起初是根据普通法的权力。事实上，在一些黑暗的年代，行使这部分权力在大多数情况中都被废止了，也未重生，但是在古代，它发挥了很大作用；在一种情况中，它被认为在今天依然发挥着功效。我通过实例来增强我的论点。

罚金或者庄严的协议获得承认并且记录在案，是普通法的古代遗物。我认为，一般而言，它们只在关于土地的诉讼中发生。但事实毫无疑问是其反面。罚金在其他诉讼中被执行。如果一方当事人违反协议，关于此的诉讼就开始了。当双方都出现在法庭上，如果他们都承认协议，或者如果协议由法官阐明，并且被他们的记录所证实，那么违反协议的当事人就由国王发落，并且被扣押，直到他为未来履行给出良好的保证——或者是经协商一致的具体的事物，或者在某些情况中是等价物。[2] 宣判具体履行的权力还能比这表达得更加清晰或有力么？这种情况是指亨利二世统治时期的情况。

在爱德华一世时期，我们发现，在一些情况中，根据因违反盖印合同请求赔偿损失的令状（a Writ of Covenant），可以恢复土地，在这种情况中，它是一个真正的

[1] Laws U. S. 1. cong. 1. sess. c. 20. s. 15.

[2] 1. Reev. 119.

诉讼；在其他情况中，只能恢复损害，属于人身诉讼。前面的因违反盖印合同请求赔偿损失的令状一般而言施加罚金。[1] 关于土地合同的诉讼同样发生在爱德华二世时。一般认为，这种诉讼适合于恢复继承对于土地的绝对处理权（a Fee Simple）或者土地权力的期限。[2]

这个主题可以追溯到爱德华三世统治时期，我们发现，根据因违反盖印合同请求赔偿损失的令状，可以施加大多数罚金。但是，当时因违反盖印合同请求赔偿损失的令状通常意味着假定的交易。在这种情况中，因违反盖印合同请求赔偿损失的令状实际上具有转移土地的效果，因而产生了具体的后果。[3] 至于罚金，一直沿用到今天。

我认为，我已经证明，裁判具体执行的权力在严格意义上起初是根据普通法的权力。

取消契约的权力以及要求销售和转让土地的权力可以仅被视为强制具体执行的权力的分支。

在迄今所有重要的法理学观点中，我们没有理由认为，大法官法院会对合众国或者本州的司法体系带来任何实质性的改善。

然而，还有另一种观点应该被考虑。如果我没有错的话，根据这种观点，大法官法院的确立对于合众国和宾夕法尼亚都将是一个重要的时刻。

军事权力长期控制人们：我们希望，更和平和良性的影响能够取而代之。我们相信，在未来，人们不会彼此敌视，相互拆台，而是友好相处，共同促进繁荣、德行和人类福祉。

我们天真地期望，战功不会成为未来歌曲的主题。农作、艺术和商业等更为愉悦的主题将占据天才们最有才华的创作。

商业是我们目前关注的。其增长是每一个良好明智的政府的中意目标。保护商业和外国商人从事商业是英格兰自由大宪章的一个条款。如此有益和人道的规定得到了雄辩的孟德斯鸠的最热情颂扬。关于这个问题，他侃侃而谈、滔滔不绝；鄙人的目标是娓娓道来。

商人法和战时法构成了国家的一般法律的分支。自然可以推论出，商业和战时交易应该成为独立的司法管辖的目标；我们应该看到商业法院和海军法院。海上事务应该特别审理，海外的事务难道不应该特别注意么？

[1] Id. 477.

[2] 2. Reev. 33. 147.

[3] Id. 173.

在前面提到的过去的野蛮时代，我们希望这个时代不再，国家之间只有敌意；但他们的敌对行为也接受了法律的审判，并且适用于恰当的司法管辖。由英格兰高级治安官和纹章院院长主持的骑士法院审理战事条约和行为、国土外的战争，以及王国内与战争相关的事情。[1] 当战争涉及总贸易时，这个法院会非常重要并且享有很高的声誉。柯克爵士称它为“光荣的法院”。当商业在战争发生地进行时，商务不应该在军事机构解决么？

在之前的年代，对于商业，我们还发现，法院组织的建立明显是为了保护和鼓励商业，它后来也是如此运作的。这主要是在市场和公共集市中，在那里商人亲自从事货物交易。那时把财产大量委托给外国商人还并不常见。

早在亨利三世统治时，我们发现，当原告值得特殊尊重或拥有特权时，程序拖延和仪式免除了。如尊贵的人或商人，他们频繁地离开王国。[2]

爱德华一世经常被称为英国的尤士丁尼。我们会发现，在他统治时期对于商业利益的恰当关注。我们的期望不会落空。在他统治时期，确立了商业法令。

在商业交易中产生的急迫要求使得法律的拖延和精确不合时宜，有时对于信用和财富甚至是致命伤。据说，这使得许多商人离开英国。依旧留在英国的人申请，应用快速程序在规定期限内收回他们的债务。顺从他们的申请，国会提出下述方法，保证了即刻偿还他们的债务。商人应把其债务人带到法律规定的地方官员面前，承认债务以及偿还时间。这种承认会记录在案。如果债务人没有在指定时间偿还，见证此种承认的官员将依债权人申请立即强制出售债务人的动产和能转让的土地，根据诚实之人的评估，出售数额与债务相当。如果财产售出，就能立刻偿还债权人；如果财产没有售出，就根据估价转交给债权人。如果由于偏向债务人，对于物品估价过高，评估人自己必须弥补差价，补足对债权人的欠款。[3]

在英格兰，商业一直受到国王的资助、议会的鼓励。在爱德华三世统治的第 27 年，制定了著名的《贸易中心法》(Statute of the Staple),是规定在贸易中心或大的市场 (随后在英格兰建立) 进行商业交易的最完整的法典。

由于这个市场在本质上是为了迎合外国商人，是与外国人的理念相一致的一种模式，适应了商品交易的本质，因而被司法所采纳。据规定，可以根据他们自己的理念裁决争议，任何威斯敏斯特大厅的法院或其他法院都不能干涉贸易中心的行政长官和

[1] 4. Ins. 123.

[2] 1. Reev. 295. 296. 300.

[3] 1. Reev. 405.

治安官的管辖权。在市场所在地，行政官员审理与市场有关的人和事。所有来到这里的商人及其仆人在所有关于市场的事情上都由商人法控制，而不是由普通法，也不是由城市、市镇或镇的习惯；他们也不会在这些城镇的长官面前就市场事务进行控告或被控告。外国商人没有理由控诉任何人，任何人也没有理由控诉外国商人，每时每刻都在进行着快速司法。

在贸易中心订立的契约将被严格遵守，按时付款，程序类似于商人法令的规定。贸易中心的行政长官有权进行类似的债务承认程序；根据这些承认，可以进行类似的程序。这种承认也在贸易中心法令中获得了地位。[1]

据规定，在每一个贸易中心城镇，行政长官都应该熟悉商人法，他应该胜任于处理这种重要的委托。[2]

如果我们参考古代国家的制度，我们会发现，法庭也是为了裁决商业事务而建立的。行政长官，称为 ναυτοδικαι，在雅典对于商业事务拥有司法管辖权。[3] 在罗马由外事官裁决这些事务。[4] 即使在西罗马帝国覆灭后，审理商事诉讼的法院机构依然在许多地方存在：[5] 集市和市场拥有特殊的司法管辖，针对发生争议作出快速的裁决。

合众国拥有最广泛的商业前景。它幅员广阔、地大物博、物产丰富，足以交换欧洲和亚洲的制造品和加工品。其政府的本质有利于贸易，因为它支持平等和工业——贸易可以依赖的唯一支柱。公债、金融学和政府的政治观点介绍给每个欧洲国家的，关税的冗长名单，在很大程度上还不为美国的港口所知晓。事实上，它们不拥有为公共和私人的国外贸易形成先例的习惯的优势，但是作为对这点的弥补，它们免于了习惯自然会伴随的不便——我意指思想局限、创造力匮乏。为了改善机会，趋利避害，它们通过商事司法的自由体制从事商业。

这些对合众国环境、义务和利益的观察，非常适应于宾夕法尼亚的环境、义务和利益。

正如我们所见，在其他国家，商业被视作值得公众关注的事物，司法管辖的建立是为了审理和裁决商事案件。在合众国和宾夕法尼亚，与其他与财产有关的争议一样，

[1] 2. Reev. 71.
[2] 2. Reev. 75.
[3] Bouch. The. Com. 134.
[4] Id. 138.
[5] Id. 140.

商事案件以同样的方式审理，通过同样的法庭，以同样的成本和同样的拖延。这注定经常会产生最严重的弊端。

在革命前，对于所谓的国际商业，在很大程度上，我们是陌生人。同样的商事法体制遍及大不列颠和它的殖民地。因而，承认外国人证词、鉴别外来交易的规则仅仅是最近才更多考虑的问题。它们远未清晰准确，现在已经必不可少。但是应该尽早确定、详细说明、简单明了，这对于避免欺诈是必要的。

不应该进行大的革新，明智和温和的体质很大程度上一定来自于实践。但是应该及早建立基础。它们应该广泛、深刻、简洁，足以支撑现在和未来将要建立在之上的宏大结构。

为了商业目的而形成和组织的大法官法院要实现的重要目标现在开始出现在我们的视野中。从这个图景中，我们看到，大法官法院的建立似乎对于合众国整体以及具体的宾夕法尼亚州非常重要。

我确信，由此不会假定，我对于陪审团审判不友好。我喜欢、赞美它，但是我的喜欢和赞美来自于恰当的原则：我是因理性而喜欢和赞美。滥用它，才是对这个神圣制度的亵渎。让它保持纯洁，让它保持魅力；但是要保持，必须按照建立陪审团的精神和目的，进行精妙的调整。其真谛应该被传扬和集中：如果它被适用于外国的和非自然的事物，其作用将很快瓦解。

让我们专注于商业交易的本质。根据普通法，账目不会被带到陪审团面前接受审判。事实上，当事人应该考虑，一般问题是提交给陪审团决定的。但是账目的调整是提交给审计员，而不是陪审团审判。对于账目中的任何项目，如果审计员不能达成一致；或者，如果达成一致，当事人不满意，那么，对于每一点，都可以提起诉讼，该问题必须由陪审团审判。以这种方式，一百个问题可以是同一个起因，由许多陪审团单独审判；但是有争议的账目的一般陈述依旧是在审计员面前进行，由他们形成对于整部账目的一般结论。这种根据普通法清算账目的模式明显有许多弊端和拖延。由于这个原因，账目诉讼在很大程度上被废止不用。在英格兰，未决的、提起账目诉讼的当事人拥有向大法官法院的求助权；在宾夕法尼亚，可以向仲裁人或者扮演仲裁人角色的陪审员求助。

源于需要恰当的商业论坛的无数困窘，已众所周知，为律师席和集市的绅士们强烈地体会到。

由于对这些印象深刻，被任命来报道最近的宾夕法尼亚会议的宪法动向的委员会，在他们的报告中，包含了建立大法官法院的计划。该会议认为，把该组织固定作为宪法的一部分是不恰当的，但是可以赋予立法机构充分权力采纳该组织或者类似的组织，并且根据情况明智地进行设计和改造。

由于对我见到的和经历的这些事实印象深刻，我认为，把这个重要的问题充分呈现给你们是我的义务。从商业的视角看，宾夕法尼亚，尤其是其都会，吸引了大西洋两岸的热切关注。每一位宾夕法尼亚的朋友，每一位其都会的朋友，每一位商业利益的开明的朋友，都一定热切地希望看到它的商业组织是完整的。这些观察在更广泛的意义上也适用于合众国，因而获得了更大的重要性。

（毕竟悦　译）

论 司 法

（《联邦党人文集》第78、80、81、83篇）

亚历山大·汉密尔顿

第78篇　司法部门

1788年5月28日

我们现在检视拟议中政府的司法部门。

通过展示现有邦联的缺点，一个联邦司法机构的益处和必要性凸显了出来。无甚必要重述敦促建立司法机构的考虑，因为这一机构的恰当性在抽象的意义上毫无异议。唯一的问题与其组建方式和权限范围有关。因而，我们的观察将限于这些问题。

组建司法机构的方式包括以下几个问题：第一，任命法官的方式；第二，法官的任职期限；第三，不同法院间的司法权划分，以及它们彼此的关系。

第一，关于任命法官的方式：这与一般意义上任命联邦官员的方式相同，已在前两篇文章中详细地讨论过，这里没有什么好说的，任何赘述都是无用的重复。

第二，关于法官的任职期限：这主要涉及其任职长短，对他们薪水的规定，以及他们的责任。

据制宪会议的方案，所有合众国任命的法官只要行为良好，即可一直任职，这与评价最高的州宪法的规定一致，也与纽约州的宪法规定一致。此项规定的恰当性也遭到了宪法草案反对派的质疑，这显示，他们反对的情绪扰乱了他们的情感与判断。地方司法官员持续任职的良好行为标准的确是政府实践中最有价值的现代革新之一。在君主政体中，这是对于君主专制的最好抵制；在共和政体中，这同样是对代议机构越权及压制的最好抵制。这是任何政府可以设计的最好的权宜之计，以保证司法的稳定和公正不阿。

认真考虑权力的不同部门的人都一定会觉察到，在一个权力部门彼此分立的政府里，从其功能的本质而言，司法总是对于宪法中的政治权利危险最小的部门，因为它最没有能力干扰或侵害政治权利。行政部门不仅分配荣誉，而且拥有军队。立法部门不仅掌握钱袋子，而且制定关于公民权利义务的规则。相反，司法部门对于军队和财政都没有影响力，既没有发布命令的力量，也没有发布命令所依凭的社会财富，无论如何都不能采取积极的行动。可以说，司法部门既无强制，也无意志，只有作出判断；司法部门要实现其裁判的效力最终依赖于行政之臂的协助。

这个简单的观点预示着几个重要的结论。它无可辩驳地证明，司法部门是 3 个权力部门中最弱的一个，与其他两个部门无法比拟，（注：大名鼎鼎的孟德斯鸠谈到它们时说："上述 3 种权力中，司法部门几乎没有什么权力。" Spirit of Laws，vol. I，page 186.）它从不曾成功地反对其他两个部门。为了使它抵御其他两个部门的攻击，所有可能的留心都是必要的。上述观点还证明，尽管个别压制可能偶尔来自法院，但人民的普遍自由从未受到这个部门的威胁：我的意思是，只要司法部门仍旧真正地独立于立法和行政。我同意，"如果裁判权不独立于立法权和行政权，就没有自由可言"。（注：前注，页 181。）上述观点还证明，也是最后一条，自由丝毫不必担心单独的司法部门，而应高度警惕司法与其他部门的联合。这种联合必定令司法依赖于其他部门，尽管名义上和表面上是分权的。由于司法部门的天生软弱性，它将面临与它平行的分支的打压、恐吓与影响的持续威胁。除了司法官永久任职之外，对于其坚定性和独立性别无他法，因而司法官永久任职将被恰当地视为宪法中不可或缺的要素，很大程度上也可视为公共正义与公共安全的支柱。

在限权的宪法中，法院的完全独立尤其关键。根据我所理解的限权宪法，它一定包含对立法权力的某种具体排除规则。比如，立法机关不得通过剥夺财产和公民权利的法案，不得通过溯及既往的法律等。在实践中，只有通过法院这个中介才能保证这种限制的实现。法院的职责必定是，宣布所有与宪法的明确意旨相悖的法案无效。无此，所有特定权利或特权的保留条款都将形同虚设。

对法院因违背宪法而宣布立法机关的法案无效的权利的某些困惑源于一种想象，认为这一准则意味着司法权优越于立法权。一种反对的主张认为，宣布其他机关法案无效的权力必定优越于被宣布其法案无效的机关。在所有美国的宪法中，此项准则都具有极其重要的意义，所以对其理由的简单讨论是必要的。

被授权的机关的法案如与其使命相悖则无效，这是再明确不过的原则。因而与宪法相悖的立法机关法案不可能有效。否认这一点也就是认为，代理人重于其委托人；仆人高于他的主人；人民的代表优越于人民本身；行使权力的人不仅可以做未被授权之事，而且可以做被禁止之事。

如果有人认为，立法机构本身就是它们自己权力的宪法裁断者，其自行制定之法对于其他部门是终极性的，那么可以这样回答他们，这并非自然之理，无法从宪法条文中找到任何根据。不能设想，宪法意在使人民的代表以其意志取代选民的意志。更为合理的设想是，除其他原因外，法院的设计意在成为人民和立法机构之间的调停人，以使立法机构在其职权范围内行事。解释法律是法院正当的、特有的职责。宪法实际上是，也一定是被法官视为基本法。探明宪法的含义以及立法机构制定的任一法案的含义就是法官的应有之责。如果碰巧两者之间有不可调和的矛盾，则自然以具有优先义务和效力的法为准。换言之，宪法权利应该优先于法律，人民的意愿优先于他们的代表的意愿。

这一结论绝不意味着司法权优越于立法权。它只是认为，人民的权力优越于这二者。一旦立法机构公布的法律的意志违背了人民公布的宪法意志，法官应该遵从后者，而不是前者。他们应该根据基本法而不是非基本法进行判决。

在决定两个相互冲突的法律时的司法裁量权的行使体现在了我们熟悉的一个情况中。这种情况经常发生，同时存在着两部法律，彼此完全或者部分冲突，都没有关于废止的条款或表述。在这种情况中，清理和确定法律的含义与实施正是法院的职责：通过恰当的解释使它们彼此一致。如果这样做不可行，共同运用理性和法律使一项法律有效、排除另一项法律就成为必然之事。法院决定两部法律是否有效的规则是，后法优于前法。但这仅仅是解释原则，不是来源于任何实在法，而是源自于事物的本质和理性。法院所使用的这一规则并非立法规定，而是根据真实性和恰当性，法院作为法律的解释者自己采纳以指导自身行为的规则。法院认为，具有同等效力的互相冲突的法案之间，表达最后意志的法案优先。

但是至于效力不同的互相冲突的法案，一个是根据原初权力，一个是根据派生权力，那么事物的本质和理性所指示的应遵循的恰当规则与上述规则相反。它们教导我们，具有更高效力的在先的法案优先于效力较低的、从属性的在后法案；相应地，无论何时某项法律违背了宪法，法庭有义务遵循宪法，而不顾前者。

认为法院可能会公报私仇，以自己的喜好取代立法机构合乎宪法的意图，这种说法无足轻重。在两项法律冲突的情况下，这也可能发生；或者在每一次对单一法律的裁断时，这也可能发生。法院必定要宣布对法律的认识；如果它们以主观意志取代客观判断，结果等同于以自己的喜好取代立法机构的意志。这一观察如果能证明什么的话，也只是证明法官与立法机构无异。

如果法院被视作防止立法越权的限权宪法的壁垒，那么这一看法将为法官永久任职提供强有力的论断，因为除此之外别无他物能够如此保证法官的独立精神，而法官的独立精神对于忠实地履行上述严峻任务则是必不可少的。

这种法官的独立也是保卫宪法以及个人权利所必需的。阴谋者的诡计或某种危机对人民的影响，尽管很快会让位于更好的信息和更审慎的反思，但是它们所带来的不良情绪也会在不当的时候倾向于给政府带来危险的变动，严重地压制社会中的少数。法官的独立防止了这种情况的发生。尽管我信任拟议的议宪法的支持者们永远不会与宪法的敌人苟合（注：参见 Protest of the convention of Pennsylvania，Martin’s speech，& c.）去质疑共和政府的根本原则，即当人民发现宪法与他们的幸福相悖时，承认人民改变或废除既定的宪法的权利。但不能从中引申出这条原则：当偶尔选民的多数与既定宪法的规定不相容时，违背宪法的这些规定就是正当的；或者，此时比违反宪法完全源自于代议机构的阴谋时，法院更有义务纵容对宪法的违反。在人民通过某种庄严、权威的法案废止或改变既定宪法之前，它都对集体和个人具有约束力；在这种法案通过前，推测甚至关于意见的知识都不允许人民的代表违反既定宪法。很容易意识到，在由社会中的多数声音所煽动的立法机构对宪法的侵犯之处，需要勇敢刚毅的法官尽职尽责地保卫宪法。

但是，法官的独立不仅仅对于防止宪法免受社会中偶然的不良情绪的影响很必要，这些不良影响有时也会扩展到由不公正的法律引起的对某些阶层的民众的私人权利的侵害。这里，司法职位的稳定性对于缓解这种法律的危害、规范其运作也极其重要。它不仅有助于缓解已通过的法律带来的即刻危害，而且是对立法机构通过法律的制衡；立法机构如果意识到其实现不良意图的障碍来自于法院的甄别，就会被迫节制其不正义的动机。这种设计将会对我们政府的特征产生比众人所向更多的影响。不止一个州已经感受到了司法的正直和节制。尽管这些优点会为司法使之愿望落空的居心叵测者所不满，但是它们注定会得到品行纯正的人的尊敬和欢呼。各界有识之士自当珍视法院公正之气的形成和加强，因为没有人敢确定，他明天不会成为不公正风气的受害者，尽管他今天是个赢家。每个人现在就能感受到，不正之风不可避免会导致削弱公共信任和私人信任的根基，添之以普遍的不信任与不幸。

不可动摇的、始终如一的对宪法权利和个人权利的坚守，我们认为对于法院是绝对必要的，但肯定无法期望从短期任职的法官那里得到。定期任命，无论如何规定、由谁任命，对于法官必要的独立而言都是致命伤。如果任命法官的权力属于行政机构或立法机构，就会有不恰当地顺从拥有这种权力的部门的危险；如果其他两个部门都有这种权力，法院就会不愿冒险触犯任何一方；如果任命的权力属于人民，或者人民为特定目的选出的人，法院就会非常倾向于咨询公众，以至于无法只从宪法和法律那里获得合理的支持。

对于法官永久任职，还有更进一步的、更有分量的理由，这可以从法官所需要的资格推论出来。经常有人恰当地评论道，卷帙浩繁的法典必然是自由政府的不变之处之一。为了避免法院武断的裁量，法院应该受严格的规则和先例的约束就是不可或缺的，规则和先例有助于在特定案件中界定和指出法院的责任；由人类的愚蠢和邪恶产生的各种争论中很容易想象到，先例的记录不可避免汗牛充栋，这必定要求长期而勤勉的研究，以获得充分的知识。因而，只有社会中的少数人拥有充分的法律技能，适合于法官的职位。考虑到人类的普遍堕落，具有正直品性和必要知识的人更少。这些考虑告诉我们，政府在两种条件面前可选择的空间很小；短暂的任期自然会阻止合格的人选放弃有前途的职位来就任法官，这将把司法交到不大胜任的人手中，无法高效而公正地履行司法职能。在这个国家的目前情况下，可能在相当长的时间里，这一不利状况将比乍一看大得多，但人们必须承认，此点与其他方面相比尚属次要的考虑。

总而言之，制宪会议沿袭州宪法以良好行为作为法官继续任职的条件的模式，是明智的，不容置疑。由此看来，如果缺少这个良好政府所需的重要特征，该方案必定具有不可宽恕的缺陷。英国的经验为这一良好制度提供了出色的证明。

普布利乌斯

第 80 篇　联邦司法管辖权

1788 年 5 月 28 日

要准确判断联邦司法管辖权的适当范围，必然要首先考虑其恰当目标是什么。

联邦的司法权应该含括下述几种情况，这似乎很少遇到异议。第一，涉及根据正当的、合宪的立法权力通过的合众国法律的一切案件；第二，关于实施联邦的法律条款时所发生的一切案件；第三，合众国是一方当事人的一切案件；第四，涉及邦联和平的一切案件，无论是合众国与外国的关系，还是州与州之间的关系；第五，在公海上发生，属于海军或海事司法管辖的一切案件；第六，认为州法庭可能会偏私的一切案件。

第一点依赖于一个显而易见的考虑，赋予宪法条款效力，应该用宪法的方法。例如，如无实施监督的宪法模式，何以限制州立法机构的权力？根据制宪会议的方案，州被禁止做各种事情：其中一些与联邦的利益冲突，另一些则与良好政府的原则冲突。对进口物品征税和发行纸币属于两种情况。如果政府中没有有效的权力进行限制或纠正对此的违反，没有一个理性的人会认为，这些禁令会得到严格对待。这种权力或者直接否决州法律，或者属于联邦法院，以推翻与联邦条款明显相悖的规则。除此之外，别无他法。制宪会议似乎认为后者优越于前者，我也认为这是最可能被诸州接受的方法。

至于第二点，任何关于此的论断或评论都不可能比它本身更清晰。如果存在所谓政治定理，那么一个政府中司法权与立法权并存则应成为一条。解释国家法律的一致性之必要决定了这个问题。13 个独立的法院根据同样的法律对同样的事件拥有终审管辖权是政府之大患，这只会产生矛盾和混乱。

第三点更无须赘述。国家与其成员或公民之间的争论只能恰当地提交给国家的法庭。任何其他方案都有悖理性、先例和体统。

第四点取决于一个清晰的建议，整体的和平不应交由部分处置。对于成员的行为，联邦毫无疑问要对外国权力负责。追究损害责任应该伴之以具有阻止损害能力的机构。既然法院判决以及其他形式对正义的拒斥与歪曲可以合理地成为战争的正当理由，可以由此得出结论，联邦司法管辖权应该包含涉及其他国家公民的所有案件。这对于维持公共信念和公共安全同样重要。可以想象由国家的条约和法律产生的案件和仅仅根据地方性法律产生的案件之间的区别。前者属于联邦司法管辖，后者属于州司法管辖。但是，当争议的问题只与地方法律有关时，针对外国人的不公正判决如果得不到纠正，是否与违反国家间条约或一般法律的约定一样，是对其主权的侵犯？这至少是成问题的。对于上述区别，一个更强的反对（如果可能的话）来自于不同机构判决案件产生的实际歧视这个巨大的难题。外国人作为当事人的案件大部分牵涉国家问题，因此把所有涉及外国人的案件都交给国家法庭是最安全和适宜的。

州与州之间、一州与其他州的公民之间以及不同州的公民之间的案件的裁决权力对于联邦的和平同样至关重要。历史给我们描述了一幅可怕的画卷：争论和私人间的战争使德国变成了一盘散沙，直到15世纪末，马克西米利安的帝国法院建立。历史还告诉我们，在当时，帝国法院的巨大影响平息了混乱，保证了帝国的长治久安。这个法院被授权对所有日耳曼帝国成员的纠纷进行终审。

即使现有制度不甚完善，解决州与州领土争议的方法应属联邦权力已有规定。但是除对边界主张的介入之外，还有许多其他问题会引起联邦成员之间的争吵与怨恨。我们已经见证了一些麻烦。很容易推测出，我指的是在许多州通过的欺诈性法律。尽管提议的宪法特别防止这种情况的再度发生，但是产生这些情况的传统会以人们难以预料的新面目出现，很难事先应对。可能破坏州与州之间和谐的事情正是联邦监管的目标。

可以认为联邦的基础是，"每一州的公民均应享受各州公民所有之特权和豁免"。如果这是一个正当的原则，那么每一个政府都应该拥有根据其自己的权威执行自己法律的手段，以平等地维护联邦的公民所享有的不可侵犯的特权和豁免，因而国家的司法管辖权应该包括一州或其公民针对另一州或其公民的所有案件。为了完全实现这一基本规定，击碎各种巧言狡辩，把解释的职责交由与地方无关的法庭是必要的，这个法庭对于不同州和其公民而言是公正的，属于联邦的这个法庭不可能对作为联邦基础的这一原则有任何不利的偏见。

第五点没有受到什么非难。对州权最偏执的崇拜者迄今也没有表现出否认海事案件的国家司法管辖权。这是因为国家的法律以及对外国人权利的普遍影响，因此它们属于公共和平的考虑范围。在目前的邦联中，最重要的海事案件也是归邦联司法管辖。

在认为州法庭可能会不公正的案件中，国家法院的合理性不言而喻。任何人不得成为自己案件的法官，或者他有最低利害关系或偏见的案件的法官。在把联邦法院设计为裁定不同州和其公民之间纠纷的恰当法庭时，这一原则非常重要。至于同一州的公民之间的一些案件，也应该同样运作。根据不同州的许可证，对土地的主张就属于这种情况。任何一个发放许可证的州的法院都不可能是无偏见的。法律甚至会不审而判，牵制法院作出支持它们所属州的许可证的判决。即使没有这样做，法官有强烈的偏好维护自己的政府也是人之常情。

目前已经逐点讨论了划分宪法中的联邦司法管辖权的原则，我们接下来根据这些原则检验这些权力，根据制宪会议的方案，应该包含的内容有："违反宪法与合众国的法律，包括普通法与衡平的一切案件；违反已制定或应该根据合众国的权力制定的条约的一切案件；涉及大使、其他公使和领事的一切案件；属于海军或海事司法管辖的一切案件；合众国为一方当事人的纠纷；两个或多个州之间、一州与他州的公民之间、不同州的公民之间、同一州的公民根据不同州的土地许可证主张权利以及一州或者其公民与外国、外国公民或外国标的物之间的纠纷。”这些构成了整个联邦司法权的范围。现在让我们逐一审视它们。

第一，违反宪法与合众国的法律，包括普通法与衡平的一切案件。此条与前述一、二类应划归合众国司法管辖的案件一致。人们会问，“违反宪法的案件”意味着什么，与“违反合众国法律”的案件有何不同。这个区别已经解释过。可以对州立法机关权力的所有限制为例。例如，它们不得发行纸币。但是宪法禁止与合众国法律无关。因而，在通常的意义上，与发行纸币有关的争议都是宪法案件，而不是违反合众国法律的案件。以此例可见一斑。

人们还会问，何须用“衡平”一词？什么样的衡平案件是与宪法和合众国的法律有关的？在个人之间的诉讼中，鲜有不涉及欺诈、事故、信托或履约损失（Hardship）这些因素的，这些属于衡平案件，而不属普通法的司法管辖，有几个州已经认识到并确认了这种区分。比如，救济所谓的履约损失是衡平法院的特殊职责。在这种契约中，没有直接的欺诈，普通法法院不足以判其无效，但是确有某些不正当、不合理的收益来自于一方当事人的生活必需品或不幸，这为衡平法院所不容。在这种情况下，如果外国人是其中一方当事人，且没有衡平，联邦审判制度不可能公正，普通法司法亦然。根据不同州的土地许可而主张权利提供了另一个实例说明联邦法院中衡平司法的必要。这个理由在没有对普通法和衡平作出形式上和技术上区分的州就不如已在实践中实行的本州容易接受。

第二，违反已制定或应该根据合众国的权力制定的条约的一切案件，以及涉及大使、其他公使和领事的一切案件。这属于前述第四类，与维持国家和平有明显关系。

第三，属于海军或海事司法管辖的一切案件。这就是上述应由国家法院审理的案件的第五类。

第四，合众国是一方当事人的争议。这构成了上述第三类。

第五，两个或多个州之间、一州与他州的公民之间、不同州的公民之间的争议。这属于上述第四类，在一定程度上也有最后一类的性质。

第六，同一州的公民根据不同州的土地许可证主张权利。这属于上述最后一类，

也是拟议的宪法直接考虑如何审理同一州的公民之间争议的唯一情况。

第七，一州或者其公民与外国、外国公民或外国标的物之间的案件。这已经解释过，属于上述第四类，属于国家司法管辖的特殊情况。

宪法中所规定的具体的联邦司法管辖权与构建司法部门的原则一致，为制度完善所必要。如果方案中加入了某些局部的不便，国家立法机构有充分的权威作为例外处理，预防或者消除这些不便之处。有识之士绝不会因个别的危害坚决地反对兴利除弊的一般原则。

普布利乌斯

第 81 篇　续司法部门以及司法权的分配

原载《独立报》1788 年 6 月 25 日 6 月 28 日

致纽约州人民：

让我们现在回到在不同法院之间划分司法权以及它们彼此之间关系的问题上。根据制宪会议的方案，“合众国的司法权，属于一个最高法院和国会不时规定和设立的下级法院”。（注：第三条第一款。）

应该有一个最高法院和终审权，这个建议毫无疑义。理由已经在其他地方论述过，无须重复。唯一的问题是，这个法院应该是独立实体，还是立法机构的分支？同样的分歧在别处也提到过。反对参议院作为弹劾法院的人认为这是不恰当的权力混合，他们提倡，至少是暗示，所有案件的终审应该全部或部分交由立法机构。

这个主张的论据，或者说暗示，带有下述意思：“拟议的合众国最高法院应该是分立的、独立的实体，其权力优越于立法机构。根据宪法精神解释法律的权力使得法院可以根据自己的想法塑造法律；立法机构不得以任何形式修改或纠正其判决。此乃既无先例，又甚冒险的规定。在英国，终局性的司法权属于贵族院，它是立法机构的分支；英国政府的这个部分被州宪法普遍效仿。根据法律，英国的国会以及几个州的立法机构可以随时纠正它们各自法院的可能引起反对的判决。但是合众国最高法院的错误和侵权是不可控制和不可补救的。”经过考察，人们发现这是基于误解的错误推理。

首先，拟议中的方案没有一个字直接授权国家的法院根据宪法精神解释法律，在此方面也没有授予国家法院比州法院更大的权限。然而，我承认，宪法应该是解释法律的标准，只要有明显的抵触，法律就应该让位于宪法。但是这一准则不是由制宪会议方案的任何特殊情况推导出来的，而是由限权宪法的一般理论推导而来。由于它是正确的，它适用于大多数（即便不是所有）州政府。因而，在这一点上，不存在对联邦司法管辖权的反对，它不会普遍触犯地方的司法管辖权，也不会有助于声讨限制立法机构裁量权的宪法。

但是或许反对的力量被认为针对最高法院这个特殊组织。它是由独特的官员实体组成的，而不是立法机构的分支，与英国政府和州政府的情况不同。要坚持这一点，反对者必须放弃他们费力添加的权力分立的著名原则。否则就要作出让步，承认前述文章中对这一原则的解释，即把法官的终审权授予立法机构的一部分没有违背分权原则。虽然没有绝对违反这一完美原则，但是在打擦边球，这一点与制宪会议倾向的模式相比更不合适。从一个通过恶法的偏颇的机构那里，很难期望在适用法律时进行调节。制定法律时适用的精神也会在解释时流露，更不要期望，立法机构中违反宪法的人会在成为法官时改邪归正。建议法官行为良好可一直任职的理由反对把终审的司法权交给定期选出的人。初审将案件决定交由永久任职的法官，终审则交给职位频繁更换的人，这里存在一个谬论。将因长期勤奋习得法律知识而选出的人的判决交由缺乏法律知识的人修正和监督，这更加荒谬。立法机构成员的选择很少考虑适合于法官职位的条件，这就很容易理解缺乏知识导致的不良后果，考虑到这种实体对当事方的自然倾向，同样有理由担心沆瀣一气会污染到司法之泉。拉帮结派的习气更易于压抑普通法和衡平的声音。

这些考虑告诉我们，明智的做法是不要把终审的司法权交给立法机构的一部分，而应交给独立的一群人。提出制宪会议方案的人认为这是创新和史无前例的，实际上，这只是复制了新罕布什尔、马萨诸塞、宾夕法尼亚、特拉华、马里兰、弗吉尼亚、北卡罗来那、南卡罗来那以及佐治亚的宪法；对这些模式的青睐受到了高度推荐。

第二，英国国会或者个别州的立法机构可以修正它们各自法院的存疑判决，未来的美国立法机构也可以这样做，这是不正确的。英国和诸州宪法的理论都没有授权可以通过立法修正司法判决。在拟议的宪法中没有任何地方亦未较英国和诸州宪法有更多禁区。无论是前者，还是后者，根据法律和理性的一般原则，其不恰当性都是唯一的障碍。除非超越职权，否则立法机构不得推翻特定案件的判决，尽管它可以为未来的案件设立新规则。适用于州政府的这一原则其使用方式和范围也同样适用于讨论中的全国政府，一般无二。

最后可以指出，在许多场合重复的、设想的司法侵犯立法权的危险在现实中只是一个假想。歪曲和违背立法机构的意志的个别情况不时可能发生，但这还不至于影响政治制度的秩序。这可以从司法权的一般性质、相关的对象、实施的方式、相对的弱点、无力超越其权力后盾推论出。这一推论因重要的宪法制衡观点而得到大大加强，对司法部门人员提出弹劾的权力属于立法机构的一院，对此裁决则属于另一院。这是一个完全的保障。仅此一点即足以保证法官不会有意侵犯立法权而冒立法机构的两院联合起来撤销法官职务的危险。这应该移除了对这一问题的所有顾虑，同时也为把参议院设计为审判弹劾的法院提供了有力的支持。

在消除了对建立独立的最高法院的反对之后，我开始考虑构建下级法院的恰当权力，（注：在几个州，这一权力曾经被荒谬地认为意在取消所有县法院，这些法院通常被称为下级法院。但是宪法的表述是，建立“最高法院的下级法庭”。这一条款的明显用意是在州或较大的地区建立地方法院，使其从属于最高法院。认为在打县法院的主意很荒谬可笑。）以及这与前者的关系。

构建下级法院的权力明显意在避免在每一个联邦审理的案件中都动用最高法院资源。它计划在合众国的每个州或地区，让全国政府构建或授权一个法庭能够胜任审理其辖区的属于全国性司法管辖的案件。

但是人们要问，由州法院完成同样的任务有何不可？这有着各种答案。尽管这些法院的资格和能力应该得到最大限度的肯定，但是全国立法机构有权把由全国宪法产生的案件交给它们审理，这个我们所讨论的权力的实质部分仍然是提案的必要部分。把裁决此类案件的权力授予现有的州法院，等同于创建具有同样权力的新法院，但是为何不直截了当地规定支持州法院？在我看来，有充分理由反对这种规定：最有远见的人都无法预见，地方观念的流行会在多大程度上使得地方法庭不适于裁决全国性案件；而人所共知，像一些州那样构建的法院对于联邦司法权是不恰当的。州法官的任职很随意、年年更换，缺乏独立性，不适于坚定地贯彻全国性法律。如果有必要将由全国性法律产生的案件的初审交由他们，则必须相应尽可能地敞开上诉之门。对从属法庭是否信任应与上诉的难易程度成正比。我对于制宪会议方案扩展上诉管辖权的案件范围甚感满意。但在实践中，赋予无限制上诉的每一种情况，都成为公共和私人不便的源泉。

我不确信，但是却发现把合众国划分为 4 个、5 个或 6 个地区是解决办法。在每个区构建一个联邦法院，替代每州一个法院的做法。这些法院的法官在州法官的协助下在各自地区的某些地方巡回审判，借此可以就地司法；上诉可以安全地划定在一个狭小的范围内。目前对我而言，这个方案似乎是可采纳的方案中最可取的。为此，在拟议的宪法中确立充分的建立下级法院的权力就是必要的。

这些理由似乎足够说服无偏见的人，如果缺失了这项权力，将是该方案的一大缺陷。现在让我们检视，司法权是以何种形式在合众国的最高法院和下级法院间分配的。

最高法院被授予初审管辖权的案件有："涉及大使、公使和领事以及州为一方当事人的一切案件。"各类公使都直接代表其国家的主权。他们所涉及的所有问题都直接与政府和平相关，既为了维持和平，又出于对其代表的主权的尊重，这些问题应该首先交由国家的最高司法机构，这是恰当而适宜的。尽管领事不是严格意义上的外交人员，但他们也是所属国家的公共代表，上述讨论很大程度上也适用于他们。在州可能成为一方当事人的案件中，交给下级法庭将有损其尊严。

尽管这似乎偏离了本文的直接主题，这里我还是应该趁机提及一个已经引起了惶恐不安的错误假设。这个假设认为，当一州的公债转让给另一州公民时，他们就可以因债券数额在联邦法院起诉该州。以下的考虑证明这个假设毫无根据。

主权固有之性质使得未经其同意不受个人的起诉。这是常识，也是人类的普遍实践。作为主权特征之一的豁免权仍为合众国的各州政府所享有。因而，除非制宪会议方案放弃这种豁免权，它仍属于诸州，上述危险只是想象的。对于让渡州主权的必要条件在征税的文章中已经讨论过，无须重复。这里重申那个原则有助于我们说明，采纳制宪会议方案后，州政府没有被剥夺以自己的方式偿还债务的权利，只受信用义务的约束。国家与个人之间的契约只约束主权者的良心，没有强制力。它们没有授予独立于主权意志而行动的权利。因何目的，可能授权个人能因债务针对州进行诉讼呢？如何强制归还呢？显然，不针对缔约州发动战争就很难实现，把此交于联邦法院，势必侵犯州政府的固有权利，将产生这一结果的权力是差强人意的。

再回到原来的问题上。我们已经看到，最高法院的初审管辖权可以归为两类案件，都很少发生。在所有联邦审理的其他案件中，初审管辖权属于下级法庭；最高法院只有上诉管辖权，"但须依照国会所规定的例外和规章"。

在法律方面，这种上诉管辖权的恰当性很少遭到异议，但是当适用到事实方面时，却遭到了强烈反对。本州一些用心良好的人利用我们法院中的习惯用语和诉讼形式得出自己的观念，认为这意味着取代陪审团审判，支持海事法院、遗嘱检验法院和衡平法院实行的罗马法的审判模式。“上诉（Appellate）”一词已经被添加进了技术的内涵，在我们的法律用语里，它通常意指民事过程中的上诉。但是如果我不是被误导，这种含义不会出现在新英格兰的任何场合。从一个陪审团到另一个陪审团的上诉在理论和实践中都很常见，直到有两次裁决支持一方为止。因而“上诉”这个词在英格兰的理解与在纽约州的理解不同，这表明来自于个别州的法理学的技术解释都是不恰当的。在抽象的意义上，这个术语只是表达了一个法庭审查另一个法庭的程序的权力，或者对法律，或者对事实，或二者兼而有之。具体模式则取决于古代习惯或立法规定（在一个新政府中，必定取决于后者），可视情况决定是否设立陪审团。因而，如果重新审查由陪审团确定的事实为拟议的宪法所允许，则应该规定另组陪审团进行，或者把案件发回下级法院对事实进行重审，或者由最高法院直接作出判决。

但不能由此得出结论，一旦陪审团确认了重审的事实，最高法院就会认可。为什么不能说，如果把纠错令（Writ of Error）从下级法院送至本州的上级法院，后者对法律和事实问题都有管辖权？的确，它不能对事实进行新的调查，但是它审理记录中出现的事实，并据此作出法律判决。（注：这个字由 jus 和 dictio 组成，juris dictio 即讲述与宣布法律。）这既是对事实、也是对法律的司法管辖权，甚至不可能把二者分开。尽管本州的普通法法院主张，争议的事实归陪审团，它们毫无疑问地对于事实和法律都有司法管辖权；同样，当前者在上诉中没有争议时，就不再需要陪审团，可以立刻裁判。因而，据此我主张，“上诉管辖权既包括法律方面，也包括事实方面”的表述不必然意味着在最高法院重审陪审团在下级法院决定的事实。

接下去的思路被认为在这个条款上影响了制宪会议。最高法院的上诉管辖权（曾有人争辩的）将扩展到各种审理模式的案件，有些以普通法的模式，有些以罗马法的模式。就前者而言，普遍地讲，仅仅复审法律将是最高法院的恰当职责；就后者而言，重申事实是一致同意的惯例，在一些案件中，例如处理战利品案件，这对于维护公共和平可能是必须的。因而，在某些案件中，上诉管辖权应该在最宽泛的意义上扩展到事实问题是必要的。规定由陪审团初审的案件除外并不合适，因为一些州的法院里所有案件都是以这种模式审判的。（注：我认为，在许多应属联邦审理的案件中，州与下级联邦法院具有双重管辖权，这将在下文展开。）不管是否恰当，这个例外排除了对事实的重申。为了避免不便之处，最安全的做法是普遍宣布，最高法院拥有对法律和事实的上诉管辖权，这一管辖权从属于国会规定的例外和规章。这使得政府可以最好地满足公共正义和安全的方式对此进行调整。

无论如何，认为这一条款的运作将无疑会取消陪审团审判的观点是荒谬和不实的。合众国的立法机构确实拥有全权规定，向最高法院的上诉不得重审由陪审团初审的事实。这当然是授权的例外，但由于已经表明的原因，应被认为过于宽泛了，合适的做法是限于根据普通法审理的案件。

以上对于司法部门权力的论述可以归纳如下：严格限于明显适合全国司法机构审理的案件；根据司法权的划分，非常小的一部分初审管辖权留给了最高法院，其余交给下级法庭；最高法院对所有提交给它的案件中的法律和事实问题都拥有上诉管辖权，但受适当的例外和规定的限制；这种上诉管辖权绝不是取消陪审团审判；全国机构审慎和正直的一般程度确保了我们从建立此种司法部门中受益匪浅，而不会面临设想的那些不便之处。

普布利乌斯

第 83 篇　陪审团审判

原载《独立报》1788 年 6 月 5 日，7 月 9 日（摘录）

致纽约州人民：

对制宪会议方案的反对在本州和其他几个州取得了巨大的胜利，这个异议是关于要求规定民事案件中陪审团审判的宪法条款。这个异议的阴险之处已经暴露出来，并引起注意，但是在制宪会议方案反对者们的交谈和著述中仍旧不断提及。宪法对民事案件默不作声被解释为取消了陪审团审判，为了论证这一点，他们找借口巧妙地说服人们相信，这种取消是完全的、普遍的，不仅针对每一起民事案件，而且针对刑事案件。然而，对后者的声辩是徒劳的，正如证明物质存在，或者根据主观证据强迫人们信服他们的主张一样。

至于民事案件，已被驳斥的可耻诡计却被用于支持这个推测，即没有规定一点，就是取消全部。每一个有识之士都能够立刻觉察到默不作声与取消之间的巨大区别。但是这一谬论的发明者却通过曲解法律谚语寻求支持，这对于支持他们的理由，是徒劳无益的。

他们依赖的谚语是："具体即是排斥一般"，或"明示规定其一者应认为排除其他"。因而他们认为，既然宪法确立了刑事案件中的陪审团审判，而对民事案件默不作声，这种表现就意味着禁止民事案件中的陪审团审判。

法律解释规则就是常识规则，由法院在解释法律时采用。因而，对恰当适用规则的真正检验是与其来源的一致性。也就是说，认为责成立法权接受陪审团审理刑事案件的规定就是剥夺了授权或允许其他案件中采用此种模式的权利，这是否符合常识？是否可以自然地认为，要求做一件事就是禁止做具有在先权力，且与要求所做之事不矛盾的另一件事？如果这种假定不合常理、不合理性，那么认为在某些案件中指令陪审团审判就是禁止在其他案件中使用陪审团也不可能合理。

构建法院的权力也就是指令审判模式的权力，从而如果宪法中就陪审团只字未提，立法机构可以自由决定是否采纳这一制度。在刑事案件中，这个自由裁量权因规定所有此类案件中的陪审团审判而被削减了，但是在民事案件中，它却很大程度上被保留了，在这一问题上宪法完全沉默。命令以特定的模式审理所有刑事案件的具体规定，事实上排除了在民事案件中应用同样模式的义务或必要性，但是没有削减立法机构实施认为恰当的模式的权力。因而，全国立法机构没有完全自由把联邦审理的民事案件交给陪审团决定，这个主张缺乏一切正当基础。

从这些观察中可以得出这个结论：民事案件中的陪审团审判没有被取消；试图利用上述谚语的做法有悖理性和常识，因而不能被接受。即使这些谚语具有准确的科学价值，与把它们运用到目前的情形的人的观念相一致，情况也并非如此，它们仍旧不适用于政府的宪法。对于这个问题，该规定自然而明显的含义，不依赖于任何科学原理，而是依赖解释的真正标准。

……

我同样强烈地确信，衡平与普通法管辖分离有巨大的好处，属于前者的案件交给陪审团是不恰当的。衡平法院的首要用途是对作为一般规则例外的普通案件进行校正。（注：校正原则如今成为常规制度；但同样正确的是，这些原则主要适用于特殊情况，构成了一般规则的例外。）把这类案件的司法管辖权与普通司法管辖权合并必定会使一般规则的根基不稳，结果是使每一起案件都接受特殊的决定；而把二者分离则会产生既彼此监督，又互不越界的相反效果。除此之外，适合于衡平法院的案件的条件在许多情况下是精确而复杂的，它们不适合陪审团审判。它们通常需要长期的、审慎的、评判性的调查，这对于那些从各自岗位上被召唤来、在规定时间要作出决定的人而言是不切实际的。简易、快捷构成了陪审团审判的突出特征，这要求待决事项应该单一、明显；而衡平法院的诉讼通常时间长、事件复杂。

的确，衡平与普通法管辖权的分离是英国法律制度的独特之处：这种模式被数个州采纳。但是同样正确的是，在普通法与衡平混合的案件中，陪审团审判从未启用。分离对于保证这项制度的质朴性至关重要。衡平法院的本质允许把其管辖权扩展至普通法事件；但是毫无疑问，尝试把普通法法院的管辖权扩展到衡平事务将不仅是徒劳无功的，而且会逐渐改变普通法法院的性质，破坏陪审团审判，因为让这种模式审理了其不适合审理的问题。

这些似乎是决定性的理由，反对在构建全国司法系统的过程中合并所有州的制度，而这或许就是宾夕法尼亚少数派的臆想。……

普布利乌斯

（毕竟悦　译）

 美国联邦最高法院马伯里诉麦迪逊案判词 

约翰·马歇尔

1801 年 12 月，威廉·马伯里、丹尼斯·拉姆齐、罗伯特·汤森以及威廉·哈珀通过他们的律师，郑重请求法庭作出一项决定，要求国务卿詹姆斯·麦迪逊作出解释，为什么法庭不能颁发一项执行令命令他向他们送达神圣的哥伦比亚特区治安法官的委任状。

这个请求被下面的事实所支持。

这个请求的通知已经送达了麦迪逊先生。

美国前任总统亚当斯先生，向参议院提名原告担任哥伦比亚特区的治安法官，已征求参议院的意见并获得同意。

参议院接受和同意了该项任命。

前任总统以正确的格式签署了该项任命法官的委任状，前任国务卿也以正确的形式在委任状上加盖了合众国的印章。

原告曾经请求麦迪逊先生送达他们的上述委任状，但是被他拒绝了。

上述委任状确实为他们所拥有。

原告曾经在他的官邸，请求合众国现任国务卿麦迪逊先生，解释上述委任状是否被签署和封印。

无论是国务卿还是国务院的其他官员，都没有对上述质询给予清楚而满意的回答。

原告曾经要求国务卿出示一份证书，证明总统曾经提名原告和参议院对此的意见和同意，但是他拒绝给出这样一份证书。

因此，一项要求说明原因的决定必须在该期限的第四天被给出。

这项决定已经被适时地给出，雅格布·瓦格纳先生和丹尼尔·布伦特先生，他们曾经被传唤到法庭作证，但是他们声称是国务院的官员，不能去揭露任何与行政事务有关的事实，因而反对宣誓。

法庭命令证人宣誓，并且记录了他们的回答。但是法庭同时也告知他们，当他们被问及问题时，他们也可以宣布，反对回答其中任何一个特殊的问题。

曾担任代理国务卿的林肯先生，根据宣誓书中规定的情况要求他进行证明时，他反对回答。这些都被记录在案。

法庭认为这里并没有涉及任何秘密不得披露的事情。如果这里曾经涉及的话，他不会被强迫回答，如果他认为与他交谈的事情中涉及秘密的话，他没有义务揭露，法庭也不会强制他去公布任何将导致他犯罪的事情。

原告律师争论的问题在于以下几个。

（1）最高法院是否能够在任何案件中判予执行令？

（2）这份令状是否可以在任何情况下向国务卿发出？

（3）在本案中，法庭是否可以向国务卿詹姆斯·麦迪逊发出执行令？

国务院的官员可以被要求就他们处理的事务进行作证，只要不涉及其中的秘密事项。

国务卿不能被要求成为本部门秘密公务的证人，但是他可以被要求就不涉密的事务进行作证。

国务院的官员被命令去宣誓，自己不会主动回答涉及秘密事项的问题。

在一些期间之后，行政长官对于行政官员的权力（该官员不因行政长官的意志而撤职）必须停止。这些期间必须是合宪的任命权在行使的时间。当拥有任命权的人需要的最后行为履行之时，任命权已经被行使了。最后行为就是签署委任状。

如果制服法令对于官员委任状的有效性是必要的，那么当总统签署生效并且被交给国务卿封印、登记和传递给当事人时，它就已经被下达了。对于公共官员的委任状，法律命令国务卿对它们进行登记。因此，当它们被签字和封印时，登记的命令也就发出了，并且无论是否被收入登记簿中，它们都应该被登记。

当政府部门的领导是政治或者秘密部门的行政官员时，仅仅当他们只执行总统的意志，或者按照宪法或法律所赋予的判断力来行动时，毫无疑问，他们的行为只受政治性审查。但是，当法律授予了特殊责任，并且个人权利取决于这个责任的履行时，同样清楚的是，那些认为自己遭受损害的个人有权利诉诸国家的法律寻求救济。美国总统，通过签署委任状，任命马伯里先生为哥伦比亚特区的治安法官，并且国务卿也加盖了国印，这就完全证明了该签署的有效性，并且也完成了整个任命工作。这个任命授予马伯里法律权利接受该职位，这个职位将保持 5 年。由于拥有接受这个职位的法律权利，他也就有权利去接受委任状。拒绝送达委任状明显违背了该项权利，因此国家的法律应该给予他以救济。

为了给一份执行令提供恰当的救济，接受该执行令的官员必须同时是根据法律原则该令状针对的人；申请执行令的人必须穷尽了其他专门的法律救济。

当一份公共官员的委任状已经被制作、签署和封印，并且被有资格的人所拥有时，国务卿的拒绝送达委任状、非法占有委任状的行为就不是恰当的救济方式。无论这项作出非法占有的判断是出于事情本身，还是它的价值，公共官员的价值是不可以被买卖的，也不能被估量。这是一个明显的关于执行令的案件，要么送达委任状，要么送达记录它的副本。

促使法庭发布一项强制国务卿送达一封给公共官员的委任状的执行令，显然属于行使上诉管辖权，或者为了使这件事可行，需要行使上诉管辖权。

上诉管辖权的关键标准在于修订和纠正已经开始的诉因的过程，而不是创造新的诉因。

最高法院的权威是通过确立美国司法制度的法令而授予的，如果被用来向公共官员发出强制执行令，那就不为宪法所保障。

司法部门的主要职责是说明法律是什么。应用这个规则于具体案件的人们，必须详细说明和解释这个规则。如果两个法律相互冲突，法庭必须决定应该适用哪一个。

如果法庭认为应该尊重宪法，宪法就高于任何立法机关制定的普通法令。当两者都能适用于一个案件时，必须适用宪法，而非普通法令。

首席大法官马歇尔先生传达了法庭的意见。

最后，根据书记员宣读和整理的书面陈述，本案已作出一项决定，要求国务卿说明为什么法院不宜下达一项强制执行令，指令他向威廉·马伯里送达其作为哥伦比亚特区治安法官的委任状。

没有任何原因被说明，并且现在原告要求一项强制执行令。本案的特殊敏感性，某些新情况，以及所涉及的现实困难性，都需要全面展示法院给出的意见所依据的原则。

站在原告的角度，这些原则曾经在法庭上被深刻地讨论过。在提出法庭意见的过程中，那些讨论中所表达的观点将有一些形式上的偏离，尽管不是实质性的。

依照法庭看待本案的角度，下列问题已经被考虑和认定。

（1）原告对他所要求的委任是否拥有权利？

（2）如果他有这个权利，并且这个权利被侵犯，他的国家的法律能否给予他救济？

（3）如果法律的确提供给他救济，是否应该由本院下达强制令？探讨的第一个问题是，原告对他所要求的委任是否拥有权利？

他的权利来源于国会于1801年2月通过的一项关于哥伦比亚特区的法令。

在把特区分成两个县后，该法的第十一条款规定，将任命相同数量的贤明人士担任上述县的治安法官，由总统随时、经过缜密考虑后作出决定，这些官员的任期是5年。

书面陈述显示，根据该法的规定，美国总统约翰·亚当斯签署了威廉·马伯里作为华盛顿县治安法官的委任状，随后加盖了合众国封印，但是这封委任状从来没有到达它应该到达的人手中。

为了判定他是否有资格接受这份委任，有必要查明他是否被任命了这个职位。因为如果他已经被任命，那么法律将保障他任职5年，并且他会被授予职位证明，这些将完全成为他的所有权。

宪法第二条第二款宣布，总统将提名，并经咨询参议院和取得其同意，任命大使、其他政府部长和顾问，以及所有其他合众国官员，有另行规定的除外。第三款宣布，总统将委任所有的合众国官员。

一项国会的法令指令国务卿保存合众国的印章，制作和登记，并且把上述封印加盖到所有的由总统任命、由国会同意，或者由总统单独任命的国内官员的委任状上去。在美国总统签署之前，上述封印不得被加盖到任何委任状上。

这些是宪法和美国法律中的条款，它们将对本案中的部分产生影响。它们看起来由3个独立的运作过程构成。

（1）提名。这是总统的独立行为，并且是完全自愿的。

（2）任命。这也是总统的行为，也是自愿的，尽管需要咨询参议院和取得其同意。

（3）委任。授予一个被任命的人委任状，也许被认为是一项宪法规定的职责。该文件规定，总统将委任所有的合众国官员。

任命官员的行为和委任被任命的人的行为，很少被视为同一的，因为履行他们的

权力是由两个独立的、不同的宪法条款所赋予的。通过关注宪法第二条第二款的条文，任命和委任之间的区别将呈现得更加明显，该条款授权国会，在认为适当时，根据法律将这类低级官员的任命权授予总统本人、法院或各部部长。因而，法律可以指令总统委任法院或各部部长任命的官员。在这样的案件中，发出一份委任状很明显是区别于任命的一项职责，不得被合法地拒绝。

尽管宪法的条款要求总统委任所有合众国官员，但也许从来不适用于不是他自己任命的官员身上，然而很难否认立法权把此适用于这种情况。因此宪法上任命官员与委任被任命的官员之间的宪法区分，实践中依旧是总统委任由其他权威而不是他自己任命的官员。

从目前的这种区别来看，如果一项任命由其他公共法令而不是由委任状来证明，那么，这个公共法令就创造了这个职位。如果他不依总统意志而被撤销，那么或者他拥有获得委任的权利，或者即使没有委任状也能履行职责。

构想上述现象仅仅是为了更加清晰、更加直接地适用于正在考虑中的本案。

这是一个由总统作出的任命，经过咨询参议院和取得其同意，除了委任状本身没有其他法令可以证明。因此，在这样的案件中，委任状与任命似乎是不可分的；要证明一项任命，除了证明委任状存在之外，别无他法，尽管委任不必然是任命，但它能够决定性地证明任命。

但是，在哪个阶段它才是决定性的证明?

对于这个问题的答案明显只有一个。这项任命是总统的单独行为，当情况显示他已经做了他应该做的每一件事情以后，任命就一定能够得到充分的证明。

这份委任状应该被视为构成了任命本身，而不是作为任命的证明。当总统作出的最后行为被执行时，或者更进一步，当委任状完成时，就完成了任命。

总统作出的最后行为就是签署委任状。

总统已经根据参议院对他的提名的意见和同意而行动。考虑的期限已经结束。他已经作出了决定。他基于参议院对其提名的意见和同意的判断已经作出，官员已被任命。这个任命为一项公开的、明确的法令所证明。作为作出任命的人需要的最后行为，必然排除了该行为是不成形的、不完整的交易的观念，只要它尊重这项任命就行。

在一些期间之后，行政长官对于行政官员的权力（该官员不因行政长官的意志而撤职）必须停止。这些期间必须是合宪的任命权在行使的时间。当拥有任命权的人需要的最后行为履行之时，任命权已经被行使了。最后行为就是签署委任状。

当通过的法令将外交部改组成国务院时，这个观点看起来超越于立法权之上。依照该法令的规定，国务卿保存合众国的印章，并且制作、登记、加盖印章于所有由总统作出任命的国内官员的委任状上，在总统签署委任状之前，不能对任何委任状加盖上述封印；如果没有总统对此的专门保证，也不得对任何其他文件和法令加盖上述封印。

总统的签署就是对封印于委任状之上的保证。国印只能加盖于一份完成的文件之上。它证明总统签署的真实性，即使是对于声名狼藉的法令。

除非委任状被签署，否则不得被封印，因为这项签署，将使这份委任状产生效力和影响，是任命的决定性证明。

委任状已被签署，国务卿接下来的责任已为法律所规定，并且不受总统意志的干扰。他将加盖合众国印章于委任状之上，并且登记它。

这也许是一个不变的程序，除非行政的判断力将建议一个更可靠的程序，但是作为一个被法律明确规定的精确程序，它必须被严格地遵守。遵守法律是国务卿的职责，并且在法律上他是合众国的一名官员，应该遵守法律。就此而言，正如他曾经非常正确地在法庭上宣称的，他应在法律的权威之下行为，而不是在总统的指示之下。这就是法律为了特殊目的而命令专门官员所作的行为。

可以设想，封印的正当性，不仅对于证明委任状的有效性是必要的，更是为了完成一项任命，也就是说当印章被加盖时，任命被作出，委任状是有效的。法律不再需要其他正当性证明，政府部门不必再履行其他行为，行政长官为授予一个人官职所能做的都做了。要想完成任命，行政长官不能在没有其他人协助的情况下作出任命。

在紧急搜索了支持反方意见的原则以后，没有发现充分有力的材料支持反对者的学说。

例如，法庭充分展开想象，慎重考虑，并且斟酌了所有可能有力的反方观点之后，认为它们无法撼动已经形成的意见。

通过考虑这个问题，可以推测，委任状也许已经被一项实际行动吸收了，对于它的有效性，送达具有实质性意义。

这个观点根据下述设想：委任状不仅是任命的证明，它本身就是实际的任命。这个设想决不是无可置疑的。出于公正地检视异议的目的，暂且作出让步，我们还需要进一步确立支持这种主张的原则。

这个任命是根据宪法由总统个人作出的，任命的送达行为如果对于完成任命是必要的话，也必须由总统作出。为保证职位，制服也应该由总统个人来做是不必要的，也永远不会如此做。法律似乎要考虑，它应该由国务卿来做，既然它指示国务卿在总统签署后封印于委任状上。如果制服法对于证明委任状的有效性是必要的，那么在为了封印、登记和传达给当事人的目的而执行和交给国务卿之时，委任状已经送达了。

但是在所有专利许可证的案件中，法律要求某种正当性证明来证明该文件的有效性。

形式上的送达不属于此列。对于委任状，总统亲自签署以及合众国印章才具有正当性。该种反对意见因而并不适用本案。

可能发生，但是可能性很小的是，委任状的传达和接受被认为对于原告权利的完整是必要的。

委任状的传达是一项由便利性所决定的实践行为，而不是由法律决定的。因此，它对于构成任命而言不是必要的，任命必须先于传达，并且仅仅是总统的行为。如果行政部门要求任命为官职的每个人都应该自己采取措施获得他的委任状，那么任命就此而言就是有效的。任命是总统唯一的行为；委任状的传达是负有该职责的官员的单独行为，也许会因为环境而被提前或者推迟，但是这对于任命来说没有影响。委任状将传达给已经被任命的人，而不是给一个将被任命或者没有被任命的人，包含委任状的信应该送给邮局，并且安全地到达他手中，当然也可能误投。

也许需要说明这一点，探究拥有原初的委任状对于批准一个人、任命他官职、履行官员的职责来说是否是必不可少的。如果它是必要的，那么委任状的缺失将使他失去这个职位。不仅是疏忽，而且由于意外或过错，火灾或盗窃，都可能剥夺一个人的官职。在这种情况中，我假设这无可置疑，但是一份来自国务卿的官员记录的副本，从任何程度和目的来看，都与原件同等有效。国会的法令已经明确地如此规定。赋予副本有效性，将使得没有必要证明原件已经被传达，但是后来丢失。副本将充分证明，原件曾经存在，任命已经作出，而不是证明原件已经被传达。如果原件的确被国务院误放，这种境况将不会影响副本的执行。

当授权书记官登记任何文件的所有要素都被满足，出于此目的的命令已发出时，该文件在法律上即视作已登记，尽管还没有人工为此目的记录在案。

在委任状的情况中，法律命令国务卿登记委任状。因此当委任状被签署和封印时，登记的命令也被发出。无论是否记录在案，它们在法律上都视为被登记了。

记录的副本被宣布等同于原件，并且个人为副本所支付的费用为法律明确规定。公共记录的保管人能否从中消除一份已被登记的委任状呢？或者他能否拒绝将副本给予按照法律规定的条款要求应该得到它的人呢？这样一份等同于原件的副本，将批准治安法官按照他的职责行事，因为它与原件一样证明了他的任命。

如果委任状的传达不被视作对于证明任命的有效性是必要的，那么更不要说接受任命。任命是总统的单独行为；接受任命是官员的单独行为，并且根据常识，它是晚于任命的。正如他可以辞职一样，他也可以拒绝接受，但无论怎样，都不能说明任命不存在。

这就是政府对此的理解，这明显来自于其行为的全部要旨。

委任状带有日期，官职的薪水自任命时起算，而不是自传达或接受委任状时起算。当被任命了官职的人拒绝接受该职位时，继任者将被提名代替那个拒绝接受职位的人，而不是代替那个先前在职并且已经出现了原始空缺的人。

因此法庭的决定意见是，当委任状已经被总统签署时，任命就被作出了；当合众国印章已被国务卿加盖其上时，委任状就完整了。

如果官员可因行政长官的意志而被撤职，完成任命的条件将是没有意义的，因为该法令在任何时候都可以被废止；如果他仍然在职，委任状可能会被扣留。但是当官员不因行政长官的意志而被撤职时，任命就是不能被废止、不能被取消的。它授予了不可收回的法律权利。

直到作出任命，行政长官一直在行使裁量权。但是一旦作出任命，他对于该官职的权力在任何情况下都终止了，根据法律，该官员不得被他撤职。对于该官职的权力属于被任命的人，他拥有绝对的、无条件的接受或者放弃它的权力。

马伯里先生的任命状已被总统签署，且被国务卿封印，因此他已被任命。创造这个职位的法律授予官员独立于行政长官拥有该官职 5 年的权利，因此该任命是不可废止的，并且赋予这些官员的法律权利受到国家法律的保护。

因而，扣留委任状是应由法院采取的行为，而不是受法律保证的行为，是违反既定的法律权利的行为。

这将我们带入了第二个问题，那就是如果他有一项权利，并且这项权利被违反，

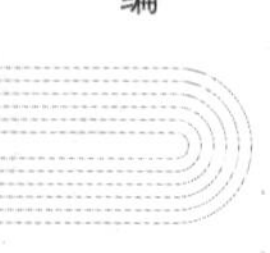

国家的法律是否提供救济给他？

公民自由的本质就在于每个人有权要求法律保护的权利，无论他在何时受到了损害。政府的首要责任之一是提供这种保护。在英国，国王本人也会在以尊敬的方式提出的诉愿中被起诉，他永远不能不遵守他的法庭的判决。

在布莱克斯通的《英格兰法注释》的第三卷23页，他表明了法律的运作所提供的救济的两种情况。“在所有其他的案件中，”他说，“这是一项普遍的、不可辩驳的原则，存在法律权利的地方就存在法律救济，只要权利受到侵犯，就可以提起诉讼。”

在后面，同一卷的109页，他说：“我接下来考虑普通法的法庭可以审理的损害。于此，我只指出，所有可能的损害，只要不属于教会法庭、军事法庭或战时法庭专属管辖，就属于普通法法院的受案范围。这是英格兰法中一项固定的、不可变更的原则，每一项权利被抑制之时，必须有一个救济，每一个损害都应有恰当的赔偿。”

美国政府一度强调法治的政府，而非人治的政府。如果法律对于侵犯既有的法律权利没有提供任何救济，它就没有资格享有这个尊贵的称号。

如果这是对我们国家的法学的毁谤，它一定产生于本案的特殊性质。

我们理所当然地追问，在它的组成中是否有任何成分是脱离法律的调查的，或者排除了对受害者的法律赔偿。在追寻第一个问题的答案的过程中，我们怀疑，它是否可被划入一类案件，即没有现实损害的损失。

这种案件的描述从来不会被认为，人们也永远不会相信，是信托、荣誉或者利益组成了政府职位。

哥伦比亚特区的治安法官就是这样一个职位，它因此而值得法律的关注和保护。它也曾受到了关注和保护。它被国会的专门法令所创造和保护，法律在5年之内提供保障给那些被任命的人。所以，问题的焦点不是因为所追求的东西没有价值，而是因为受害方声称没有救济。

这就是整件事情的实质吗？是否送达或者扣留委任状的行为将被认为仅仅是属于行政部门所独享的政治行为，因为我们的宪法完全信任最高行政机关履行这项行为，并且对于与此相关的任何错误行为，受损害的个人得不到救济。

这样的案件或许不会受到质疑，但是政府的重要部门应履行的每一项职责构成了这样一个案件，这就不被理所当然地承认。

根据一项在1974年6月通过的关于残疾人的法令，国防部长被命令制定一份退休金享有人名单，名单包括所有此前他向国会作出的报告中包含的名字。如果他拒绝这样做，那些受伤的退伍军人是否就得不到救济呢？是否可以主张，一项以精确条款构成的法律因为执行它的人没有兴趣而无法履行，这项法律也因此不能获得强制性的遵守？法律的实施是否考虑抱怨它的人的性格？是否可以主张，政府部门的领导没有义务服从国家的法律？

无论在什么特殊场合，上述理论都肯定得不到支持。任何立法机关的法令都不会授予如此特殊的一项特权，它也不可能从普通法的学说中得到支持。在宣布个人不可能受到国王故意的损害后，布莱克斯通在第三卷第225页写道："如果没有他的官员的介入，国王很少会对财产权造成损害，对于官员而言，法律与权利有关，但是不包括尊重和敬仰；但是国王提供了各种方法去检查他的代理人所犯的错误和不当行为，国王可能被这些人蒙蔽，并且被诱使做了暂时非正义的事情。"

根据一项1796年通过的授权买卖肯塔基河口土地的法令，购买人只要支付购买的费用，便完全有权获得所购买土地的所有权。由此产生了如下程序，国务卿根据法律需要开具出纳收据，美国总统被授权授予购买人执照。它进一步规定，所有执照都应由国务卿副署，并且在国务院登记。如果国务卿选择扣押执照，或者如执照丢失，国务卿可以拒绝提供它的副本，这能够被认为法律没有提供给受害人救济吗？

任何人都不会这样认为。

由此可以得出结论，行政首长的法令的合法性是否可被法院审查，总是取决于该法令的性质。

如果一些法令可被审查，但是其他不可，那么一定存在一些法律规则指导法院行使其管辖权。

在一些情况下，将这些规则适用于具体案件也许存在困难，但是人们相信，制定这些规则并不太困难。

根据美国宪法，总统被赋予了某些重要的政治权力，在行使权力的过程中他将行使自己的自由裁量权，并且仅就其政治角色对他的国家和他自己的良心负有责任。为了协助他履行这些职责，他被授权任命某些官员，他们根据他的权威、遵照他的命令而行为。

在这种情况中，他们的行为就是他的行为。无论什么意见考虑了行使自由裁量权的形式，都存在着，并且能够存在着，没有权力控制这种自由裁量权。这个问题是政

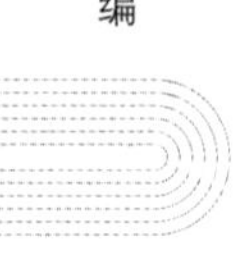

治性的。他们尊重国家，而非个人的权利，行政权被托付给他们，行政决定是终局性的。运用这一说法可以理解组建外交部的国会法令。其官员的职责由该法令所规定，就是完全遵照总统的意志。他仅仅是传达总统意志的一个元件。关于这种官员的法令不得被法院审查。

但是当立法机关继续将其他的职责施加到该官员身上时，当他被强制地指令去履行特定的行为时，当个人的权利取决于那些行为的履行时，他仍然只是法律的官员，他要为他的行为向法律负责，不能以他的自由裁量权肆虐他人的既有权利。

由这个推理得出的结论是，当部门领导是行政长官的政治的或者秘密的代表时，他们仅仅是执行总统的意志，这种情况就是行政长官拥有宪法上或法律上的自由裁量权的情况，很显然，他们的行为只接受政治上的审查。但是，具体职责是由法律所赋予，且个人权利取决于对该职责的履行，同样显然的是，认为自己受到损害的个人有权诉诸国家的法律寻求救济。

如果这是一项规则，我们会问，它如何适用于本案。

向参议院提名的权力和任命被提名人的权力是政治权力，将由总统根据自己的自由裁量权来行使。当他作出一项任命时，他已经行使了全部的权力，他的自由裁量权已经被完全运用。如果根据法律，官员可因总统的意志被撤职，那么或许立刻会作出一项新的任命，该官员的权利也就终止了。但是作为事实，已经存在不能被认为从未存在，前一任命不能被消灭。因此，如果根据法律，官员不因总统的意志被撤职，他所获得的权利受法律保护，并且不可以被总统收回。它们不能被行政权力消除，他有权以对待其他权利的态度去主张这些权利。

一项权利是否是既有的问题，从本质上讲，是司法性的，并且必须接受司法权的审理，例如，如果马伯里先生曾经作为治安法官宣誓，并且作为治安法官而行为，那么一个诉讼将被他启动，在诉讼中，他的辩护取决于他是一个治安法官。他的任命的有效性必须由司法权决定。

因此，如果他认为根据对他的任命，他对为他而做的委任状或者其副本享有合法的权利，那么就同样是一个可在法院审查的问题，法院对此的判决必须依赖于对他的任命中所考虑的意见。

这个问题已经被讨论，意见是，在总统签署之后，美国的印章加盖到委任状上之时，任命被完成、被证明的最后时刻已经到来。

这是法庭的意见：①通过签署马伯里先生的委任状，美国总统任命他为哥伦比亚特区华盛顿县的治安法官；合众国的印章随后被国务卿加盖，这是这项签署的真实性以及任命完成的决定性证明；这项任命授予他担任该官职 5 年的法律权利。②因为有了对该官职的合法资格，他随之也就有了获得委任状的权利；拒绝送达委任状显然侵犯了该项权利，对此国家的法律应提供给他救济。

需要继续追问的是，他是否有资格获得他申请的救济。这取决于，他所申请的令状的性质以及本院的权力。

布莱克斯通在他的《英格兰法注释》的第三卷 110 页，把执行令定义为："以国王的名义由王座法院发布的命令，指示任何人、组织，或者在国王统治下的下级法院，要求他们在职位和职责的范围内做特定事情，或者王座法院先前已经决定的特定事情，或者至少是被认为符合权利与正义的特定事情。"

曼斯菲尔德勋爵1266年在国王诉柯克案中宣布，令状应精确而明白地运用于本案。

"无论何时，"这位非常有能力的法官说，"对于一名官员来讲，存在一项权利可以行使职务、履行义务或者行使特权（特别是如果它涉及公众关心的问题或者附带利益），一个人被排除拥有或者被剥夺这样的权利，并且没有其他专门的法律救济，本院应该用执行令来帮助他，基于正义的理由和公共政策的原因，正如令状所表明的，法庭应当维护和平、秩序和良好的政府。"在同一案件中，他说道："对于法律没有规定具体救济的所有情况，应该运用令状，这也是正义和良好的政府应该去做的。"除了这里特别引用的权威，许多其他学说也被法庭所依赖，这些都显示了实践如何遵循前面引用的一般规则。

这项令状如果被授予，将是指令政府官员，对他来说这将是一份执行令，用布莱克斯通的话说："做特定的事情，在他职位和职责范围内，并且法庭先前已经决定，或者至少被认为符合权利和正义。"或者，用曼斯菲尔德勋爵的话来说，本案的原告有权利担任与公众利益相关的职位，却不拥有这项权利。

这种情况的确发生在本案中。

要为该执行令提供恰当的救济，它所针对的官员必须是根据法律原则这种令状可以针对的人；申请它的人必须没有任何其他专门的法律救济。

关于接受令状指导的官员。存在于总统和部门领导之间的亲密政治关系，必然使对这些高官行为的合法调查变得令人讨厌和棘手。正当的调查也会激发一些犹豫之情。不需要更多反思就能得到这一印象。毫无疑问，在这种案件中，个人在法院主张他的法律权利，声称这是法院应负的保护职责，这首先应被认为是对内阁的侵犯和对行政特权的干涉。

法院拒绝所有关于此种权限的主张不大必要。一个过度的行为，如此荒唐和过分，丝毫不能被接受。法院的职权仅仅是，依照个人权利作出决定，而不是去追问行政长官或者行政官员如何履行他们享有自由裁量权的职责。根据宪法和法律，带有政治性的、涉及行政长官的问题，永远不能在法庭上裁断。

但是，如果不是这样的问题；如果非但没侵犯内阁的秘密，反而根据法律，需要尊重一份登记的文件和法律授权书的副本（可以 10 美分的代价得到）；如果没有涉及行政长官可以被视作行使全部控制的问题，那么官员的崇高地位是将阻止公民在法院主张他的法律权利，或者禁止法院倾听他的主张，还是发布执行令指示履行职责，不是根据行政自由裁量权，而是根据国会的特殊法令和法律的一般原则？

如果一名部门的领导做了非法行为，以他的职位的幌子，致使个人受到损害，不能伪称，仅仅因为他的官职使他免受普通诉讼程序的起诉和免于遵守法律的裁判。如果案件是由其他个人起诉，程序得到授权，他的职位如何使他免于接受决定他行为合法性的特殊模式？决定一份执行令是否恰当并非根据令状针对的人的职位，而是根据事情的本质。当部门领导行使行政裁量权时，他仅仅是行政长官意志的元件。再次重申，在任何情况下，任何要求法院控制这种行为的申请，都将遭到毫不犹豫的拒绝。

但是，当他是由法律指示去做某种行为而损害了绝对的个人权利时，在执行过程中他并不是根据总统特殊的自由裁量权，总统也不能合法地强迫他，因此也永远不会被推定为存在强迫。例如，登记一项委任状，或者一份土地执照，或者出示一份记录的副本，这些都具有全部的法律正当性。在这种情况下，比起如果同样的行为由一个不是部门领导的人来做的情况，无论根据何种理由，国家的法院更不会免除作出裁判的责任。

这个意见似乎并不是第一次在这个国家被采用。

最好回忆 1792 年通过的一项法令，它指示国防部长制作一份伤残军官和士兵的退休金名单，应该与巡回法院给他的判决书的名单一样，由于职责施加给了法院，该法令被视为违宪的。但是一些法官认为，法律也许可以被看作委任者的委任，进而得到执行、行动和报告。

这项在巡回区被视为违宪的法律被废除了，并且建立了一个不同的体制。但是，法官判决书中的那些人作为委任者是否有资格忝列退休金名单的问题，是一个法律问题，应由法院恰当地决定，尽管把这些人列入名单里的行为是由部门领导实施的。

这个问题也许被恰当地解决了，国会在 1793 年 2 月通过了一项法令，规定国防部长联合司法部长去采取措施，这些措施对于获得最高法院关于任何此种权利（根据前述法令主张的权利）的有效性的判决是必要的。

在这项法令通过以后，一份执行令被交给国防部长，命令他将那些声称他们的名字在判决书里的人列入名单。

因此，我们有更多理由相信，这种审理原告的法律权利的模式被部门领导和美国最高法律官员认为是最符合目的的恰当模式。

当这样的主题被带到法院时，判决不是，执行令不是针对部门领导，指示他执行为法律所禁止的法令，而该法令的执行涉及个人的既有利益，而是在该案中不应该发出执行令，即如果关于委任者的判决书并没有授予原告法律权利，就必然要作出判决。

该案中的裁决被理解为权衡了所有主张的利害得失。那些在关于委任者的判决书里提到的人，发现按照法律规定的模式行事，使他们自己被列入退休金名单，结果必然是违宪的，因此，这个现在提出的学说，绝不是一个新事物。

的确，这份执行令现在被发出的，并不是为了履行明显为成文法所禁止的法令。

它将送达一份委任状，关于其主题，国会的法令是沉默的。这个区别并不影响本案。因为已经宣布，原告对于这份委任状拥有既有的法律权利，这个权利是行政长官所不能剥夺的。他曾经被任命为官员，由此他不因行政长官的意志而被撤职。由于此项任命，他拥有获得委任状的权利，该委任状由国务卿从总统那里接受供他使用。国会的法令实际上没有命令国务卿去把委任状寄给他，但是放到他手里就是为了被任命者有资格获得它。与任何其他人相比，他扣押它是再非法不过了。

首先值得怀疑的是，非法占有行为是否不是对于扣押马伯里先生的委任状的专门法律救济。在本案中，执行令将是不合适的。但是这个怀疑也要考虑，非法占有的判断是针对事情本身，还是其价值。公共官员的价值不是可以买卖的，也不能被估价；原告对职位本身拥有权利，或者没有任何权利。

他将通过获得委任状或者记录副本而获得这个职位。

这是一件明显关于执行令的案子，要么送达委任状，要么出示记录副本。本案仅仅需要追问，是否可由本院发出执行令。

建立美国法院的法令授权最高法院“在如下案件中签发执行令，该案件为法律的原则和惯例所保障，根据合众国的权威，针对任何指定的法院，或者在职官员”。

国务卿是一个人根据合众国的权威拥有职位，正好属于上面的文字描述的范围。如果本院无权对这类官员签发执行令，那肯定是因为该法律是违宪的，因此绝对没有资格授予权威和分配职责，尽管其语句表面上在授权和分配。

宪法将美国的全部司法权授予一个最高法院和国会随时可以任命和建立的下级法院。这个权力明显扩展到了根据美国法律引发的所有案件，因此也以某种形式可以应用于本案，因为声称的这项权利是由美国法律所授予的。

在这项权力的分配中，宣称“最高法院对于涉及大使、其他政府部长和顾问的一切案件，州为一方当事人的所有案件，享有初审管辖权。在所有其他案件中，最高法院享有上诉管辖权”。一直在法庭上被坚持的是，最初授予最高法院和下级法院的管辖权是一般原则，把初审管辖权分配给最高法院的条款没有包含否定性或者限制性词语。对于本条所列之外的其他案件，保留给立法机关分配初审管辖权的权力，规定这些案件属于合众国司法权。

如果是有意留给立法机关根据该机构的意志自由裁量如何在最高法院和下级法院之间分配司法权，那么进一步规定将比界定司法权和法庭既有的权力更加无意义。这个条款剩余的部分完全没有意义，仅仅是画蛇添足。如果国会依旧可以自由赋予本院上诉管辖权，而宪法已经宣布这些管辖权应是初审管辖权；而国会可以赋予的初审管辖权，是宪法宣布属于上诉管辖权的。那么宪法中对管辖权的分配将徒具形式，而无实质意义。

肯定性词语在运作过程中经常否定对立面，而不是肯定肯定者。在本案中，必须赋予它们否定性的、排他性的含义，否则它们根本就不能运作。

不能设想宪法里的任何条款都注定没有影响，因此这种解释是不被承认的，除非词语需要它。

如果关注关于我们与国外势力和平相处的条约，将导致产生一项规定，即最高法院应该对可能影响这种关系的案件拥有初审管辖权。但是如果没有进一步的对于国会权力的限制的话，该条款不过是规定了这些情况而已。除非国会另有规定，除非词语规定排他性的初审管辖权，他们将在所有其他案件上拥有的上诉管辖权是没有限制的。

当一份从根本上组织司法系统的文件，按照立法机关的命令和决定，把司法系统分为一个最高法院和许多下级法院时，列举其权力，接着分配它们，通过宣布应采用初审管辖权的案件和应适用上诉管辖权的其他案件来界定最高法院的权限，这些词语直白的意思看起来是，对于一类案件，它的司法权是初审的，而非上诉的；对于其他案件，它的司法权是上诉的，而非初审的。如果任何其他解释使该条款不起作用，那将是拒绝其他解释和坚持上述明显含义的补充理由。

要使本院发出执行令，必须表明应行使上诉管辖权，或者有必要使它们行使上诉管辖权。

法庭上曾经宣布，上诉管辖权可以多种方式行使，如果为了该目的而发出的执行令是立法机关的意志，该意志必须被遵守。这毫无疑问，尽管司法权必须是上诉性的，而非初审的。

上诉管辖权的实质标准在于，它修订和纠正一个已经存在的条款的程序，它并不创造新的案件。尽管一项执行令可能针对法院作出，然而向一名官员发出要求送达文件的这种令状，在效果上与要求这份文件的初审形式是等同的，因此似乎不属于上诉性的，而是初审性的。无论哪种情况，在本案中法院都不需要行使上诉管辖权。

因此，通过建立美国法院的法令，授予最高法院向公共官员发出强制执行令的权力，看起来不为宪法所保障。这必然需要追问，如此授予的司法权能否被行使。

一个与宪法不一致的法令能否成为国家的法律，这个问题深深地关系到美国的利益。但是，幸运的是，该种利益并不复杂。似乎只需要承认某种长期确立的良好原则去决定它。

拥有原初权利为未来的政府确立最符合他们自己幸福的原则的人，是整个美国大厦得以建立的基础。这个原初权利的行使需要很大的努力，它既不能也不应该被频繁地启用。因此，如此建立起来的原则注定是基本的。从它们的过程来看，这个权威是最高的，并且很少被行使，它们被设计为永恒的。

这个原初的和最高的意志组成了政府，分配给不同部门各自的权力。它或者原封不动，或者建立某种不被那些部门所超越的限制。

美国政府属于后者。立法机关的权力被定义和限制。那些限制不会犯错或者被遗忘，因为宪法是成文的。出于什么目的限制权力，出于什么目的限制被书写下来，这些限制是否可以随时被那些打算被它们约束的人通过？如果这些限制不能约束应该被约束的人，如果禁止的法令和允许的法令同时存在，那么有限政府和无限权力之间的区别就被抹杀了。这是一个太明显而不值得争辩的命题，宪法控制任何与它不一致的立法行为，还是立法机关可以通过普通法令改变宪法。

在这两者之间没有中间状态。宪法要么是一个高级的、永恒的法，不能被普通法令所改变，要么与普通立法处于同样的地位，就像其他法令一样，当立法机关愿意改变它时就改变它。

如果两者中的前者是对的，那么一项与宪法相违背的议会法令就不是法律。如果后者是对的，那么对于人民而言，成文宪法就是试图限制无限权力的荒唐企图。

所有制定成文宪法的人一定是想把它们制定成这个国家的基本的和永恒的法律，因此每一届政府的理论必须是，与宪法相违背的议会法令是无效的。

这个理论本质上隶属于成文宪法，因此被本院视为我们社会的一项基本原则。因此，在进一步考虑这个问题时，我们不会失去判断力。

如果一项议会法令与宪法不一致，它就是无效的，但是尽管它无效，它仍然约束法庭并且责成它们赋予它效力吗？或者，换句话说，尽管它并不是法律，它会像一件法律那样运作并形成规则吗？实际上这将推翻曾经建立的理论，并且初看起来，它是如此的荒诞不经。然而，它应受到更多关注。

值得强调的是，司法部门的责任在于解释法律是什么。那些将规则适用到具体案例的人，必须详细说明和解释规则。如果两个法律相互冲突，法庭必须决定适用其中的一个。

因此，如果一项法律与宪法相违背的话，如果法律和宪法都适用于具体案件，法院或者必须决定该案适用法律，而不管宪法；或者遵守宪法而不管法律。法院必须决定这两个相互冲突规则应该适用哪一个。这就是司法职责的本质。

如果法院认为应该遵守宪法，宪法高于一切立法机关的普通法令。宪法，而非普通法令，必须在两者都适用的案件上适用。

那些反对把宪法视为法院的永恒法律这个原则的人，弱化了法院必须密切关注宪法的必要性，认为仅仅关注法律就行。

这个学说推翻了所有成文宪法的基础。

它宣称，一项法令，根据我们政府的原则和理论，是完全无效的，但是在实践中，则必须被适用。

它宣称，如果立法机关将做被明确禁止的事，这种法令，尽管很明白地被禁止，在实际中仍是有效的。这将给立法机关一项实际的、真正的万能能力，很少有限制施加在它们的权力上。尽管规定了限制，但是那些限制可以被任意地越过。

因而这将使得我们已经在公共机构的发展上取得的巨大成绩——一部成文宪法——毁于一旦，在成文宪法被如此珍视的美国，这一点足以拒斥上述解释。何况美国宪法的独特表述为这种拒斥提供了额外的支持。

美国的司法权被扩展到由宪法产生的所有案件。

在运用它的时候，不能审查宪法，这是授予这种权力的人们的意图吗？由宪法产生的案件应该在没有审查导致它产生的文件的情况下就做出判决吗？

这太过分了，不能获得坚持。

在一些案件中，宪法必须被法官审查，并且他们能够完全决定，宪法的哪个部分应该被禁止，哪个部分应该被遵守。

宪法中的许多部分有助于说明这个问题。

它宣布："对于从任何一州进口的货物，不得征税。"假设有对于进口的棉花、烟草或者面粉的关税，有人提起诉讼要获得赔偿。应该对这种案件作出裁决么？法官应该去关注宪法，还是仅仅盯着法律？

宪法宣布："不得通过公民权利剥夺法案或溯及既往的法律。"

然而，如果这样的法案被通过，并且有人将因这样的法案被起诉，法院必须判处那些宪法努力保护的受害人死刑吗？

宪法说："无论何人，除根据两个证人对同一明显行为的作证或本人在公开法庭上的供认，不得被定为叛国罪。"

这里，宪法中的语言尤其提到了法庭。

它为法庭直接规定了不得违背的证据规则。

如果立法机关改变了该规则，宣布一个证人或者庭外供认足以定罪，那么宪法原则一定要服从于立法机关的法令吗？从这些以及其他可能的选择中，显然可以看出，宪法的制定者们构想，这份文件不仅作为法院的规则，也作为立法机关的规则。

否则为什么它要指示法官宣誓支持它呢？这项誓言一定也以一种特殊的方式适用于符合其官方角色的行为上。如果他们不想履行誓言，把誓言强加给他们是多么的不道德！

由立法机关施加的就职誓言也完全说明了立法机关关于这一问题的意见。该誓言如下："我神圣宣誓，我将恪守普遍的正义，平等对待富人和穷人；我将忠诚地、毫无偏私地履行所有我应该负有的责任，以我最大的努力和理解，遵守美国的宪法和法律。”

如果宪法没有为法院规定规则，为什么法官要宣誓去根据美国宪法履行他的职责？是否是宪法要求他，却不能被他审查？

如果这就是事情的真实状态的话，这无异于一个神圣的嘲笑。为此去规定或者为此去宣誓，都将成为罪过。

无须多虑，在宣布什么是国家的最高法的时候，首先提到的便是宪法本身。不是一般的美国法律，而是按照宪法制定的法律才拥有如此的层级。

因此，美国宪法独特的措辞承认并且强调了这一原则，即违反宪法的法律是无效的，法院以及其他受宪法约束，这一原则被认为是所有成文宪法的基本要素。

这项规则必须被践行。

（毕竟悦　译）

宪法之友论司法

（亚历山大公报约翰·马歇尔的文章）

Ⅰ.（1819 年 6 月 30 日）

如果说确实所有理性看待宪法的朋友都不愿意看到从宪法中剔除司法部门的话，那对相信美国人民的繁荣生活与该政府部门的存在密不可分的他们来说，就必然很难漠视这段时间以来，某些不遗余力的弗吉尼亚政客为了使这一部门退出公众视野所进行的一系列努力。除了要削弱国家对当前法官的信心以外，现在还很难否认说那些努力是否还有其他更多、更危险的目的。

我们无法忘记，当初反对宪法时的那些热切而持久的敌对声音。而那根深蒂固和报复性的憎恶情绪，缘于毫无理由的嫉妒，且因曾受挫而成倍放大，虽然销声匿迹了一段时间，但似乎从未真正平息。他们企图将那些有效的权力从政府身上剥离，而正是这些权力使政府得以完成其设立的目标。他们企图通过宪法解释，从根本上恢复可怜的邦联，而巴黎协定和费城大陆会议之间短暂的时期早已充分证明了，邦联对国家的维系无能为力，现在这些企图似乎全都死灰复燃，重新登场了。这一计划的领导者，像一个巧妙的工程师，直击大本营中最脆弱的部分，他深知，一旦能击垮这一部分，就能摧毁其整体，后面将会发现，如果实事求是的话，这一部分确实难以防护。司法部门，没有权利，没有保护措施，没有讨好民众的合法途径，这使它成为最脆弱的部分；而同时，这一部门对政府的存续和其法律的有效运行又十分必要。重大的宪法性问题不可避免地要提交到司法部门面前，而对其作出判决时常必须依赖于一系列错综复杂而又深奥的推理，要真正理解这些推理不能没有相当程度的理解力，否则就很容易被误读。麦克洛克诉马里兰州案就是这类问题中的一个，它提供了一个恰当的时机，可以通过打击司法权，而对政府的关键权力给以致命打击。在这一问题上，为了反对法院的判决，那些大利益集团和偏见根深蒂固的人联合了起来。——这个发起攻击的绝好机会绝不容放过。

一个《里士满调查者》的作者，以“汉普登”（Hampden）为笔名。编辑把他介绍给我们，说他拿着“一支同其讨论过的重大主题等同的笔杆子”，他用毫不客气的语言评论了整个国会，并特别地评论了其中几位最受人尊敬的议员，之后，他评论法官的语言同样毫不客气，他说：“司法机构所发动的战争，早已明目张胆，一目了然。在此之前，他们制裁了皮克林公司令人厌恶的原则，如前述，这还不够；他们监禁了那些胆敢凭借个人言论自由而评论公共机构行为的个人，以此来消灭新闻自由，这还不够；现任法官的前任在司法法官的位置上鼓吹政治教条，并且支持最为我们统治者所唾弃的那些最不合宪的措施，这还不够；他们在细节上干预商业活动，并且一项一项地批准那些违背宪法的法案，这仍然还是不够。可能因为这一过程太过于缓慢，或太过于烦琐。也有可能，是因为某些汉普登全力反对政府的造船费措施，且尽管他会在法庭上失败，却将最终会得到民众的拥护。因此，他们决定通过司法上的一次突袭行动，一劳永逸地解决未来所有这类讨论；给未来的联邦立法者授予一个普遍委任状，并把宪法中所有那些迄今为止被视为限制联邦政府立法权的条款和章节踏于足下。”

这一激昂雄辩的言辞，这一对那些持续浸淫在司法部门法官之忠诚和观点的轻率指摘，是意在说明这个最谦逊的绅士在向其公民朋友们演说时所说的“其言微，而任重”的差别，说明他在两者中形成的鲜明对照，还是要展示他拥有谦和、老练而训练有素的思维，从而使其如此习惯于对真理的探究，并使其如此适于为了他所从事的任务而引导公众？带着这个从未停止的疑问，我力图跟随他，注意他的观点和证据，他试图用此针对那些被选择委以重任而解释宪法的人发起不适当的责难。

但是，在继续讨论汉普登所主张的原则之前，请务必允许我花一些时间，讨论一下那些他作为预备性论述的观点。

他将“立法权”描述为，“可以将其活动范围延伸到所有地方，可以将所有权力引入其猛烈旋涡”，随后他进一步说，“根据孟德斯鸠的观点，司法权，多少近乎于一无所有等”。“同样根据孟德斯鸠的观点，在罗马，司法权不能对涉及州利益向人民转移的问题作出裁决；在英国，司法权只是曾在最恶劣时期侵害宪法，而后则总是站在独裁权力一方，这一司法权也曾自以为有必要干预我们的国家。”

我援引这段话，不是为了让大家注意汉普登对那些美国原则所持的敌意，这一原则就是要信赖法庭，既包括各州法庭，也包括联邦法庭，国家权力已将这一职责赋予法庭，要使宪法成为这一国家的永久法律，并免遭任何侵害，甚至是立法侵害，也不是为了探寻他缘何认为有必要告诉我们“在英国，司法权只是曾在最恶劣时期侵害宪法，而后则总是站在独裁权力一方”。我只想指出这段话所隐藏的不公正和阴险暗示，他暗示，法庭让自己介入到合众国和马里兰州之间的纠纷中，且毫无必要地自愿提供服务。“这一司法权，”他说，“也曾自以为有必要干预我们的国家。”

法庭介入到这一事件中，不是因为其“自以为有必要干预”，而是因为那些有权控诉，也确实提起控诉的人像往常一样将问题提交到了它面前，如果他不了解这一点，那最好先中断他的发难，等全面掌握所有此论题的信息后，再来发难不迟。如果他确实了解这一点，还进行这一语言暗示，那么，其动机为何，就留待他自己说明吧。

他声称法官超出案件，对案件之外的事项提出了观点，这就丝毫未考虑问题的现实状况。“合众国最高法院，”他说，“不仅已给国会授予这一一般委任权，并且在目前该问题上，超越了所有判例。那个案件中，只需要裁决银行法是否属于宪法所指的，对实现某些授权权力具有必要性和适当性的手段，但法庭却已有效地将必要、适当这些词语从宪法中抹去。”

几乎无须言明，对法庭“有效地将必要、适当这些词语从宪法中抹去”这一指摘，只存在于汉普登的想象中。这只是他自己主观臆断的产物。让我们看看，他是如何把法庭“超越了所有判例”的断言说圆的。他承认，“裁决银行法是否属于宪法所指的，对实现某些授权权力具有必要性和适当性的手段”，是“有必要的”。那么，我要问，法庭如何对这一问题作出裁决呢？——是不是很明显必然地要探寻一下宪法所使用的那些词语的含义呢？此时需要法庭判定特定的法案是否被宪法文件中某个词语所禁止，但一旦法官考察那些词语的含义，就被汉普登叫停，并被指责为游离于判例之外。法官的解释可能是错误的，这一点允许争论。但是，要说他们进行解释就超出了判例之外，则要确实说明发起这些责难的原因，而不能只把这些责难强加给无知的人。

也请务必允许我评论一下，在关于国会是否有权通过特定法案问题的讨论中，如果要假定人民的利益必然与反对此权力的州站在同一战线，或是假定自由的目标必须通过作出不利于联邦政府的裁决而得以提升，那么这些假定都是不正当的。当招募民兵的权利遭到严肃反对，当规定无限禁运的权利遭到严肃质疑，恐怕到时候汉普登自

己也不会认为，公众的自由利益要求作出不利于合众国诉求的裁决。实际上，恰如州政府，合众国政府也是由人民创造的，人民为了他们自己的利益而授予它一定权力，且人民为他们自己的利益而管理政府。对于防止对政府的侵犯，对于钳制欲将其授予的权力从政府身上剥离的双手，人民同样在意，他们的自由也同样与之息息相关，正如同他们在宪法的限制内约束政府行动一样。宪法已经界定了政府的权力，也对其制定者和美国民众进行了权力划分，相信可以最大限度地有益于公众幸福和公众自由。从包含政府权力的器皿中取出或放入分毫，都会打破如此建立的平衡。如果一个人完全陷于其中，给权力分立中的一方以优势地位，那么他的手就不再适于把握这一状态的平衡。

如果国会可以坐视“宪法以被指责的方式被解释”而不管；如果“在宪法规定的丰富模式外，可以附加一种新的宪法修订模式”，并且新修订模式所确立的最大阻碍可能是使宪法“让步于先例的力量”；如果时光如梭，已经到了甚至不用考察宪法文本，而只通过对一个离经叛道的国会所颁布法令的解读，或是只需采用“不合情理的皮克林、劳埃德或施艾菲原则”（Outrageous Doctrines of Pickering，Lloyd，or Sheffey），就能解释宪法的时代，那么也就同样存在这种可能，经过敌人这样一番解释，宪法变得完全无法运作，而通过州议会委员会的报告及其随之而来的决议，一种新的宪法修订模式，可以抽丝剥茧地抽去一个又一个政府权力，或者是，可以通过宣告政府在行使其既定权力时，只能采用那些州规定的稀缺而不便利的手段及那些无其则权力不存在的手段，来立刻扫除国会的所有权力。因此，“美国人民，为建设一个更完美之合众国，以树立正义，奠定国内治安，筹设公共国防，增进全民之福利，并谋今后使我国人民及后世永享自由生活起见”而“组建和确立”的政府，“通过这一崭新的修订模式”，就将变成一具死气沉沉的尸体，无法完成任何目标。

这个问题[1]是，且应当被视为一个对宪法进行恰当解释的问题。根据宪法的真正含义和精神，宪法会授权国会制定一个特别法案，而这个特别法案会成为被质疑的问题么？如果会，那么人民的最大利益，以及那些决策者的职责所在，都要求对这一问题作出肯定的裁决；如果不会，那么出于同样动机，就应该对这一问题作出否定的裁决。

宪法之友

[1] 指国会是否有权通过一个特别法案的问题。——译者注

Ⅱ.（1819 年 7 月 1 日）

此充满怀恨的恶意谩骂来自汉普登之第一成员，很高兴，我终于可以摆脱它，继而进行一个不那么令人厌烦的任务——讨论他的论点。

他提出了这些主张，宣称这些主张本身乃无可置疑，且他似乎认为这些主张可以证实他所责难的判决的错误，以此来引入其论点。

即使承认这些主张是真的，那这些主张非但不能证明他所责难的那个判决是错的，甚至不能使其成为一个问题。我这么说，并无多大风险。它们可能都是真的，而其观点中包含的每一个原则也是极正确的。

第一个主张是，宪法只是给予了联邦政府一个有限的授权，而把其余权力都保留给了州政府和人民。

对这一主张我不予质疑，汉普登为支持此命题援引了许多有名的授权，请允许我在此基础上增加另外一个，而这个授权起码在本争论中值得进行一些讨论，因为它是由汉普登所谴责的观点提出的。最高法院说，“政府（合众国政府）被公认为是一个有限列举权力的政府”。它只能运行那些授予它的权力，这一原则似乎过于明确，即使当这一问题在人民面前悬而未决时，支持那些论点的开明朋友认为有必要迫切表达观点时，都不曾涉及这一原则。现在这一原则被举世公认。但关于实际授予了多大程度权力的问题，却始终有人提出，而且只要我们的体制继续存在，这一问题就很有可能继续被提出。

而后，最高法院使用与汉普登一样积极的词语肯定了这一主张。法官确实没通过司法权再强化这一观点，而且十分明显他们没有这么做的必要性，就如同数学家不会去证明公理，法院或律师总认为没必要去证明“被举世公认”的事实一样。

第二个主张是，以特定列举权力对国会进行的有限授权，在运行时只能附加那些紧紧附随于列举权力的权力。换句话说，只能附加对于他们的运行具有必要性和适当性的权力。

这里我要说，只是为了讲清楚，这一主张的第二部分，似乎是打算作为第一部分的解释，使我产生了一个清晰的观点。做一件事情的权力，与将这件事情付诸执行的权力，在我有限的认识里，是同一个权力，将其中一个描述成另一个的“附加”或“附随”并不恰当。在邦联条例中，国会几乎做不了任何事，而只能向州发出正式要求。决议中要求州供给特定货币总额的章节，并不是一个“附加的”或“附随的”权力，而是一种执行其被授予权力的模式。在宪法中，政府的权力是以授权和要求国会执行其权力的表述来授予的，执行是权力不可缺少的部分，因此国会有权规定和征收税金。规定和征收税金的法律，以及其制定的将货币缴入国库的所有规章，都不是一个“附加权力”的行使，而是一个明确授权权力的执行。对抵抗税收征缴的人进行惩罚的法律，或将第一种情况下征收的不动产归于国家的法律，或制定其他并行规章的法律，都可以追溯到附随性权力。这些法律都不是那种简单地执行授权权力的法律，它们是原始授权的一部分。

对这一主张本身，我是极其乐于承认的，并且如果把这一主张当成未在任何程度上反对最高法院判决中所包含的原则，则应该忽略它，不加以任何评论的话，我并不认为注意汉普登所引用的话，就有助于更清晰、明确地理解这些引用本身，或它们对于所讨论主题的用处。

我认为，汉普登进行这些引用的目的是为了说明，对一个具体权力或事情的一般授权，其运行中不必附带那些附随权力，或那些使授权权力发挥最完整、最圆满效果的手段，而最高法院的判决则主张对一个具体权力或事情的一般授权，其运行中需要附带那些附随权力，或那些使授权权力发挥最完整、最圆满效果的手段。

他首先引用了瓦尔泰，其中包含一些容易误导粗心读者的语言。“因为，”瓦尔泰说，“国家有责任维持自身，所以它有权利做任何对其维系具有必要性的事情。因为自然法则（Law of Nature）赋予了我们一项权利，可以做任何无其则不能履行职责的事情。然而，如果它规定了一个职责，却同时禁止履行这一职责的唯一手段，那么它就是在迫使我们做不可能的事情，更确切地说，它自相矛盾了。”

汉普登被前述段落中的“必要性”、“无其”及“唯一手段”这些词语抓住了注意力，他把这些词用斜体或大写标出来，以赋予他们作者本未赋予的重要性，并从这些词，以及同一本书的其他段落推论得出，他所证实的附随权力仅限于具有严格“必要性”，或“无其”则职责无法履行的权力。他说，决不“允许像最高法院所声称的那样宽泛的解释维度”。

汉普登在此犯了一个重大、明显的错误。他将一个肯定的观点转换成了一个否定的观点。瓦尔泰宣称的是国家享有做某些事情的自然权利，而他将其转换成宣称国家没有做其他事情的自然权利。但也因此，我也不必再多费笔墨引用其他更有力的段落，说明汉普登所依赖的那些词语，是在一个与其理解完全不同的意义上使用的。瓦尔泰说，“一个国家，它有权利做任何对其维系具有必要性的事情”。所有人都会在汉普登对“必要性”一词所附于的含义上，严肃地主张国家权利仅限于那些对其维系具有必要性的行为么？为了考虑和供给国家的幸福、便利、利益和权力，国家不可以跨越严格、必要性的界限么？“自然法则，”瓦尔泰说，“赋予了我们一项权利，可以做任何无其则不能履行职责的事情。”但这就禁止了除此以外的其他任何事情么？如果是的话，那我们的职责要足够宽泛和开阔，足以覆盖人类政策和人类行为的所有角落才行。

瓦尔泰在同一页上，当论及国家的毁灭时说到，“一个国家有权利做任何事，以保护其免受灭顶之灾的威胁，以远离那些会导致其毁灭的事”。国家可以为其维系做任何事，和国家可以为避免其毁灭而做任何事，这两种说法之间着实并无差别。这是同一个主题的延续，作者意在传达同一种情绪，而只是在不经意间转换了措辞。汉普登引用的段落中所使用的限制性词语，明显是在这样一个减轻的含义上使用的，其与随后在同一主题上所使用的宽泛词语含义相同。从整体上看，作者明确认同已为全世界公认和践行的权利，即国家为了其自身的安全，可以执行所有国家的蓝图，政策和手段，而对于所采用的那些手段，这是其“必要性”的唯一判断标准。

我肯定不会想到要引用这些段落，但它们却被汉普登暂时征用了。

我们也会提到瓦尔泰关于默许或暗示合约的一段话。比起我们所看到的汉普登的引用，我将引用得更为详尽。瓦尔泰说，“默许合约是建立在默许同意的基础上，而默许同意是从任何一方所采取行动的正当结果中推论而来的。因此，正如同格劳修斯所说，默许同意包含在达成协议[1]的某些行动之性质中，协议中是默认的。或换句话说，无其则无法达成协议的所有行动都是默认许可的”。然后瓦尔泰举了某些个该规则的例子，例如，允许规定部队在安全时期可以返回家乡的军队规章，以及保证要求或接受会见的敌方的安全的默许承诺。

我毫无保留地默许瓦尔泰和格劳修斯所确定的规则。我希望不要将默示同意延伸到从任何一方所采取行动的正当结果中推论而来这一范围以外，也不要对一个协议中的默许同意通过推论作超出“包含在达成协议的某些行动之性质中”的理解。如果最高法院有更多认识，我就不理解其判决了。

瓦尔泰所举，并为汉普登所引用的，授权自由通过（the Grant of a Free Passage）的例子，也是我要特别倚赖的，这个例子是我所主张的自由、公正解释的有力支撑。

自由通过的授权似乎，必然，只意味着作出这一授权的主权要保持被动，而且只

[1] 原文此处引用“on which an argument is made”与下文“on which an agreement is made”不符，从全文含义看可能有印刷错误，应以后者为准。——译者注

包括“与军队通过（the Passage of Troops）有特别联系的所有事项”，“例如，运送军队必需物资的自由，对军官和士兵进行军事训练的自由，以及以合理速度采购军队所需一切物品的自由”。但这一授权被解释得延伸了很多，对制定它的主权方面加入了一些主动的因素。“授权通过的人，”瓦尔泰说，“要在其权力范围内，保证通过时的安全。”也就是说，他不仅不能伤害通过的军队，而且要保护军队在通过其领地时的安全。

这的确是一个对该授权的合理解释，但是如果默示是必要的，那必要性就不能被解释为绝对或不可缺少的。

授权一个人通过一个房子，以及授权另一个人通过一个花园，而此人只能经过房子才能进入此花园，瓦尔泰将这作为限制性解释的例子，与宽泛性解释相反。汉普登不能以为这一例子就可以形成一个普遍规则——解释总是限制性的，而决不是宽泛的，即使合理也绝不能进行宽泛解释。

事实上，从瓦尔泰的例子中可能概括出来的，且确实能确定为一个普遍独立规则的唯一原则是，部分应当按照各方的意图来理解，应当进行自由地解释，或者以能最好地促进制定这部分的目标为限进行限制性解释。为此，我参阅了他关于和约，以及条约解释的所有章节。“含义的不确定性，”他论述到（第 282 节第 2 句），“应当赋予一部法律或一个条约的含义的不确定性，不仅源于表述上的模糊性或任何其他表述上的错误，而且源于人类思维的狭隘限制，人类无法预见所有情况和所有环境，或说人类无法预见他们所委任或许可事项的所有结果。简而言之，含义的不确定性是源于进入无边无际细枝末节的不可能性。我们只能在普遍的意义上制定法律或条约，而在将其用于个别案例时应当遵从立法者或缔约权力的意图进行解释。”他说（第 283 节），“此外，我们不相信明智的人们在共同缔约或达成任何其他严肃协议时没有任何意图。那么，导致一个条约无效且不发挥任何作用的解释将不能得到认可。”“条约应当按照一个能发挥其作用的方式进行解释，而不应被解释成空洞和虚幻的。”“有必要按照最符合说话人意图的方式来理解话语的含义。如果它们本身存在许多不同的解释，那么为了恰当地避免条约的无效或谬误，我们应当倾向于看上去最符合制定者意图的那一个。”

我相信接下来汉普登将不会批评我，因为他已经用“洪亮激烈的语言”批评了最高法院，用他自己的话说，当我说这句话的时候，“我将其作为所有法律——自然法、国家法、战争法、理性法的一个明确原则”，即所有法律文件都应当以使其按照制定意图发挥作用的方式正当地进行解释，而我也信心满满地呼吁那些汉普登推荐给我们的权威人士，支持我的主张。

宪法之友

Ⅲ.（1819 年 7 月 2 日）

现在我继续探寻普通法的原则如何应用于该案。虽然我可以从法典中引用，为了推论出未明示的权力而对一个授权的词语进行延伸解释的例子。比如“有通过一个房屋、一片果园和一所庭院的授权，就可以通过这些地方[1]”的案例；或许也可以引用最完整的证据以说明意图（the Intention）是最神圣的解释规则，但我愿意将我的评述限于汉普登所引用的那些措辞。

我承认此乃普通法的一个原则，“当一个人授权了任何事项时，他也同样授权了无其则该授权不能发挥作用的那些事项”，且通过“作用”这个词，以我之见，并非指一个简略、半途而废的作用，而是指符合各方意图，以及符合各方相互妥协融合的，圆满而完全的作用。因此，为特殊目的而经过另一个人土地的权利，无论这一权利是明示的还是默示的，完全可以为了作用于此目的而行使，只要在被授权人完全享有权利的同时，给土地所有者带来的伤害尽可能小。柯克大法官在其判决中也曾确定同样的原则，这段话也被汉普登引用了。“因为，”那个伟大的大法官说，“当法律进行授权的时候，它也授予了其中暗含的实现和享有这一权利所必要的权利。因此，法律授予了所有具有便利性的权利，即只要有必要就能自由进入，自由退出，自由返回”。汉普登说，此处的“便利性”一词可以转换成“必要性”。确实如此。但是此处的“必要性”一词要转换成“便利性”就不那么正确了。柯克大法官对这两个词，以他们常用的方式，都进行了使用，并表达几乎同样的意思。当这两个词这么使用时，既不是指虚构的便利性，也不是指严格的必要性，而是指合理的便利性和适格的必要性；其含义取决于各方的情况，以及要采取行动的性质。在这一案件中，按照柯克大法官的意思，已进入、退出、返回的一方，为了自行返回，并无需立即离开，或在其准备好前，他们可使用一个合理的便利措施。

我也承认，“附随性应当在一个合理、简单的意义上理解，而不是牵强的以偏僻、不太可能、不太常见的意义来理解。”通过这一点我了解到，牵强的解释，无论是包括附随性的还是排除附随性的，都不能被接受，而自然的解释才是正确的解释。这才

[1] Ch. 5.b.3 Ba. abr. 396 c.b.6 Ba. abr. 3 & 4 statute.

是“在一个合理、简单的意义上理解附随性”。

这一主题上普通法的原则，与自然法和国家法中被认为更具普遍性的原则不太一致。国家法和自然法所规定的规则都属于理性的最高法则，它们遍及到控制着所有的人类制度。

语言的目标就是为了传达说话者的意图，而负责解释法律文件的法官，其重要职责就是查明立法者的意图。没有可以适用于所有案件的技术性规则，命令我们以比词语本身传达出的意思更严格的方式来解释论点。法律文件的性质、所使用的词语、要实现的目标，所有这些都应纳入考虑中，并占有应当的比重。

虽然我已进行了论证，正如我所相信的，汉普登的引用自相矛盾，但如果我不再证明那些他会从中概括出的原则，而代之以不进一步深入讨论就离开这个主题的话，我对这一主题的处理就又是不当。

从瓦尔泰著作中所选取例子中的法律文件，或从普通法教材中所选取案例中的法律文件，与一部国家的宪法之间的差别，我认为，是如此明显，不会逃过任何深思之人的法眼。

设想一支入侵部队，在长途跋涉进入敌方国家领土后，想与被入侵国家约定安全返回本土。

这一协定的双方是企图互相造成毁灭性打击的敌对双方。该协定只涉及一次军事行动，与其相关的实际环境是可以，且因此应当是能够预见的，并且是由双方相互造就的。在这一约定中，没有理由含有任何表达不清楚的事项。然而即使在这种案例中，为了完全实现缔约双方的明确意图，词语也会在被解释时超出其清晰表达的含义。此论述同样适用于敌对双方订立会见协定的案例。

同样，编入普通法教材中的案例，都是个人之间订立合同的案例。这种合同只有一个单纯的目标，即关于那一目标所订立的条款要明确和完整。我们不能认为双方意图在授予中包含的任何基础环境都将被忽略，因而如果这种环境要靠默示的话就有欠恰当。所有这类案例都同样涉及财产，对于授予条款，无法放大解释为有利于其中一方，而同时又不损害另一方的权利。但是，即使在这些案例中，我们也已注意到，对于完全实现财产转让具有必要性的所有事项，以及对完美享有授予财产具有基础性的所有事项，都通过默示而得出。汉普登自己被迫也不得不承认，这是“所有法律的一个明确原则”——“对一个事项或权力的一般授权，附带着所有那些（且只是那些）对授权的完成或对权力的运行具有必要性的手段”，并且他也承认，通过必要性一词，他并不意指“在所有案例中，都要具有纯粹的必要性”，我将其理解为等同于绝对或必不可少的必要性。

几乎无须言明，似乎能证实汉普登引用的特别案例中所进行的严格解释的环境，没有一种适用于宪法。宪法并不是一个寻求相互毁灭，且迫不及待地在所有角落布设岗哨，以免稍有不慎让警惕的对方有机可乘的敌对双方之间的协定。它不是如果进行有利于其中一方的默示，就损害另一方授权权利的案例，也不是只有一个单纯目标，关于它的所有事项都可以汇集和纳入其中。宪法是人民创造一个政府的行动，没有政府他们就无法称其为人民而存在。人民为了他们自己的利益而授予政府权力，政府权力是人民繁荣幸福的基础，且为了人民的利益，由人民自己为其利益而选择的人来行使。宪法的目标不是单纯的一个目标，无法立即对其所有环境进行详述。要尝试这么做，就将完全改变它的性质，并且导致其目的落空。它意图成为一个为一切未来时间而确立的普遍制度（General System），由那些掌控它的人，适用于其所见范围内的一切未来的情况。由其性质可以得出，对于宪法，只能描述它意图完成的重大目标，且只能用一般的语言表述那些被认为对于目标具有必要性的具体权力。为了引导这些权力行使的方式，引导可用于实现政府目标的手段，宪法对立法机关进行了授权。如果宪法已经履行了其职责和义务的话，这种安排将变得毫无意义。立法机关就是人民自己的一个散发器。它只是被选出的一部分，来代表整体，并按照国家的判断，在宪法给出的那些宏伟蓝图内一步一步前进。如果不留意它的性质，不注意它与普通协定的不同之处，就不可能正确地解释宪法这样一个法律文件。

一个与此最为接近的案例是，调整两国间未来交涉的条约。如果在这样一个条约中，“因为囿于人类思维的狭隘限制而无法”预见所有情况和环境，或预见其委任或许可所产生的所有结果，如果“由于进入无边无际的细枝末节的不可能性”，条约的词语必须是一般性的，且必须通过解释应用于个别案例中，以使其实现缔约各方的目的。那么，对于一部宪法来说，进入无边无际的细枝末节更不可能，而通过立法机关将其原则应用于个别案例更有必要。

对于案例的精确应用，汉普登还有一个更具决定性的反对意见，那就是适用于权力，严格地说，应当称之为附随权力的规则，并不同等地适用于所有行使列举权力的手段。

一个“附随权力”，汉普登告诉我们，“在普通法中，被定义为附属于或紧随于另一个更有价值或更主要的权力”，而约翰逊将其定义为，是与主要权力并行的手段。

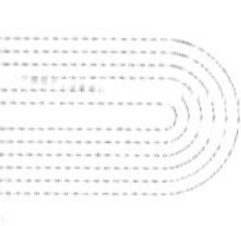

按照汉普登的第二个主张，它视“附随权力为附加权力”。

我对这些定义都很满意。为了将其用于正在讨论的话题，最后我要说明，一个明确授权权力借以执行的那些手段，绝大多数时候，都不能恰当地归为附随权力。

国会有权“招募和供养军队”。会有人认为，招募一支万人部队、委任适当官员的行为、征募武器的行为、允许他们支付和分发的行为，都是从附属于或紧随于招募和供养军队这一主要权力中得来的么？这样的行为，能被适当地称为“与主要权力并行的手段”或“一个附加权力”么？

这不是太清楚了么，以至于无须争论，这样一个行为是主要权力的直接执行而不是附属于或紧随于它的权力的执行？它将是主要目的本身，而不是“与之并行的手段”么？它将是初始的权力，而不是“一个附加的权力”么？

如果“制定统辖陆、海军之条例”的权利未获明确授权，那么，为此目的而制定的法律就要为了寻求根据，依赖于国会的附随权力或默示权力，而关于其合宪性的问题，就需要应用默示原则。但是，宪法已经明确地授予了此项权力，那么制定战争条款的法律就只是一种工具，或说手段，国会选用这一手段执行这一权力。这时，对于这些手段，附随原则就毫无用武之地。所有法庭都无权探询由此战争条款所造成的惩罚是必要的还是不必要的。这些手段是适当的，而且国会可以合乎宪法地随意选择和改变它们。

国会之“设立邮局并开辟邮路”的权力亦是如此。

指定邮局和邮路的法律，以及围绕此主题的所有规定，都是为了执行这一权力而制定的。这些法律是国会选择使用的手段，但是惩罚那些邮件盗窃者的权利就是一个附随性权力，而它从授权权力中推导而出是否具有根据，就是一个可以争论的问题。邦联体制下，国会没有默示权力，因此不能惩罚那些邮件盗窃者，但是国会有管理邮局的能力。这些管理就是手段，而不是附随权力。

因此，国会之“设置低于最高法院之法庭”的权力也同样如此。

设置这些法庭、设定法庭管辖权、规定法庭程序等行为，都不是这一权力的附随权力，而是执行这一权力的手段。立法机关可以随意增加或减少这些法庭，随意改变它们的管辖权。这些法律就是手段，有关其必要性，在宪法中不存在任何问题。对于那些伪造诉状、作伪证或收买作伪证的人进行处罚的法律，就是一个附随权力的执行，而它从授权权力中推导而出是否有根据，就是一个可以争论的问题。邦联体制下，国会可以建立特定的法庭，但因为没有附随权力，它就无法对在那些法庭里伪造诉状或作伪证的人进行处罚。

在执行附随权力时，我们常常会探寻，此项权力是否“附随于或紧随于主要权力”，因为此项权力本身可能受到质疑。但在执行授权权力时，对于权力本身就不存在任何疑问，而立法机关的全部工作就是选择执行权力的手段。这并不是说，这一选择权可以被国会欺骗性地使用，用于破坏宪法公平的界碑。国会肯定无法假借征税，或假借保证各州建立共和政体，而变更继承法；但是如果，这一手段与目的之间有一个清晰的关系——如果这一关系是直接、自然和适当的话，那么除了当选者，谁会借口说这些手段是不必要的，而控制立法意志，引导立法解释呢？

“附随”或“附加”于另一个权力的权力，与用以执行某项既定权力的手段之间的差别，是极其明显的，虽然汉普登并不这么认为。对此我曾更详实地论述过，不仅因为他对此问题的注意而导致了遍及其整个论点的错误，而且也因此，致使他将最不合适、不恰当的刻薄语言用到了最高法院的法官身上。那些法官在说到“手段”的时候，没有使用“附随”一词，这使得汉普登非常的不快。“手段”一词，他说，“在现在的情况下被突然提出来，其含义不仅不明确，而且是笼统和狡诈的”，他兀自继续说，“它用笼统的表述给自己编织了件外衣。为何最高法院在这一时机捏造了一个相当新奇、不明确又笼统的词语？为何他们会挑选这样一个词语，宽泛的足以打破宪法对一般政府所规定的那些限制？”

当言及一个主题的时候直接使用了适于该主题的词语，而没有使用汉普登所选择指定的那些属于另一个且完全不相干主题的词语，所有的愤怒都是由这个词语使用上的可憎过错点燃的。所有人都必然承认存在立法机关执行其权力的手段；而汉普登，我相信，全合众国只此一人，却否认“手段”这个词，它比“附随”这个词，更能精确、准确地表达那一观念。

如果他没有告诉我们，最高法院在这一时机下捏造出来的“手段”这一词，是“新奇、不明确又笼统的”，没有告诉我们这一词语“宽泛的足以打破宪法对一般政府所规定那些限制”，乍一看这肯定是一条令人咂舌的信息。

这些奇怪的观点本身与它们的论证方式一样古怪。我们可以合理地期待，受喜爱的“附随”一词，必被强迫使用到所有地方，无论是适于使用该词之处，还是不适于使用该词之处，也会用于宪法之中，而且由此又会得出更多说明此词语优于其他词语的理由。然而，在宪法中我们却并看不到这个词，因此会有人认为，它可以根据其之于所讨论主题的适当性被使用，或被免责地拒绝使用。

但是，汉普登却告诉我们，“必要”和“附随”权力这两个词“都一律用在了宪法开篇中，而‘手段’一词却完全是现代开始使用的新词”。为了证明他声称的这一点，他随即从《联邦党人文集》中引用了一段话，其中包含“手段”一词，而不包含“附随”一词。“一个权力”，其援引的段落中联邦党人说到，“只是做一件事情的能力或技能，而能力就包含为执行权力运用必要的手段”。

如果我们不是笼统地说这两个词“都一律用在了宪法开篇中”，而着眼于细节，我们就会发现“附随”和“手段”这两个词，当其各自在一定场合中最能表达说话者或作者观点时，都获得了平等的使用。

在关于银行法案的第一次国会论战中，我们看到银行法案的反对者一直使用“手段”一词，并且某些绅士说“实现特定目的的必要手段的真正含义是，无此手段则此结果不会产生”。

银行法案的支持者也使用同一词语。他们坚持认为，授权国会为了执行政府授权权力而“制定一切必要和适当法律”的条款的正当解释应当是，认可国家立法机关有权使用一切执行权力的已知的常用手段。他们进一步主张，银行就是一种已知、常用的工具，通过这一工具，某些政府授权权力得以执行。

在此后，借由华盛顿向我们声明的，内阁成员就此问题达成的意见中，“手段”一词也被反复使用。国务卿和总检察长，从本质上考察了“宪法只允许那些必要的手段，而不是那些便利的手段”，并且在表明了这种银行法案支持者所持的宽泛解释的危险后果后，这些绅士们继续说：“因此，正是宪法，将手段限于必要的手段，也就是说，限于那些无其则授权权力必无价值的手段。”

财政部长从一般观点入手开始论述其观点，“所有授予政府的权力都在其‘主权’性中，根据条款的效力，这些权力包括运用所有为了实现这种权力的目的（Ends）而必需的和正当适用的手段（Means）的权利”。

若要从财政部长精湛的观点中援引所有包含手段一词的段落，将不胜其烦。但凡需要的情况下，该词都有使用。我所评论范围内的报纸文章中该词也有使用。那么汉普登要如何证实他所言的该词被最高法院“突然提出”，“新奇、不确定又笼统”的观点呢？

汉普登的第三个，也是最后一个主张是：“在第一条第八款的最后一项中插入‘必要’和‘适当’两个词，并没有扩大先前授予的权力，而只是出于多余的考虑加上去的。”

要声明，我并不想驳斥这一观点，我只是要把从最高法院判决中抽取出来的下面一段话加在此处。“对这一条款给予最细致、谨慎思考的结果是，即使它没有扩大国会的权力，也不可能被解释为限制了国会权力，或是削弱了立法机关在选择执行政府宪法权力的措施时作出最佳判断的权利。如果不能提出其他动机说明为何加入这两个词，那么一个充分的理由就是，如果说宪法不是华丽的装饰的话，则是为了消除所有关于立法机关享有宪法中必然包含的大量附随权力的疑虑。”

那么最高法院对这些词并没有进行更多的延伸，仍然是在汉普登所允许的延伸的范围内。

这位作者提出的三个一般主张，其中包括那些指认最高法院错误的重要、基本事实，现在都已讨论完毕。第一个主张是直接的断言，而最后一个主张却是承认一个如此受人摒弃谴责的观点。第二个主张本身并不包含其反驳的原则。而对于其中所进行的援引，以及夹杂于那些援引中的，类似说我们国家最高法院不公正、有害的中伤，因为对正确理解将其用于讨论中的主题很有必要，都在细节上进行了详细论述。

Ⅳ.（1819年7月3日）

在第三点中，汉普登论述了其对最高法院判决的具体反对意见，用以证明其不遗余力地加之于司法部门的那些恶意谩骂。

在讨论这些反对意见之前，请允许我论述一下，他认为自己在论述进程中已进行了问题的重述总结，而在这些重述中他对自己试图要证明的对象进行了完全不实的陈述。

在表述包含必要、适当两词的条款是“重复和多余的”以后，他继续说道，“我也已经表明，在那种情况下，如此手段是默示的，而这对于执行该权力是基础要素。在所有自然法、国家法、战争法、理性法和普通法法典中的情形均是如此。这种手段，而且只有这些得到所有上述法律认可，尤其是得到普通法认可的手段，才能被强调地设置为这种无其则授权权力无法运行的手段。”

汉普登有可能相信他甚至曾试图说明这些事项么？他有可能如此夸张地误解了他自己么？或者说他改变了其加之于读者的立场？他是否已经忘记了，他所有的引用和所有的观点，都是用于说明“附随”或“附加”权力的，而不是用于说明执行权力的手段的？他是否已经不记得，他非但没有尝试着通过任何法律来说明，正是“强调地设置”的那些手段只能用于“无其则授权权力无法运行”的权力的执行中，反而将这一词语本身描述为一个“宽泛的足以打破宪法对一般政府所规定的那些限制”的词语，“一个可能包含潜在野心的图谋和可能改变一般政府性质”的词语？他是不是已经不记得，或者他是不是以为他的读者不记得，他归之于最高法庭“突然提出这一新奇、不确定又笼统词语”的动机？这一场合中，我不会就汉普登对最高法院“狡诈”的控诉进行反驳，但是，也不会任其宣称已证明他根本未提出的观点并因此抢占上风。对于他真正的观点“对国会授予的特定列举权力，只能以正当附随于它们的附加权力来执行”，我尚未进行批驳。但是我坚决反对，当授予了一个权力时，“在其执行中只能采用那些无其则授权无法执行的手段”。我也坚决反对这一主张通行于任何法典的说法。当试图尝试确立这一说法的时候，也正是证明它完全不成立的时机。

现在，我将开始讨论那些汉普登归于最高法院判决的错误。

汉普登归于最高法院的第一个错误，是对于授权国会为执行政府被授予权力而“制定一切必要和适当的法律”这一条款，法庭倾向于进行扩大解释的一方。

汉普登并未用明确的词语冒险断言，法庭已将这一条款的性质归为扩大国会的权力，或使立法机关可以做那些若无此条款则不能做的事情。他很清楚这种断言将是毫无根据的，因为他说，“最高法院自己承认，这些词语是用于且只用于，消除一切国家立法机关对委托其管理的庞杂事项享有默示权力的疑虑。这就是法庭的一种认可，这些词语并不是用于扩大国会的权力”。

那么为何，他要以一种间接方式寻求给其读者留下这样的印象，他认为这一观点不正确呢？

即便如此，我仍将论及汉普登说明此项错误所举出的个别例子，以此作为其批判最高法院判决的根据。

他所举的第一个例子是最高法院已经提到，该条款“是列于政府的权力之间，而非列于对政府权力的限制之间”。

该条款在宪法中的位置，众所周知。但是法庭却因为陈述了事实而被认为应加以大力指责，因为其陈述的目的，正是汉普登所批判的。

要证明该论述并非用于汉普登所谓的目的，或者并非以汉普登声称的方式使用，只需要反驳这一观点本身即可。

最高法院已表明了其观点，“政府有权制定法案，且被赋予了执行法案的职责，根据理性的指引，其必然有权选择执行法案的手段”。尽管在此观点的基础上可进一步推理，最高法院继续说道，但合众国宪法并未按照一般推理，给国会授予执行政府被赋予权力而运用必要手段的权利。宪法在权力列举的基础上，增加了国会有权制定“一切必要和适当的法律”一项。

我们不能误解最高法院的意思。其意指，该条款所表达的含义是，前述推理所显示的事项必是默示的。

接着法庭继续论述道：“马里兰州的辩护律师已经提出了各种各样的论点，以证明该条款，尽管从词语上看是一个授权条款，但其实并非如此。该条款实际上是对为执行列举权力而选择手段的一般权利的限制，这一般权利可能是默示的。”

然后法庭反驳了辩护律师的论点——法庭的驳斥如此成功，以至于使汉普登自己认识到“这些词语并没有对全国政府进行任何禁止”，他说，“它只不过表明”，“它们没有对先前授予的权力进行任何扩张”。就这样，他明白无误地放弃了他在辩论中所持的观点，继而，他主张，先前用以证明该条款并未限制国会权力的那些论点，可以用来证明该条款扩大了国会权力，试图以此扭转局势，反败为胜，但他并未如愿以偿。

我想，任何人，只要对这一观点稍加留意，就不会跌入汉普登企图引入的错误陷阱中。在对此条款进行了详细推理后，最高法院说，“无此条款，国会也可以执行其列举权力，要是为证明这一点而浪费时间和口舌，就好比闲来无事在光天化日之下点蜡烛。尽管无需证明，但在没有此条款的情况下，国会将有一些手段可供选择”等。最高法院进一步说：“如果按照马里兰州的解释，该条款将减损，甚至将几乎消灭立法机关选择其手段的这种有益且必要的权利。”这一点上无须冗述，即使该观点在辩论中并未被推翻，我们也应当认为这一点如此明显，而无须辩论。我们之所以可以如此认为，是因为以下原因：“该条款是列于政府的权力之间，而非列于对政府权力的限制之间。”

最高法院继而陈述了其他几个原因，以表明此条款不应当因循削减国会应享有权力的方向进行解释，并在最后，用非常确信的言辞明确作了总结，此条款不应当解释为“削弱了立法机关在选择执行政府宪法权力的措施时作出最佳判断的权利”。汉普登自己也提到了这部分结论，该结论使得该条款承担着，消除一切关于“基于宪法中必然包含的庞杂附随权力而立法”权利的疑虑的职责，并且他同意这一点。然而，正如他提出对最高法院判决的第一条反对意见时一样，他又提到了该论点，“该条款是列于政府的权力之间，而非列于对政府权力的限制之间”，并且他反对该论点，并非因为这一论述不正确，而是因为最高法院提出该论点是为了对此条款进行扩大解释，谋求对国会权力的“扩张”。

我请任何有最普通理解能力的人告诉我，在这一点上汉普登是否有可能已误解了最高法院的判决意见？如果不是的话，那他为何对最高法院判决的论述发生了扭曲？

最高法院第二个证明此条款不应当解释为削减国会权力的理由是，“条款的用语旨在增加，而不是减少政府被授予的权力”。

条款的措辞是，“为执行前述权力，国会有权制定一切必要且适当的法律”。

我可以底气十足地问，这些词从词义上看是旨在授权，还是限制呢？如果答案必是前者，那么最高法院的论述就是正确的。汉普登无法反驳这一点，但他却向这一论点发出责难，因为他认为最高法院提出此论点，是要证实对政府权力的扩张，但最高法院并未这么做。最高法院只是将此明确论述为相信此条款并未削减国会权力的第二个原因，且随后说“没有任何理由可以，或者可能说明，旨在增加国家立法机关裁量权的词语中，正是如此隐含了要缩小国家立法机关裁量权的真实意图”。

我要再一次问，为什么汉普登能如此完全地曲解他所谴责的观点？

他说，“最高法院也已主张这种扩大解释（Such Enlargement），其基础是，我们的宪法是庞大的共和体制中的一部分，而宪法的限制已被叹为观止地膨胀和无限夸大”。

最高法院并未在这个完全错误的作者所论述的基础上，或者在其他基础上，主张“这种扩大解释”。

在论述了我们伟大共和制真正的范畴后，最高法院说，“国家在紧急状态下，可以要求把北部募集的财物运到南部去，也可以要求把东部募集的财物转移到西部去，反之亦然。难道对宪法的解释，要优先选择使这种运作变得更困难、更冒险、更昂贵的解释么？”

我提到了最高法院判决中的这一整段话，并断言，最高法院所发出的音节中没有一个是为了扩大国会的权力。法官的推理论证反对限制解释，因为限制解释会使国会在执行其公认权力时陷入尴尬的境地，且坚持认为如非宪法中词语有要求，不应当特别地采用这种限制解释，而且法官的推理论证并未提到会将授权延伸至目的含义之外的解释方法。如果没注意到，即使在最不重要的地方，汉普登都乐于横加些不当责难的话，那么对于合众国政府的限制已被“叹为观止的膨胀和无限夸大”的批评，简直就不值一提。最高法院说道，“从圣·库拉哥到墨西哥湾，从大西洋到太平洋，要进行财政征缴和开支，要调动军队并提供军需”，而圣·库拉哥不正是我们东北角的国界么？不正是墨西哥湾把路易斯安那州隔在南部么？不是我们刚和英国签订条约划定了的两国领土与太平洋的界限么？不是我们非要在跟西班牙那纸尚未获批的条约外，要求哥伦比亚的嘴巴，对着海洋张开么？

“最高法院”，汉普登说，“基于对国家政府的无限信赖，也会特别地主张倾向于扩大解释。”

如同其他批评一样，这一指责同样毫无依据。最高法院的原话是“军队、财政、外交关系，以及国家工业中的绝大部分，都委托给了政府管理”。我们绝不能认为，仅仅因为它们是次级权力，而由如此广泛的权力中延伸出的其他权力就都是次等的。我们也绝不能提出类似的观念。但是，我们有充足的理由认为，一个被授予如此丰富权力的政府，为了正当地执行那些国家幸福、繁荣如此倚赖的权力，就必须被赋予与其权力相匹配的同样丰富的执行权力的手段。已授予的权力，其便利运行是一项国家利益，而阻碍、堵塞其权力的执行绝不是国家利益，也决不能被认为是国家的目的。

严格来说，在此提出的所有观点是否都不正确？国会有权招募军队，无论汉普登如何怀疑授予此权的正当性，难道他能真的主张说，应阻碍、堵塞此权力的执行，而在招募军队时不采用对人民最经济最便利的方式么？同样国会有权征税，对该项权利只有两项限定，直接税应按金额的一定比例征收，而间接税应统一征收。他能通过这样解释宪法而给征税权强加其他的限制条件，或禁止国会采取对人民负担最轻的方式征税么？

但是无论如何，最明显不过的是，汉普登归于法院的观点，法院判决中甚至都没有一丝暗示。最高法院的判决中，非但没有指出对政府的巨大信赖应推论得出一种扩大解释，反而明确地用下面的语言拒绝这种推论，“我们绝不能认为，仅仅因为它们是次级权力，而由如此广泛的权力中延伸出的其他权力就都是次等的”。最高法院明确提出观点，反对马里兰州辩护律师所采用的不自然的限制性解释，并且只主张政府应被许可使用与其执行权力相匹配的手段。我要问，汉普登本人能否否认该推理的正确性？

为执行权力使用的手段应当与权力本身相匹配，从这一观点中，难道他能主张，那些权力应当通过解释或其他方法进行扩大么？

宪法之友

V.（1819 年 7 月 5 日）

正如前述讨论中所提及事例显示的那样，汉普登所说的话与他评论的内容几乎毫无关联，汉普登说，“最高法院乐于用相同的观点（与其对于将延伸国会权力的解释方法所持观点相同）提醒我们”，“我们正在解释的，是一部宪法”。

他如此通情达理，没有否认解释的是一部宪法，因此在此处他没有用错误的表述指责最高法院，其矛头只是坚定地指向最高法院使用它的意图。这一罪恶意图只存在于汉普登丰富的想象力中，最高法院没有用任何语言暗示他所谓的扩大解释。

讨论中的条款如此限制了国会的权力，以至于任何无其则被授予权力亦能运行的法律都禁止通过，为了回应这一论点，在说明“必要”一词并不总是指必要性的最高程度，或用汉普登的话说“纯粹必要性（Sheer Necessity）”之后，最高法院接着说，“在解释宪法时，解释主体、上下文，以及使用者的意图，都应纳入考虑之中”。这次我不会再问，是否有任何具有正当思维的人反对这一解释规则了。最高法院继续说，这一“条款”“是为了使宪法经历未来岁月的考验而制定的，因此，宪法要适用于各种各样人类事务中的危急时刻”。若是对未来时间中政府为执行其权力可采取的手段进行了规定，那么，这一条款的性质就将发生彻底转变，而被赋予了一部法典的性质。

那段话太长，不方便在此整体引述，但我可以自信地说，它没有哪怕一点，通过对国会权力的解释影射延伸国会权力的意思。这段话唯一的目的，就是提醒我们，宪法不可能一一列举为执行政府权力可采取的手段。

对于这一点的正确性，汉普登并未冒险否认。他明确承认了这一点，但却又认为有必要加一句（好像最高法院的意见中已经巧妙迂回地反驳了这一点），“关于执行权力的手段，宪法已经建立了一个标准，而在政府各部门选择执行权力手段的时候，这个标准就是法律”。

最高法院的整个判决都是在此基础上展开的，就像立基于一个无可辩驳的真理一样。它所努力建立的原则，并不是国会可以采取超越宪法限制之外的手段，而是指采取那些限制之内的手段。

对该判决的最主要反对，就是强烈地控诉它，将已反复提及的那个条款解释为扩大国会的列举权力，并自始至终地主张将这些权力延伸到词语本身应有之义之外。作为反对的证据，判决中各种段落被挑拣出来。我已对这些被引用的段落进行了一一论述，而且我认为，这些论述已能证明，其中没有任何一段话含有汉普登所主张的那一解释。判决中没有一句话是主张这些原则的，我这么说，不怕得到任何理性人的反对，只要他们是怀着真正理解的愿望，而去阅读这一判决的。无论是形式上，还是实质上，该判决都是在反对用这一条款缩减国会执行其权力的权利，它只是主张宪法应得到正当解释，以确定那些权力的正确范围。

为何汉普登如此明目张胆地试图歪曲这一判决，将它明确反对的原则归罪于它？因为他十分了解，一旦在公众观念中产生偏见，就很难移除，而事实和推理却是一个缓慢的过程。

如果汉普登在国会可合宪地执行其列举权力的手段这一主题上，所说的所有事情的细枝末节，我都一一予以注意，或者从最高法院的判决中引用，那些他含沙射影地予以批判的段落，以及那些他通过直接或暗讽予以谬述的段落，也许就是在过于挑衅公众的耐心。我已留心地对上述所有方面进行了评述，并且可以不畏任何反驳地说，最高法院坚持的总体原则，是宪法应当以好像如此被讨论的条款早已被完全忽略的方式来进行解释。宪法条款中明确表达了国会的权力，没有该条款的协助，宪法条款也允许和要求立法机关执行权力，并当然地，可以采取执行权力的手段。这些手段的选择权移交给立法机关，而立法机关的权利和义务就是采用那些对人民最为有益的手段，而又确保它们在宪法的限度内。手段的合宪性取决于，它们是为了执行既定权力的自然、直接和恰当的手段，或是周知且常用的手段。

最高法院从未在任何个案中承认国会享有无限权力，可以采取任何手段，并因此可以跨越宪法所规定的限制。立法机关在手段选择上应享有自由裁量权的诉求，总是在宪法规定中受到限制，比如规定手段应是适当的，不仅如此，最高法院甚至明确地说：“如果国会以执行其权力为借口，为了实现那些未委托给政府管理的目标而通过法律，且如果一个案件被提交到法庭前，要求作出这样的判决，说该法案不是这个国家的法律，那么对本法庭而言，这将是一个棘手的任务。”

那么，汉普登要如何向他的国家证实，或甚至仅向自己证实，他所宣称的“最高法院决定通过司法上的一次突袭行动，一劳永逸地解决未来所有这类讨论；给未来的联邦立法者授予一个普遍委任状（a General Letter of Attorney），并把宪法中所有那些迄今为止被视为限制联邦政府立法权的条款和章节踏于足下”，以及事实上，“最高法院早已借口选择手段的自由裁量权，授予了国会无限权力？”

他孜孜不倦地企图通过解释，削弱我们国家的宪法，而“目的将证实手段之正当性”的这一原则，似乎并没被完全推翻。

最高法院宣称“联邦政府，尽管其权力受到限制，但在其行动范围内是最高的”，对于这一点，汉普登十分不以为然，“不理解这种行话，‘最高’这个词，”他说，“在一个其行动受到宪法限制的政府中，听上去并不是很好。”

该作者，对最高法院的指责最起码是语言上的错误，但他却似乎分不清“最高”与“专制”两个词。“最高”一词指的是“权力位阶最高”，无论是对权力有限制的宪法还是无限制的宪法，权力中都必然有一个是最高的。合众国政府，“在其权力范围内”难道不是“最高”，或说“权力位阶最高的”么？事实确是如此，亦如宪法中所表述的。宪法中说道，“本宪法，以及依照本宪法制定之合众国法律”等，“均为本国之最高法，各州、州法官和人民都要遵守”，“不论任何州宪法或法律内容与之有何抵触”。可以制定最高法律的权力难道不是最高的么？

任何宪法都可能被修订。但是，只要它存在一天，政府“在其恰当的范围内活动”时，“就是最高的，有什么权力可以凌驾于政府之上么？”

这“行话”可能在汉普登听来十分尖利刺耳，他可能会不习惯，但这就是对事实的表述，是宪法的表述，他不乐意也无法消除。自然法的表述和对事实的表述，在东方专制君主听来也尖利刺耳，用语怪异。他不会喜欢“这种行话”，但是，它却并不因此就是不正确、不恰当的。

延续其谬述的精神，汉普登说，“最高法院的观点是，组建银行权利与政府的严格宣誓权利具有相同的基础”，并且“反对组建银行的权利”“就等同于反对惩罚犯罪的权利”。

我不否认，这些例子相互之间具有很强的相似性，但我却要否认，最高法院做过上述陈述，因此我不认为，在仅对一个司法判决进行辩护时，我有义务证明汉普登在区分它们时犯的错误，或有义务证明那些判决中未宣称的观点，尽管那些观点可能是对的。

我们被告知，马里兰州的辩护律师主张认为，汉普登断言“重复和多余”的那一条款，“将国会为执行宪法所授予权力而制定法律的权利，限制于那些必不可少的，或无其则权力则无法执行的法律”。

最高法院驳回了该解释，并在推理中反驳了它，最高法院说：“如果我们将这一解释原则应用于任何政府权力，我们将会发现它会给政府的运作带来种种弊病，以至于我们不得不放弃这一原则。”接下来最高法院继续说明，如果采纳了该解释原则，那些合宪性被普遍公认的法律中会有很多，如规定政府宣誓的法律等，都将被证明是违宪的。最高法院以此论点，公然驳斥了马里兰州辩护律师就本案所提出的主张是宪法解释的基础性要素，对此汉普登特意不提。

当他说“最高法院进一步认为，组建银行的权力，可以经由国会有权在合众国无政府管辖的领土上建立政府这一点得以证实”时，他也同样犯了错。

通过一段大篇幅的，且以我之见，很精确的推理过程，最高法院说明了“只要目标属于宪法的范围，那么所有适当的、可以使用于该目标的，未被禁止，且符合宪法的表述和精神的手段，都是合宪的”。

但却有人坚决认为，银行，即使它是一项符合上述描述的措施，也在国会权限范围之外，因为合众国立法机关本来就无权组建社团。

最高法院进而对该论点进行了讨论，并且为证实其错误，不容置疑地证明了，组建社团的法案只是为一项措施赋予了一种法律性质，通过法案表明，如果措施本身是恰当的，那宪法就不会反对。为说明该论点，最高法院提到了地方政府，它们就是社团。提到这一点并不是为了说明银行之于合众国具有绝对必要性，如同政府之于一个行政区域的必要性一样，而是为了说明如果一项措施本身是恰当的，那么作为组建社团法案实施基础的环境，就不会从宪法上反对该项措施。

对讨论中的国会法案的那些反对声音，最高法院进行了大篇幅、清晰的评论，之后，最高法院回到法案本身，并将其合法性简单地立于这一基础上，银行“在政府财政运作的过程中，是一个便利、重要而基础的工具”。“所有关心财政管理的人，都会赞同银行的重要性和必要性。”

虽然我不认为，最高法院可能会在该工具的“恰当性和必要性”问题上犯错，但其他人可能会打心眼里这么想。无论如何，对判决最主要的反对意见，以及为了恶意中伤司法部门而堆砌的理由，并非是法庭做了一个错误的判决，而是针对其作出判决的原则，认为该原则清除了所有障碍，使国家政府得以享有无限制的权力。这等于“作出了一个宣告性的判决，从此国会在无论何种情况下都有权约束我们”。

作为支撑，它所依据的是法庭的一般推理，之前，我们已经看到，就此而言，该论断是多么的谬误。现在，我们要看下，就它所依据的法庭为本案明确进行的特别推理而言，该论断又是多么错误。这一特别推理是，银行“在政府财政运作的过程中，是一个便利、重要而基础的工具，其重要性和必要性”如此令人信服，以至于对其重要性和必要性的最佳判断即在阐述它时就表示出认同，而那些最初反对该项措施中最聪明的人都已承认了这一观点。

汉普登自己似乎已有一半倾向于承认这一点了。他说："这（银行的重要性和必要性）是毫无疑问的，但很多投票支持组建银行的人，是在当时时代形成的特别压力下才投票的。它并不适于普通时期，也不是建立在其为合宪性措施的基础之上。"

如果说该法令通过是"时代的压力"，导致人们认为银行具有必要性的话，那么我就茫然了，它怎么可能与为普适于所有时期而制定的宪法不一致呢？一段时期的特殊环境可能会或多或少地影响一项措施选择的明智程度，但却无法改变其合宪性。

我已经占用了太多公众的注意力，但仍未对汉普登持续的论述进行同样详细的阐述。因此，对其关于银行必要性的论点，我将只进行一个评论，对其正确性，所有阅读过那个论点的人自有公论。他要求，一项措施要具有合宪性，必须是不可或缺的，以至于没有这项措施，权力就无法执行。如果要完全接受该原则，就只能先接受这一主张，包含"必要性"一词的条款，削减了国会通过其他方式已享有的权利。而对于该解释，他已明确放弃。不能允许他为利于自己，就使用其在讨论中明确放弃的一种解释。

宪法之友

Ⅵ.（1819年7月6日）

汉普登曾认为，在麦卡洛克诉马里兰州一案中，以对我们政府的性质进行大篇幅论述，来引入对法庭管辖权的反对意见是恰当的。其长篇大论就是为了证明我们的政府不是一个统一的政府，对此，我只作一项评述，那就是这是一个众所周知和普遍认同的真理。从未有人，将来也不会有人，也没人能够以个人的理解反驳这一点。任何作者，要愿意证实这一政治真理的话，肯定是在戏耍自己，而他对我们政治知识的增益呢，就好比他告诉我们并引经据典地证明，美国坐落于大西洋的西边而不是东边，对我们地理知识的增益一样，属于画蛇添足。

但是，他说，无论法庭的语言多么"模糊"，在这一点上，他们的原则却"不容许争论。他们在法庭的判决中指出，我们的政府是一个统一的政府，而不是联邦的政府。他的这个主张，不完全对，也不完全不对。

我们政府是统一的还是联邦的，这一问题似乎在本案的辩论中，并未进行激烈讨论。关于各州政府作为美国政治体制的一部分而存在这一点，无论是对马里兰州的辩护律师还是对另一方而言，似乎都不称其为问题。提出这一点的动机，令人十分惊奇，不亚于一个绅士认真思考后，提出应当坚持一方面应该有法庭、法官席和法官，而另一方面应当有律师。然而，不太令人愉快的是，对于这一问题，法庭本该在书面表述中忽略，或不对其进行正式判决。但是，判决中所确立的原则，以及所使用的语言，都将是我们政治体制的一部分，作为一个预先假定的前提，其表述如此明确，不致引起任何人误解。

法庭说，“被告是一个拥有独立主权的州”；“合众国政府和其成员州之间的权力冲突，正如宪法中所言，是可以讨论的”；“合众国政府是一个享有列举权力的政府”，“它只能执行那些授予给它的权力”；“没有一个政治梦想家足够狂野到，梦想打破各独立州之间的界限，而使美国人民融为一体”；“各州在其主权权限内对宪法的同意”，“暗含于它们召集制宪会议，并将该法律文件提交给人民这一行动中”；“在讨论有关实际授予权力的范围这一问题时”，“联邦和州政府之间的权力冲突必须纳入考虑”；“宪法要求”“州立法机关成员，以及州行政机关和司法部门的官员，都应当宣誓效忠于宪法。”

如果汉普登的主张能与上述表述一致，那我毫不怀疑，他的主张也会与下面这段话一致，这段话是讨论州向银行征税权利的前提。法庭说：“征税权是一种至关重要的权力，由各州政府保留享有，且并不因为宪法授予了合众国政府类似权力而削减；合众国和州政府可以同时执行征税权，这是从未被否认的事实。”

类似的表述在整个判决中随处可见。这些表述说明，恰如最后陈词般地说明，认为判决中体现合众国政府是统一政府的原则的主张是不正确的。

在此，我就不对判决作进一步引用了，接下来我将探究一下他这一主张的原因，他何以断言这一清晰的表述是“模糊”的，并且声称这一表述传达着与其原意完全相反的原则。我更乐于讨论这些，因为这位绅士，虽然对其专门引述的判决鲜有正确论述，但在对待此主题的该部分时，却比之前更清晰地暴露了他的真情实感和真正目标，而且因为我相信，这些真情实感和真正目标才更应该得到人们认真的关注。

因其要表达的不同目的，汉普登在表述中经常使用与“统一”一词含义相同的“国家”（“National”）一词。因此他说：“如何辨别一个其成员是主权州，而其权力与其成员州权力之间相冲突的政府，是否是国家政府或者统一政府，这一问题并不容易。”

我不认为这两个词可以相互替换。合众国政府几乎公认应以国家政府（the National Government）或国家的政府（the Government of the Nation）来命名。在《联邦党人文集》及其他政治著作中，它不断地被提及，却从未被称之为统一政府。

汉普登是这样定义统一政府的："它是一个只建立于个人之上，而其中不包含其他州和政府的政府。"那么，对于这种"只建立于个人之上""而其中不包含其他州和政府的政府"，他将给出一个什么名字呢？那就是合众国的政府。在一部现在举世公认为对宪法进行了清晰、公正注解的著作中[1]，我们读到，根据联邦宪法的反对者所提出词语的定义："它既不是一部国家宪法，也不是一部联邦宪法，而是一个两者的合成物。"

但是，让我们暂时搁置任何关于词语的争论，继续讨论一下，汉普登为了指责法庭在统一政府的问题上语言模糊，而作为依据引证的那些证据。

第一个是，"他们使用的'人民'一词，在某种意义上似乎清晰地指代合众国人民，以区别于各州的人民，而从'合众国人民'一词将可以推论出，各州并未参与宪法的确立"。

因为此处他没有提到判决中的个别表述，我也就无法通过引用法庭语言，对这一主张进行精准驳斥，而只能满足于一些更普遍且缺乏针对性的评论。

我们得知，马里兰州的辩护律师主张，宪法来自主权独立的各州，而不是来自于人民。而与此相反，法庭坚持认为，宪法并不是来自于各州政府，而是来自于各州人民。在该论点的阐述过程中，"人民"一词经常不附加任何其他词而被单独使用，但这绝不是在某种意义上否认人民分为不同的群体，或暗示不存在各州。也断然否认了，即使没有那些判决中随处可见的表述，单是这一词语的使用，就能对"各州并未参与宪法的确立"的推论给予支撑。也就更不可能产生与法庭反复、清晰宣称的观点相反的推论。

假使法庭不是一般地使用"人民"一词，在某种意义上公然对照于政府，而是使用了"合众国人民"的表述，那么即使是这一表述，也不会有任何引起上述推论的倾向。

汉普登会否认一个人同时也是合众国的人民么？我们这里不存在国家么？法国后期那个皇帝批评我们没有国家特性，或不是一个真正作为国家的存在体，但即使是他也不否认我们在理论上和宪法上的存在。如果国会对外宣战，难道我们不是作为一个国家参战么？那难道不是战争与和平的国家行为么？难道所有的政府措施都不是国家措施么？合众国是一个国家，但却是一个由州组成的国家，这些州在许多方面，虽然并非在全部方面享有独立主权，这些州的人民也是合众国的人民。这两种特性，非但不是互不相容的，而是一致的。这是宪法的表述。在宪法中，各州人民把自己称为"合

[1]《联邦党人文集》，第 39 卷。

众国的人民”。为“合众国公民”9 年才有资格成为参议员,7 年才有资格成为众议员。“只有生为合众国公民或在通过本宪法时为合众国公民的人”才具备担任总统职务的资格。所用被选担任公职的公民的宣誓都要以合众国公民的身份进行，我们都是公民，既是我们各州的公民，也是这一伟大共和国的公民。

接下来宪法并未认可，而是反对我们作为国家的存在和特性，不相容于州的存在。汉普登自己也引用了宪法中的表述，“我们合众国人民”，“并不只是指称美国人民，而把各州的人民排除在外”，并且我坚持认为，合众国人民非但没有排除，而是包括了“各州的人民”。继而，可以肯定地说，“人民”一词，最高法院普遍使用的，并明确适用于在各州活动的人民，无法证实“各州并未参与宪法的确立”这一推论是正确的。

“最高法院的判决，”汉普登说，“似乎进一步倾向于统一政府的观点，而并不将政府视为联盟或同盟，并且并非他们似乎说过的联邦政府必然是州政府的产物。”

我明确承认该说法，法庭确实是将宪法视为一个政府，而非一个“同盟”。我随后将对这一点进行更深入的讨论。但我反对“他们似乎说过联邦政府必然是州政府的产物”这样的话，他们已经明确表达了截然相反的意思。为了回应说人民“已将所有政府权力转移给了州权力机关，而没剩什么权力再授予”的论点，法庭说：“如果说合众国是由各州缔造的，那么其合法性将遭受更多质疑。”当汉普登主张州政府无权改变宪法时，在这个方面，他就将自己推到了他所批判的判决的对立面，他所强烈表达的观点实际上正是那一判决中早已提出的观点。“委托给州主权的权力，”法庭说，“将由他们自己执行，而不是由他们自己另创一个独立主权来执行。”

宪法之友

Ⅶ.（1819 年 7 月 9 日）

现在我将继续讨论那些原则，根据汉普登的观点，那些原则“说明政府，在法庭判决中，是一个统一的，而不是联邦的政府”。

“完全不同于法庭的观点，”他说，“在这一主题上，他将给出自己的意见。”

当然，我们一定认为，他的观点应与那个与他不同的法庭观点相匹配。

为了说明观点的差异，他告之我们，“合众国的宪法不是由合众国的人民像一个人一样审议通过的，而是由各州通过的”。然后他继续说明，宪法是由各州人民在各自独立的代表大会中审议通过的。

这正与法庭先前所说的完全一致。让我们回忆一下，法庭所讨论的问题，并不是宪法是由全体人民通过的还是由各州人民通过的，而是宪法是由人民通过的还是州政府通过的？在此问题的讨论中，法庭说，宪法被报告给那时存在的合众国国会，并提请它“可按照各州议会的建议，提交给各州人民选举组成的代表大会，以获得其同意与批准”。这一程序获得了采纳。

我认为，不可能有比这更清晰的表述了，而且这与人民是作为一个整体而不是通过各州审议通过宪法的观点完全不相干。

汉普登也声称，这明显误解了法庭的语言和含义，其着重强调的是宪法序言中“我们，合众国人民”这些语言。

在考察这一判决时，我们不能不注意到，这些引用的词语在宪法中所“表达”的意思，并不是指“将各州那些人民排除在外的美国人民”，而是指人民，从而将州政府排除在外。

那么，法庭不仅不曾否认，而是确认宪法是由人民审议通过的，表现为在各州表决通过。

即便并非如此，这个关于政府起源的错误，也无法证实“法庭在判决中认为，政府是一个统一的，而非联邦的政府”。

一个政府的性质取决于其宪法，而不是取决于是由人民作为个体审议通过，还是作为一个独立群体审议通过的。大不列颠和爱尔兰王国是一个统一王国，但是它以前是由 3 个独立的国家——英格兰、苏格兰和爱尔兰——组成，而且这一合并是由它们各自的议会在各自国家中独立批准的。

召开于 1792 年的法国国民会议，是由整个国家的人民选举出的代表团体组成的。假如这一斗争中吉伦特派获胜，建立了一个联邦共和政体，那也不会是一个真正的联邦共和国，因为它是由全体人民的代表作为一个群体审议通过的。

如果法官后来作出了一个关于此项的声明，他们也就提出一个同样不正确和荒谬的原则，但却不是一个“说明在他们看来，我们政府是统一政府而不是联邦政府”的原则，那继而声称的事实，和由此得出的结论，就同样都是错误的。

汉普登阐述了许多他认为法庭可能会因倾向于统一政府而主张的观点，并对所有这些观点进行了巧妙的驳斥。但因为法庭本身并未主张其中任何一个观点，且甚至不曾以最隐晦的方式提出倾向于统一政府的观点，所以请原谅我略过它们，不再冗述。

然而，对于他认为将各州维系在一起的是“一个联盟，或联合”的观点，我却不能以同样方式忽略不论。

他所有的论点都指向于这一点。为了确立这一基本原则，他将一个不自然或者严格的宪法解释强加于我们，并将宪法所赋予权力的正当执行斥责为对州权利的侵犯。当发现他所支持的原则旨在使宪法成为一纸空文，当看到他力图使“美国人民”和“国家政府”这样的词语变得令人厌恶，当听到他说整体在其范围内之于部分具有最高性这种说法是“废话”，或者当他夸大描述州权利制定修正案的权力时，我们都无须再惊讶了。因为所有这些都是这一原则的必然结果：宪法不是一个国家政府，而是一个各独立、主权州之间的联盟或联合合约。

但我们的宪法不是一个联盟，它是一个政府，且具有一个政府所有的构成要素。它已建立了立法机关、行政机关和司法机关，所有这些部门都可直接对人民采取行动，而无须通过州政府作为媒介。

从本质上说，邦联是一个联盟，而邦联的国会则是一群代表聚合的群体，这些代表可以被主权州随意召回。这个群体只能宣战和媾和。他们既不能参战，也不能执行和平条款。他们可以就某些事项向其主权州提出建议，可以要求主权州服从他们的决议，但他们本身并无任何执行权。相反，一个政府，可以依其意愿执行其决议，而我们的国会就是一个政府。谁曾听说过相互结盟的主权国家，让他们的代表组成国会，有权对人民征缴税款，有权随意关闭和开放港口，或有权制定并执行法律？谁曾听说过主权国家向他们的代理人宣誓忠诚？谁曾听说过相互结盟的主权国家将主权的所有重要特征剥离，转移到他们代表的身上？

合众国的人民肯定有权利，如果他们选择执行的话，将他们的政府削减为一个联盟。但让我们理性行为吧。不要以避免州权利遭受侵犯为借口，促使他们去做摧毁宪法的事。在他们在被引入的迷途上越走越远之前，让他们回顾一下，在我们的宪法审议通过以前，那段糟糕而有借鉴性的历史时期，那时，这些州确实享有主权，且只以联盟的形式结合在一起。请注意观察，这样一个体制所造成的后果这一问题值得去全神贯注的观察。对此，《联邦党人文集》中有真实的记载，尤其在那本书的第十五篇。作者是如此开始向我们罗列它带来的一系列弊病的——“我们可以恰当地说，现在几乎达到国家蒙受耻辱的最后阶段了。凡是能伤害一个独立国家的尊严或降低其品格的事情，我们差不多都经历过了”，并且在描述了那些弊病长久而阴暗的细节后，他这样做了总结——为了把这些既不会给予我们欢乐，也不会给我们教益的详情细节减缩一下，总的说来，我们可以这样提出问题：凡是能降临像我们这样特别享有优越自然条件的社会的全国性混乱、贫穷和无意义的征象，还有什么没有成为我们普遍不幸的悲惨事实呢？

这就是在那和平的4年中，这些州因它们的联盟而陷入的境地。为了将其变为一个有效的政府，或说打破其组成成员的强势和联盟的弱势，一个替代性的选择展现在合众国人民面前。我们国家的智慧和爱国心选择了前者。让我们不要盲目、轻率地再次陷入智慧和爱国心将我们拯救而出的困境中吧。

宪法之友

Ⅷ.（1819年7月14日）

对最高法院的最后一项指控是，它违反宪法，对一个不在其管辖权内的事项作出了判决。

这个指责太严重了，此问题对人民而言比对法官而言更重要。这关系到法官的名誉能否撇清篡权的指控，但却更深切地关系到合众国的繁荣、合众国法律的正当运行，甚至是合众国是否应当令其法院保有汉普登所否认的管辖权。

在继续讨论此问题前，请允许我对此表达一下我的惊讶，马里兰州的辩护律师都没有提出这个问题呢。那些绅士们的智慧可谓众所周知，如果说从法院判决中他们所提出的部分论点，可以窥见其对案件热心程度的话，我们看到，在每一个允许他们提出个人主张的交锋点上，他们都发挥判断力、灵活性和想象力，步步为营。那么，管辖权的这一点是如何逃过了他们的法眼？

我相信，只要对此主题进行简单地思索，这一难题就会迎刃而解。

这一反对意见所根据的推理，缘起于一个基本的错误，就是认为我们的宪法只是一个各州政府与联邦政府之间的联盟，或说条约。受这个没来由的错觉的影响，他引用了一些瓦尔泰的论述，这些论述倾向于选择外国政府作为裁判，去裁决合众国政府和州政府之间可能产生的争端。我们获知，“纳沙泰尔亲王们（the Princes of Neufchatel）于1406年确立伯尔尼州（the Canton of Berne），作为他们争端的裁判和永久裁决者”。

纳沙泰尔的小亲王们是在一个拥有宪法权力能调和他们之间差异的极为强大政府之下联合起来，还是只是相互结盟的呢？他们的情况和合众国的情况是何种推理关系？他要我们列举此例作为效仿对象的话，起码应该对该问题进行说明。

基于同一著作，他又告诉我们，“在平等的主权国家之间，条约是协调它们不同诉求的唯一模式”，而且，“条约中任何一方都无权随心所欲地解释协定或条约”。

要认可该原则并不困难，而唯一的难点在于需要识别这是否适用于合众国。这一原则适用于主权独立的国家，它们相互之间没有任何联系，是根据普遍性的国家法和条约而建立的。汉普登能否成功说服其公民朋友们相信，美国的情况也是如此?

无须进一步分析，这些历史事件和一般原则完全不适用于我们当下的情况；也无须再提示，如果在我们的体制中引入一个外国当权者作为我们国内争端裁判者的话，将带来的弊端和风险，下面我将继续基于现状讨论管辖权的问题。

我讨论的前提将是，合众国之宪法不是一个独立主权国家之间的联盟或结盟，也不是合众国政府和州政府之间的条约，其本身就是一个政府，是由全体美国人民为了国家而制定，并由各州召开和参加的制宪会议签署同意的。它没有属于联盟的任一特点，反之却有很多政府的特点。联盟由作为其成员的主权国家组成，而我们宪法由人民自己组建，人民审议通过，且在审议通过时并未借助州议会机构。联盟的措施需要由组成它的主权国家来实施，而我们国家政府的措施可由自己实施，无须要求州机构。联盟中主权国家相互之间的代表，其行动要从属于各主权国家，并服从其特别指令，而合众国政府，“在其行动范围内”是“最高的”，并且，其法律尽管可能与合众国之中各州议会的指令南辕北辙，也仍然是“本国之最高法，不管任何州宪法或法律内容与之有何抵触”。该政府具有一个自由公民常赋予国家的各种职能，并且拥有履行这些职责的所有部门和全部能力。那么，从任何角度看，它都不是一个联盟。

合众国宪法，与合众国和其成员之间的条约，两者并无半点相像。

条约是指“在充分考虑的基础上，决定做或者不做一个特定事项的合约”。

那必须有各签约方。这些签约方之间必须达成合议，决定一起行动做些事情或各取所需。

对于建立了合众国政府的宪法而言，合众国政府肯定不是签约一方。合众国政府是通过宪法诞生的，因此在制定宪法时，它还不可能与宪法有什么关系。

同样，也不是州政府制定了这一宪法。宪法来自于人民，而不是来自于他们的政府。

那么，就不存在合众国政府和州政府之间达成的合约。我们宪法不是一个条约，它是一种单方行为，是合众国人民的行为。他们为了整个国家，在各自州召开会议，并审议通过建立一个政府。他们这一行为动机是自发的。他们制定了他们意欲实现的目标，并列举了实现那些目标所需的权力。

所有基于联盟和条约而提出的论点，当用于像我们这种政府时，就必然是错误的。下面我们将要讨论一下人民实际授予政府的权力，以及为保证那些权力的执行而赋予政府的能力。

政府中拥有司法机关，像其他国家一样，该司法机关是由合众国人民成立的。它不是一个局部的本地法庭，而是一个国家法庭。

成立该部门的目的是什么？

为寻求此问题的答案，我们要具体地考察宪法，在此之前，请所有理性人先自己思考一下，一个人成立国家政府并将司法机关赋予它，其主要动机是什么？难道不是因为期望有一个法庭，可以裁决所有全国性的问题么？假如关涉国家的问题可以提交到地方法庭裁决的话，就会不存在成立该国家法庭的动机了。这是就推理而言。那宪法是如何表述的？

"司法权应适用于，在包括本宪法、合众国法律和合众国已订及将订的条约之下，发生的一切涉及普通法及衡平法的案件。"

那么正如所预想的一样，在宪法、合众国法律以及合众国条约下产生的案件，是宪法制定者首要考虑的目标。

那麦卡洛克诉马里兰州案件符合这一描述么？

被告在辩论中似乎只指出了两点。

第一，国会建立银行的法案是违宪，且无效的。

第二，马里兰州议会通过的法案是合宪，且有效的。

那么这就是一个宪法下产生的案件。让我们来听听汉普登是如何设法将其从最高法院管辖权中抽离出来的。

首先他依据某些权威著作，从中引用有利于其观点的表述。在《联邦党人文集》中，他说，"在这类案件中（各自政府之间的这些冲突），任何一方的至上管辖权""似乎都不成立"。

他貌似只是在说，国会法案非经宪法标准的检验，不具有绝对至上性，若是如此，他无疑是正确的。但他将此观点应用于法庭管辖权，就不那么令人信服了。

假如他旨在表达，司法机关至高无上的管辖权，正符合《联邦党人文集》"似乎都不成立"的描述，那么他肯定是错误的。

这一重要著述的作者，在这类案例中一般都认可共同管辖权，除非国会限制了州法庭管辖权，但合众国法庭的至上性是被明确公认的。这本著作的第八十篇，详细、明确地论述了这一点：对宪法和合众国法律下产生的所有案件，合众国法庭都享有，且应该享有管辖权。司法机关的权限应当与立法机关和宪法规定相辅相成的主张，被确立为政治公理后，《联邦党人文集》的作者说："13个独立法庭，对同一法律下产生的同一案件，都享有最终司法权，这是政府的顽疾，由此只会带来矛盾和困扰。"

有关其他问题鲜有论及，国家与其成员州或与其公民之间的争端，只能诉诸于国家法庭才恰当。

在第八十二篇，当论及不同法庭的共同管辖权时，他又说："此处就出现了另一个问题——在这些国家法庭和州法庭都享有共同管辖权的案件中，国家法庭和州法庭之间存在什么关系？我的回答是，上诉案件肯定是诉诸于合众国最高法院。"接下来作者继续阐述了他这一观点的理由。

那么，可以十分确定的是，联邦党人不仅没有"貌似否认"，甚至非常明确地肯定了，合众国法院的司法管辖权和至上性，存在于"宪法下产生的所有案件"中；在那些州法院已判决的案例中，其司法管辖权以上诉的形式体现。

汉普登还提到了两个司法判决，他说，这两个司法判决"完全符合他所说的原则"。这就是亨特诉费尔法克斯案件，以及宾夕法尼亚州诉科贝特案件。他说，在第一个案件中，弗吉尼亚州上诉法院宣布"一项国会法案违宪，虽然它已被合众国最高法院判决所认可"。

这确有其事，而且是唯一一个按照联邦党人的说法，由本合众国内的法院所提供的，在感情上认同"只会产生矛盾和困扰的""政府顽疾"的案例。但同样千真万确的是，随后最高法院一个全体法官一致同意的判决推翻了该判决，而且尽管弗吉尼亚州上诉法院公认为值得尊敬，但该判决却遭到了所有碰到此类案件的州法院的反对，这类法院还不在少数。从案例汇编中，我们可以看到，最高法院曾推翻很多，州法院基于掺杂了大量地方感情的法律所作的判决。在所有这些案件中，除了亨特和费尔法克斯案件，推翻先例的判决都得到了默许，而且法院的司法权也得到了认可。假如最能暴露公众情绪的那些迹象可以作为依据的话，那么可以毫无风险地说：弗吉尼亚州以外恐怕没有任何一个法官或任何一个杰出律师，会赞同亨利和费尔法克斯案件中，弗吉尼亚上诉法院所确定的原则。

而汉普登对宾夕法尼亚州诉科贝特案件的论述则完全错误。在那一案件中，宾夕法尼亚州最高法院并没有得出他所总结的结论，也没有“基于那些原则进而作出判决，并与国会法案的规定相悖”。

在法律汇编第三卷（3d Dal.）中，这一案件是这样记载的，科贝特因触犯了宾夕法尼亚州刑法典而被判有罪，并已缴纳了保证金，保证其品行端正。在诉讼程序中缴纳保证金后，他却力图通过宣誓书（Affidavit）宣誓自己是外国人，而将案件转移到联邦法院审理。这一申请被法院驳回，并非因为国会法案违宪，而是因为其解释理由未被采纳。宾夕法尼亚州的辩护律师主张，这一案件不在法案规范范围内——首先，因为对一方当事人是州的案件，法令并未规定巡回法庭享有管辖权；其次，恰当地说，因为这并不是“一个民事案件”，而是附随于且从性质上是一个刑事案件。

在这些基础上，法庭判决国会法案不包含这种案件。

在即将作出这项判决时，我提请所有智慧的读者注意，首席大法官麦基恩（此后不久他被选为宾夕法尼亚州州长），其无论是作为候选人还是法官的身份，认为应当就合众国宪法的主题进行了一篇政治专述。“在表达我的观点之前，”他说，“由于该判决的结果如此事关重大，我将对美利坚合众国的宪法和法律进行一些前提性论述。”接下来他就开始了汉普登所述的政治专述。但是这非但不能构成法院判决的一部分，反而甚至他自己，都认为无论是从理解上还是从表述上，这些论述都不以任何形式属于这个案件。结束这一专论后，他说，“现在我要考虑我们眼前的这个案件”。然后开始阐述法院判决，从中就再也找不到任何一个词暗指国会法令违宪。该判决认为国会法令并不包含这个案件。

那么这一判决非但没有质疑国会法案的有效性，反而清楚地认可了它的效力。可是我认为，科贝特的辩护律师对法案的解释是正确的，或者他本应该把这个问题提交给联邦法院审理。

宪法之友

Ⅸ.（1819年7月15日）

汉普登为反对法院管辖权所进行的推理论证，与其引述同样不成功。

结束引述后，他大声质问——在所有这些之后，在这一联盟头领和联盟成员之间的争论后，这一他们之间权力的至关重要的争论后，最高法院怎能安之若素地声称其拥有裁决这一争端的唯一权力？

法院自己已回答了这个问题。它这么说——“我们国家的宪法已将这一重要职责转移给了合众国最高法院”。

因并非“宪法之下产生的案件”，这样一个问题无法成为一个司法调查的对象，而且“司法权”明确被延伸到“所有”这类案件中。那么，法院所宣称的权利，就是由将我们组成国家的根本大法所明确授予的。

假如我们现在不是在争论，而是在制定一部宪法，那么，对宪法及合众国法律下产生的案件进行裁决的重要职责，放在其他哪个部门是安全或明智的？相对于把合众国法律送到铁蹄之下践踏，由暴力强制执行，是不是任何头脑健全的人，都会更青睐于一种和平而平静的模式，让司法权威将合众国法律付诸执行？合众国的所有法律是应该用于免于侵害，还是应该用于引发内战？如果不这样，在其面前还有什么其他选择？汉普登建议引入某些外国当权者作为裁判——比如英国、法国或俄国。他能否确定所有各方都赞成同一个裁决者？他能否确定这样的一个裁决者完全依据权利的原则，而不受一点政治原则的影响？他能否确定这样的裁决者可以理解合众国的宪法和法律？他能否确定外国当权者对我们国内“至关重要的权力之争”的介入，不会使该当权者对弱势的一方产生不正当影响，进而酝酿阴谋，可能去煽动分裂、引发矛盾并最终导致瓦解？如果对于这些及其他本身会产生且应当考虑的问题，他不能确定的话，那么他缘何认为，将这些争议提交至一个外国当权者，就比提交至国内法庭更好，毕竟国内法庭是由那些美国人民寄托了最高信任的人中选出的美国公民组成的，是经过各主权州代表大会表决同意的，是人民自己为免受不正当影响的境况而设置的。

但是现在，这一问题已经无须考虑了。宪法已经给出了答案。

关于那个伟大的美国原则的适当性，关于在宪法至上性问题上进行裁决的司法管辖权，关于与一部极为重要的法律，与成文宪法的观点不可分割的权利，他都表达了一些质疑，之后他说，“但目前司法判决中有部分主张授予政府以无限权力，只是将其隐藏在人民授予它有限权力的外衣下。它主张一种权利，一种有效的权利，去改变政府，将其由一个联邦政府转变为一个统一政府”。

汉普登给我们留了一道题，要找出判决中哪一部分宣称了如此主张。是不是指下面这句话？——“该政府被举世公认为一个有限列举权力的政府。它只能执行授予它的权力，这一原则，似乎十分明显，无须多言”。

假如不是这句话，或类似这样的话，因为这种表述在判决中随处可见，那是不是

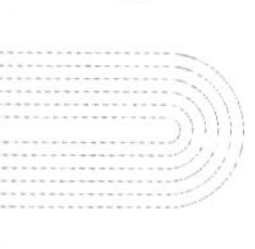

指其暗含于最后一个诉求中所提出的，对合众国“宪法和法律之下产生的”所有问题都有裁决权。如果他的主张是指这句，那我的回答是，宪法已明确授予了这一权力，而这一权力的执行不可能是在宣称一个改变宪法的权利。

汉普登再次转向宪法中授予该司法权的条款以寻求根据。他说，“当合同一方当事人主张其权利最终超越另一方当事人的权利或权力时，其有必要为这种权利主张说明明确的法律依据”，“而当合同当事人的代理人或其中的部门主张这一权利时，该必要性则更强。而最高法院就只是国家政府的一个部门”。

我不确定我能理解这几句话的意思。“合同一方当事人”和“国家政府”这样的词语，当指称同一客体时，似乎是在同一个意义上使用。“代理人”和“这种合同当事人的部门”的表述亦是如此。如果不这样理解的话，我无法解释这些词语。如果可以这样理解，那么我要问“国家政府”是指什么？是指国会，还是指整个政府？如果是指国会，那么他说司法部门是国会“代理人”，其权威性源于何处？肯定不是来源于宪法。根据宪法，司法机关与立法机关和行政机关，是同时创立、源于同处、地位平等的部门。

如果是指整个政府，那整个政府是由各机关各部门组成的。其中任何一个部门都不代表整个政府，也不能代表其他另外两个部门。它们都不能越俎代庖履行另一部门的职责，或执行另一部门的权力，也不能共同分享或共同履行那些职责和权力。每个部门都被约束在合众国人民为其设定的行动范围内，且只能在那个范围中单独履行职能。立法机关和行政机关不能会同司法机关一起裁决案件，司法机关也不能会同立法机关和行政机关一起制定宪法或任用外交部长。那么，就一个司法问题而言，司法机关就是指政府，可以单独执行合众国的司法权。

难道汉普登如此忽视其国家的宪法，以至于都没进行上述考察么，还是他对司法机关的敌意致使他沉迷于表达反对意见，而原本指导其言语的冷静判断力已毫无用武之地？

他否认政府中存在一个权力可以裁决该争议。他说：“他们不能裁决这一争议，除非我们践踏禁止当事人自断其案的原则。”

让我们适度考察一下，该原则在多大程度上可应用于本案。

合众国政府，是由合众国人民为其自身利益而成立的。它有一个其授予了全部立法权的机关，也有一个其授予了全部司法权的机关。这些机关由各州公民而组成。

当提议制定法律时，制定法律的权力和适当性在法律颁布前，都必然会经过立法机关的讨论。如果任何人作为此法律适用的对象，质疑其有效性，就可以向法院提起诉讼。国会通过这项法律的权力就变成了一个可讨论的问题。但汉普登却认为，合众国法院不能裁决这一问题，否则“就践踏了禁止当事人自断其案的原则”。

假如认为该原则应适用于本国所有常规法庭司法权的执行，那这个世界将变成什么样?

比如说，一个弗吉尼亚州的人，决定反对一部法律的有效性，并对此法律的施行提起了诉讼。但根据这一新学说，为了不践踏这个神圣的原则，州法院无权裁决这个涉及立法机关权力的问题。而在刑事诉讼中或在对州债权人的案件中，州本身在名义上就是一方当事人，那就更明显地违背了这个神圣的原则。在并无法院介入的情况下这些问题要如何得到解决?或者说这些问题是否应该永久性被搁置起来?

政府部门是国家的代理人，并将在其各自领域内履行赋予它的职责，这是简单的常识，整个政治体制就建立在这一观念之上。这整体应当负责和平解决其成员之间可能发生的所有争端。这是政府的重要职责之一，也是其建立的重要目标之一。为履行该职责就必须配备代理机构，否则政府就无法实现其建立的重要目标之一。

把司法问题提交给谁裁决会比提交给法官裁决更安全吗?法官就是为了裁决司法问题而从一大群人中遴选出来的。为保证公平，他们完全独立，没有个人利害关系要去夸大立法权力。他们最重要的利益就是公共繁荣，其中包括他们自己的，也包括他们家庭的。法庭不会被毫无价值的动机驱动而有所摇摆，不去尽职履行职责。它不是涉及其自身案件的一方当事人。这是由政府的一个部门将另一部门制定的法案应用于个人的情况。人民是所有一切的缔造者，而这些部门是他们的代理人。若要保证法官个人的公正无私，就要用不完美的人类政治制度，尽量为其豁免任何可能影响其判决的政治利益。

赋予司法权的语言在表述时就应当满足这一要求，我的回应是，它们已经按照这个要求进行描述了。司法权是以这种表述明确授予的：“司法权适用于本宪法下产生的所有案件。”汉普登要如何回避这一规定，除了否认本案并非是“宪法下产生”的?而关于这一点，即使是他，也不会去冒险否认。那么他要如何回避?他说“这些表述也许在其他方面足以令人满意”，但在什么样的“其他方面令人满意”，他并没有告诉我们，他也无法告诉我们。我承认存在宪法下产生的其他案件。但是宪法的用语是“所有案件”，我不认为“一些”这个词可以拿来替代“所有”，我也不认为，倘若有任一案件能从法院管辖权中抽离出来，“所有”这个词能令人满意。但也可以用同样的理由将任何或所有其他案件从法院管辖权中抽离出来。当个案发生时，汉普登都可以说“这些表述也许在其他方面足以令人满意”。那么对于这个不能同等适用于任何其他案件及所有其他案件的案件，他要编织怎样的特别理由？他的理由是，本案中包含一个质询，即对国家政府权力范围和对州政府权力范围的质询。那么我要问，宪法下产生的哪一个案件不包含这质询中的一个或两个？如果可以，请汉普登予以论述。

那么，这些表述就不可能是在其他方面令人确信。汉普登不仅仅是简略，而是从根本上抹杀了这些表述。

但是假定，他成功地将有关合众国政府或州政府权力可能产生的所有问题，都排除在了联邦法院之外，那么这些问题就永远不解决了么？汉普登没这么说。它们当然必须在州法院得到解决。为支持其原则，他引用了弗吉尼亚上诉法院一个推翻了国会法案的判决，及宾夕法尼亚州最高法院所作的具有相同效果的一个判决（虽然此时他犯了一个错）。那么随之而来的是，那一重要的国家问题得到了裁决，不是由合众国人民决议成立的国家法庭裁决，而是由州成立的法庭裁决的，这些州法庭或否决国会法案的有效性，或声称其本州法案有效。因此，用《联邦党人文集》（第四十五篇）中的话讲，它“第一次”向世界呈现了“一个颠倒了所有政府基本原则而建立的政府体制”；“整个社会的权威处处受制于其部分的权威”；“一个首脑反而要听从其成员指挥的怪胎”。

在他提出第二个原则，试图支撑其对宪法所作的怪诞解释时，他同样不走运，虽然他乐于称之为“总结性的”。“邦联首脑和其成员之一之间发生的争议，其层级，”他说，“可以说，要高于那些两个成员之间发生的争议；而律师十分清楚，要从一开始就指向一个低层级的人或事，才能将那些高层级的人或事排除在外。”

假如我会对汉普登文章中发现的观点表示惊讶，那应该就是这一个。

正如宪法中所描述的，联邦法院的司法权取决于两个直接考虑因素。第一是案件的性质。合众国宪法、法律和条约下产生的所有案件；影响公共事务的所有案件；所有海事和海事管辖权的案件，无论当事人是谁，都可以在联邦法院审理。第二类案件就完全取决于当事人的性质，而完全不考虑案件性质。没有必要为了使法院有管辖权，就将这两种特性结合在一个案件中。如果是宪法下产生的案件，谁是当事人就无关紧要；如果一方当事人是外国人，就不要求这个案件必须是宪法下产生的。

但是本案中，记录在案的当事人是麦卡洛克，而不是合众国。即使并非如此，案件环境也会要求将本案纳入法院管辖权之内，而不是排除在法院管辖权之外。对“合众国可能是一方当事人的案件”，宪法明确将司法管辖权授予了合众国法院。

那么，对最高法院判决的反对意见中，没有哪个比这个对最高法院司法管辖权的反对意见更彻头彻尾的错误。

这些文章促使我更多地在细节上进行了评述，因为这些文章旨在产生一个非常严重的后果。依我之见，它们提出了要彻底颠覆宪法的原则。倘若汉普登成功，宪法就要发生根本的改变。整个国家政府就要臣服于其成员的足下，而当时建立这一国家所付出的智慧、美德和爱国心的巨大努力，就将付诸东流。

宪法之友

（高瞰　译）

第五编　权利法案

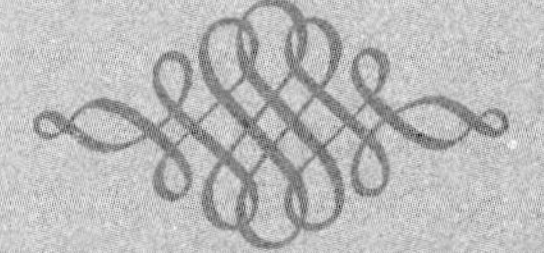

人权论（节选）[1]

托马斯·潘恩

第一部分　第一章

普赖斯博士曾于1789年11月4日布道，那天是1688年发生在英国的被称为“革命”的纪念日。柏克先生在谈到这次布道时说：“这位爱谈政治的牧师接着一口咬定，根据革命的原则，英国人民已经获得了3项基本权利：选举自己的地方长官；罢免违法乱纪的地方长官；组织自己的政府。”

普赖斯博士并没有说，做这些事的权属于这个人或那个人，或者属于这一类人或那一类人，而是说它属于全体人民，是国民固存的权利。相反，柏克先生却否认国民有这种权利，全体人民没有，部分人民没有，哪儿都没有，而且更加不可思议的是，他竟然说：“英国人民绝对不要这样一种权利，谁要是偏偏主张这种权利，他们将不惜牺牲生命财产来抵制。”人们拿起武器和牺牲自己的生命财产不是为了维护他们的权利，而是为了维护他们没有权利，这真是前所未有的新发明，和柏克先生好作奇谈怪论的禀赋倒是十分相称的。

柏克先生要证明英国人民没有这种权利，全体人民没有，部分人民没有，哪儿都没有，他所有的证明方法，就同他说过的话一样地荒谬绝伦，简直妙不可言。因为他的论据是，享有这种权利的人或一代人已经死去了，这种权利也同他们一道消失了。为了证明这一点，他引用了英国议会约在100年前向威廉和玛丽所作的声明：“上下

[1] 选自《潘恩选集》，马清槐等译，商务印书馆1982年版，第114–119页，第139–148页，第185–187页，第211–215页，第236–250页。

两院议员们谨以上述人民（指当时在世的英国人民）的名义，最谦卑忠诚地表达他们自己和他们子孙后代永远顺从之意。”

他还引用了议会在同一王朝统治期间所通过的另一项法案中的条文，他说这一条文“使我们（指当时在世的人）和我们的子孙后代对他们和他们的子孙后代永远负有义务”。

柏克先生以为捧出这些条文，他的论点就可以充分成立了，他通过宣称它们永远取消了国民的权利来实施这些条文。然而，他不满足于这样再三声明，还进一步说什么“即使英国人民在革命前享有这种权利（他承认早期不但在英国，而且在整个欧洲，情况都是如此），但英国国民在革命时期就为他们自己和他们的子孙后代极其严肃地永远否定和放弃了”。

鉴于柏克先生不时从这些可恶的原理中（如果称它为原理不算亵渎的话）吸取毒素来非但加害英国人民，而且加害法国革命和国民议会，并用“篡夺者”一词来指控那些可敬的、过去和现在都光彩夺目的人，因此我将毫不客气地用另一套原理来回敬他。

1688年的英国议会做了一件事，对它本身及其选民来说，它有权这样做，而且看来也应该做；但是除了这项因受委托而拥有的权之外，它却擅自建立了另一项权，即永远约束和控制子孙后代的权。这样，事情本身就分成了两部分：它受委托而拥有的权以及它擅自建立的权。第一项权是认可了的；对第二项权我却要作如下答复。

在任何国家里，从来不曾有，从来不会有，也从来不能有一个议会，或任何一类人，或任何一代人，拥有权利或权力来永远约束和控制子孙后代，或永远规定世界应如何统治，或由谁来统治，因此所有这种条款、法案或声明——它们的制定者企图用它们去做他们既无权利又无权力去做，也无力量去执行的事情——本身都是无效的。每一个时代和世代的人在任何情况下都必须像它以前所有的时代和世代的人那样为自己自由地采取行动。死后统治的狂妄设想是一切暴政中最荒谬而又蛮横的。人不能以他人为私产，任何世代也不能以后代为私产。1688年或任何别的时期的人民议会无权处置今天的人民，或者以任何形式约束和控制他们，正如今天的议会或人民无权处置、约束或控制百年或千年后的人民一样。每一代人都符合而且必须符合那个时代所要求的一切目的。要适应的是生者，而不是死者。人一旦去世，他的权力与需求也随之而消失。既然不再参与世事，他也就不再有权指挥由谁来统治世界或如何组织和管理政府了。

我并不是在为赞成或反对此地或别地的任何形式的政府或任何政党而争辩。全体国民愿意怎样做，他们就有权去做。柏克先生却说，不行。那么，权利究竟存在于何处呢？我是为生者的权利辩护，反对这些权利被死者一纸空文规定的权威所断送、控制和缩小；柏克先生却为死者的权威压倒生者的权利和自由辩护。曾经有个时期，国王在临终前用遗嘱转让他们的王位，把人民像荒野里的野兽一样移交给他们指定的任何一个继承人。这种做法现在已被彻底破除，几乎想不起来了，而且过于荒唐，使人难以置信，但是柏克先生用来建立他的政治教派的议会条文却是属于同一性质的东西。

每一个国家的法律必须同一些共同的原则相似。在英国，无论父母或家长，或自称全能的所有议会权威人物，甚至都无权约束或控制一个年过 21 岁的人的人身自由。那么，1688 年的议会或任何一届议会凭什么权利可以永远约束子孙后代呢？

那些已经去世和那些尚未出世的人，他们彼此相距之远，非竭尽人的想象力不能设想。那么，他们之间还可能存在什么义务？在一方已死和另一方未生而且双方在这个世界上永远不能见面的两个非实体之间，又能定立什么由一方永远控制另一方的规章或原则呢？

在英国，据说未经本人同意，是不能拿他们钱包里的钱的。但是，谁授权或谁能授权给 1688 年的议会去控制并剥夺子孙后代（这些人还未出生，无法表示同意或不同意）的自由，并永远限定和限制他们在某些情况下采取行动的权利呢？

对于人的理解力来说，再没有比柏克先生向读者提供的东西更加荒谬的了。他对他们并对未来的世界说，有一帮 100 年前在世的人制定了一项法律，现在国内没有，也永远不会有，永远不能有一种权力来改变它。神权是要了多少狡猾或背理的手段才终于统治了轻信的人类的呀！现在柏克先生又发现了一种新的神权，他借助这个昔日一贯正确的议会的权力缩短了他通往罗马的路程。他还提出议会过去所做的一切都属于神权范围，因为那种权力必然是超人的，人力永远不能改变。

但是通过把那些条文公布于众，柏克先生却不是对他的事业而是对他的国家做了一件好事。这些条文证实，随时提防企图侵占权力，防止其趋于极端，是多么必要。令人惊奇的是，詹姆士二世因擅自建立权力获罪而被逐，但是这个罪过竟然为逐放他的议会以另一种形式和规模重演。这就表明人们在革命时期对人权的了解很不全面。那届议会擅自建立的永远支配人们及其后代自由的权力（因系受委托，它没有也不能拥有这种权力，因为没有人能授予它这种权力），同詹姆士二世企图建立来控制议会和国民因而获罪被逐的权力，在专制无理方面，性质肯定是一样的。唯一不同之处是(因为在原则上并没有什么不同)，一个是对在世的人僭权，另一个则是对未出世的人僭权，既然一个的立脚点不比另一个靠得住，二者必然同样都是无效且不起作用的。

柏克先生凭什么或从何来证明人可以有权永远约束子孙后代呢？他已经提出了他的条文，但他还必须证明这种权力的存在以及如何存在。如果它一直是存在的，那么它现在也一定存在着，因为凡是属于人的特性的东西，人是消灭不掉的。死亡是人的特性，人不断生下来，也不断死去。可是柏克先生却塑造了一个政治上的亚当，子孙万代都得永远受其约束。因此，他必须证明他那个亚当拥有这种权力，或这种权利。

绳索愈细，拉力就愈差，除非有意把它拉断，否则，就不该去拉它。如果有人打算推翻柏克先生的主张，他就会照柏克先生所做的去做。他将大大抬高权威，以便对权威的正当性表示异议，而这种异议一开始，权威就站不住脚了。

只要稍稍动一下脑筋就会明白，在某一世代制定的法律，尽管往往经历好几代还继续生效，可是这些法律继续生效是因为得到活着的人的同意。一项未被废除的法律之所以继续有效，并不是因为不能将它废除，而是因为它未被废除，而未废除就可被认为是得到了同意。

但是柏克先生的条文甚至连这种对其有利的条件也不具备。它们想要永存，反而化为乌有。它们的本质就排除了同意。由于把权力建立在它们所不能有的那一种权利的基础上，结果就断送了这些条文本来可以有的权利。永存的权力不是人类的权利，因而也不能成为议会的权利。1688年的议会还不如通过一项法案准许它自己永世长存，以使它的权力永世长存。因此，对这些条文只能说，它们是一种表面文章，其意义好比那些利用这些条文的人向自己致贺词，以古老的东方方式说："噢，议会万岁！"

世界形势在不断改变，人们的看法也在改变；政府是为活人而不是为死人服务的，所以，只有活人才对它有权。在一个时代被认为正当和合宜的，在另一个时代可能被认为不正当和不适宜。在这种情况下由谁来做主呢？由活人还是由死人呢？

……

在任何事情能够通过推考得出结论之前，必须先确立肯定或否定据以推考的某些事实、原则或资料。柏克先生以其一贯的粗暴态度谩骂法国国民议会，将其作为法国宪法赖以建立的基础而予以公布的《人权宣言》。他称这个宣言为"关于人权的一纸既无价值又含糊其词的具文"。难道柏克先生意在否认人类具有任何权利吗？如果是这样，他想必认为任何地方都不存在像权利这样的东西，而且他自己也不具有这种权利，因为世界上除了人还有什么呢？如果柏克先生承认人是有权利的，那么，问题是：这些权利是什么？人最初是怎样获得这些权利的呢？

关于人的权利，有些人是从古代汲取先例来推理的，其错误在于他们深入古代还不够。他们没有追到底。他们在 100 年或 1000 年的中间阶段就停了下来，把当时的做法作为现代的准则。这根本没有什么权。如果我们再进一步深入古代，就会发现当时还有着一种截然相反的见解和实践；如果古代就是权威，那就可以找出无数这样的权威，它们是一贯彼此矛盾的；如果再往深里挖，我们将最后走上正路，我们将回到人从造物主手中诞生的时刻。他当时是什么？是人。人是他最高的和唯一的称号，没有再高的称号可以给他了。

但是关于称号的问题，我以后再谈吧。

我们已追溯到人类的起源及其权利的起源。至于世界从那时起直到今天被统治的方式，除了适当利用历史所提供的错误或进步经验之外，就都与我们无关了。生活在千百年前的人，就是当时的现代人，恰如我们是今天的现代人一样。他们有他们的古人，古人以上还有古人，而且将来也要轮到我们成为古人。如果仅仅以古代的名义来支配生活，那么，千百年后的人也将把我们作为先例，正如我们把千百年前的人作为先例一样。事实上，自古以来的人想证明一切，结果都一无建树。从来就是权威同权威之争，直至我们追溯到创业时人权的神圣起源。这里，我们的探索才有了着落，理性也找到了归宿。如果创世后 100 年就发生人权之争，那它们指的必定是这个权威的根源，我们现在谈的也必须是同一个权威的根源。

如果哪一代人具有决定那种用以永远统治世界的方式的权利，那就只能是第一代人；如果第一代人没有这样做，以后任何一代人都不能证明有这样做的权或者建立起任何这样的权。人权平等的光辉神圣原则（因为它是从造物主那里得来的）不但同活着的人有关，而且同世代相继的人有关。根据每个人生下来在权利方面就和他同时代人平等的同样原则，每一代人同它前代的人在权利上都是平等的。

任何一部创世史，任何一种传统的记述，无论是来自有文字记载的世界或无文字记载的世界，不管它们对于某些特定事物的见解或信仰如何不同，但在确认人类的一致性这一点上则是一致的。我的意思是说，所有的人都处于同一地位，因此，所有的人生来就是平等的，并具有平等的天赋权利，恰像后代始终是造物主创造出来而不是当代生殖出来的，虽然生殖是人类代代相传的唯一方式。结果每个孩子的出生，都必须认为是从上帝那里获得生存的。世界对他就像对第一个人一样新奇，他在世界上的天赋权利也是完全一样的。

不论把摩西的创世说视为神圣的权威抑或只是历史的权威，都充分说明了这一点：

人的一致性或平等。这种说法是无可争辩的。“上帝说，让我们按照我们的形象造人，上帝就按照自己的形象造了人:按照自己的形象造了男人和女人。”性的差别是指出了，其他差别却只字未提。如果说这不是神圣的权威，至少也是历史的权威，它表明了人的平等——尽管这决不是现代的学说——在历史的记载上是最古老的。

还必须看到，世界上所有的宗教就其关系到人类而言，都是建立在人类的一致性之上的，即大家都处于同一地位。无论在天堂或地狱，或者生存在任何环境里，善和恶是唯一的差别，甚至政府的法律也不得不袭用这个原则，只规定罪行的轻重，而不规定人的地位。

这是一切真理中最伟大的真理，而发扬这个真理是具有最高的利益的。从这个角度来看待人，并从这个角度来教育人，就可以使他同他的一切义务紧紧联系起来，无论是对造物主的义务，还是对天地万物（他就是其中一部分）的义务。只有当他忘记了自己的来历，或者用一句更时髦的话，忘记了他的出身和门第时，他才会变得放荡不羁。在欧洲现存各国政府的罪过中，有一种并非最微不足道的罪过，就是人作为人已被远远同他的造物主隔开，人为的裂口不得不用一连串人从其中通过的壁垒和关卡填满。我来引用一下柏克先生在人与造物主之间所建立的种种壁垒。他把自己打扮成一个先驱者的角色，他说:“我们畏惧上帝同时也对国王敬畏，对议会爱护，对长官服从，对教士虔诚，对贵族尊敬。”柏克先生忘了把“骑士风格”写进去，他也忘了把彼得写进去。

以上我们只谈到人的天赋权利，而且只谈到一部分。现在，我们应当谈谈人的公民权利，并说明一种权利如何从另一种权利产生。人进入社会并不是要使自己的处境比以前更坏，也不是要使自己具有的权利比以前更少，而是要让那些权利得到更好的保障。他的天赋权利是他的一切公民权利的基础。为了更精确地加以区别，注意一下天赋权利与公民权利的不同性质是很有必要的。

这只要几句话就可以说清楚。天赋权利就是人在生存方面所具有的权利。其中包括所有智能上的权利，或是思想上的权利，还包括所有那些不妨害别人的天赋权利而为个人谋求安乐的权利。公民权利就是人作为社会一分子所具有的权利。每一种公民权利都以个人原有的天赋权利为基础，但要享受这种权利光靠个人的能力无论如何是不够的。所有这一类权利都是与安全和保护有关的权利。

从这短短几句交代中，就可以很容易分辨出进入社会后还保留的那类天赋权利与人作为社会一分子而投入公股的那些天赋权利之间的差别。

人所保留的天赋权利就是所有那些权利，个人既充分具有这种权利，又有充分行使这种权利的能力。如上所述，这类权利包括一切智能上的权利，或者思想上的权利，信教的权利也是其中之一。至于人所不能保留的天赋权利就是所有那些权利，尽管个人充分具有这种权利，但却缺乏行使它们的能力。这些权利满足不了他的要求。一个人借助于天赋权利，就有权判断他自己的事务；就思想上的权利而言，他决不会放弃这个权利。但是如若他不具备矫正的能力，那么光判断自己的事务又有什么用呢？所以他把这种权利存入社会的公股中，并且作为社会的一分子，和社会携手合作，并使社会的权利处于优先地位，在他的权利之上。社会并未送给他什么。每个人都是社会的一个股东，从而有权支取股本。

从这些前提出发，可以得出两三点结论。

（1）每种公民权利都来自一种天赋权利，换句话说，是由一种天赋权利换取的。

（2）恰当地称为公民权利的那种权力是由人的各种天赋权利集合而成的，这种天赋权利就能力观点而言，在个人身上是不充分的，满足不了他的要求，但若汇集到一点，就可以满足每个人的要求。

（3）由种种天赋权利集合而成的权力（从个人的权力来说是不充分的）不能用以侵犯由个人保留的那些天赋权利，个人既充分具有这些天赋权利，又有充分行使这种权利的权力。

我们寥寥数语已探索了人从自然的个人到社会的历程，并且表明或者力求表明，人所保留的天赋权利的性质以及那些用以换取公民权利的天赋权利的性质。现在，就让我们把这些原则运用于各种政府吧。

放眼世界，可以极其容易地把那些由社会或由社会契约产生的政府与那些不是由此产生的政府区别开来。但为了更清楚地了解这一点，不妨把各种政府由之产生并据以建立的几种根源考察一下。

第一种是受僧侣控制的政府，第二种是征服者的政府，第三种是理性的政府。

一伙狡猾的人，借助神谕装作同神来往，亲热得就像他们现在走上欧洲宫廷的后楼梯一样，这时世界就完全处于迷信的统治之下。他们乞灵于神谕，把硬要神说的那一套变为法律。这种迷信存在多久，这种政府也就能存在多久。

后来有一批征服者出现，这些人的政府同征服者威廉的政府一样，建立在暴力之上，将利剑冒称王笏。这样建立起来的政府，支持它们的力量存在多久，它们也存在多久。但为了利用每一种有利于自己的手段，它们把欺骗和暴力相结合，建立了一个他们称之为神权的偶像，后来又模仿喜欢兼精神和世俗而有之的教皇，和基督教的创立者背道而驰，把这种偶像歪曲为另一种模样，叫做教会与国家。圣·彼得的钥匙和国库的钥匙被混在一起，而疑惑的受骗大众却对这种发明顶礼膜拜。

当我想到人的天赋尊严，感到（由于造化对我不够仁慈，没有使我的感觉迟钝）其本性的光荣和幸福时，我就为那些用暴力和欺骗来统治人类——好像他们都是坏蛋和蠢货——的企图所激怒，而对那些因此受到捉弄的人也难免感到抱恨。

现在，我们得来考察一下由社会产生的政府同那些由迷信与征服产生的政府的截然不同之处。

人们认为，说政府是统治者与被统治者之间定立的一种契约，能大大促进自由原则的建立。但这种说法不正确，因为这是倒果为因；因为人必然先于政府而存在，这就必然有一段时间并不存在什么政府，因此本来就不存在可以与之定约的统治者。所以，实际情况是，许多个个人以他自己的自主权利互相定立一种契约以产生政府。这是政府有权利由此产生的唯一方式，也是政府有权利赖以存在的唯一原则。

我们要对政府是什么或应该是什么有一个清楚的认识，就必须追溯它的起源。这样，我们就很容易发现，政府不是出自人民之中，就是凌驾于人民之上。柏克先生却不加以区别。他没有对政府的起源作任何调查，因而把一切都搞乱了；但是他曾表示，将来有机会想把英法两国的宪法作一比较。既然他把这作为争论的题目提出挑战，我就只好根据他的专长来应战。只有在高度的挑战中才能出现高度的真理，而我之所以更愿意应战，是因为它同时给了我一个机会来探索关于政府由社会产生的这一问题。

可是，首先有必要确定一下宪法的含义是什么。光采用这个名词是不够的，还应当给它下一个标准的定义。

宪法不仅是一种名义上的东西，而且是实际上的东西。它的存在不是理想的而是现实的。如果不能以具体的方式产生宪法，就无宪法可言。宪法是一样先于政府的东西，而政府只是宪法的产物。一国的宪法不是其政府的决议，而是建立其政府的人民的决议。这是法规的主要部分，可以参照或逐条引用。它包括政府据以建立的原则、政府组织的方式、政府具有的权力、选举的方式、议会——或随便叫别的什么名称的这类团体——的任期、政府行政部门所具有的权力，总之，凡与文官政府全部组织有关的一切以及它据以行使职权和受约束的种种原则都包括在内。因此，宪法对政府的关系犹如政府后来所制定的各项法律对法院的关系。法院并不制定法律，也不能更改法律，它只能按已制定的法律办事；政府也以同样方式受宪法的约束。

那么柏克先生能不能拿出英国宪法来呢？如果拿不出来，我们可以断定说，尽管对宪法谈得那么多，英国事实上并没有宪法，或从未有过宪法这种东西，因此，人民还需要制定一部宪法。

我相信，柏克先生不会否定我已经阐明的观点，即政府不是出自人民之中，就是凌驾于人民之上。英国政府是那些由征服而不是由社会产生的政府之一，因而它是凌驾于人民之上的。虽然从征服者威廉以来，由于形势的变化，它已做了很多改革，但这个国家本身从未更新，因而也没有宪法。

我一眼就看穿柏克先生为什么不愿把英法两国宪法作比较，因为当他从事这项工作时，他不能不发现就他那方面来说并没有宪法这样一种东西存在。柏克先生的著作篇幅浩繁，理当把他就这个题目所能说的一切都包罗进去，而且这本来也是让大家来判断其各个优点的最好方式。那他为什么不愿写这唯一值得写的东西呢？如果对他有利，那就是最软弱的立场了。而他不愿写这个题目，就表明他要么是不具有这种强硬的立场，要么就是不能坚持这种立场。

去年冬天，柏克先生在英国议会的一次演说中说，当国民议会第一次召开三级（第三等级、僧侣和贵族）会议时，法国已有一部好宪法。这是许多例子中的一个例子，说明柏克先生不懂得什么是宪法。这样一些人开会并不是宪法，而只是制定宪法的会议。严格说来，目前法国的国民议会是个人之间定立的社会契约，它的成员是国民的原始代表；将来的议会将是国民的有组织的代表。当前议会的职权与将来议会的职权是不同的。当前议会的职权是制定宪法，而将来议会的职权是依据宪法规定的原则和方式去制定法律；如果今后经验证明需要作出变更、修正或增订，宪法将指出做这些事情的方式，而不是把它交给将来的政府擅自处理。一个建立在由社会产生的立宪政府据以建立的那些原则之上的政府，不能有改变自己的权利。如果它有了这种权利，就会专断独行。它会使它自己为所欲为，哪里有这样的权利，哪里就无宪法可言。英国议会通过法案授权自己任期 7 年，此举表明英国没有宪法。因为，议会也可以凭借同样的自我授权，任意使任期无限期延长，甚至长达终身。皮特先生几年前向议会提出改革议会的法案，也是基于同样错误的原则。改革的权利是国民所固有的，而合乎宪法的方法应是为此目的而选出的代表大会。何况，由腐败的团体来改造它们自己，这种想法本身就是自相矛盾的。

《人权宣言》评述

前3条概括了《人权宣言》的全部内容，以后各条不是导源于前3条就是接着阐明前3条。第四、五、六条对第一、二、三条只一般说明的地方作了更为详细的解释。

第七、八、九、十、十一条说明法律据以制定的各项原则，同已宣布的各项权利一致。但是法国和其他国家的一些好心人却怀疑第十条是否足以保证它想要给予的权利。此外，这一条为了使之成为人类法律的一个题目，还取消了宗教的神圣尊严，削弱了它对心灵的力量。于是，它像光明为云雾遮蔽一样呈现在人面前，光源被遮住了，人在昏暗中就看不到什么可崇敬的东西了。从第十二条开始的其余各条，实质上都包含在以前各条的原则之内，但是在法国当时所处必须拨乱反正的特殊局势下，理由比在另一种局势下说得更详尽些。

当国民议会审议《人权宣言》时，一些议员主张，如果公布一项权利宣言，就应当同时公布一项义务宣言。这种看法显然是经过考虑的，问题仅在于考虑得不够周密。从相互作用来说，权利宣言也就是义务宣言。凡是我作为一个人所享有的权利也就是另一人所享有的权利，因而拥有并保障这种权利就成为我的义务。

前3条是自由的基础，不论就个人或国家而言都是如此；任何一个国家的政府如果不从这3条所包含的原则出发，并继续保持这些原则的纯洁性，这个国家就不能称为自由。全部权利宣言对于世界各国的价值要比迄今颁布过的一切法令与条例高得多，好处也大得多。

在《人权宣言》的绪言中，我们看到一个国家在“造物主”庇护下，着手建立一个政府的宏伟壮观，场面如此新颖，非欧洲任何事物所能比拟，以致革命这个名称已缩小了它原来的意义，而上升为人类复兴。当今欧洲各国政府不是罪恶和压迫的渊薮又是什么？英国又如何？它自己的人民不是说它是个市场，每个人都标上了价格，这样的话就存在着一个契约。由于人作为个别的人对造物主的关系和条件不能改变，也不能由任何人类的法律或人类的权力更改，作为这个契约一部分的宗教信仰，甚至不能作为人类法律的一个题目，一切法律都必须遵从这个先期存在着的契约，而不可贸然使契约遵从法律，因为法律不光是人类制定的，而且是后来才产生的。当人环视四周，发现自身并非是一个由他自己创造的生物，看到世界上有那么多东西供他享用，皈依之心必定油然而生，这种皈依对每个人必定永远是神圣的，因为他感到这是对的，而政府加以干涉就错了。

以牺牲受骗的人民为代价的贪污腐化行为比比皆是吗？那么法国革命遭到恶意中伤就不足为奇了。如果法国革命仅限于摧毁臭名昭著的专制主义，柏克先生之流也许会默不作声。现在他们却叫嚷“革命搞得太过分了”。

——就是说，对他们太过分了。革命直指贪污腐化行为，贪官污吏都惊慌失措。他们色厉内荏，不过是负了伤的恶人在呻吟。可是，法国革命从这种反对受到的不是损害，而是尊崇。法国革命受到的打击越多，发出的光辉就越强；就怕它受到的打击还不够。攻击并不可怕，真理已使革命确立，而时间则将使革命永垂青史。

在把法国革命从它开始到攻克巴士底狱直至制定《人权宣言》为止的大多数主要阶段的进程加以探索之后，我将用拉法叶特侯爵的有力的呼声来结束本题——但愿这个为自由而高高竖起的伟大纪念碑成为压迫者的教训和被压迫者的典范！

结论

理性与愚昧这两个对立物影响着极大多数人类。在一个国家里，随便哪一方占上风，政府机构都容易存在下去。理性服从它自己；愚昧则屈从于对它发出的任何命令。

当前，世界上流行着两种类型的政府，第一种是实行选举的代议制政府；第二种是世袭继承制政府。前者通称共和国；后者通称君主政体和贵族政体。

这两种截然不同而又对立的形式，是建立在理性与愚昧这两种截然不同而又对立的基础之上的。由于执政需要才智和能力，而才智和能力是不能遗传的。因此，显而易见，世袭继承制要求取得一种非人的理性所能接受而只能建立在愚昧之上的信仰。一个国家的人民越是愚昧无知，就越适应于这种类型的政府。

反之，在一个组织健全的共和国里，政府却无须取得超越人的理性的信仰。他理解整个制度及其来历和实施，而且由于理解最深，支持也最有力，人的才能就可以大胆发挥，并且可以在这种形式的政府下发扬一种巨大的英雄气概。

由于这两种形式的政府是在不同的基础上活动的，一种靠理性，而另一种靠愚昧自由行动，我们下一步就得研究推动称为混合政府的那种类型的政府究竟是什么，这种政府有时还荒唐无稽地标榜为无所不包的政府。

这种类型的政府的动力是必须行贿。不管混合政府的选举和代表性是多么不完善，它们总还得比世袭政府多讲一些理性，因此，就非收买理性不可。

混合政府是个不完善的混合体，通过贿赂把许多不协调的部分结合起来，作为一个整体活动。柏克先生对法国决定举行革命而未采取他所谓的“一部英国式宪法”深恶痛绝，他在这方面所表露出来的遗憾心情，叫人疑心英国宪法需要某些东西来把它的种种缺陷掩盖起来。

混合政府中无责任可言：各个部分相互包庇以至于丧失责任；推动政府机器的贿赂同时也就是为自己谋出路。一旦把国王不会犯法这话作为箴言，就把他同白痴和疯子置于同样安全的地位，对他本人说来也就谈不上什么责任了。于是责任就落在受议会多数庇护的首相身上，首相利用地位、抚恤金和贿赂总是能发号施令，而议会中的多数也利用它保护首相的同样权力为自己辩护。政府的各个部分和整个政府就以这种循环方式，把责任抛到了九霄云外。

如果说政府的某一个部分是不会做错事的，那就意味着它什么也不做，而仅仅是另一种力量的工具，按后者的旨意行事。在混合政府中，取代国王地位的是内阁。由于内阁总是议会的一部分，其成员又为其言行不一而辩护，于是混合政府就始终是个谜，由于使各方结合要大量行贿，就让国民承担同时维持政府的一切形式的费用，最后变成了委员会式的政府。在委员会中，顾问、行动者、赞同者、辩解者、负责任者以及不负责任者都是同一伙人。

通过这种哑剧般的计谋以及场面和角色的变换，这个政府的各个部门互相帮着去做非任何一方独立所能做的事情。一旦有钱可捞，形形色色的帮派就化为乌有，各部门拼命互相吹捧，各方都惊异地赞美另一方的明智、大度和廉洁，而所有各方都为国民的沉重负担发出悲叹。

但是在一个组织健全的共和国中，任何这种结合、赞美和怜悯都不会发生。代表制是全国平等并且完善的，代表无论被安置在立法部门还是行政部门，他们都有着同一个自然来源。政府的各个部门并不像民主制、贵族制和君主制那样彼此见外。由于不存在倾轧，也就无须通过行贿而妥协或通过阴谋诡计而混淆是非。公共措施靠国民的理解,以本身的成就为依据,而不乞助于阿谀奉承。混合政府对赋税过重发出的哀鸣，不论如何行之有效，是同一个共和国的观念和精神格格不入的。如果有必要征税，那么征税当然是有利的，但如果征税而需要表示歉意，这种歉意本身就意味着应受责难。那么，人为什么要上当，或者为什么要让自己上当呢？

每当人们被称作君主和臣民时，或者每当政府在君主制、贵族制和民主制等个别的或兼有的衔头下被提到时，一个有理性的人是怎样理解这些字眼的呢？如果世上确实存在两种或两种以上各自不同的人类权力的因素，那么，我们就应看到多种可用这些字眼加以描述的根源。可是，既然人只有一种，也就只能有一种人类权力的因素，而这种因素就是人本身。君主制、贵族制和民主制不过是想象的产物。这样的东西，除了这 3 种外，还可以想出上千种。

从美国和法国的革命以及其他国家出现的种种迹象可以明显地看出，世界舆论对政府制度已有改变，革命也不在民主推测的范围之内了。用时代与形势的发展——人们把它归因于大变革的成功——去衡量革命据以产生的精神力量和迅速反应，未免太机械了。那些已发生的革命使所有的旧政府大为震惊，这些革命曾一度被认为比现在欧洲普遍发生革命更属不可能，而且是更为不可思议的话题。

当我们观察人类在君主制和世袭制政府的统治下，被一种势力从家乡拉走，或者被另一种势力赶了出去，并且被比敌人更凶的赋税搞得穷困不堪而趋于悲惨的境地时，就显然可以看出这些制度都是坏的，从而有必要彻底改革政府的原则和机构。

政府不就是管理一国的事务吗？它不是，而且按它的性质来说，也不可能是任何特定的人或家庭的财产，而只能为全社会所有，因为它是由全社会出资维持的。尽管已通过暴力和奸计将它篡改成世袭的政府，但是篡夺并不能改变事物的本来面目。主权作为一种权利只能属于国民，而不属于任何个人；一国的国民任何时候都具有一种不可剥夺的固有权利去废除任何一种它认为不合适的政府，并建立一个符合它的利益、意愿和幸福的政府。把人荒诞而又野蛮地区分为君主和臣民，虽然合乎廷臣的口味，但不适合公民的身份，这种做法为当今的政府赖以建立的原则所打破。每一个公民都是主权的一分子，因此不能屈从于个人，他只能服从法律。

当人们考虑什么是政府时，首先必须假定它懂得它将要对之行使其权力的一切目标与事务。从这个观点来看政府，美国和法国所创建的共和制的作用已遍及全体国民，而对政府各部门的利益所必不可少的知识，则掌握在由各部门选举出来的核心手中。但是旧政府是建立在排斥知识和幸福的基础之上的，由那些对寺院以外的世界一无所知的僧侣统治的政府同由国王统治的政府毫无一致。

以往号称的革命，只不过是更换几个人，或稍稍改变一下局部状况。这些革命的起落是理所当然的，其胜败存亡对革命产生地以外的地区并不能发生什么影响。可是，由于美国和法国的革命，我们看到现在世界上事物的自然秩序焕然一新，一系列原则就像真理和人类的存在一样普遍，并将道德同民主上的完美以及国家的繁荣结合在一起。

“在权利方面，人生来是而且始终是自由平等的。因此，公民的荣誉只能建立在公共事业的基础上。”

“一切政治结合的目的都在于保护人的天赋的和不可侵犯的权利。这些权利是：自由、财产、安全以及反抗压迫。”

“国民是一切主权之源，‘任何个人’或‘任何集团’都不具有任何不是明确地从国民方面取得的权力。”

这些原则中没有任何可以因煽动野心而使国家陷于混乱的东西。它们意在唤起智慧和能力，使之为公共利益服务，而不是为特定的一伙人或家族升官发财效劳。作为人类公敌和不幸源泉的君主权被摈弃了；主权本身恢复了它自然的和原有的地位，归还给国民。如果这种情况遍及欧洲，战争的根源就可以消除掉。

第二部分　第三章　关于旧政府的新旧体制

再没有什么比旧政府赖以开创的原则和社会、文明与通商给人类带来的条件表现得更加矛盾的了。旧体制的政府为了提高自己地位而窃取权力；新体制的政府则代表社会共同利益行使权力。前者靠维持战争体系来支撑；后者则推行和平作为富国裕民的手段。一种政府煽动民族偏见，另一种政府则提倡大同社会以实现普遍通商。一个用它勒索来的税收的多寡作为衡量其繁荣的尺度；另一个则以其所需要的少量税收来证明其优越性。

柏克先生谈到新旧辉格党人。如果他能以幼稚的名字和称号自娱，我不打算让他扫兴。我在这一章里不是跟他而是跟西哀士长老对话。我已同西哀士阁下约定要讨论一下君主制政府的问题。由于在把新旧体制作对比时自然会涉及这个问题，我想趁此机会向他陈述我的见解，我在论述中偶尔也会提到柏克先生。尽管可以证明现在称为“新”的那种政府体制从原则上来说乃是所有已经存在过的政府体制中最古老的，因为它是建立在天赋的人权之上的，然而，由于暴政和君权曾经使这些权利停止行使许多个世纪之久，所以为了便于区别起见，还是称它“新”比由于要求承认权利而称它“旧”来得好。

这两种体制最主要的区别在于，现在称之为旧的体制是世袭制，不论是全部世袭或部分世袭。而新体制则纯粹是代议制，它排斥一切世袭制政府，①因为世袭制政府是强加于人类的；②因为世袭制政府不适合于必须建立政府的目的。

就这两条的第一条而言——不能证明世袭制政府凭什么权力可以开创；在人的权

力范围内也并不存在一种建立它的权利。在个人权利方面，人无权决定后代人的命运，因此，没有任何一个人或一帮人曾经有或能够有建立世袭制政府的权利。纵令我们自己死而复生，不为后代所继承，我们现在也无权从我们自己身上剥夺那些将来会属于我们的权利。那么，我们凭什么可以去剥夺别人的这些权利呢？

一切世袭制政府按其本质来说都是暴政。一顶世袭的王冠，一个世袭的王位，诸如此类异想天开的名称，意思不过是说人是可以世袭的财产。继承一个政府，就是把人民当作成群的牛羊来继承。

至于第二条，即不适合于必须建立政府的目的这一条，我们只要考虑一下政府本质上是什么，并将其与世袭继承制所处的情况比较一下，就可以说明问题了。

政府应当始终处于充分成熟状态。它的结构应当超越于个人所受制的一切意外事件；世袭继承制是受制于一切意外事件的，因而是一切政府体制中最不正规和最不完善的体制。

我们听到有人把人权叫做拉平制，但是唯一真正适用拉平这个字眼的制度乃是世袭君主制。这是一种智力上拉平的制度，它不加区别地让各种人掌权。无论贤与不肖，智与愚，一句话，无论品质好坏，都一视同仁。国王不是作为有理性的人，而是作为野兽相继即位，这并不表明他们具有什么智能或道德品质。如果政府本身是建立在这样一种卑劣的拉平制度上的，那么，我们对君主制国家中人们卑劣的心理状态还有什么可惊异的呢？这种政府没有固定性，今天是一个样子，明天又是一个样子。它随着各个继承人的性情而改变，并且完全受制于每一个继承人的变化莫测的性情。它是凭感情冲动与偶然事件统治的，它带着幼稚、老朽和昏聩等特征出现在人们面前，是一种要吃奶、要人牵着走或拄着拐杖走的玩意儿。它把生气勃勃的大自然秩序弄颠倒了。它经常叫幼儿顶替大人，把乳臭小儿的狂想当作智慧与经验。一句话，我们再也想象不出一种比世袭继承制在各方面表现出来的更加荒谬可笑的政府形象了。

倘若自然界出一个告示或上天发布一道敕令，说美德和智慧非世袭继承制莫属，而这种告示或敕令又能让凡人知道，那么，对世袭继承制的反对就可以撤销。但是，当我们看到大自然对世袭制采取否定和戏谑的态度；看到在一切国家中，继承人的智力都低于一般水平，看到继承人当中一个是暴君，另一个是白痴，再有一个是疯子，还有一些则是三者兼备，如果人的理智还在起作用的话，就不可能对这一制度寄予信任了。

我无须将这一见解就教于西哀士长老，因为他已对此发表过意见，省了我的事。他说："如果问到我对世袭权利有什么意见，我可以立刻回答，按照正确的理论，靠世袭方式移交任何权力或官职是绝对不符合真正代议制的法则的。在这种意义上说，世袭制不啻是对原则的玷污和对社会的蹂躏。"

他接着又说："可是，让我们看一看所有由选举产生的君主国和公国的历史吧。在这些国家中，难道有一个国家的选举方式不比世袭继承更坏吗？"

要辩论君主世袭制和君主选举制何者更坏，应该承认二者都坏，对这一点我们两人是意见一致的。这位长老所偏爱的正好是他所谴责的。对这样的问题用这样的推论方法是不能容许的，因为这样做等于责怪老天，仿佛就政府而言，老天只允许人们从两害之中选择其一，面对害中为害最甚者他也承认是"对原则的玷污和对社会的蹂躏"。

暂时撇开君主制在世界上造成的一切罪恶与祸害不谈，没有任何东西比把文官政府变成世袭方式更能证明它的无用了。难道一个需要智慧与才能的职位也可以世袭吗？而凡是不需要智慧与才能的职位，不论是什么职位，都是多余的或无足轻重的。

世袭继承制是对君主政体的讽刺。它把君主变成一个任何儿童或白痴都能担任的职位，从而使君主政体显得荒唐可笑。当一个普通技工也需要具备一些技能，但是当一个国王却只要有一个人的模样、一种会呼吸的木头人就行了。这种迷信也许会再持续几年，但是它却不能长期抗拒觉醒了的人们的理智和利益。

至于柏克先生，他是坚决拥护君主制的，他的身份不完全是一个领年金者（如果是的话，而我相信他是的），而是一个政客。他看不起人民，人民反过来也看不起他。他把人民看作是一群无知之徒，必须由骗子、木偶和丑类来统治；在他看来，把偶像作为君主的形象同把人作为君主的形象没有什么两样。不过，我也要替柏克先生说句公道话，他对美国一向是非常赞赏的。

他经常争辩说（至少我亲耳听到过），美国人比英国人或欧洲任何一个国家的人都要来得开明，因此在他们的政府中，弄虚作假是没有必要的。

长老就世袭君主制和选举君主制所作的比较是没有必要的，因为代仪制对两种君主制都排斥。如果要我来作比较的话，我是会作出同他相反的结论的。

因争夺世袭王位而引起的内战比因选举而引起的内战，次数要多得多，而且更为可怕，持续的时间也更长。法国的历次内战都是世袭制引起的，这些战争的产生不是由于争夺王位世袭权，就是由于世袭方式不完善，即承认摄政或儿皇制。拿英国来说，它的历史上也充满了同样的灾难。约克家族和兰加斯特家族争夺王位的战争历时整整一世纪。此后，其他性质相同的战争也反复发生。1715年和1745年的战争就属于这一类。争夺西班牙王位继承权的战争席卷了几乎半个欧洲，荷兰的历次骚乱也是由省长世袭制所引起的。一个自称自由而采取世袭职位的政府，犹如肉中之刺，非把脓汁挤掉否则不得安宁。

但是，我还可以进一步把无论什么样的外国战争也归结到同一根源。永久性的王族利益是通过把罪恶的世袭继承加诸罪恶的君主制而建立起来的，其一贯目标在于领土与赋税。波兰虽然是一个国王由选举产生的君主国家，但它发生的战争比那些王位世袭的国家要少一些，而且其政府是唯一的一个自愿尝试（尽管程度有限）改善国家状况的政府。

在约略谈了旧的或世袭制的政府的少数几个缺点之后，我们再来把它同新的或代议制的政府比较一下。

代议制以社会和文明作为基础，以自然、理性和经验作为指导。

一切时代和一切国家的经验已经证明，要控制大自然对智能的分配是不可能的。大自然随心所欲地赋予人以智能，它按什么规律把智能撒播到人间，这对于人还是一个秘密，要想把人类的美貌与智慧用世袭术固定下来同样也是荒谬的。不论智慧是怎样构成的，它好像是一束没有种子的植物；如果它生长出来，可以加以培育，但却不能任意去生产。在社会的一般群众中总是有足够的智慧去实现一切目的，但就社会的各个部分而言，智慧却在不断改变位置。它今天体现在这个人身上，明天又体现在另一个人身上，很可能轮番来到地球上的每一个家庭，然后又销声匿迹。

自然界既然如此安排，政府也必须循此前进，否则，政府就会如我们看到的那样，退化为愚昧无知。因此，世袭制对人类的智慧正如它对人类的权利一样是互相抵触的，既荒谬又不公道。

正如文坛要出最优秀的文艺作品，就得给天才作家以公平而又普遍的机会，政府的代议制要制定最明智的法律，就得尽其所能广罗人才。每当我想到倘若文学和一切科学也都成为世袭的，它们将会变得多么荒唐而微不足道，就不禁哑然失笑，我对各国政府的看法也是如此。一个世袭长官和一个世袭作家一样，都是不称职的。我不知道荷马和欧几里得有没有儿子，但是我敢说，假定他们有儿子，又留下了未竟之作，他们的儿子是不能续完这些著作的。

看到那些曾经在各行各业中名闻遐迩的人物的后裔的情形，难道还需要更有力的例子来证明世袭政府的荒谬吗？后裔的德才截然相反的例子还嫌少吗？仿佛智能之潮尽可能远地流进某些渠道，然后舍弃了原来的路线，而在别的渠道里泛滥起来。世袭制建造权力的渠道，智慧之水却不愿在那里流通，这是多么不合理呀！让这种荒唐事儿继续下去，人就会永远自相矛盾，他可以把一个人奉为国王、元首或法官，实际上连选他当警察都不情愿。

据一般的观察，好像革命可以创造各种人才，但实际上不过是把人才提拔出来。人头脑中有大量意识处于蛰伏状态，除非有什么东西促使他活动起来，否则就会一直在这种状态中直到进入坟墓。由于把社会的全部才能都发挥出来对社会是有好处的，政府就应当沉着而有规律地起用革命中一定会涌现的人才。

在世袭政府死气沉沉的状态下，这一点是做不到的，这不仅是因为世袭政府不要人才，而且还极力使人才麻木不仁。当国民的心智被对其政府的诸如世袭继承制等迷信压服时，它就对其他一切主体与客体失去相当一大部分力量。世袭继承制要求人们对愚昧就像对智慧一样地服从，而一旦心智使自己表示这种不分青红皂白的尊崇，它就降低到成年的智力水平之下。它只是在小事情上堪称伟大，它背叛自己，将鼓励去了解真情的感觉加以扼杀。

虽然古代的政府在我们面前展现出人类处境的一幅悲惨画面，可是有一个政府却与众不同。我指的是雅典人的民主制。在那个了不起的伟大民族身上，值得赞扬的地方多，应该谴责的地方少，这是古往今来历史上所没有的。

柏克先生对政府的组成原则知道得实在太少，以致把民主制和代议制混为一谈。古代的民主制国家根本不知代议制为何物。按照这种民主制，大多数人会集在一起，以第一人称制定法律（从文法上来说）。简单的民主制不过是古代人的公共会堂。它既体现政府的公有原则，又体现了政府的形式。当这些民主国家的人口增长和领土扩大之后，这种简单的民主形式就行不通了。由于不知有代议制，结果它们不是突然退化为君主制，就是被当时存在的那种君主制国家并吞。要是代议制像今天这样为当时人所熟知，就没有理由认为现在称之为君主制或贵族制的政府会破门而出。只是由于社会变得人口太多和幅员太大，不适合于简单的民主形式，而又缺乏把它的各部分统一起来的办法，再加上世界其他部分的牧民分散独居，才使得那些不自然的政府体制有机可乘。

由于有必要清除在政府问题上存在的各种错误言论，我将进一步对另一些论点加以评论。

辱骂他们称之为的共和政体，这是廷臣和宫廷政府一贯的政治手腕，但究竟什么是共和政体，他们却从来不想说明。现在，就让我们在这方面稍稍考察一下。

民主制、贵族制、君主制和现在所说的代议制，是政府仅有的几种体制。

所谓共和国并不是什么特殊的政府体制。它完全体现了政府应当据以建立与行使的宗旨、理由和目标：res-publica 意为公共事务或公共利益，或可直译为公共的事。这个词原来的含义很好，指的是政府应有的性质和职责，从这个意义来说，它自然同“君主国”这个词对立。“君主国”原来的含义很坏，指的是个人擅权，在行使这种权力时，目标是他本人，而不是公众。

任何一个政府，如果不按共和国的原则办事，或者换句话说，不以公众的利益作为其独一无二的目的，都不是好政府。共和政府是为了个人和集体的公共利益而建立和工作的政府。它无须同任何特定的形式相联系，但是它却很自然地同代议的形式结合起来，因为代仪制最适合于达到国民要付出代价来支持的目标。

各种不同形式的政府总是自命为共和政府。波兰自称为共和国，实际上是世袭贵族制，国王是由选举产生的。荷兰也自称为共和国，实际上主要是贵族制，省长是世袭的。全部建立在代议制基础上的美国政府才是在性质上和实践上现存的唯一真正共和国。它的政府的目的只是处理国家的公共事务，因此它确实是一个名副其实的共和国，而且美国人已经注意到他们政府的目的应该永远是这个而不是另一个，他们抵制一切世袭的东西，把政府仅仅建立在代议制基础上。

那些说共和国这种政府体制不适用于幅员广大的国家的人，首先是把政府的职责误认为政府的体制，因为 res-publica 对无论多大领土和多少人口都是适用的。其次，如果他们是指体制而言，指的乃是像古代民主制那样一种政府体制，即简单的民主形式，这种形式是不具备代议性质的。因此，问题不在于共和国的范围不能扩大，而在于它不能在简单的民主形式基础上扩大。这就自然而然地提出一个问题：在共和国变得领土过大和人口过多而不适用于简单的民主形式之后，什么是管理这个 res-publlca 或国家的公共事务的最好的政府体制呢？

这个政府体制不能是君主制，因为君主制受到的反对同简单的民主制所受到的反对程度相同。

也许可以由个人定出一套原则，幅员无论多么广大的国家都可以根据这些原则来建立政府，这无非是根据个人的能力开动脑筋的结果。但是，把那些原则付诸实践，运用于一个国家的为数众多的各种情况，如农业、制造业、手工业、商业等，却需要另一种知识，这种知识只能从社会各部分取得。

这是实际知识的综合，非个人所能独有，因此在实用上，君主制由于知识不足所受的限制同民主制由于人口增加所受的限制一样大。一个因领土扩大而趋于混乱；另一个则变得愚昧无能，所有大的君主国就是明证。因此，君主制不能代替民主制，因为它同样不合适。

一旦君主制成为世袭的，就更不行了。因为世袭制是杜绝知识最有效的一种形式。具有高度民主意识的人不会甘受儿童和白痴以及形形色色下贱角色的统治，后者参加了这种十足兽性的体制，简直是理性与人类的奇耻大辱。

至于贵族制，它同君主制具有同样的罪恶和短处，只是在起用人才方面，从人数比例看，机会要多一些，但是在人才的合理使用方面还是没有保障。

把君主制和贵族制同原始的简单民主制相提并论，就提供了政府得以大规模创始的真正论据。简单民主制不能扩大，不是由于它的原则，而是由于它的形式不利：而君主制和贵族制则是由于无能。那么，把民主制作为基础保留下来，同时摈弃腐败的君主制和贵族制，代议制就应运而生，并立即弥补简单民主制在形式上的各种缺陷以及其他两种体制在知识方面的无能。

简单的民主制是社会不借助辅助手段而自己管理自己。把代议制同民主制结合起来，就可以获得一种能够容纳和联合一切不同利益和不同大小的领土与不同数量的人口的政府体制，而这种体制在效力方面也胜过世袭政府，正如文坛胜过世袭文学一样。

美国政府就是建立在这种体制之上的，它把代议制同民主制结合了起来。

它用一种在所有情况下都同原则的分量相称的尺度把形式固定下来。雅典人小规模实行过的，美国将大规模推行。一个是古代社会的奇迹；另一个则正在成为现代社会人人赞美的目标和典范。这是所有的政府形式中最容易理解和最合适的一种，并且马上可以把世袭制的愚昧和不稳以及简单民主制的不利一扫而空。

代议制一经推行，立刻就能在那么广大的国土上和利害圈子里奏效，再要设计出一种像它那样的政府体制，是不可能的。法国尽管幅员广大，人口众多，在这种浩瀚无际的制度中，不过区区一个小点。甚至在领土有限的国家中，代议制也比简单的民主制可取。雅典如采用代议制，就会胜过原有的民主制。

那个叫做政府的，或毋宁认为应当是政府的那种东西，不过是使社会各部分团结的一个中心。要做到这点，除了采用能增进社会的各种利益的代议制以外，别无他法。代议制集中了社会各部分和整体的利益所必需的知识。

它使政府始终处于成熟的状态。正如已经看到的那样，它永远不年轻，也永远不老。它既不年幼无知，也不老朽昏聩。它从不躺在摇篮里，也从来不拄拐杖。它不让知识和权力脱节，而且正如政府所应当的那样，摆脱了一切个人的偶然性，因而比所谓的君主制优越。

一个国家不是一个其形象可用人体来代表的主体，而是像包含在一个圆圈以内的主体，有一个共同的中心，所有的半径都在那里会合。这个中心就是由代议制形成的。把代议制同所谓的君主制相结合，政府就会不伦不类。

代议制本身便是一个国家的被委派的君主制，它不能同别人分享权力而贬低自己。

柏克先生在他的议会演说和著作中曾经有两三次用了一些调子好听而毫无意义的话语。在谈到政府时，他说："用君主制为基础而以共和制为纠正的手段，要比以共和制为基础而以君主制为纠正的手段来得好。"如果他的意思是说，以智慧去纠正愚昧比以愚昧去纠正智慧为好，我就不想同他辩论，而只想对他说，把愚昧统统扫除掉可要好得多了。

但是柏克先生称为的君主制究竟是什么东西呢？他可以来解释一下吗？

所有的人都能理解代议制是什么，懂得它必须把各种组织和才能兼收并蓄，但君主制对这些美质有什么保证呢？或者说，当君主是个小孩时，哪里还有什么智慧可言呢？他对政府懂得什么？这时究竟谁是君主，或者说哪里还有什么君主制？如果君主要由摄政来代劳，那就未免太滑稽了。摄政是一种虚假的共和制，整个君主制也就不值一提。它是一种稀奇古怪想象不出的东西。

它完全没有政府所应有的那种稳定性。每一次继承就是一次革命，每一次摄政是一次反革命。整个君主制乃是一幅宫廷不断搞阴谋诡计的图景，柏克先生本人就是一例。要使君主制符合政府的需要，下一个继承人生下来就不应是个孩子，而应该立刻是个成人，而且还应当是一个所罗门。要国家等到孩子长大成人，并使政府中断，这真是荒谬绝伦。

不论我是所见过微，还是了解过多而不易受骗；不论我是过于自豪还是过于自卑，或者还有什么其他缘故，这都不成问题。但是可以肯定的是，所谓的君主制，在我看来总归是可鄙而又愚不可及。我把它比作一种隐藏在幕后的东西，四周喧哗忙乱，表面上却庄严肃穆，但如果幕布偶然打开，大伙看到它的真相，就会捧腹大笑。

在代议制政府中，这样的事是不可能发生的。代议制像国民本身那样，在身心两方面都具有无穷的力量，并以正直和威严的姿态出现在世界舞台上。不论有什么优缺点，全都一目了然。它不靠欺诈和玄秘生存，也不凭漂亮话和诡辩办事；但它灌输一种开诚布公的语言，这种语言使人理解而深受感动。

我们必须闭眼无视理智，我们必须卑鄙地降低悟性，才能不看到那所谓君主政府做的蠢事。大自然的一切都是井井有条的，但是君主制这种政府形式却违反自然。它把人类智能的发展颠倒了。它让长者受幼儿管制，智者受愚人管制。

与此相反，代议制则始终同大自然的秩序和规律并行不悖，并且在各方面与人的理性相适应。

例如，在美国联邦政府里，授予美国总统的权力要比授予任何其他国会议员的权力大。因此，35 岁以下的人不能当选总统。人到了这个年龄，判断力已臻成熟，对于人和事有充分了解，而国家对他也已有所了解。但是，按照君主制（每个人出世后在人类智能抽彩中获奖的种种侥幸性除外），下一个继承人，不论是什么样的人，只要满 18 岁，就可以成为国家或政府的首脑。

难道这是明智之举吗？这能同一国国民天然的尊严和丈夫气概相适应吗？这样一个孩儿配称国父吗？在任何情况下，一个人要到 21 岁才成年。在此之前，不能让他管理一英亩土地，或祖宗遗留下来的一群羊或一窝猪。可是说来多么荒诞，18 岁就居然让他去治理一个国家。

不论从哪一方面来看，君主制显然（至少对于我个人）完全是一个骗局，不过是诈取金钱的宫廷诡计。在合理的代议制政府基础上，不可能开出像君主制这个骗局所容许的数额那么巨大的费用单。政府本身并不是一个花费大的机构，正如我已经讲过的那样，建立在代议制基础上的美国联邦政府，其国土面积比英国将近大 10 倍，其全部经费不过 60 万美元，等于 135000 镑。

我想没有一个头脑清醒的人会把欧洲各国国王的品德同华盛顿将军的品德相提并论。然而，在法国，同样在英国，为了供养一个人，仅王室费用就比美国联邦政府的全部经费多 8 倍。要找到说明这种情况的理由几乎是不可能的。大多数美国人，尤其是穷人，要比大多数法国人或英国人缴得起税。

然而，实际情况是，代议制把大量关于政府问题的知识普及全国，从而扫除了愚昧，杜绝了欺骗。在此基础上无法施展宫廷的鬼蜮伎俩。这里没有秘密，也无从产生秘密。那些不当代表的人对事情的性质了解得就同当代表的一样透彻。故意卖弄玄虚会遭到讥笑。国家不能有什么秘密，而宫廷的秘密正如个人的秘密一样，总是它们的短处。

在代议制下，随便做哪一件事都必须把道理向公众说清楚。每一个人都是政府的经管人，把了解政府情况看作是他分内之事。这关系到他的利益，因为政府的所作所为影响到他的财产。他审查政府的费用，并比较其利弊。最重要的是，他从来不采取盲目跟从其他政府称为“领袖”的那种奴才作风。

只有堵塞了人的悟性，使他相信政府了不起和不可思议，才能攫取超额的税收。君主制百般盘算，就是要达到这个目的。这是政府的教皇制度，一种用来逗弄愚人，叫他们乖乖缴税的手段。

严格地说，一个自由国家的政府不在于人，而在于法律。制定法律无须巨大的费用；法律执行了，整个文官政府的任务也就完成了——其他一切统统是宫廷的巧机关。

（吴运楠　武友　译）

非洲奴隶在美国

托马斯·潘恩

编者按：尽管潘恩不是第一个在美国倡导废除奴隶制度的人，确定无疑的是，他是最早的倡导者之一并且最有影响力。潘恩的文章写于 1774 年，发表在 1775 年 3 月 8 日的宾夕法尼亚杂志和广告周刊上。几周之后的 1775 年 4 月 14 日，美国第一个反对奴隶制度协会在费城成立，潘恩正是发起者。

告美国人民：

那些绝望的不幸者去偷、去绑架、去谋杀来获利，虽然可悲但并不奇怪。但令人惊讶的是很多文明的，甚至信仰基督教的人们也会赞成和卷入野蛮行径。尽管这经常被证实违背自然之光、违背正义和人性的每一原则，甚至违背一连串杰出者所呼吁的、晚近出台的好政策，暴行仍在持续。

买卖人口（一种不自然的商品）的商人如果专心推理，一定知道贩卖奴隶的邪恶，或者知道他们内心的指示：诸如逃避和压抑所有这些，把良心和正直的品格献祭给黄金偶像。

贸易经理人自己和其他人都证明了：居住在非洲国家富饶乡村中的很多人都是勤劳的农民，他们安享丰裕平静生活，反对战争，直到欧洲人用酒让他们堕落，用贿赂让他们彼此对立；通过偷盗和诱惑国王卖掉臣民的办法把这些无害的人们变为奴隶，他们没有权利这样做；为了获得战犯，他们雇佣一个部落发起对另一个部落的战争。通过这种邪恶和非人道的方式，据说每年英国人让 10 万人成为奴隶，其中 3 万人第一年就因野蛮对待而死，除此以外所有人都被用让人兴奋的非正常方式杀死。这种非人道贸易的经理人和支持者必须提供给上层阶级这么多无辜的血肉之躯。

其中许多人不是战俘，并且因为某些辩护，被从野蛮的胜利者那里赎回来。他们是英国人的囚徒，这些人为了奴隶而发动战争，是他们目前状况的罪恶制造者。如果他们被赎回，除了赎身者为他们出的钱，他们谁都不欠。

罪恶制造者们把理智和良心放在一边儿，说出这种话："在某些情况下，人是合法制造的奴隶，为什么可能不是呢？" 所以在某些情况下，没有经过本人同意，人就被合法地判处死刑、剥夺财产。还没有对任何情况进行定罪，人就能够被如此对待？或者补充辩护道："他们作为奴隶被带给我们，我们购买他们，不会进一步调查，让卖主去认定。" 就这样，人们心安理得地加入了众所周知的强盗团伙，购买不义手段得来之物，助长这种贸易；无知不再是可以辩护的理由，卖主坦白承认他们是怎么获得奴隶的。但是没有他们不是窃人者同谋的证据，就没有人能够合法地购买，因为真正的所有者有权收回被偷被卖的财产，所以奴隶——其自身自由的正当所有者，有权收回自由，尽管它经常被卖。

最骇人听闻的是神圣的圣经赞成这个邪恶的行为。一个人应该什么都不想，除了异端苛责者应该尽力让他们显得和自然之光的开示相反，和关系到共同正义和人性的良心相反，而他们不可能如此。此前提到的这种受人尊敬的人用其他方式作评论，巴克斯特先生声称："奴隶贩子应该被称为魔鬼，而不是基督徒。买奴隶是一个令人发指的罪行。"但有人说，"对于犹太人而言，这种做法是允许的"。对此可以作出如下回答。

（1）在很多事情上，犹太人的例子我们不能效仿，他们不仅下令完全切断几个国家，而且不得不和其他人开战，征服他们，剥夺每个男性的继承权；他们痛苦忍受多配偶、离婚，和在更明亮光线之下对我们而言完全非法的其他事情。

（2）在很大程度上，辩解是虚假的，他们未获许可去捕获和奴役从未伤害过他们的人。

（3）这种在福音之光下的主题和我们不相称——"变革的时候来临了"。高于他者的国家和特权的所有差别都消失了，基督徒被教导"要把所有人当作他们的邻居，要爱邻如己；按照他们应该被对待的方式去对待所有人；对所有人行善；盗窃人被列为极大的罪恶"。野蛮奴役我们无辜的邻居，对待他们就像用暴力征服野兽，这跟神的戒律协调一致吗？这样对待他们就是我们想要他们同样对待我们的方式吗？如果他们能够俘获和奴役我们几千人，我们会认为那是公正的吗？

他们搜寻古代历史，为现代奴隶交易寻找例证，也许是徒劳。太多国家奴役他们在战争中获得的战俘了。但是去征服不去挑起战争的国家，且对于征服没有更远的谋划，单纯为蓄奴像抓野兽一样去捕捉无害的人们，这是反人性和反正义之暴行的顶点，那看起来像异教徒国家留给伪称的基督徒去实施暴行。所有粉饰和找借口的企图是多么可耻！

由于这些人并没有被定罪而丧失自由，他们仍然拥有自然和完整的权利；不管他们什么时候来，政府都应该公正地释放他们，并且惩罚那些奴役他们的人。去掉那些残暴的对待，制造和保持奴隶根本就是非常荒谬的，他们的行为中加入了很多罪恶。比如卖丈夫让他远离妻子，卖孩子让他们远离父母，这违背了神圣和自然的关系；比如为通奸、乱伦和很多骇人听闻的后果放开道路，罪恶的奴隶主必须在末日审判的时候面对这一切。

如果说父母的奴隶身份是不公正的，孩子的就更不公正。如果父母是正当的奴隶，孩子依然生而自由，这是所有人自然、完整的权利。对于把孩子带大的人，这只是一个公正的报偿：一般在这些孩子比在别人身上花费更少，与之相称，在正义上他们应更早拥有自由的权利。

当然，一个足够理智和体面的人，也可能请求宽恕谋杀、抢劫、猥亵和野蛮辩护。他们没有更多违背良心的自然指示，违背人性的知觉，他们完全理解这些。

但本文的主要打算不在于驳斥它，这已经做得非常充分了，而是但求美国人仔细考虑。

（1）他们大声抱怨奴役他们的企图，同时他们自己拥有成百上千的奴隶，每年都又多奴役好几千人，不用任何权威虚装门面，也不向他们主张权利，这有什么一致性和正派可言？

（2）以前鼓吹我们的罪行如何正义、如何适当，现在成了普罗维登斯威胁我们的一种惩罚。我们奴役了很多人，流过大量无辜的血，现在自己面临同样的威胁。其他罪恶都被承认、悲叹和公之于众，尤其这个为什么不能呢？它比其他所有恶行给大地带来的罪恶都多。

（3）那么，是否所有人都应该带着悲痛和憎恶立刻废止和放弃它？每个社会都应该抗议它，把顽固的坚持者算进我们国家的坏人、敌人里头，把他们从伙伴里头排除，就算他们常常犯更少的错误。

（4）一个大问题可能是那些已经变为奴隶的人该怎么办。让那些老弱者恢复自由可能是不正义和残酷的，他们年轻时劳动，现在应该得到赡养和仁慈的对待。至于其他人，让谨慎者在议会的协助下作出决定：对于奴隶主什么是可行的，对于奴隶什么

是最好的。也许有些人可以给他们一些租金合理的土地；有些人继续雇用他们劳动，给他们合理补贴。只要所有人都能有些财产，从自己做主的劳动中有所收益，被鼓励到工业中去；家人能生活在一起，并且享受亲情和责任的自然满足，像同胞一样享有公民保护和其他利益。某个时候，他们有可能在边境上建成有屏障的居住区，因此他们可能变得对公共福利感兴趣，并协助提升公共福利。现在他们不再是危险的，敌人应该许诺给他们一种更好的社会地位吗？

（5）过去这样对待非洲人，自然让非洲人充满对基督徒的憎恶。假如他们已经接受了基督教，他们就会认为是我们的宗教使他们成为非人的野蛮人。同救赎者理想和人们的幸福相反的贸易利益一度为人们所追求。所以，我们对他们负有义务，要尽可能地修复那些伤害，通过采取一些合适的措施指导这里的奴隶，还有在他们自己国家里的非洲人。早期的基督徒，始终努力传播神圣宗教；当有一个异教国家存在时，这同样也是我们的职责。但是对于那些受到损害的人们，我们置于什么样的独特职责之下呢？

这就是正义和人性的情感。

（肖志欣　译）

弗吉尼亚权利法案
（1776年6月12日）

乔治·梅森

由弗吉尼亚善良人民的代表在自由的全体大会上所制定，所列权利属于他们及其后裔，是政府的基础。

（1）所有人生来同等自由、独立，拥有某些自然权利，当他们进入社会状态时，他们不得因任何合约而被剥夺其后裔的这些权利；亦即，通过获得和拥有财产、追求和得到幸福与安全而享受生活和自由的权利。

（2）所有权力都属于人民，因而来自于人民；官员是人民的受托人和公仆，永远从属于人民。

（3）政府是或者应该是为了人民、国家或社会的共同利益、保障和安全而构建的；在各种政府形式中，最好的政府是能够带来最大限度的幸福与安全、最有效地抵御暴政的危险的政府。当一个政府无法满足这些目的，或者与这些目的背道而驰时，共同体中的多数拥有毋庸置疑、不可剥夺、不可撤销的权利，以公认的最有利于公共福利的方式去改革、改变或取消这个政府。

（4）除非因公共服务，任何个人或者群体都没有资格从共同体处获得报酬或特权，该报酬或特权不可世袭，行政官、议员或法官的职位也不得世袭。

（5）立法权、行政权和司法权应该分离且独立；其成员将因感受和分担人民的疾苦而受到限制，不致压迫人民，他们应该有固定的任期，之后告老还乡，空缺将通过经常的、固定的和定期的选举来填补，在选举中，全部或部分的前任官员是否再次成为人选，根据法律确定。

（6）所有选举应该自由进行，有充分证据证明与共同体有着永久的共同利益、利害关系的所有人都拥有投票权，未经他们或他们选出的代表的同意，不得向他们征税，不得因公共事业剥夺他们的财产，他们也不受未经他们为公共利益而以同样方式同意的法律的约束。

（7）未经人民的代表的同意，任何当局中止法律或执行法律的所有权力都有损于人民的权利，不应获得实施。

（8）在所有死刑和刑事检控中，人们有权利要求知悉他被检控的原因和性质，与原告和证人当面对质，提出有利于自己的证据，要求由他附近地区的 12 人组成的公正陪审团迅速裁判，未经陪审团一致同意，他不得被判有罪；不得强迫他提供对自己不利的证据；除非根据本地法律或陪审团审判，任何人不得被剥夺自由。

（9）不得要求过量的保释金，不得施加过量的罚金，不得实施残酷和非常的惩罚。

（10）没有事实支持的证据，官员或送达者的一般搜查令要求检查可疑地点，逮捕任何人、未列名的人或者其罪行没有具体描述和没有证据支持的人，该搜查令实属不可容忍、具有压迫性，不应签发。

（11）在财产纠纷中，以及在人与人之间的诉讼中，12 人陪审团的古老审判方式比任何其他形式都更可取，应被视为庄严神圣的。

（12）出版自由是自由的坚固壁垒之一，只有专制的政府才会限制这种自由。

（13）组织良好的民兵由人民实体组成，进行军事训练，成为自由政府的恰当的、自然的、安全的保障；在和平时期，常备军会危及自由，应该避免设置；在任何情况下，军队都应该严格从属于文职权力，受其支配。

（14）人民有权拥有统一的政府，因而在弗吉尼亚地区内，不得建立或确立任何与弗吉尼亚政府分离或独立的政府。

（15）只有严格遵守正义、适中、节制、勤俭和美德，并且把这些基本准则常记在心，人民才能保有自由政府和自由的保佑。

（16）信仰，或者我们对于造物主的义务，以及履行义务的方式，只能由理性和信念所指引，不能使用强制或暴力，因而所有人都同样有资格根据良心的指示而自由信仰；以基督的隐忍、博爱和仁慈彼此相待是所有人的义务。

乔治·梅森起草，1776 年 6 月 12 日弗吉尼亚议会一致通过。

（赵一凡　译）

关于权利法案
（《联邦党人文集》第 84 篇）

亚历山大·汉密尔顿

第 84 篇 （摘录）1788 年 5 月 28 日

在上述评论宪法的过程中，我已经注意到并且努力回答了大多数反对意见。然而仍有一些或者没有自然地归为任何主题，或者在恰当的位置被遗忘。现在将讨论这些问题，但是由于这个问题已经被拖入长篇大论，我现在要在这篇单独的文章中简短地综合我对这些零碎问题的所有观察。

这些未解决的反对意见中最值得考虑的是，制宪会议的方案没有包含权利法案。在其他对这个问题的回答中，在不同场合都提到过，几个州的宪法也有类似的境况。我补充一下，纽约州就是一例。尽管该州新体制的反对者表示无比尊重其宪法，但却是权利法案最激烈的支持者。在这个问题上，为了证明他们的热情的正当，他们主张两点：一方面，尽管纽约州宪法没有加诸权利法案，但是它包含在各种支持特权和权利的规定中，这些实质上就等同于权利法案；另一方面，宪法全部沿用大不列颠之普通法与成文法，因此许多未予列明的权利同样得到保障。对于第一点，我的回答是，制宪会议提议的宪法与州宪法一样也包含大量类似规定。

除了与政府结构相关的条款之外，我们发现了以下规定——第一条第三款第七项："弹劾案的判决，不得超出免职和剥夺担任和享有合众国属下有荣誉、有责任或有薪金的任何职务的资格。但被定罪的人，仍可依法受起诉、审判、判决和惩罚。"同一条的第九款第二项："不得中止人身保护状的特权，除非发生叛乱或入侵时公共安全要求中止这项特权。"第三项："不得通过公民权利剥夺法案或溯及既往的法律。"第七项："合众国不得授予贵族爵位。凡在合众国属下担任任何有薪金或有责任的职务的人，未经国会同意，不得从任何王国、君主或外国接受任何礼物、俸禄、官职或任何一种爵位。"第三条第二款第三项："除弹劾案外，一切犯罪由陪审团审判，此种审判应在犯罪发生的州内举行；但如果犯罪不发生在任何一州之内，审判应在国会以法律规定的一个或几个地点举行。"同一条的第三款："对合众国的叛国罪只限于同合众国作战，或依附其敌人，给予其敌人以帮助和鼓励。无论何人，除根据两个证人对同一明显行为的作证或本人在公开法庭上的供认，不得被定为叛国罪。"同一款的第三项："国会有权宣告对叛国罪的惩罚，但因叛国罪而剥夺公民权，不得造成血统玷污，也不得没收财产，被剥夺者在世期间获得的除外。"

这里的问题是，这些是否是权利的全部，是否与州宪法中的规定具有同等重要性。人身保护状的确立、禁止溯及既往的法律、禁止贵族爵位，对此，在我们的宪法中没有规定或许比已经规定是对自由和共和主义的更重要保障。事后确立罪状，或者换言之，对作为时并未违反法律的事情进行惩罚以及任意拘禁，这些历来是暴政最为得意和有力的手段。关于后者，睿智的布莱克斯通的观察（注：参见 Blackstone's Commentaries, vol. 1, page 136.）值得引用。"未经起诉或审判，剥夺一个人的生命（比如说），或者强行没收一个人的财产，乃是臭名昭著的专制行为，必定立刻引起全国对暴政的警惕；但秘密拘禁、匆匆投人入狱，其痛苦不被人知或被遗忘，此类事不大公开、不大引人注意，因而是专断的政府更为危险的手段。"对于这种致命之恶的救济，布莱克斯通大力赞扬人身保护法（habeas corpus act），曾于一场合称之为"英国宪法之壁垒"。（注：Idem，vol. 4，page 438.）

禁止贵族爵位的重要性自不待言。这实际上被视为共和政府的墙基石，如果拿走了这块石头，对政府和对人民都会有严重的危险。

对于第二点，也就是假设宪法基于普通法和成文法，我的回答是，上述法律明文规定"立法机构得随时修改补充之"。因而这些法律在任何时候都可能被普通立法权撤销，当然没有宪法的约束力。公布的唯一用途是重新组织古代法，消除革命引发的疑问。这自然不能被视为具有权利宣言的性质，根据我们的宪法，权利宣言必定具有限制政府本身的权力之意。有人曾数次指明，权利法案就其起源而言是国王与其臣民之间的约定，削减了君主特权，保留了未交给君王的权利。如大宪章（1215 年），是贵族们通过武力从国王约翰那里获得的。又如此后继任的君王对大宪章的确认。再如 1628 年权利请愿书，由查理一世在即位之初同意。还有 1688 年贵族院和平民院向奥兰治亲王提出的权利宣言，后来形成了国会法案的形式，被称为权利法案（1689年）。因而，显而易见的是，鉴于其重要性，不适用于基于人民权力公开发布的、由人民的代表或公仆执行的宪法之中。这里，在严格的意义上，人民没有放弃任何东西，而保留了所有东西，他们不需要特别保留。“我们合众国人民，为建立更完善的联邦，树立正义，保障国内安宁，提供共同防务，促进公共福利，并使我们自己和后代得享自由的幸福，特为美利坚合众国制定本宪法。”这与若干州的权利法案长篇累牍列出的原则相比，更好地承认了民众的权利，属于伦理的约定也比属于政府的宪法听起来悦耳。

在仅仅意在调整国家的一般政治利益的考虑中，详细地列举权利远不如规定个人和私人事业的宪法更具有适用性。因而，如果在这一点上大声反对制宪会议的方案，那么对本州宪法的任何辱骂都不为过。但事实是，就其目的而言，二者都包含了所有可以合理要求的一切。

我要更进一步断言，就目前争论的意义和范围而言，权利法案在拟议的宪法中不仅是不必要的，而且是危险的。它将包含各种未曾授予的例外权力。正因如此，提供了政府要求多于授予的权力的借口。既然政府无权处理，为什么还要宣布政府不得处理？例如，既然没有授予限制该自由的权力，为什么还要规定，不得限制表达自由？我不认为，这类规定提供了管制的权力。但是显而易见，对于意欲侵犯者，它提供了主张权力的合理托词。他们可能穿上理性的伪装，认为宪法不应荒谬地限制未曾授予的权力的专擅；而限制表达自由的规定表明，对此进行恰当管制的权力已被授予了全国政府。由于不明智地热衷于权利法案，这有可能成为建设性权力论的把柄。

关于表达自由的问题，已经说了很多，我还是忍不住再添加两句：首先，我观察到，在本州宪法中没有关于此的言语；其次，我认为无论其他州宪法对此怎样表述，也都无关痛痒。宣布“表达自由不可侵犯”意味着什么？什么是表达自由？谁能作出界定使其没有任何被侵犯的空间？我认为规定这些是不切实际的；依此看来，我推测，无论在宪法中对此说得如何天花乱坠，其保障依旧取决于公共意见以及人民和政府的普遍信念。（注：为了表明宪法中存在可以影响表达自由的权力，必定求助于征税权。据说，施加于出版的税负非常高，等同于禁止。我不知道根据何种逻辑可以认为，各州宪法中支持表达自由的规定构成州立法机构向出版物施加税负的宪法障碍。的确不能佯称，任何程度的税负，无论多么低，都是对表达自由的削减。我们知道，在大不列颠对报纸征税，然而众人皆知的是，没有任何地方的出版比在这个国家享受着更大的自由。如果在不侵犯自由的情况下施加税负，显然税负的程度取决于立法机构的裁量，受公共意见的调整。因此，对表达自由的一般宣布并不比不宣布具有更大的保障性。包含表达自由条款的州宪法通过征税对其进行侵犯，这与不包含此种规定的拟议中的宪法无异。规定政府应该维护自由、税收不应过重，与规定表达自由不应受限制，其重要性是相当的。）毕竟在这里，正如另一处已经指明的，我们必须寻找我们全部权利的唯一坚实基础。

尚有一种观点拟在结束此点之前加以说明。在我们听过所有的主张之后，事实是，在理性的意义上，并且就其实用目的而言，宪法自身就是一项权利法案。在大不列颠，几部权利法案组成了其宪法，反之，各州的宪法就是其权利法案。如果拟议的宪法被采纳，它将成为合众国的权利法案。权利法案的目标之一不就是在政府的结构和管理中规定政治权利吗？制宪会议的方案丰富而准确地做到了这一点，为公共安全而含纳了各种预防措施，这些无法在州宪法中找到只言片语。权利法案的另一个目标不就是界定某些豁免权和与个人或私人事业有关的程序模式吗？在同一个方案中，我们也看到了与此相关的各种情形的规定。因而如果留意权利法案的实质含义，认为它没有出现在制宪会议的方案中就是荒谬的。有人认为制宪会议方案做的还不充分，尽管要说明此点并非易事，但认为根本没有人权法案的内容也不恰当。如果在建立政府的文件中有公民权利的内容，顺序如何并不重要。因此，显而易见的是，对于这个问题的大多数讨论仅仅依赖于口头的和形式的分歧，完全与事物的本质无关。

（毕竟悦　译）

詹姆斯·麦迪逊致托马斯·杰弗逊 

——为什么不将权利法案纳入新宪法

1788 年 10 月 17 日

这里附上的小册子将全面考虑对于修改新宪法的建议。尽管看上去这些修改意见多种多样，但它们肯定会舍本逐末。与条约、纸币、契约相关的条款制造的敌人比这个体制积极方面和消极方面加在一起制造的错误还多。然而尤其在弗吉尼亚，不只少数人从最令人尊敬的、爱国的动机出发，为了这些建议的修改意见而论证；同样，在对新宪法的倡议中，有一些人希望进一步保障公共自由和个人权利。这些包括对最基本权利的宪法宣言，权利还可能被添加；尽管许多人认为这种宣言不必要，为数不少的人认为，在这部宪法中放置权利宣言是放错地方。宪法的反对派缺乏按照权利的重要性和优先性进行划分的根据。我个人一直支持权利法案；而其制定的前提是，没有包含在列举中的权力即为无。同时我从未认为忽略权利法案是一个重大缺陷，也不急于立即修正，而出于其他原因的考虑，其他人却急于如此。我曾经支持权利法案，是因为我假定它可以派上用场，如果恰当地执行就不会有损害。我不认为它是重要的：①因为我认为，在某种程度上，尽管不是在威尔逊先生主张的程度上，我们所讨论的权利是保留的，而联邦权力是授予的。②因为有充分理由担心正面地宣布一些最基本的权利无法涵盖必要的范围。我确信，良心的权利尤其如此，如果交给公共界定将会比假定的范围狭小。在新英格兰，异议之一便是，通过禁止宗教测试，宪法为犹太土耳其人和异教徒打开方便之门。③由于联邦政府的有限权力和下级政府的提防，提供了州政府中所没有的保障，这种保障也不存在于其他地方。④因为经验证明了权利法案在对权力控制的最为急需之处的无效。在每个州，专横的多数不断逾越这些纸糊的屏障。在弗吉尼亚，我就曾见到权利法案被违反，只要它与流行的潮流相悖。尽管那份文件中有对良心自由的明确规定，但是众所周知，如果立法机构中的多数按照期望行事，人民中的多数支持，该州还是会发生确立宗教的事情。我被说服，如果人民中的多数现在属于某一教派，这项措施就会通过，而且其根基比拟议的狭窄，尽管法律已经设置了额外的障碍。只要政府中存在真正的权力，就会有压迫的危险。在我们的政府中，真正的权力在共同体的多数手中，对私人权利的侵犯主要不是来自于与选民意愿相悖的政府法案，而是来自于选民多数的法案，政府仅仅是其工具。这是一个很重要的事实，但还不足以引起注意。与你相比，这个事实给我的印象可能更深刻，激发了我的反思，即权力的滥用可能来自于与预期完全不同的地方。只要做错事有利可图、有权可依，就会普遍地做错事，一个有实权且有利可图的党派并不比一个有实权且有利可图的王公更少地犯错。鉴于共和国比君主国的优越性，区别在于，前者滥用权力的利益动机小于后者。在共和国中，保障所针对的压迫仅及于社会中的一小撮，而在君主国中，这种压迫将扩展给整个社会。至于我们所讨论的问题，即权利法案控制权力滥用的有效性，二者的区别在于：在君主国中，民族的潜在力量优越于主权者，民众权利的神圣特征必定会产生巨大影响，将成为检验公共法案有效性的标准，以及激发和联合共同体中潜在力量的信号；而在民治政府中，政治权力和武力被视为授予了同样的人，即人民中的多数，因而主权者的暴政意志不会由于担心诉诸共同体内的其他力量而受到控制。人们或许会问，权利法案在民治政府中的作用是什么呢？我回答两点，尽管权利法案不如在其他政府中必要，但是足以引起注意。①以神圣方式宣布的政治事实沿袭了自由政府的基本特征，随着与民族感情的结合，抵制了利益和激情的冲击。②正如前面所述，压制的危险通常存在于人民中利害相关的多数当中，而不是政府的篡权行为，尽管有时邪恶可能来自于后者。对此，一部权利法案可以成为诉诸共同体意识的良好根据。或许这里也会有某种程度的危险，富有手腕和野心的统治者的在位可能会循序渐进地，最终建立起颠覆自由的独立政府。既然这种危险存在，就要谨慎地防止，尤其是防患于未然有利无害。同时，我必须强调，在我们的政府中我没有看到这种危险的苗头。人们一度强调，所有政府都倾向于牺牲权利而扩张权力。但是根据常识，这种观点似乎理由不充分。当权力获得了某种程度的力量和独立时，权力通常会得寸进尺。但是当低于这种程度之时，直接的趋势是进一步放宽，直到自由的滥用突然转变为不恰当的权力。根据这种解释，上述观点是正确的；在我看来，只有后一种情况才适用于美国政府。这是一种令人沮丧的反思，自由同样也会产生危险，无论政府的权力太大，还是太小，两种极端之间的界线很难根据经验准确地界定。

假定法案应该包含权利法案是恰当的，允许有讨论的空间。我倾向于认为，绝对的管制是值得质疑的，应该避免在遇到紧急情况时推翻这些权利。如果纸面上强调的管制与公共的诀意相悖，将会不被考虑；如果数次在非常情况下侵犯权利，甚至会失去一般效力。造反和起义警醒了人民和政府，应该对犯罪嫌疑人下达人身保护状，书面禁令无法妨碍这项措施。和平时期的军队应逐渐由不列颠或西班牙的雇佣兵组成，为了公共安全而禁止常备军，这些光是书面宣布并不够。抵制这些邪恶的最安全办法是去除它们的借口。至于垄断，恰恰是政府中最大的麻烦。但为了鼓励自由写作和发明创造，值得保留垄断，这不是显而易见的吗？在所有情况中，为公众保留具体规定取消授予特权的权利，是否不充分？政府对此滥用权力的危险不是比大多数其他情况小得多吗？垄断是为了少数牺牲多数。只要权力在少数人手中，他们自然就会为了自己的偏好和腐败牺牲多数。只要我们拥有的权力属于多数，而非少数，危险就不会太大，少数也将因此获益。更应该担心的是，少数为了多数的不必要的牺牲。

（毕竟悦　译）

致爱德蒙·伦道夫州长的信

理查德·亨利·李

纽约 1787 年 10 月 16 日（摘录）[1]

人们从普遍经验中发现，对于保护正当的权利和人类自由免受统治者无声的、有力的、甚至积极的阴谋的侵犯，宣言和保留权利是必要的；这似乎也是美国善良的人民的想法，在许多州政府都发现了各种权利法案或权利宣言。这些预防措施对于限制和规制赋予统治者的巨大权力的行使是必要的。与这些原则相一致，并且出于在这一问题上对公众感情的尊重，为合众国政府拟议的新宪法应该以权利宣言或权利法案为基础，明确表明社会契约的基础原则，也就是说：不得侵犯信仰自由的权利；应确保表达自由的权利；刑事和民事案件中的陪审团审判，以及普通法为刑事检控中的生命安全而规定的模式，神圣不可侵犯；和平时期的常备军是对自由的威胁，不应设立，除非根据新宪法立法机构每院的 2/3 同意；选举应自由和经常举行；应该由独立的法官保证正当司法；不得要求或者施加过度的保释金、过度的罚金或残忍的和非常的惩罚；人民为了向立法机关请愿而和平集会的权利不得阻却；公民的人身、住宅、文件或财产不受无理搜查、扣押。……新宪法的修正部分，对于邻人组成的陪审团进行刑

[1] 发表于匹兹堡的《弗吉尼亚报》，12 月 6 日（已遗失）。本文取自于 12 月 20 日的 Pennsylvania Packet，已知最早的再版。在 1788 年 12 月 20 日和 2 月 16 日之间，这封信的修改稿在从新罕布什尔州到弗吉尼亚的 12 份报纸上再版。还出现在 12 月中旬的时文选集和费城的《美国博物馆（American Museum）》上，后者是一本全国性的杂志。李是革命时期的重要政治人物之一。作为邦联议会的弗吉尼亚代表，正是他在1776年6月7日提出了与大不列颠独立。他协助设计邦联条款。1784—1785 年，李担任邦联议会会长。他被任命为代表参加制宪会议，但是遭到拒绝，因为他当时仍在邦联议会任职。本文选自赫伯特·J. 斯托林（Herbert J. Storng）编辑的《反联邦党人文集》（*The Anti-Federalist Papers*）。

事审判的规定是有缺陷的，忽视了民事案件或个人之间财产纠纷中的陪审团审判，而普通法则对此作出了规定，几个州的宪法也对此作出了普遍保证。新宪法的修正部分烦琐地强迫各自国家的公民、不同州公民之间的一切争议和公民与外国人之间的一切争议，应在千里之外应诉，没有陪审团，在许多案件中，路途遥远、开销巨大这些条件将驱使许多人屈从于最不公正、最无理的要求。为了更有效地保护人民的权利免受侵犯，众议院的权力和地位应该增加，增加该院的代表人数，民众的利益主要依赖于它的保护。据此修改的宪法增加了对于决定问题必要的选票数量，因为简单多数将受到强大的利益动机的诱使去损害和压迫共同体中的少数，如在商业管制中，从颁布苛刻而草率的法律中获益，这实际上等同于垄断，而极度贫困的州则要经受这种损害。

（毕竟悦　译）

权利法案的必要性

老辉格党人

费城《独立报》，1787 年 10 月 27 日（摘录）

在我国，或许我们拥有更多的政治德行。如果我们稍有点耐心，鞠躬尽瘁地从事这项事业，建立一个优越于世界上已存的任何政府形式的联邦宪法，我认为这是可能的。但是，我敢说，如果没有密切关注于制定权利法案，这项重要工作就不可能实现。

关于权利法案的问题，已有许多论述，但可能并没有充分注意到准确无误地传递权利法案的真正含义的必要性。尊敬的读者们请允许我以尝试厘清这一主题而结束本文。

当来到社会的时候，为了获得政府的保护，人们放弃了一部分天赋的自由。如果人们放弃全部自然权利，他们也就成为统治者绝对的奴隶。如果他们放弃的权利少于必要的，政府就会过于孱弱，无法保护他们。应该放弃对政府的目的必要的权利；限制超出必要是重要的一点，如果可能，此点应在形成宪法中实现。通过这些手段，既保证了被统治者的自由，又真正加强了政府，因为只要被统治者相信没有从他们那里夺取比共同体的利益所必要的多的自由，他们就会甘愿服从，这比强迫奴役更有用。要界定被统治者一直有资格保留的天赋的自由的比例，这是权利法案的一个重要目的。这些权利需要在权利法案中特别保护，如果没有这种权利法案坚定地保证被统治者的权利，政府就有退化为暴政的危险，因为“在建立政府权力的过程中，统治者被赋予各种权利和权威，并没有清晰条款说明”。因而，我们发现统治者经常随意和随兴鱼肉人民。因而我们发现，在世界的任何时期，爱国者都非常渴望获得统治者清晰的规定，明确地保证保留某些权利和特权。

在不同的国家，我们发现，统治者和人民之间为不同的授权或保留权利而斗争，在许多欧洲国家，保留权利经过时间而被吞没，或者被权力的铁腕而摧毁。在英格兰我们发现，人民在贵族的带领下，从国王约翰那里获得了他们放弃的权利，发布了大宪章（1215 年），在约翰的继任者统治时期，大宪章在国会被数次更新。后来查理一世同意了权利请愿书（Petition of Rights）（1628 年），宣布了人民的自由。人身保护状法案（Habeus Corpus Act）在查理二世复辟后（1679 年）通过，权利法案（1689 年）在奥伦治亲王及其夫人继位时通过，王位继承法案（1701 年）则是在汉诺威家族继位时通过，是另一个表明了这个国家的审慎的例子，改善了统治力弱、政府革命等问题，获得了对人民自由的最明确宣布。以同样的方式，在革命时，我国的人民又全权形成了数州的宪法，注意通过权利法案保障自身，尽可能防止未来的统治者对人民权利的侵犯。其中的一些权利被认为是不可让与的，如良心自由的权利，尽管这经常被侵犯，此前却没有通过明确而庄严的法案和宣言认真保障。

在我们建立政府之前，哪个法案成为国土内的最高法，其权力就将毫无例外地扩展到几乎每一起案件，我们应该通过权利方案认真地保护自己，反对对必须保留的自由的侵犯，剥夺我们的这些权利对政府毫无益处。但是在人类历史上，这些权利经常受到无所事事的残忍之人恣意妄为的损害。

（毕竟悦　译）

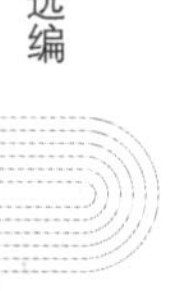

权利法案是确定权力范围的必要条款 

联邦农夫

1788 年 1 月 20 日

已经讨论过政府的组织，现在我将更为详细地检视与政府权力相关的条款。我将以对于准确地确定权力的范围为必要的条款和协定开始，这些权力的内容是什么，在实践中如何防备、限制和约束。我们通常发现，这些条款和协定被放在权利法案中；但是它们也可能经过自身的挑选被并入宪法中。宪法，或者全社会的契约，只是一份包含着经人民同意的条款和协定的文件，它是否包含有关权利的法条、款项、章节、法案，或者其他名称的东西，都不重要。在我看来，关于权利法案，已经有太多不必要的观点和分歧。一方面，它似乎被视为宪法中必要的顶梁柱，包含确定数量的有价值条款，适用于所有社会；另一方面，它被视为毫无用益，尤其在拥有列举权力的联邦政府中。不仅如此，危险的是，个人权利数不胜数，很难列举在一项权利法案中，根据条款和协定可以保障部分权利，由此就推断其余没有提及的权利被放弃了。这对我而言，似乎是一个笼统的主张，毫无意义。在目前的情况下，首先提出后一种观点的人自相矛盾地签署了联邦宪法。最高权力毫无疑问属于人民，这是我根深蒂固的理念，人民保留所有未明确授予管理者的权力；在组建州政府和联邦政府时都情同此理。除了有些情况下建立的程序不一样之外，不可能有其他区别。设计一个州的宪法，据此管理共同体的大事小情，在这种情况下，政府拥有的权力通常太多以至于无法列举。人民走捷径，通常以概括的语言授予政府概括的权力，事实上是所有权力，然后通过特别列举收回权力，或者说，他们尽管保留了很少的权利，但是不得制定法律侵犯这些权利。因此，所有给予政府的权力都不为政府所保留。但是在设计联邦宪法时，假定州政府存在，联邦政府只是管理少数大的全国性事务，这样我们通常发现，具体列举授予联邦首脑的权力比具体列举保留的个人权利更容易。只要我们认真遵循，这一原则就充分有效。当我们具体列举给予政府的权力时，我们或者应当仔细列举保留权利，或者完全保持沉默；我们必须或者具体列举二者，或者假定具体列举的给予权力与保留权利完全划清了界限；尤其是列举前者而不列举后者，我认为最可取。然而，人们似乎普遍怀疑这种沉默的保留，因此我们可以更便利地列举给予权力，然后根据邦联条款第二条采纳的模式，以概括性的言语宣布，所有权力、权利和特权都是保留性的，人民并未明确放弃。同样，非常聪明的人民喜欢表明他们的基本权利，而不是被迫根据含糊的论断和一般原则主张权利，他们知道，在他们与统治者关于权利的争论中，争议永无终止，没有定论。尽管他们认为，根据一般原则，所有权利自然是保留的，没有明确放弃，人民可以充分确定地在所有情况下主张权利，轻而易举地确立权利，但是具体列举在所有情况下都保留的许多最基本权利仍然有无限好处。至于不大重要的权利，我们可以以概括性词语宣布，所有未明确放弃的权利均保留。我们无法通过宣布而改变事务的性质，或者创造新的事实，但是我们至少可以在人民心中确立这些事实和原则，否则它们就不会被想起，或者很快被忘记。如果一个民族希望其体制、信仰或政治持续存在，它就应该在每一本家庭簿记的首页写上权利的首要原则。在理论上这就是其益处，除非它持续存在于人民的思想里，使他们同意：我们分辨某些权利，如表达自由、陪审团审判等，英格兰和美国人民自然而然地认为这些是神圣的，对于他们的政治幸福是根本的，这些信念首先由少数卓越的人向人民提出，随后亲身经历。尽管其他一些国家的人们听到这些权利漠不关心，他们认为任由暴君的意志而存在的特权优越于人民的基本权利。为什么人们之间的这种差别如此相似。差别的原因很明显——教育的结果，一系列观念通过实例、规则和宣言印在了人们的头脑里。在制定大宪章的时候，英格兰人民聚到一起，还没有充分思考，他们就被毫无争议地赋予了某些自然的和不能让与的权利，不是依赖于无凭的口说，而是通过宣言法案，明确地认可权利，明确地向全世界宣布，他们有资格享有这些权利。他们把文件写下来，列举了他们认为基本的或面临威胁的权利，尽管这些睿智的人们的见识并不充分。因而，人们不会忘记这些权利，这些权利逐渐地成为对专制政府的制约，他们远见卓识而诚实的领袖迫使这份文件被确认了将近 40 次，每年在公开场所宣读两次，不是因为没有这些确认这份文件就会失去效力，而是要在人民的头脑里强化这些内容，使其一直在社会上活跃。在一些没有规定自由的国家，人们仅仅有资格享有自然的和

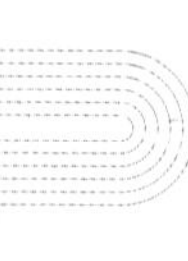

不能让与的权利。实际上，在所有国家，人们享有这些权利，不是因为他们的祖先曾经聚到一起、白纸黑字地列举了这些权利，而是因为，通过不断地谈判和宣布，各方承认了这些权利，自然认为它们是神圣的。我或许有必要表明我们过去行为的明智，不仅自我安慰我们享有自由，并且通过演说、权利法案、报纸等不断强化我们的自由一直依赖的具体原则。

不仅在这一点上，我敦促宪法中添加额外的宣言条款。重要的是，所有未给予的权力均保留给人民，这实际上会被这部宪法摧毁，我将具体指明。如果没有权利法案通过采纳宪法，人民将给予国会许多概括性的、未界定的权力，在宪法实践中，我们谈论的权利将受到影响。反对联邦权利法案甚至宣言条款的绅士们似乎以一种非常狭隘的、有缺陷的方式看待这个问题。他们不仅反对列举保留的权利，而且主要反对实质性地解释授予的概括性权力，反对通过固定的界限限制实施权力的人。许多解释和限制是必要的、有益的，要让人们充分熟悉政府的原则和事务，再多都不为过。在宪法中似乎有意简短，一些解释条款经常被忽视也是有可能的。对于共同体的普通事务，我们自身早已了解，我们倾向于假定别人也理解了，无须表明；最有才识的人也会经常地犯这种错误。要使宣言条款在政府基本大法中不必要，必须有两个条件：就其本质而言，保留权利必须是无可争议的；授予政府的权力必须通过文字准确界定，其范围和性质必须足够清晰，以至于不能通过合理的解释而侵犯打算留给人民的权利和特权。

第一点要求，没有给予政府的所有权力均为人民保留，特别列举的权力只是给予的，所有其他权力均未给予，而是保留的，因此无须限制国会实施他们不拥有的权力。这个推理是合乎逻辑的，但是在人们的普通事务中没有什么重要性；宪法似乎根本不遵从这个推理。为了证明这一点，我引用了宪法中的几个条款。我将只提及一二。根据第一条第九款："国会不得授予贵族爵位。"这一条是否遗漏了国会拥有的授予贵族爵位的权力？在宪法的哪个地方可以发现这种权力？答案一定是国会没有这种权力，通过采纳宪法，人民没有放弃这项权力。那为什么要根据否定条款，限制国会做它没有权力做的事呢？这一条款必定毫无意义，或者暗示，如果它被略掉，国会将有这项权力，或者根据把宪法中某些概括性语言解释为给予了这项权力，或者根据国会拥有未明确保留的权力的原则。但是这一条款也存在于邦联条款中，据说还是在极其谨慎的情况下被引入宪法的。即使谨慎的条款也存疑，至少它是必要的。如果情况是这样，显然所有类似的条款也同样必要。事实似乎是，组成邦联会议和制宪会议的人们在这个例子中自然地认为，他们不会把这一点留给一般原则和逻辑推理解决，他们用只言片语就解决了这个问题，让读到这些话的人立刻理解。

刑事案件以及民事案件中的陪审团审判一直被视为我们的基本权利之一，不断地被大多数州的人民会议所承认和确认。但是宪法明确确立了刑事案件中的陪审团审判，完全遗漏了民事案件中的陪审团审判。刑事案件中的陪审团审判以及人身保护状的益处已经被有效地确立为合众国人民的基本或重要权利。情况如此，当再一次同意不得制定溯及既往的法律、不得授予贵族爵位等之时，为什么在采纳联邦宪法时我们不确立上述权利，而是遗漏其他权利，至少是有些许例外的遗漏呢？在采纳的时候，我们必须把这部宪法视为人民的最高法案，此后在解释它的时候，我们以及我们的后人必须严格遵照宪法的字面和精神，不得违背。在解释联邦宪法时，参照州宪法不仅是不切实际的，而且是不恰当的。州宪法是截然不同的文件，是下级法案。此外，通过人民现在确立了某些基本权利，这就强烈地意味着，他们相信，如果不这样，权利就不会作为联邦体制的一部分得到保障，也不会在联邦管理中被视为根本。由州宪法确立向人民保障的这些权利，我们现在承认它们意味着，人民认为这些权利仅由州确立是不安全的，要由新的社会体制予以突出或者夸大，只有重新确立，别无他途。人民因而没有确立什么新的权利，仍旧完全对其他权利保持沉默，这无疑意味着他们打算取消那些没有言明的权利，至少认为其无关紧要。因而，根据一般的理性原则，权利在社会的常态中是不确定的，设计联邦宪法的人民明确地表明，他们认为权利就是这样，相应地要列举和确立一些权利，结果将是他们确立所有他们认为有价值的和神圣的权利。那么根据原则，人民尤其应该通过开始列举权利，具体地确立所有个人权利，在制定和执行联邦法律时，这些权利都可能存有争议。我已经观察了民事案件以及刑事案件中陪审团审判的优点和重要性，不赞成只在刑事案件中确立陪审团审判。我们应该普遍地确立陪审团审判。代替与此问题相关的四五十字的条款，使用在我国已经熟知的语言：“合众国人民应有资格接受陪审团审判。”这表明人民仍旧视这项权利为神圣的，根据国家的习俗和惯例，通过国会实质性地保证所有案件中的陪审团审判。我此前观察到，陪审团审判正是我们需要的。各州对此的添加与修正区别甚微，如同沧海一粟。在自由政府中陪审团审判具有坚固的一致性：这正是我们要维护的实质，而不是形式上的只言片语。

针对溯及既往的法律的保障、陪审团审判以及人身保护状的益处仅仅是合众国人民享有的无价权利的一部分，正是在普通法的司法程序中。这些可以由概括性词语保障，如纽约州、西部地区等，宣布合众国人民应接受普通法的司法程序，如上述州所应用和确立的一样。或许更好的办法是，列举人民在司法程序中享有的具体的基本权利，正如许多州的做法一样，也如英格兰的做法。在这种情况中，人民可能宣布：任何人不应应诉犯罪，除非证据充分；不应提供对自己不利的证据，除在陆军和海军的政府部门之外，如果没有大陪审团首先提起控诉，任何人不受死罪或其他重罪的审判；每个人都有权利提出对自己有利的证据，与控方证人当面对质；每个人都有权免受对人身、住宅、文件和财物的无理搜查和扣押；如果没有事先宣誓为保证，没有具体指定搜查、逮捕和扣押的人和对象，搜查令将被视为有违上述权利；未经国家的法律进行裁判，任何人不得被放逐或遭受折磨。一位著名的作者观察了这最后一条，认为它本身包含了政治社会的全部目的。这些权利不是必然保留的，它们只在少数国家得到了确立和为人民享有：它们是规定的权利，几乎是英美法的特殊现象。在实施这些法律的过程中，根据长期惯例、大宪章、权利法案等，个人有资格享有这些权利。起初，一个人根据议会法案开始享有人身保护状的益处。然后，人们在州法院的司法程序中普遍享有这些权利和益处，但这绝不意味着，他们在联邦法院也享有这些权利，有权主张这些权利，除非由宪法或联邦法律予以保障和确立。在联邦司法程序中，我们的确也可以主张人身保护状，以及陪审团审判，寻求咨询的权利，让证人当面对质，保障免受无理搜查令等。如果宪法对全部这些都保持沉默，显而易见，不经宪法确立，我们就无法主张权利；确立前者，遗漏后者，意味着取消后者，或者被视为不重要。这些是个人通过契约获得的权利和益处；他们必须根据契约或古老的惯例进行主张。至少值得质疑的是，在我国，人们是否可以根据古老的惯例主张权利，因而我们通常根据契约（如宪章和宪法）主张权利。

通过采纳联邦宪法，赋予国会一般性权力以组建一个独特的、新的司法部门、新的法院，只有根据上文提到的 8 项限制调整所有司法程序，个人才享有人身保护法案的益处。因而，授予组建法院和调整司法程序的一般性权力没有重点保障我们讨论的权利，国会如此合宪地实施这些权力不是要摧毁这些权利吗？在我看来，这些权利显然没有得到任何程度的保障。但是，承认这点仍旧会存疑，保障这些权利、消除一切疑问，这样做不是审慎而明智的吗？既然一致同意人民应该享有这些有价值的权利，只有极少数人认为这些权利无足轻重。我有必要补充一些观点，表明这些权利的价值和政治重要性。

宪法赋予国会一般性权力筹备和补给军队。一般性权力还有附带情况，对于实现目的是必要的。在实施这些权力时，宪法中是否有规定防止军营驻扎在民宅？你将回答，没有。这有时被认为是支持军队的必要措施。那么，根据什么原则，人民可以主张权利豁免这项负担？他们或许举出我国的实践和一些州宪法的规定。他们可能得到答案，他们可以被豁免，不是基于自然，而是基于习惯和观念，充其量是一些州宪法中的协定，但这是地方性的，是下级层面的运作，对全国政府无效。人民已经采纳了联邦宪法，联邦宪法注意到了几项权利，但是对这种豁免权则缄默不语。他们授予了与此问题相关的一般性权力，在运作中，这种权力通常会摧毁豁免的权利。尽管不会假定，这种营房会带给我们即刻的危险，但是确立这项豁免权是恰当的，超越争议，对于个人尤其有价值，对于自由政府的长治久安也是必要的。一位优秀的作者观察到，一直享有自由的英国人经常无视这项权利的价值，在当前，我们似乎也不应该在一些情况下太在意对我们的侵犯。我们当中的许多人非常愿意牺牲这项权利来换取我们所谓的强大、有力，以及其他一些我们与自由一样模糊使用的词语。政治革新的热情通常与娱乐和时尚革新的热情一样强烈。

各方明显一致同意，表达自由是基本权利，不应因征税、义务或其他任何形式而受到限制。为什么人民采纳的联邦宪法不应该宣布这一条，即使还存疑。但是，提倡者认为，没有给予的所有权力都为人民保留。但是一个很大的问题是，即使没有给予的权力在实施中也会摧毁权利。基于基本法（也就是契约）以及人民制定的州宪法，人民或者印刷商主张自由出版。可以废除或者修改宪法的人民也可以废除或者限制这项权利。这可以通过授予一般性权力或者运用特定词语实现。根据州宪法主张的权利无法对抗根据联邦宪法精神制定的合众国的法律，因而问题是，国会根据合众国宪法有权制定什么样的法律，尤其是在涉及出版的问题上？根据第一条第八款，国会有权设定和征收直接税、间接税、进口税和消费税。据此，国会显然有权设定和征收各种税：对房屋、土地、人头、工业、货物等征税；对契约、债券以及所有书面文件征税；对令状、诉状以及所有司法程序征税；对许可、海军文件等征税；对报纸、广告等征税；对海军军官、职员、印刷商等要求债券以及他们经手的文件的所有税负。印刷像所有其他业务一样，当征税超出其利润时，就会停业。对我而言，似乎自由裁量对出版征税就是一项摧毁或者限制出版自由的权力。还有其他给予的权力，在实施的过程中可能会影响表达自由。这项自由的确太重要了，不应被征税，不应被不断地重新解释和推论。自由出版是商业和公共事务的交流渠道：通过这个手段，大国中的人民也可以知晓彼此的意见，能够联合起来，令采纳不恰当政策的统治者胆寒。报纸有时可能成为滥用权力的工具，充斥着许多不真实的报道，但是在我看来这些只是许多好处中的小害。我数次引用的一位著名作者高度评价了英国的自由，他说道："通过最终确立出版自由，自由的大厦封顶了。"我将不会在基本权利问题上停留太久，其中一些权利我已经在这封信中论述，鉴于上述理由，这些权利应该明确得到保障，以防在实施给予的概括性权力时被侵犯。显而易见，其他一些不大重要的权利或者没有受到太大威胁的权利也可以适当地保证。

现在我将简要地检视建议授予政府几个部门的权力，尤其是设定和征收国内税的模式。

（毕竟悦　译）

附　录

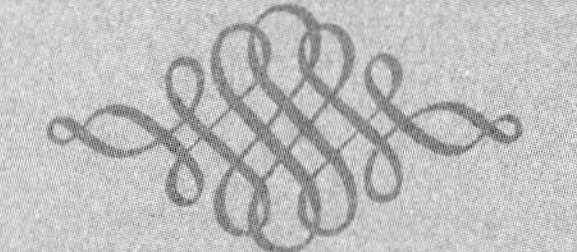

附录一　五月花号公约（佚名）

以上帝的名义，阿门。

我等签约之人，信仰的捍卫者，蒙上帝保佑的大不列颠、法兰西和爱尔兰等的国王詹姆士陛下的忠顺臣民。为了上帝的荣耀，为了增进基督教信仰，为了我们国王和国家的荣誉，我们远涉重洋，在弗吉尼亚北部开拓第一块殖民地。我们在上帝面前一起庄严盟誓签约，将我们全体组成公民政治体。为使上述目的得以顺利实施、维护和发展，也为将来能随时依此而制定和颁布有益于殖民地全体民众利益的公正与平等的法律、法规、法案、宪章和公职，我们全体都保证遵守和服从。

据此于公元1620年11月11日，于英格兰、法兰西、爱尔兰十八世国王暨苏格兰五十四世国王詹姆士陛下在位之年，我等在卡德角签署。

附录二　独立宣言

托马斯·杰斐逊

在有关人类事务的发展过程中，当一个民族必须解除其和另一个民族之间的政治联系，并在世界各国之间依照自然法则和上帝的意旨，接受独立和平等的地位时，出于人类舆论的尊重，必须把他们不得不独立的原因予以宣布。

我们认为下面这些真理是不言而喻的：人人生而平等，造物者赋予他们若干不可剥夺的权利，其中包括生命权、自由权和追求幸福的权利。为了保障这些权利，人类才在他们之间建立政府，而政府之正当权力，是经被治理者的同意而产生的。当任何形式的政府对这些目标具破坏作用时，人民便有权力改变或废除它，以建立一个新的政府；其赖以奠基的原则，其组织权力的方式，务使人民认为唯有这样才最可能获得他们的安全和幸福。为了慎重起见，成立多年的政府，是不应当由于轻微和短暂的原因而予以变更的。过去的一切经验也都说明，任何苦难，只要是尚能忍受，人类都宁愿容忍，而无意为了本身的权益便废除他们久已习惯了的政府。但是，当追逐同一目标的一连串滥用职权和强取豪夺发生，证明政府企图把人民置于专制统治之下时，那么人民就有权利，也有义务推翻这个政府，并为他们未来的安全建立新的保障——这就是这些殖民地过去逆来顺受的情况，也是它们现在不得不改变以前政府制度的原因。当今大不列颠国王的历史，是接连不断的伤天害理和强取豪夺的历史，这些暴行的唯一目标，就是想在这些州建立专制的暴政。为了证明所言属实，现把下列事实向公正的世界宣布。

他拒绝批准对公众利益最有益、最必要的法律。

他禁止他的总督们批准迫切而极为必要的法律，要不就把这些法律搁置起来暂不生效，等待他的同意；而一旦这些法律被搁置起来，他对它们就完全置之不理。

他拒绝批准便利广大地区人民的其他法律，除非那些人民情愿放弃自己在立法机关中的代表权；但这种权利对他们有无法估量的价值，而且只有暴君才畏惧这种权利。

他把各州立法团体召集到异乎寻常的、极为不便的、远离它们档案库的地方去开会，唯一的目的是使他们疲于奔命，不得不顺从他的意旨。

他一再解散各州的议会，因为它们以无畏的坚毅态度反对他侵犯人民的权利。

他在解散各州议会之后，又长期拒绝另选新议会，但立法权是无法取消的，因此这项权力仍由一般人民来行使。其实各州仍然处于危险的境地，既有外来侵略之患，又有发生内乱之忧。

他竭力抑制我们各州增加人口。为此目的，他阻挠外国人入籍法的通过，拒绝批准其他鼓励外国人移居各州的法律，并提高分配新土地的条件。

他拒绝批准建立司法权力的法律，藉以阻挠司法工作的推行。

他把法官的任期、薪金数额和支付，完全置于他个人意志的支配之下。

他建立新官署，派遣大批官员，骚扰我们人民，并耗尽人民必要的生活物质。

他在和平时期，未经我们的立法机关同意，就在我们中间维持常备军。

他力图使军队独立于民政之外，并凌驾于民政之上。

他同某些人勾结起来把我们置于一种不适合我们的体制且不为我们的法律所承认的管辖之下；他还批准那些人炮制的各种伪法案来达到以下目的。

在我们中间驻扎大批武装部队；

用假审讯来包庇他们，使他们杀害我们各州居民而仍然逍遥法外；

切断我们同世界各地的贸易；

未经我们同意便向我们强行征税；

在许多案件中剥夺我们享有陪审制的权益；

罗织罪名押送我们到海外去受审；

在一个邻省废除英国的自由法制，在那里建立专制政府，并扩大该省的疆界，企图把该省变成既是一个样板又是一个得心应手的工具，以便进而向这里的各殖民地推行同样的极权统治；

取消我们的宪章，废除我们最宝贵的法律，并且根本上改变我们各州政府的形式；

中止我们自己的立法机关行使权力，宣称他们自己有权就一切事宜为我们制定法律。

他宣布我们已不属他保护之列，并对我们作战，从而放弃了在这里的政务。

他在我们的海域大肆掠夺，蹂躏我们沿海地区，焚烧我们的城镇，残害我们人民的生命。

他此时正在运送大批外国佣兵来完成屠杀、破坏和肆虐的勾当，这种勾当早就开始，其残酷卑劣甚至在最野蛮的时代都难以找到先例。他完全不配作为一个文明国家的元首。

他在公海上俘虏我们的同胞，强迫他们拿起武器来反对自己的国家，成为残杀自己亲人和朋友的刽子手，或是死于自己的亲人和朋友的手下。

他在我们中间煽动内乱，并且竭力挑唆那些残酷无情、没有开化的印第安人来杀掠我们边疆的居民；而众所周知，印第安人的作战规律是不分男女老幼，一律格杀勿论的。

在这些压迫的每一个阶段中，我们都是用最谦卑的言辞请求改善；但屡次请求所得到的答复是屡次遭受损害。一个君主，当他的品格已打上了暴君行为的烙印时，是不配作自由人民的统治者的。

我们不是没有顾念我们英国的弟兄。我们时常提醒他们，他们的立法机关企图把无理的管辖权横加到我们的头上。我们也曾把我们移民来这里和在这里定居的情形告诉他们。我们曾经向他们天生的正义善感和雅量呼吁，我们恳求他们念在同种同宗的分上，弃绝这些掠夺行为，以免影响彼此的关系和往来。但是他们对于这种正义和血缘的呼声，也同样充耳不闻。因此，我们实在不得不宣布和他们脱离，并且以对待世界上其他民族一样的态度对待他们：和我们作战，就是敌人；和我们和好，就是朋友。

因此，我们，在大陆会议下集会的美利坚联盟代表，以各殖民地善良人民的名义，并经他们授权，向全世界最崇高的正义呼吁，说明我们的严正意向，同时郑重宣布：这些联合一致的殖民地从此是自由和独立的国家，并且按其权利也必须是自由和独立的国家，它们取消一切对英国王室效忠的义务，它们和大不列颠国家之间的一切政治关系从此全部断绝，而且必须断绝；作为自由独立的国家，它们完全有权宣战、缔和、结盟、通商和采取独立国家有权采取的一切行动。

为了支持这篇宣言，我们坚决信赖上帝的庇佑，以我们的生命、我们的财产和我们神圣的名誉，相互保证，共同宣誓。

附录三　美利坚合众国宪法[1]

我们合众国人民，为建立更完善的联邦，树立正义，保障国内安宁，提供共同防务，促进公共福利，并使我们自己和后代得享自由的幸福，特为美利坚合众国制定本宪法。

第一条

第一款　本宪法授予的全部立法权，属于由参议院和众议院组成的合众国国会。

第二款　众议院由各州人民每两年选举产生的众议员组成。每个州的选举人须具备该州州议会人数最多一院选举人所必需的资格。

凡年龄不满 25 岁，成为合众国公民不满 7 年，在一州当选时不是该州居民者，不得担任众议员。

众议员名额和直接税税额，在本联邦可包括的各州中，按照各自人口比例进行分配。各州人口数，按自由人总数加上所有其他人口的 3/5 予以确定。自由人总数包括必须服一定年限劳役的人，但不包括未被征税的印第安人。人口的实际统计在合众国国会第一次会议后 3 年内和此后每 10 年内，依法律规定的方式进行。每 3 万人选出的众议员人数不得超过一名，但每州至少须有一名众议员；在进行上述人口统计以前，新罕布什尔州有权选出 3 名，马萨诸塞州 8 名，罗得岛州和普罗维登斯种植地一名，康涅狄格州 5 名，纽约州 6 名，新泽西州 4 名，宾夕法尼亚州 8 名，特拉华州一名，马里兰州 6 名，弗吉尼亚州 10 名，北卡罗来纳州 5 名，南卡罗来纳州 5 名，佐治亚州 3 名。

[1] 这里参考了李道揆对美国宪法的翻译，略有修改。参见李道揆，《美国政府和美国政治》，商务印书馆 2004 年版，第 775—787 页。——译者注

任何一州代表出现缺额时，该州行政当局应发布选举令，以填补此项缺额。

众议院选举本院议长和其他官员，并独自拥有弹劾权。

第三款　合众国参议院由每州州议会选举的两名参议员组成，任期 6 年；每名参议员有一票表决权。

参议员在第一次选举后集会时，立即分为人数尽可能相等的 3 个组。第一组参议员席位在第二年年终空出，第二组参议员席位在第四年年终空出，第三组参议员席位在第六年年终空出，以便 1/3 的参议员每两年改选一次。在任何一州州议会休会期间，如因辞职或其他原因而出现缺额时，该州行政长官在州议会下次集会填补此项缺额前，得任命临时参议员。

凡年龄不满 30 岁，成为合众国公民不满 9 年，在一州当选时不是该州居民者，不得担任参议员。

合众国副总统任参议院议长，但除非参议员投票时赞成票和反对票相等，无表决权。

参议院选举本院其他官员，并在副总统缺席或行使合众国总统职权时，选举一名临时议长。

参议院独自拥有审判一切弹劾案的权力。为此目的而开庭时，全体参议员须宣誓或作代誓宣言。合众国总统受审时，最高法院首席大法官主持审判。无论何人，非经出席参议员 2/3 的同意，不得被定罪。

弹劾案的判决，不得超出免职和剥夺担任和享有合众国属下有荣誉、有责任或有薪金的任何职务的资格。但被定罪的人，仍可依法起诉、审判、判决和惩罚。

第四款　举行参议员和众议员选举的时间、地点和方式，在每个州由该州议会规定。但除选举参议员的地点外，国会得随时以法律制定或改变这类规定。

国会每年至少开会一次，除非国会以法律另订日期外，此会议在 12 月第一个星期一举行。

第五款　每院是本院议员的选举、选举结果报告和资格的裁判者。每院议员过半数，即构成议事的法定人数；但不足法定人数时，得逐日休会，并有权按每院规定的方式和罚则，强迫缺席议员出席会议。

每院得规定本院议事规则，惩罚本院议员扰乱秩序的行为，并经 2/3 议员的同意开除议员。

每院应有本院会议记录，并不时予以公布，但他认为需要保密的部分除外。每院

议员对于任何问题的赞成票和反对票，在出席议员 1/5 的请求下，应载入会议记录。

在国会开会期间，任何一院，未经另一院同意，不得休会 3 日以上，也不得到非两院开会的任何地方休会。

第六款　参议员和众议员应得到服务的报酬，此项报酬由法律确定并由合众国国库支付。他们除犯叛国罪、重罪和妨害治安罪外，在一切情况下都享有在出席各自议院会议期间和往返于各自议院途中不受逮捕的特权。他们不得因在各自议院发表的演说或辩论而在任何其他地方受到质问。

参议员或众议员在当选任期内，不得被任命担任在此期间设置或增薪的合众国管辖下的任何文官职务。凡在合众国属下任职者，在继续任职期间不得担任任何一院议员。

第七款　所有征税议案应首先在众议院提出，但参议院得像对其他议案一样，提出或同意修正案。

众议院和参议院通过的每一议案，在成为法律前须送交合众国总统。总统如批准该议案，即应签署；如不批准，则应将该议案同其反对意见退回最初提出该议案的议院。该院应将此项反对意见详细载入本院会议记录并进行复议。如经复议后，该院 2/3 议员同意通过该议案，该议案连同反对意见应一起送交另一议院，并同样由该院进行复议，如经该院 2/3 议员赞同，该议案即成为法律。但在所有这类情况下，两院表决都由赞成票和反对票决定；对该议案投赞成票和反对票的议员姓名应分别载入每一议院会议记录。如任何议案在送交总统后 10 天内（星期日除外）未经总统退回，该议案如同总统已签署一样，即成为法律，除非因国会休会而使该议案不能退回，在此种情况下，该议案不能成为法律。

凡须由参议院和众议院一致同意的每项命令、决议或表决（关于休会问题除外），须送交合众国总统，该项命令、决议或表决在生效前，须由总统批准，如总统不批准，则按照关于议案所规定的规则和限制，由参议院和众议院 2/3 议员重新通过。

第八款　国会有如下权力。

规定和征收直接税、进口税、消费税和其他税，以偿付国债、提供合众国共同防务和公共福利，但一切进口税、消费税和其他税应全国统一；

以合众国的信用借款；

管制同外国的、各州之间的和同印第安部落的商业；

制定合众国全国统一的归化条例和破产法；

铸造货币，厘定本国货币和外国货币的价值，并确定度量衡的标准；

规定有关伪造合众国证券和通用货币的罚则；

设立邮政局和修建邮政道路；

保障著作家和发明家对各自著作和发明在限定期限内的专有权利，以促进科学和工艺的进步；

设立低于最高法院的法院；

界定和惩罚在公海上所犯的海盗罪和重罪以及违反国际法的犯罪行为；

宣战，颁发掳获敌船许可状，制定关于陆上和水上捕获的条例；

招募陆军和供给军需，但此项用途的拨款期限不得超过两年；

建立和维持一支海军；

制定治理和管理陆海军的条例；

规定征召民兵，以执行联邦法律、镇压叛乱和击退入侵；

规定民兵的组织、装备和训练，规定用来为合众国服役的那些民兵的管理，但民兵军官的任命和按国会规定的条例训练民兵的权力，由各州保留；

对于由某些州让与合众国、经国会接受而成为合众国政府所在地的地区（不得超过十平方英里），在任何情况下都行使独有的立法权；对于经州议会同意、由合众国在该州购买的用于建造要塞、弹药库、兵工厂、船坞和其他必要建筑物的一切地方，行使同样的权力；制定为行使上述各项权力和由本宪法授予合众国政府或其任何部门或官员的一切其他权力所必要和适当的所有法律。

第九款　现有任何一州认为得准予入境之人的迁移或入境，在1808年以前，国会不得加以禁止，但对此种人的入境，每人可征不超过10美元的税。不得中止人身保护令的特权，除非发生叛乱或入侵时公共安全要求中止这项特权。

不得通过公民权利剥夺法案或溯及既往的法律。

除依本宪法规定的人口普查或统计的比例，不得征收人头税或其他直接税。

对于从任何一州输出的货物，不得征税。

任何商业或税收条例，都不得给予一州港口以优惠于他州港口的待遇；开往或开出一州的船舶，不得被强迫在他州入港、出港或纳税。

除根据法律规定的拨款外，不得从国库提取款项。一切公款收支的定期报告书和账目，应不时予以公布。

合众国不得授予贵族爵位。凡在合众国属下担任任何有薪金或有责任的职务的人，

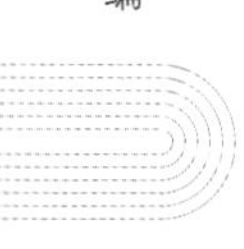

未经国会同意，不得从任何国王、君主或外国接受任何礼物、俸禄、官职或任何一种爵位。

第十款　任何一州都不得：缔结任何条约，参加任何同盟或邦联；颁发捕获敌船许可状；铸造货币；发行纸币；使用金银币以外的任何物品作为偿还债务的货币；通过任何公民权利剥夺法案、溯及既往的法律或损害契约义务的法律；授予任何贵族爵位。

任何一州，未经国会同意，不得对进口货物或出口货物征收任何税款，但为执行本州检查法所绝对必需者除外。任何一州对进口货物或出口货物所征全部税款的纯收益供合众国国库使用，所有这类法律得由国会加以修正和控制。

任何一州，未经国会同意，不得征收任何船舶吨位税，不得在和平时期保持军队或战舰，不得与他州或外国缔结协定或盟约，除非实际遭到入侵或遇刻不容缓的紧迫危险时不得进行战争。

第二条

第一款　行政权属于美利坚合众国总统。总统任期 4 年，副总统的任期相同。总统和副总统按以下方法选举。每个州依照该州议会所定方式选派选举人若干人，其数目同该州在国会应有的参议员和众议员总人数相等。但参议员或众议员，或在合众国属下担任有责任或有薪金职务的人，不得被选派为选举人。

选举人在各自州内集会，投票选举两人，其中至少有一人不是选举人本州的居民。选举人须开列名单，写明所有被选人和每人所得票数；在该名单上签名作证，将封印后的名单送合众国政府所在地，交参议院议长收。参议院议长在参议院和众议院全体议员面前开拆所有证明书，然后计算票数。得票最多的人，如所得票数超过所选派选举人总数的半数，即为总统。如获得此种过半数票的人不止一人，且得票相等，众议院应立即投票选举其中一人为总统。如无人获得过半数票，该院应以同样方式从名单上得票最多的 5 人中选举一人为总统。但选举总统时，以州为单位计票，每州代表有一票表决权；2/3 的州各有一名或多名众议员出席，即构成选举总统的法定人数，选出总统需要所有州的过半数票。在每种情况下，总统选出后，得选举人票最多的人，即为副总统。但如果有两人或两人以上得票相等，参议院应投票选举其中一人为副总统。

国会得确定选出选举人的时间和选举人投票日期，该日期在全合众国应为同一天。

无论何人，除生为合众国公民或在本宪法采用时已是合众国公民者外，不得当选为总统；凡年龄不满 35 岁、在合众国境内居住不满 14 年者，也不得当选为总统。

如遇总统被免职、死亡、辞职或丧失履行总统权力和责任的能力时，总统职务应移交副总统。国会得以法律规定在总统和副总统两人被免职、死亡、辞职或丧失任职能力时，宣布应代理总统的官员。该官员应代理总统直到总统恢复任职能力或新总统选出为止。

总统在规定的时间，应得到服务报酬，此项报酬在其当选担任总统任期内不得增加或减少。总统在任期内不得接受合众国或任何一州的任何其他俸禄。

总统在开始执行职务前，应作如下宣誓或代誓宣言："我庄严宣誓（或宣言）我一定忠实执行合众国总统职务，竭尽全力维护、保护和捍卫合众国宪法。"

第二款　总统是合众国陆军、海军和征调为合众国服役的各州民兵的总司令。他得要求每个行政部门长官就他们各自职责有关的任何事项提出书面意见。他有权对危害合众国的犯罪行为发布缓刑令和赦免令，但弹劾案除外。

总统经咨询参议院和取得其同意有权缔结条约，但须经出席参议员 2/3 的批准。他提名，并经咨询参议院和取得其同意，任命大使、公使和领事、最高法院法官和任命手续未由本宪法另行规定而应由法律规定的合众国所有其他官员。但国会认为适当时，得以法律将这类低级官员的任命权授予总统一人、法院或各部部长。

总统有权委任人员填补在参议院休会期间可能出现的官员缺额，此项委任在参议院下期会议结束时满期。

第三款　总统应不时向国会报告联邦情况，并向国会提出他认为必要和妥善的措施供国会审议。在非常情况下，他得召集两院或任何一院开会。如遇两院对休会时间有意见分歧时，他可使两院休会到他认为适当的时间。他应接见大使和公使，应负责使法律切实执行，并委任合众国的所有官员。

第四款　总统、副总统和合众国的所有文职官员，因叛国、贿赂或其他重罪和轻罪而受弹劾并被定罪时，应予免职。

第三条

第一款　合众国的司法权，属于最高法院和国会不时规定和设立的下级法院。最高法院和下级法院的法官如行为端正，得继续任职，并应在规定的时间得到服务报酬，此项报酬在他们继续任职期间不得减少。

第二款　司法权的适用范围包括：由于本宪法、合众国法律和根据合众国权力已缔结或将缔结的条约而产生的一切普通法的和衡平的案件；涉及大使、公使和领事的一切案件；关于海事法和海事管辖权的一切案件；合众国为一方当事人的诉讼；两个或两个以上州之间的诉讼；一州和他州公民之间的诉讼；不同州公民之间的诉讼；同州公民之间对不同州让与土地的所有权的诉讼；一州或其公民同外国或外国公民或国民之间的诉讼。

涉及大使、公使和领事以及一州为一方当事人的一切案件，最高法院具有第一审管辖权。对上述所有案件，不论法律方面还是事实方面，最高法院具有上诉审管辖权，但须依照国会所规定的例外和规章。

除弹劾案外，一切犯罪由陪审团审判，此种审判应在犯罪发生的州内举行；但如犯罪不发生在任何一州之内，审判应在国会以法律规定的一个或几个地点举行。

第三款　对合众国的叛国罪只限于同合众国作战，或依附其敌人，给予其敌人以帮助和鼓励。无论何人，除根据两个证人对同一明显行为的作证或本人在公开法庭上的供认，不得被定为叛国罪。

国会有权宣告对叛国罪的惩罚，但因叛国罪而剥夺公民权，不得造成血统玷污，也不得没收财产，被剥夺者在世期间获得的除外。

第四条

第一款　每个州对于他州的公共法律、案卷和司法程序，应给予充分信任和尊重。国会得以一般法律规定这类法律、案卷和司法程序如何证明和具有的效力。

第二款　每个州的公民享有各州公民的一切特权和豁免权。

在任何一州被控告犯有叛国罪、重罪或其他罪行的人，逃脱法网而在他州被寻获时，应根据他所逃出之州行政当局的要求将他交出，以便解送到对犯罪行为有管辖权的州。

根据一州法律须在该州服劳役或劳动的人，如逃往他州，不得因他州的法律或规章而免除此种劳役或劳动，而应根据有权得到此劳役或劳动之当事人的要求将他交出。

第三款　新州得由国会接纳加入本联邦，但不得在任何其他州的管辖范围内组成或建立新州；未经有关州议会和国会的同意，也不得合并两个或两个以上的州或几个州的一部分组成新州。

国会对于属于合众国的领土或其他财产，有权处置和制定一切必要的条例和规章。对本宪法条文不得作有损于合众国或任何一州的任何权利的解释。

第四款　合众国保证本联邦各州实行共和政体，保护每州免遭入侵，并应州议会或州行政长官（在州议会不能召开时）的请求平定内乱。

第五条

国会在两院 2/3 议员认为必要时，应提出本宪法的修正案，或根据各州 2/3 州议会的请求，召开制宪会议提出修正案。不论哪种方式提出的修正案，经 3/4 州议会或 3/4 州制宪会议的批准，即实际成为本宪法的一部分而发挥效力。采用哪种批准方式，得由国会提出建议。但在 1808 年以前制定的修正案，不得以任何形式影响本宪法第一条第九款第一项和第四项；任何一州，不经其同意，不得被剥夺它在参议院的平等投票权。

第六条

本宪法采用前定立的一切债务和承担的一切义务，对于实行本宪法的合众国同邦联时期一样有效。

本宪法和依本宪法所制定的合众国法律，以及根据合众国的权力已缔结或将缔结的一切条约，都是全国的最高法律；每个州的法官都应受其约束，即使州的宪法和法律中有与之相抵触的内容。

上述参议员和众议员、各州州议会议员，以及合众国和各州所有行政和司法官员，应宣誓或作代誓宣言拥护本宪法，决不得以宗教信仰作为担任合众国属下任何官职或公职的必要资格。

第七条

经 9 个州制宪会议的批准，即足以使本宪法在各批准州成立。本宪法于耶稣纪元

1787年，即美利坚合众国独立后第12年的9月17日，经出席各州在制宪会议上一致同意后制定。我们谨在此签名作证。

主席：弗吉尼亚州代表　乔治·华盛顿

新罕布什尔州

约翰·兰登　　尼古拉斯·吉尔曼

马萨诸塞州

纳撒尼尔·戈勒姆　　鲁弗斯·金

康涅狄格州

威廉·塞缪尔·约翰逊　　罗杰·谢尔曼

纽约州

亚历山大·汉密尔顿

新泽西州

威廉·利文斯顿　　威廉·帕特森

戴维·布里尔利　　乔纳森·戴顿

宾夕法尼亚州

本杰明·富兰克林　　托马斯·菲茨西蒙斯

托马斯·米夫林　　贾雷德·英格索尔

罗伯特·莫里斯　　詹姆斯·威尔逊

乔治·克莱默　　古·莫里斯

特拉华州

乔治·里德　　理查德·巴西特

小冈宁·贝德福德　　雅各布·布鲁姆

约翰·迪金森

马里兰州

詹姆斯·麦克亨利　　丹尼尔·卡罗尔

圣托马斯·詹尼弗的丹尼尔

弗吉尼亚州

约翰·布莱尔　　小詹姆斯·麦迪逊

北卡罗来纳州

威廉·布朗特　　休·威廉森

理查德·多布斯·斯佩特

南卡罗来纳州

约翰·拉特利奇　　　　　　查尔斯·平克尼

查尔斯·科茨沃斯·平克尼　皮尔斯·巴特勒

乔治亚州

威廉·费尤　　　　　　　　亚伯拉罕·鲍德温

证人：威廉·杰克逊，秘书

（毕竟悦　译）

附录四　权利法案[1]

第一条修正案

国会不得制定有关下列事项的法律：确立国教或禁止信教自由；剥夺言论自由或出版自由；剥夺人民和平集会及向政府请愿申冤的权利。

第二条修正案

纪律良好的民兵队伍，对于一个自由国家的安全实属必要，故人民持有和携带武器的权利不得侵犯。

第三条修正案

任何兵士，在和平时期，未得房主的许可，不得驻扎民宅；在战争时期，除非依法律规定行事，亦一概不得自行占住。

第四条修正案

人民的人身、住宅、文件和财产不受无理搜查和扣押的权利，不得侵犯。除依据可能成立的理由，以宣誓或代誓宣言保证，并详细说明搜查地点和扣押的人或物，不得发出搜查和扣押令。

第五条修正案

无论何人，除非根据大陪审团的报告或起诉书，不受死罪或其他重罪的审判，但

[1] 按照原宪法第五条，由国会提出并经各州批准增添和修改美利坚合众国宪法的条款，于 1789 年 9 月 25 日提出，国会一共通过了 12 条修正案。但是，只有 10 条为各州所批准，并于 1791 年 12 月 15 日正式成为宪法的一部分，被称为“权利法案”。

发生在陆、海军中或发生在战时或出现公共危险时服役的民兵中的案件除外。任何人不得因同一犯罪行为而两次遭受生命或身体的危害；不得被强迫在任何刑事案件中自证其罪；未经正当法律程序，不得被剥夺生命、自由或财产；未经合理赔偿，私有财产不得被征为公用。

第六条修正案

在所有刑事案件中，被告有权由犯罪行为发生地的州和地区的公正陪审团予以迅速和公开的审判，该地区应事先已由法律确定；有权获悉被控的罪名和理由；与原告的证人对质；以强制程序取得对其有利的证人，并取得律师帮助为其辩护。

第七条修正案

在根据普通法的诉讼中，其争执价额超过 20 美元，由陪审团审判的权利应受到保护;经陪审团裁决的事实,除依照普通法之规定外,合众国的任何法院不得重新审查。

第八条修正案

不得要求过重的保释金，不得课以过高的罚金，不得施予残酷和非常的刑罚。

第九条修正案

本宪法对某些权利的列举，不得被解释为否定或轻视由人民保留的其他权利。

第十条修正案

宪法未授予合众国，也未禁止各州行使的权力，由各州各自保留，或由人民保留。

附录五　亚伯拉罕·林肯　葛底斯堡演说

在 87 年前，我们的国父们在这块土地上创建了一个新国家，乃基于对自由的坚信，并致力于所有男人皆生而平等的信念。

当下吾等被卷入一场伟大的内战，以考验是否此国度，或任何肇基于和奉献于斯者，可永垂不朽。吾等现相逢于此战中一处浩大战场。而吾等将奉献此战场之部分，作为这群交付彼者生命让那国度勉能生存的人们最后安息之处。此乃全然妥切且适当而为吾人应行之举。

但，于更大意义之上，吾等无法致力、无法奉上、无法成就此土之圣。这群勇者，无论生死，曾于斯奋战到底，早已使其神圣，而远超过吾人卑微之力所能增减。这世间不曾丝毫留意，也不长久记得吾等于斯所言，但永不忘怀彼人于此所为。吾等生者，理应当然，献身于此辈鞠躬尽瘁之未完大业。吾等在此责无旁贷献身于眼前之伟大使命：自光荣的亡者之处吾人肩起其终极之奉献——吾等在此答应亡者之死当非徒然——此国度，于神佑之下，当享有自由之新生——民有、民治、民享之政府当免于凋零。

附录六　奴隶制度是什么？奴隶制度是一种暴政[1]

哈丽雅特·比彻·斯托

什么是奴隶制度？

作者现在根据奴隶法来研究奴隶制度。

根据法律文书和法律释义所给的定义，奴隶制度究竟是什么呢？“奴隶，”路易斯安那州的法律规定：“是一个主人对其享有所有权并受其主人控制支配的人，主人可以出卖他，可以处置其人身、技能及劳力。他不能自由行事，一无所有亦一无所获，所有的一切都归其主人所有。”南卡罗来纳州规定：“从法律上来讲，奴隶被认为是其主人手中可以买卖而且可以被判决的私有财产，可以因任何原因、任何目的和任何意图而转让，主人就是他们的所有者、执行者和管理者。”佐治亚州也有类似的法律规定。

就让读者思考上述最后那个条款所涵盖的意义吧。鲁芬（Ruffin）法官宣扬了北卡罗来纳州最高法院的观点，认为奴隶“及其子孙后代天生注定要在愚昧无知中生活，没有能力获得属于自己的任何东西，辛勤劳作但丰收的成果却被他人所采摘”。这就是奴隶制度！这就是一个奴隶的生活！南方诸州奴隶法典的规定使得千万人成为私有财产，使得他们的主人可以买卖他们，随意处置他们的时间、人身和劳动力；他们生

[1] 哈丽雅特·比彻·斯托（1811—1896）是著名的新英格兰牧师李曼·比彻之女，是《汤姆叔叔的小屋》之作者。这是一部针对1850年颁布的《逃亡奴隶法》而作的废奴主义小说。该书在出版当年就销售了30多万册。两年以后，斯托出版了《汤姆叔叔的小屋注解》，在书中展示了该小说所依据的生活原型和文献资料，与之一起出版的还有一些能进一步证明该著作真实性的确凿论述。本文选节摘自该著作。在该书中，斯托对那些指控她夸大了黑奴困境的批评者们作出了回应。

活在一种不能自由行事，一无所有且一无所获的状态中，他们所有的一切都是为了主人的利益；他们及其子孙后代注定要在愚昧无知中生活，没有能力获得属于自己的任何东西，辛勤劳作但丰收的成果却被他人采摘。各种与奴隶准则有关的法律的制定都是为了解决一个问题，那就是为了社会的安定和想要把这种暴行一直实施下去的优等种族的安全。

从这个关于制定奴隶制度法律目的的简单论述中——我们应该意识到这个受歧视、被压迫、被永久掠夺的阶级是和我们一样有激情的人，是和我们一样依上帝的形象创造出来的人，是和我们一样以耶稣为最高理想和表率的有人性的人——或者当我们认识到这些法律所实施的对象是那些令人恐惧的将要爆发的主体，是人的灵魂，是坚强不屈的，充满朝气的，永生的灵魂，即使万能的上帝也不能凌驾于其自由意志之上，我们可以想象要使如此威猛的主体长久处于受压迫的状态该需要多么强大的力量，这种压迫在奴隶制度的定义中可见一斑。

毫无疑问，使这种压迫日臻完善、长盛不衰的制度也必定是极其严厉，令人生畏的，我们的读者也将会发现事实的确如此。那些制定法律和解读法律的人完全能够意识到它们让人恐惧的苛刻和不人道性，但倘如要使这一制度维持下去，那他们除了制定法律并严格执行法律之外别无选择。他们可以和在最高法院庄严宣布奴隶制度的这一伟大基本原则的令人敬仰的鲁芬法官一样，宣称“奴隶主必须享有绝对的权力以使奴隶完全顺从”，他们可以像他一样说道：“我发自肺腑地承认这一规章是非常苛刻严厉的，我像任何人一样可以非常深切地感受到这一点，而且从道义上讲，每个人在退休以后都应该驳斥这一点。”但是他们也会像他一样不得不补充说道，“但在实际生活中它又必须这样……这一原则是因为奴隶制度的存在而产生的，这是奴隶主和奴隶与生俱来的关系”。

而且，和鲁芬法官一样，那些有正义感的人，有人性的人，最善良最仁慈的人也不得不对这些苛刻的法律作出最严格的解释。人的激情和意志所形成的可怕力量一定会和奴隶制度的压迫性力量邂逅。在那翻滚汹涌的潮水中，这股力量永远也不会被压制下去，它就像火山喷发的岩流一样在如此构成的社会框架下涌动，随时准备在裂缝或不被注意的隙缝甚至是最小的岩孔中寻找出口。如果要永久应对这股力量，那就要一直诉诸严厉的法律以及对法律的坚定执行。因此，鲁芬法官说：“我们不允许在法庭上讨论奴隶主的权利问题，一个奴隶，如果知道奴隶的本分，就必须意识到他必须服从主人的一切命令，没有什么可向主人呼吁的。”因此，我们发现在奴隶人口最密集的更南方的那些州里，奴隶财产最为需要，也最有价值，理所当然，要遵从这种制度的决心也最坚决，所以在那里法律也最严厉，法院的释义也最坚不可摧。如果作出了与这一特质相反的法律判决，就会显示出一种解放的征兆。对于每一个有人性的人来说，奴隶制度是如此可憎以至于在社会上刚对永久实行奴隶制度产生怀疑，法官们便立刻开始倾听他们更为高尚的本性所发出的声音，作出的法律释义也更宽泛柔和。

这样的决定并不会使他们受到法律专业人士的称颂。但是在奴隶制度的运行中，如果它所保障的不负责任的权力被最野蛮的人使用，那就会出现一些这样的案例，如果在审判中使用惯常的法律解释便会产生令人憎恨可怕的后果以至于法官会变得不理智而不是不人道。就像沙漠里喷涌而出的清泉一样，时不时会有一些高贵的人出于其高尚的本性和完整的人格而抛掷出一条与奴隶审判的先例和原则大相径庭的法律判决。我们祈求上帝保佑这一判决。我们所希望的就是能有更多这样的人，只有那时我们才能企望救赎之日的到来。

读者现在可以和我们一起来证实一下“奴隶准则是为了奴隶主的安全而制定的，丝毫没有考虑到奴隶的利益”这一观点。

这一观点是蕴含在整个立法和司法体系中的，而且经常是用精确的法律术语明文规定的，言简意赅。从文学角度来说，其表述的精确性令人钦佩。鲁芬法官认为对奴隶主的权力作出限制是基于将奴隶制度中奴隶主和奴隶的关系和父母与子女、先生与学徒或老师与学生的关系相类比这一基础上的。他清楚表明：法院不承认它们具有可比性，二者之间没有雷同性，它们完全对立，其间的鸿沟不可逾越……在后一种情况中，终极目的是为了年轻人的幸福，他们生来就和管理他们的人具有平等的权力，管理他们的人有义务将他们培养成有用的人，在自由人中获得自己应有的地位……而奴隶制度则与之完全相反，其终极目的就是奴隶主的利润与安全和社会安定。

这一原则不仅以如此烦琐的言语清楚地表述出来，而且更清楚地体现在大量作为法律判决证据的辩论和推论中。我们发现即使表面上看来是为奴隶利益着想的条款，也时常被刻意曲解，以显示奴隶被保护仅仅是因为其作为财产的价值而并非出于对于其自身人性的考虑。据此可以判定奴隶主不能够就其奴隶被殴打而提起诉讼，除非对奴隶的伤害很严重以致影响了其劳动能力。

我们需要本着何种精神来讨论这一问题值得商榷。现在简要陈述一下惠勒（Wheeler）奴隶法典第239页中的案例。

这一诉讼是因为戴尔（Dale）殴打了Cornfute家的奴隶而提起的。Cornfute的律

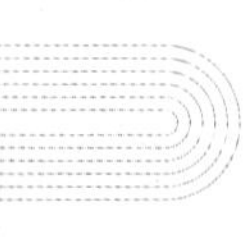

师认为没有必要证明该奴隶丧失了劳动能力以便该诉讼请求能够得到支持；以便因为鞭打了原告的马匹而提起的诉讼请求能够得到支持；以便农奴主可以就殴打其农奴的行为提起诉讼，这一诉讼请求所建立的原则基础是：如果农奴本人没有能力提起诉讼，那么只有农奴主提起诉讼，对农奴的人身伤害才能得到赔偿。另一方面，据说高等法院首席法官雷蒙德（Raymond）已判定对马匹的殴打不构成诉讼的理由，除非对它构成了严重伤害而影响到其价值。

大法官蔡斯（Chase）则认为在该案中原告不能得到赔偿，因为奴隶的价值并未受到损害。如果没有对奴隶主造成损害或过失，诉讼就不能成立；如果把这一点和其他几点结合起来考虑，在该案中并不存在互惠原则，因为奴隶主不会因为奴隶殴打了他人而承担法律责任，所以他也不会因为奴隶遭到了殴打而得到赔偿。

那么请读者想象一下要对一个身为奴隶的男人、女人或孩子施加多少恶意的暴行和污辱才会影响到他为奴隶主服役的能力呢？由此读者可以清醒认识到这一判决的残酷性。

本着同样的精神，北卡罗来纳州认为巡逻者（夜巡的人）对奴隶施以惩罚而不必对其奴隶主承担法律责任，除非他们的行为明显显示出对主人的恶意。

在惠勒奴隶法的第 243 页两个判决强有力地显示了这些法律论述的冷酷无情。针对殴打奴隶是否构成刑事犯罪的问题，南卡罗来纳州和北卡罗来纳州给出了不同的判定；我们很难界定哪一个判定在法律上更加残酷，更加没有人性。南卡罗来纳州的判定如下。奥尼尔（O’Neil）法官说：根据普通法，对于奴隶的人身殴打不构成刑事犯罪。因为尽管（为了某些目的）在法律上奴隶被当作人看待，但事实上他只是一种私有财产，他所拥有的权力和对于他的保护都归属于其奴隶主，奴隶主有权对殴打其奴隶的行为作出处理。因此，仅仅是鞭笞奴隶的行为不构成对国家的犯罪，也谈不上是任何暴虐的举动，更没有谋杀的企图。国家的安定也不会因此受到影响，因为在法律上奴隶通常不被列入影响国家安定因素的范围之内。他不是一个公民，因此也无权得到保护。

这一声明表明国家对于奴隶所遭受的苦难漠不关心，难道还有比这更明了、更冷酷的声明吗？但是北卡罗来纳州对它们的案件进行了更为详尽的辩论。

最高法院首席大法官泰勒（Taylor）认为，总的来说，殴打奴隶会影响社会的和谐安定，可能会扰乱社会治安，因此应被视为可起诉的刑事犯罪。

奴隶在本能上可以被驯化成，而且已经被驯化成毕恭毕敬地听命于主人的意志，绝对顺从地接受主人的严惩，无论他是否应该被严惩，因为他清楚地知道奴隶主在何种程度上对其享有管辖权，而且法律也认可这种权力。但是当这种权威被一个外人恶意篡夺的时候，上帝就会行使它的权力，促使奴隶作出暂时成功但有时是致命的反抗。就像一个自由人被殴打了一样，这时公共安全就被扰乱了，因为寻衅挑事者总是强势的一方，这种争斗的结果通常就是对奴隶施以强权，对其进行严惩，丝毫不会考虑到引起冲突的最初原由。因此，我们完全有理由认为这些罪行是可以起诉的，这和白人受到了伤害的结果是一样的。对于奴隶的恶意人身伤害是对其主人的极大挑衅，会引发他的仇恨，促使他立即寻求报复从而直接扰乱社会安定。如果是因为仇恨而怒火中烧，那就可能会将杀人罪减轻为过失杀人罪，其原理和最高法院首席大法官黑尔（Hale）所陈述的案例是相同的：A 骑马走在路上的时候，B 鞭笞了他的马而使马受了惊吓跑掉了，A 被激怒并杀了 B。这些罪行往往是那些社会上道德败坏、闲荡懒散、无所事事的人犯下的，品行良好的人拒绝与他们来往，他们只好与黑人和奴隶为伍，并为他们作出了腐化堕落的表率，借着与他们熟识的缘由，抱着奴隶不敢对白人的攻击有所怨恨的想法而对他们进行殴打。如果犯了这些罪行而不受惩罚，不仅公共安全被置于极其不稳固的状态，奴隶的价值也受到极大损害，因为犯罪者几乎不能对他们所造成的损失有任何赔偿。不管何时，一个被奴隶伤害的人，无论是否造成了伤害，都不必费尽心机地为自己寻求正义的保护，因为法律已经对奴隶所能犯的所有谨小慎微的罪行规定了详尽全面的惩罚条款，他们会被带上法庭，法官有权宣判他们在公众面前被鞭笞。这一条款尽管阻止了私下报复的可能性，也由于它事实上保护所有的人不受奴隶的侵犯，即使有时候他们的主人听到投诉也不愿教训他们，而妨碍了其合法性。普通法要求对当众虐待动物的行为，对奴隶主过分恶意残暴奴隶的行为，对有违体面、道德和人身健康的行为进行有效惩处。据此推理，一个人，即使是被当成财产看待的人，为了避免他伤害公众也应该得到保护。

为了使奴隶恭敬顺从，实现他作为财产的价值，法律保障奴隶主对奴隶享有完全的控制权，而且它也不会去轻易地干涉这种关系。保护奴隶不受其主人以外的人的恶意虐待，其实是对其财产权的一种更有效的保护，因为毫无疑问，如果奴隶发现法律允许社会上任何一个不安分的人都可以任意对其进行暴力袭击的话，他将不能完全履行其对主人的义务。

读者会欣慰地发现这一卓著的声明是由北卡罗来纳州发表的。我们会从北卡罗来纳州的成文法典中摘录一些典型的人性化的法律，其中还会提及这一声明。

本着同样的精神，路易斯安那州的法律规定，如果一个人伤害了另一个人的奴隶致使其完全丧失其价值，那主人可以从这个人身上获得该奴隶的一切价值，而该奴隶就变成了加害于他的人的财产。

在惠勒奴隶法第 249 页有这样一个判决。一个妇女起诉被告的奴隶对她的奴隶进行了人身伤害。伤害非常严重已致他完全没有了价值，他唯一的眼睛也被挖出来了。地方法院判决她可以获得 1200 美元的赔偿，另外，被告从伤害之日起每月另付 25 美元给她；此外还应支付医疗费用和 200 美元以维持该奴隶以后的生活，而且该奴隶永远都属于其女主人。

该案件上诉了。法官撤销了判决并把该奴隶判给了犯下暴行的奴隶的主人。在判决的过程中，法官以冷静明晰的法律用语说（许多类似的判决都因其冷静明晰而闻名），人性会使我们认为他长期为之服务的女主人会比被告更加善良地对待这个双目失明的让人怜悯的奴隶，但他被判给了被告，因为在判决该案时不应考虑人性。

下面再来分析一下詹宁斯诉芬德伯格（Jennings v. Fundeberg）一案。詹宁斯起诉芬德伯格侵权杀死了他的奴隶。案情如下：芬德伯格和他人一起追捕逃跑的奴隶并在营地里惊动了奴隶，据报告称“当他们试图逃跑的时候朝他们开枪射击迫使其停下”。其中一个被射中了头部停了下来——这个男孩的主人于是提起诉讼控告芬德伯格开枪杀死了他的奴隶。

下级法院的判决如下。

法庭“认为这起杀人案件纯属意外，被告不应被视为侵权者应诉……当一个人合法地处置另一个人的财产时意外毁坏了它，他并非一个侵权者，不应对其财产价值负责。在这一案件中，被告从事的是一项合法并值得称道的事业，如果他真的如前所诉开枪射击了，这是许可的行为。

上级法院的法官撤销了该判决，其理由是在处置别人的财产时应该对其本可以谨慎小心避免的损害负责任。“射击……是鲁莽草率的”。这一论断的全部精神实质是否足以说明问题呢？

下面再来看一下紧随其后的惠勒奴隶法 202 页理查森诉杜克一案。

这是一起杀死了原告奴隶的侵权案。该奴隶在被告宅第附近的河堤边偷窃土豆。被告用装上了大号铅弹的猎枪朝他射击并打死了他。陪审团裁定原告赔偿一美元由此引发了新一轮审判。

在法庭上，诺丁汉法官（Nott J.）认为必须要重新进行审判，陪审团应该给予原告该奴隶应有的价值。如果陪审团认为该奴隶品行不好，可以从均价中进行适当削减，但是原告完全有权对杀死他的奴隶造成的实际损失要求赔偿。这里出现的问题是财产，财产按照其可能估算的价值就引发了另一个规则的适用，而这个规则也是不能违反的。

这件不幸财产的价值由于他"偷窃土豆"的行为被削减了一点。毫无疑问，他自己完全有理由这样做，所以我们至少可以从北卡罗来纳州泰勒法官的论断中得到一点启示。

1786 年法案在前言中承认这个事实：许多人由于残酷地对待他们的奴隶而致其犯罪并被处死……这里所说的残酷对待包括不给他们供给生活必需品。不给奴隶提供必须的食物和衣物也可能引发犯罪。

也许这一案例中的"偷窃土豆"就是上面所说的罪行之一。

我们还有下面的案例。

被告们到惠特塞（Whitshell）夫人的种植园里搜捕逃跑的奴隶；邻近地区有许多逃跑的奴隶，所以整个地区都处于极度惊恐状态。当他们拿着枪靠近住宅的时候，一个奴隶从房子里也许是房子附近冲出来朝一片沼泽地跑去，这时他们开枪打死了他。

法官向陪审团解释，由于整个地区都处于兴奋和惊恐中，所以不经治安官的许可而杀死奴隶的情形是可以存在的。

这一判决在上级法院被撤销了，表述如下。

> 根据 1740 年的法典，任何白人都可以逮捕和适度教训在其受雇的种植园以外的奴隶，如果奴隶攻击白人，那就可以杀死这个奴隶；但是仅仅是逃跑中的奴隶是不能被杀死的。如果我们把奴隶当人看待，被告也不能用普通法来证明其行为是正当的，因为法律没有赋予他们将该奴隶作为重罪犯逮捕的权力，如果没有这种权力就不能杀死奴隶。

法官说的是"如果我们把奴隶当人看待"，从他对这一案件的判决来看，他清楚表明他有强烈的主观倾向，但是众多著名的法律权威辩驳说他只是以一种假设的形式适度地表达了自己的观点。也许读者需要了解，在法庭上控辩双方对奴隶是否应被当成人看待，或奴隶是否是人这个问题从各方面进行了广泛深入的辩论，而且令人欣慰的是，司法观点最终是偏向对奴隶有利的一方的。密西西比州的克莱克法官在这一点上非常明确，他和一些声望颇高、令人敬重的法律权威进行了慷慨激昂的辩论，但他也承认奴隶是人——是有理性的动物。这些推理发生在密西西比州诉琼斯一案中，它所唤起的文学兴趣值得关注。

一起谋杀奴隶的案件已经在下级法院得到了清楚确凿的证实并判决逮捕被告。此案上诉了，其依据是在该州是否可以对奴隶进行谋杀。克莱克法官于是慷慨激昂地辩论道：在该案中问题的关键是奴隶是否可以被谋杀。社会剥夺了个人许多的权力，但这并不意味着他们所有的权力都已被剥夺。在有些方面，奴隶可以被看作是私有财产；但在另一些方面他们是被当成人看待的。法律认为他们能够犯罪，只有在他们是人，是理性的人这一前提下这一点才能成立。被告律师较多运用罗马法来辩护。罗马法适用于罗马帝国，它剥夺了战俘的生或死的权力并将其沦为奴隶，但它所拥有的权力不超出父母对于子女的生命所享有的权利。被告律师也突出强调泰勒报告中北卡罗来纳州所判决的案例，在这一案例中，3 个法官有两个认为杀死奴隶是谋杀罪。霍尔法官在上述案例中表达了他的异议，我们可以发现他的结论是建立在该案件可以适用罗马法这一错误原理之上的，而且他的因为一个人要在民事行为中负法律责任所以不应被判处死刑的论断是不为常理和权威所接受的，是与二者完全背道而驰的。最初在弗吉尼亚，法律赋予了对奴隶生杀予夺的大权，但是塔克（Tucker）发现这些法令一被废止，法庭就立即认定杀死奴隶构成谋杀。（共同体诉多利·查普曼：依法控诉其恶意刺杀一个奴隶）弗吉尼亚州认定奴隶是人。美国宪法里明确赋予了奴隶“人”的称谓。这个国家的立法将奴隶视为有理性的、可以对自己行为负责的人；如果奴隶的生命可以被剥夺而不受惩罚，如果奴隶可以被无情谋杀而不用这个国家最严厉的刑罚来惩处犯罪者，那将是对国家形象的侮辱，是对司法管理的谴责。难道因为奴隶被剥夺了自由就没有了权力吗？他仍然是人，拥有公止的法律条款没有将其剥夺的所有的权力。但是我们在这个国家开明仁慈的立法机关通过的法律里找不到一条法律赋予了奴隶主对奴隶的生杀大权，也就更谈不上赋予一个陌生人这样的权力。这样的立法在德拉古或者卡里古拉时代是可行的，但会遭到这个国家的人民异口同声的谴责，在这个国度里，即使是残暴地对待奴隶都将被视为道德沦丧，更别提夺走其生命。我们的法律规定奴隶犯谋杀罪可以被处以死刑，那么为什么杀死奴隶不构成谋杀罪呢？难道仅仅是私有财产才能够犯谋杀罪并被处以刑罚吗？

奴隶主的权力的存在不依赖于自然法则或国家法，而是因为政府明确的法令。虽然法律规定奴隶主有权要求奴隶为其服务，同时也要求奴隶主对奴隶从生到死的吃喝穿戴负责，但它并没有给予奴隶主剥夺奴隶生命的权力。如果杀死奴隶这样的行为不是谋杀，那它亦即不是犯罪，所以犯事者也不会受到惩处。

根据普通法，在和平时期蓄意夺走一个有理性的动物的生命，不管其动机是否明确，都是谋杀。难道奴隶不是有理性的动物吗？难道他不是人吗？“有理性的动物”这一词语即指人。杀死一个精神失常的人，一个痴呆的人，甚至是一个未出生的婴儿和杀死一个哲学家别无两样，都是谋杀。难道一个奴隶还不如一个精神失常的人吗？还不如一个痴呆的人吗？还不如一个未出生的婴儿吗？

于是在公元 19 世纪的密西西比州，奴隶被当成了有理性的动物——被当成了人！这是一个伟大的胜利！

这是一种什么样的体制！这是一种什么样的公众情绪！在此有必要对此作出讨论。

让我们看看有关奴隶制度本质的讨论中的一些陈述。法官认为它剥夺了人的许多权力。他说：“因为个人的许多权力都已被社会剥夺并不意味着他们的所有权力都已被剥夺。”论及奴隶时他又说：“他仍然是一个人，拥有法律条款没有明确剥夺的所有权力。”这里他承认法律剥夺了奴隶的自然权利。他又说：“奴隶主的权力的存在不依赖于自然法则或民族法则，而是因为政府明确的法令。”因此，这位法官的判决表明奴隶制度的存在所依赖的权力和抢劫、压迫所依赖的权力毫无两样——强权。一伙结成团伙的劫匪正是依靠这种强权可以获得整个地区他们所能得到的所有财产。

同样，法律也悄无声息地适用了依靠武力强取豪夺的原则，表明奴隶主完全可以将另一个人作为自己的财产。依靠武力强取豪夺就是奴隶制度的本质。

问题也随之出现，奴隶主能否将一个女人转让给一个人，而将她尚未出世的孩子转让给另一个人呢？为了辨析这条有趣的法律原则，我们选择了这位不幸母亲的案例。她最早出现在一个叫塞缪尔·马克伯利（Samuel Marksbury）的人的遗嘱中，被称为“我的女奴本”。塞缪尔在遗嘱中说，出于对自己孩子的善意和挚爱，他将女奴汶奇（Wench）赠予给儿子塞缪尔，将她以后的增加值赠予女儿瑞切尔（Rachael）。因此，当瑞切尔结婚以后，她的丈夫要求获得这一增加值，用通俗的话说，“这个女奴生了好几个孩子”。这是一个极其有意思的案例，也极能锻炼人的法律才能。下级法院判定，根据法谚“Nemo dat quod non habet”即“任何人不能将其所不拥有的东西赠予他人”，这一点无疑是合乎常理、令人快慰的，塞缪尔·马克伯利不应该将尚未出世的孩子赠予他人。然而，该案上诉了，判决也被上级法院撤销了。现在让我们来听一听庭审辩论。

法官承认上述法谚的效力，他说（其实每个人都可能这么说），这一法谚是非常正确的，唯一的问题就是它一点也不适用于当前的案例。让我们听听他是如何说的。

一个对某件物品享有绝对权力的人拥有其产生的利润或增加值。毫无疑问，他可以将该物品及其利润或增加值赠予他人。因此，将不动产的预期租金或利润赠予他人是常事，而且一个人可以把一群羊所产的羊毛赠予他人几年。

另外也可以参考马歇尔案例集中的范妮诉布莱恩特案（Fanny v. Bryant，4 J. J. Marshall's Rep.，p368），在这一案例里使用了几乎完全相同的语言。深入下去读者会发现这一原则同样清楚无误地适用于尚未出世的孩子的雇佣、买卖和抵押；这些法律论述看似冷静从容，其实就如同拿着解剖刀划破一颗跳动的心脏，足以见得这些法令是多么地让人紧张躁动。

斯特劳德（Stroud）法官在他所著的《奴隶法概述》第 99 页写下了下面的论述作为佐证：蓄奴州的惩治条例对奴隶比对白人要严厉得多。从下面这些人道明智的表述可洞悉他对这一问题的思考。

一个人，如果目不识丁，不曾受到宗教的启发，也极少从好的榜样那里得到教益，是不可能对道德义务或政治责任的本质和范围有正确的理解的。这句话也许不是特别恰如其分，但可用来说明奴隶的境况。刚才已经看到他没有接受教育的条件，同时也鲜有机会获得有关圣经教义的知识。所以，可以认为他几乎没有理解法律效力的能力。由于这一原因，政府在制定法律的时候应考虑到他们的头脑简单、谦卑顺从。

他的这些境况是他备受怜悯的另一个原因。他不识字，与那些比他学识丰富的人很少或几乎没有交流的机会，那他如何了解还有法律需要他去遵守这一事实呢？要绝对遵守一项没有公布的法律，一项不为其臣民所知的法律是非常有失公正、极其专横的。这就和卡里古拉的统治一样备受谴责、遭人唾弃，人们永远对其心怀憎恨。

蓄奴州的立法者们在制定刑法的时候似乎受了奴隶要求他们有怜悯之心的影响。麻木不仁的罪犯打动了他们的恻隐之心，在要求他遵守法律之前一定要教他懂得法律；但是无辜的奴隶却要遵守一系列残酷的法律，而这些法律他闻所未闻。

这一系列法律中有一部分仅仅是针对奴隶的，任何一项违法都要被严惩；但是对于那些白人和黑人都犯的罪行，对后者的惩罚要比对前者严厉得多。

斯特劳德法官厚厚的起诉书里包含了 20 页的证据，它表明奴隶犯罪实行死刑的数量和白人犯罪实行死刑的数量是严重比例失衡的。谈到这一点，我们在惠勒奴隶法第 222 页的注释中发现了冷漠的陈述。

对同一个州里面的白人居民和黑人奴隶的惩罚是不同的，关于这一点已经说得够多了。如果白人和黑人犯了相似的罪，对奴隶的惩罚要严厉得多。在很大程度上这一控诉毫无疑问是真实的。必须要牢记的是制定刑法的最初目的是保护制定这些法律的人的安全。奴隶并没有代表参与制定法律。对另一个阶级来说，他们就是被拘捕的魔鬼，这些法律就是用来教化他们的。如果在他所生活的州里违反了为另一阶级的安全而制定的法律，他一定要接受惩罚，这是必然的结果。这些严厉的法律往往会给另一阶级造成事实上的或潜在的危险。

这在所有的国家中都是如此，而且会永远如此，只要桎梏和自由之间存在不同。

在惠勒奴隶法第 224 页中有一个案例是典型的这类法律判决。如果不考虑法律要点，该案例可简述如下。

被告曼恩（Mann）雇佣了一个女奴一年。在此期间她犯了点小错，被告为此对她进行了严厉惩罚。在惩罚过程中该奴隶逃跑了，于是他朝她开枪并打伤了她。下级法院的法官指示陪审团如果他们认为惩罚太过残酷，毫无根据，而且有点小题大做，那么在法律上就可以判处被告有罪，因为他对这个奴隶只享有特殊财产权。陪审团发现惩罚的确太过残酷，毫无根据而且小题大做，于是判定被告有罪。但他们有何依据呢？难道是因为根据北卡罗来纳州的法律，奴隶主对奴隶过于残酷、毫无理由、小题大做的惩罚是可以起诉的罪行吗？并非如此。他们判定被告有罪不是因为惩罚过于残酷而且毫无根据，而是因为被告是没有权力实施惩罚的人，“他对该奴隶只享有特殊所有权”。

被告上诉到了高等法院，判决予以撤销，其根据是雇主应暂时享有奴隶主的所有权力。鲁芬法官的论述极富特色，也显示了法官仁慈的内心和作为奴隶法的严格解释者的严密逻辑之间的强烈冲突，在此，我们将大量引用其论述。当一个人明显地具有崇高仁慈的本性，却要遵从法律事实作出最残酷无情地判决，其处变不惊、从容不迫的平静心态不得不令人仰慕。他这样论述：法官在审判诸如此类案件时除了痛惜也别无选择了。要理解这些判决的依据是不可能的，但如果我们自己遇到了类似的情形，就能充分理解这些依据。在法官内心深处，人性的情感和法官职责之间的斗争是异常激烈的，如有可能，他们往往会将这些问题搁置。然而，抱怨我们的政府部门所固有的一些东西是毫无裨益的，在法庭上逃避法律所规定的职责就是犯罪。所以即使不是心甘情愿，法庭也必须对北卡罗来纳州奴隶主对奴隶管辖权的范围作出明确表态。有一则起诉书控告被告殴打了伊丽莎白·琼斯的奴隶莉迪亚……这里的疑问是是否可以起诉雇主对于奴隶残酷的毫无理由的殴打。法官告知陪审团是可以起诉的，他的理由似乎是被告对奴隶只享有特殊所有权。我们的律法一致认为奴隶主和可以占有命令奴隶的人享有同等的权力。他们所享有的对象是一样的，那就是奴隶的服务，所以应赋予他们相同的权力。在刑事诉讼程序中，当涉及普通所有者以外的所有其他人，即奴隶的雇佣者和使用者，在权利和义务方面他们就相当于是奴隶的主人……但大家关注的问题是主人是否要为殴打自己的奴隶或者行使法律没有禁止的其他权力而负刑事责任，法庭对此几乎没有什么疑问。法庭从来没有判定他要负法律责任，迄今为止也从来未对此进行过辩论。从来还没有过类似的控诉。国家在这一方面的既定风俗习惯和统一的举止行事充分证明整个社会需要什么样的权力才能维护奴隶主的统治。如果我们持有异议，我们不能站在每个人的对立面，反对他们的观点，认为可以将这种或那种权力安全解除。在法庭上这和其他的国内关系是一样的；那些由来已久的关于父母对于子女，老师对于学生，师傅对于学徒应享有何种权力的原则曾引发争论，现在这种争论摆在了我们面前。

法庭并不认为在此可以适用这些原则，两者之间没有雷同性，它们是背道而驰的，其间有不可逾越的鸿沟。在自由解放和奴隶制度之间到底有何不同，这根本是无法想象的。在自由社会里，我们想要达到的目标是使年轻人幸福，他们与管理他们的人生来就享有平等的权力，管理他们的人有义务将他们培养成自由人中有用的一员。针对这样的对象，要达到这样的目的，道德教育和智力启蒙是自然不过的方式，而且在大多数时候，这样的方式已经足够。适度的强迫只是为了使其他的方式更加有效。如果强迫达不到目的，那最好就让他自行其是，最终法律会矫枉过正，个人是不能毫无尺度地实施处罚的。而奴隶制度却与此大相径庭，其终极目的是为了奴隶主的利益、安全和公共安全。奴隶个人和其子孙后代注定要生活在愚昧无知中，不能拥有属于自己的任何东西，辛勤耕耘也由别人来采摘丰收的果实。要对这样一个人进行怎么样的道德游说才能使其相信他如此辛勤劳作是由于其与生俱来的责任和义务，是为了他个人的福祉。即使是最蠢笨的人也不可能相信这一点！只有那些完全没有自己意志的人，那些完全将自己的意志屈从于别人的人才可能会这样为他人服役。这样的顺从是对人身享有不加限制的权力的结果。除此以外，任何事情都不可能产生这样的效果。奴隶主必须享有绝对的权力才能使奴隶完全顺从。我坦言我觉得这一主张非常苛刻；和其他人一样，我发自内心地认为如此，这是一个道德原则问题，每个人在退休后都应摒弃它。但在实际情况中，它却必须如此，毫无别的选择。这是奴隶制度特有的规定。如果不废止奴隶主的权力，免除奴隶的顺从，这种状况根本无法改变。无论对于被束缚的人还是自由的人，这都是奴隶制度的罪恶，这种罪恶是在奴隶主和奴隶的关系中与生俱来的。这就很有可能出现伤害或故意残害的案例，从良知来说，法律会加以监管。然而问题是审判该如何进行。从理论上说，我们可以问奴隶主的哪些权力是适当的，但答案可能会将其一切权力都否定掉。我们不能从这样一种角度来看待这件事情。事实是，我们不能对这一问题进行广泛的讨论。我们不允许在法庭上来讨论奴隶主的权力问题。奴隶要想永远成为奴隶，他就必须意识到主人的意志就是权威，任何时候他的权力都不能被篡夺，因为他的权力即使不是上帝的律法授予的，至少也是人类的律法授予的。如果正义的法庭要对奴隶的每一次情绪失控，每一次细小的失职都判定处罚的话，那将是一件极其危险的事情。

由于奴隶的一时冲动或者旁人的煽动而激起奴隶主的暴怒为数众多且无法预见，奴隶主的暴怒会促使他对不安分守己的背叛者采取血腥报复。由于是私事，这种报复通常会免予责罚。所以，法院声称没有权力改变我们的人民之间的相互关系。

我再次声明我本不想谈论这一不齿的问题，但当法院涉及这一问题的时候，它不得不宣布只要奴隶制度依然存在，承认奴隶主对奴隶享有完全的控制权是法官义不容辞的责任，除非法律禁止行使这种权力，或者立法机关在适当时候明确立法表示反对。

我们这样做是因为这种在极大程度上依赖于奴隶屈从的统治对于奴隶的价值、奴隶主的安全和社会安定是极其重要的；它也非常有效地保障了奴隶的安全和健康。下面的判决被推翻了（在这个判决中被告胜诉了）。

这份判决表述清晰，文字优美，言辞恳切，庄重荣光，慷慨激昂，但其结果令人生畏，读到此判决的人无不对此人感到崇高的敬意，对这一体制感到不寒而栗。仅从目前这一典型案例来看，这是本作者所知道的关于此人的一切，所有了解此事的人都认为在其冗繁晦涩、狡黠诡辩的措辞中可以看到一个情操高尚，性情率直的人。对于隐匿事实的行为他予以谴责以彰显其高风亮节，他亦心性坚定，决不将丑陋的事物贴上美好的标签，即使那些事物大受欢迎、声名远扬、合情合法。这种做法在南北各州都是常见的，人们亦希望如此。但是遗憾的是这样一个人，这样一颗高尚的心灵，却只是法律的阐释者，并非法律的改革者。

奴隶制度是暴政

在讨论一件事情的时候首先要明了其本质，这一点是至关重要的。

准确了解一国的某种运行体制的唯一方式就是审视对其作出限定的法律。在不同的时代，不同的国家，本质大不相同的事物都被冠以了奴隶制度的称谓。父权社会的奴役是一种奴隶制度，希伯来人的苦役是一种奴役制度，希腊和罗马人的苦役也是一种奴隶制度，但是这些体制彼此大相径庭。那么从法律的阐释和法庭的判决来看，美国的奴隶制度到底是什么呢？

首先，让我们回答它不是什么。

（1）它不是一种学徒关系。

（2）它不是一种监护关系。

（3）它绝不是一个较强种族对弱势种族的教化关系。

（4）它的目标决不是为了被统治者的福祉。

（5）它的目标决不是被统治者暂时的生活改善或永久安康。

它的目标已由鲁芬法官用一句话清楚无误地总结了——“为了奴隶主的利益、安全以及社会安定”。

因此，奴隶制度是以最不堪的形式存在的绝对暴政。

如果把美国的奴隶制度和任何一个国家的专制统治相提并论，那对这个国家是不公平的。没有哪一个欧洲的专制政府，会臆想将其统治建立在统治者对被统治者人身和技能的所有权的基础之上。

这是一种仅存在于世界上最野蛮国家的暴政，例如达荷美共和国。

在一定程度上，欧洲的专制或暴政承认被统治者的幸福和福利，这是其统治的基础；统治者被赋予为人民谋福利的权力，他的统治权是以他比人民更好地懂得如何为他们谋求福利这一设想为依托的。在文明世界里，没有一个政府会持有像波斯人和亚述人一样纯粹暴政统治的观点。

为奴隶制度辩护的言论在实质上和为任何一种形式的暴政辩护的言论是一样的；用于反对奴隶制度的理由和反对任何一种暴政的理由也是完全相同的。奴隶制度所孕育的惯例习俗亦即所有时代的暴政所孕育的惯例习俗。

一个奴隶究竟有没有犯罪呢？他的主人有权通过严刑拷打审问他（见国家诉莱曼一案）。事实上在大多数情况下，由于奴隶的证据不被采用，他的主人就享有了生杀予夺的权力。在任何时候，不用对任何人作出解释，他有权将奴隶驱逐流放到偏远荒凉的西伯利亚等地，或使其在战船上服苦役。他对奴隶的品行也享有毫无限制的权力，他能控诉奴隶犯下了任何罪行却不给其接受审判或调查的权力，将其贱卖为俘虏，用未经核实的罪名使其名声蒙上污点。

专制政府因为滥用权力而备受责难。那些被视为好人的专制统治者对这样的权力已弃之不用了。但是在每一个蓄奴州飘扬的旗帜下，在大哥伦比亚地区飘扬的美国旗帜下，却有人无视人品性的好坏将这种权力滥用。

但据说最恶虐的暴政既桎梏人身又束缚灵魂；它禁锢人的良知，掠夺了一个人获悉上帝旨意，膜拜上帝的权力。在其他时代，无论是宝座上的国王还是火炉边的平民，都会在一个宣称能在人们通往天国的路上设置关卡的暴政面前不寒而栗。

这是一种控制人的良知，限制人的宗教信仰，剥夺人和其造物主熟识并获悉其意志的机会的权力，这种权力存在于每个蓄奴州，存在于美国。这种权力为有钱人所掌控，无论其品行如何都可以享用这种权力。

在全世界最伟大的共和国里存续着一种可能存在的最恶虐的暴政，这是极其可憎、极其沉重的事实。

有一点众所周知，奴隶主可以控告奴隶有罪却不给他接受法律审判的机会。在大哥伦比亚地区最近一两年有一件非常引人注目的案例。当时在陈述这一特殊案例时用了好几页纸，其概况如下：在我国首都华盛顿，有一位先生——一位长老会教堂的长老，有一个女奴，该女奴多年里在该市的浸礼会教堂里都表现出良好的品行。这位长老控告女奴企图毒害其家人并立即把她交到了奴隶贩子手中。奴隶贩子接手将其囚禁在亚历山大市的奴隶市场，等待成批售出。这个可怜的女孩有一位母亲，她和天下所有母亲的感受一模一样。

当得知女儿的情形后她飞速赶往奴隶市场，声泪俱下地恳请见她唯一的孩子一面，但她被无情地拒绝并被告知滚开。她想见长老一面也未能如愿。她许诺说她有足够的钱购买她的女儿，但该奴隶主根本就没有给她商量的余地。

在绝望中，这位母亲找城中的一位律师求救，请求他帮忙写请愿书。她向律师陈述了她想表达的意思，律师以她的口吻写下了请愿书，就如同这个奴隶受到了良好的教育写下的诉状一般。该信内容如下。

华盛顿，7月25日，1851

先生，我在给您——一位富有的基督徒，一个自由人，一位父亲——写信，而我只是一个可怜的身为奴隶的母亲。我是为了我深爱的唯一的孩子向您求情的。她和您一样，信仰基督教，是其中一员。而现在，由于您的所作所为，她被囚禁在令人憎恶的奴隶市场，饱受折磨。我请求您践行神圣的法律，“以眼还眼，以牙还牙”。

颇费周折之后，有朋友愿意出钱帮我赎买我的孩子，这样我们就不会遭受残忍的骨肉分离。作为父亲，您应该能够了解，当我被告知您发布命令将她流放到遥远的地方遭受无望的奴役时，是怎样的心情。

在将近 6 年的时间里，我的孩子为您做了一个奴隶该做的一切苦役；从 16 岁到 22 岁，她在您的家里，厨房里，地下室里，马厩里辛勤劳作。无论白天黑夜，您的意志和命令就是她至高无上的法律；所有的辛劳都是不求回报的。如果在这段时光里她偶尔品尝了甘甜的茶水和醇香的咖啡，那是她为奴的母亲付出的代价而不是您付出的代价。

您是一个信仰上帝且在教堂里担任教职的人。既然如此，作为我孩子十足的主人，您是否温文尔雅地对待过她，给她树立过和蔼可亲的榜样以激励处在单调乏味的奴役生涯中的她呢？这是她本该得到的。她是否从您的手中接到过她辛勤劳动的全额的公正的补偿呢？而这是上帝的意旨，是虔诚宗教的指示。您不应该仅仅对我回答这些问题。您承认上帝的法律的最高权威，上帝的法律允许您将人禁锢，要求您“公平正义”地对待自己的仆人。那么，我请求您，在这令人困扰的时刻，不要斩断她人生的最后希望，否则您的灵魂将受到谴责。

据说您起诉我女儿有罪。事实果真如此吗？有没有可能是您置自己崇高的荣誉和良好的市民身份于不顾，为了金钱将有罪的人卖到远方而不让她接受审判呢？而她是愿意接受审判的。如果您被控有罪而不准接受审判，您会有何感想呢？难道她在教堂里的美名对她不足珍贵，而您的美名却弥足珍贵吗？

设想一下，假如您所深爱的女儿而不是我的女儿在这酷热难耐的天气里被监禁在奴隶市场，屈从于我的控制，吃着最粗劣的食物，任由残酷无情的人摆布，被剥夺了和亲朋好友见面的权利——即使谋杀犯也享有这种特权，您会有何感受呢？那么，请您为了一个可怜的为奴的母亲和她的孩子着想，让我们接受大法官的审问吧，如果您这么做了，您将会非常骄傲地宣布：“我解放了被压迫的人！”在将来，您也会希望您是这样做的。

艾伦·布朗

然而，这个女孩被卖到了南方市场。

作者从写这封信的先生那里了解到了这些细节。这个奴隶主所采取的行为严格来说是否合法是我们不能完全确定的，但是法律不会干涉这样的行为却是非常明显的，而且显而易见的是公众不会干涉这样的行为。行使这一权力的人声称是有虔诚宗教信仰的人，在基督教堂里担任重要职务，而且从他所处的基督教会的所有举动来看，他们并不认为他的行为是有失公正的。

然而，当我们看到外国的暴君们行使这种权力的时候我们不是震惊万分吗？

当我们看到在俄罗斯或奥地利，一个被控有罪的人被捕了，他远离了其亲朋好友，没有机会接受审判或进行自我辩护，而是被迅速流放到了西伯利亚或其他令人胆战心惊的偏远地带时，难道我们不会为之战栗吗？

为什么政府统治者实施的暴政比个人实施的暴政更恶劣呢？

当今的世界，专制理论和共和理论之间存在巨大的分歧。所有支持奴隶制度的理由都可以用来支持专制统治，但是赞成专制统治的理由却不能用来支持对个人的奴役。

有一些支持专制统治的言论是非常有道理的。没有人能否认专制统治具有共和体制所不具备的简洁高效、行动迅速的特点。专制统治建立并维持了比历史上所有共和统治都有效得多的警备体系。已故的普鲁士国王，用他所享有的绝对专制的权力实行了比在美国有效得多的现代教育体制。他将其王国进行详尽划分，责成每位父母，无论愿意与否，都要让孩子接受充分的教育。

如果一个拥有绝对权力的人要想合法地行使他的权力，毫无疑问，必须是为了国家的利益，但是几乎没有人懂得如何运用这种权力，所以这种形式的政府总体而言是不安全的，基于这些原因，我们可以得出要推翻奴隶制度的结论，就像我们要推翻专制统治一样。毫无疑问，在50年里找一个能够明智运用这种权力的人的几率比在每天在大街上从成千上万的人里边找一个能被授予这种权力的人的几率要大得多。然而，令人痛惜的无比沉重的事实是，美国将这一权力同时托付给了这个国家里最冷酷无情和品行最好的人，这种专制权力即使是被置于受过良好教育的，最开明、最有修养的普鲁士皇帝手里，它也认为是不安全的。

从我们共和观点的角度来看，我们不能否认尼古拉斯是一个极具天赋的人，由于受过了良好的教育而拥有开放的思想，而且我们也得知他是一个有着虔诚宗教信仰的人。当然，在所有世人眼里，他也是一个为了不招致公共舆论而竭力克制的人，品行高尚。但是美国法律将比俄罗斯的尼古拉斯或那不堪斯的费迪南德更专制的权力交付给了谁呢？他可能是公海上的海盗；他可能是个醉汉；或者他可能像 Souther 一样，犯下了人类闻之色变的残酷罪行。但不管怎样，美国的奴隶法将这种毫不负责任的权力赋予了他们——这是控制人身的权力，这是控制人的灵魂的权力。

那么，在政府自治和专制的激烈争议中，美国站在哪一边呢？在是否解放人的灵魂的激烈争议中，美国站在哪一边呢？

外国政府是不是也不准其人民阅读《圣经》呢？美国的奴隶被最行之有效的方式最大可能地剥夺了阅读《圣经》的权力。我们不是说“啊？我们给奴隶诵读圣经，口头给他们传布福音啊”？这正是意大利的宗教专制说的话。我们不是说如果奴隶们愿意，我们不反对他们阅读圣经的吗？但那样岂不是会使大家都得到教化，扰乱现存的社会秩序吗？这也是在意大利说的话。

我们不是说只要奴隶愿意，我们愿意让他们阅读《圣经》的吗？但是因为他们的愚昧无知，他们会从中得出虚假的错误的结论，因此，我们宁愿口头上将真理传授给他们。这也正是欧洲的宗教专制说的话。

我们不是自负地说专制政府担心任何对人民有所教益，提升人民觉悟的事物吗？难道在美国对奴隶专制的政府中没有同样的担心吗？

那么在这个时代最后一个最伟大的问题中，美国的立场是什么呢？

（余琴　译）

编译者简介

柯岚，西北大学法学院教授。中国政法大学法学学士，北京大学法学硕士，中国政法大学法学博士。学术志趣主要集中于法哲学、法律文化和法律教育。发表论文若干，代表译著：《美国危机》（托马斯·潘恩，上海三联书店 2007 年版）。

毕竟悦，神华科学技术研究院研究人员。首都师范大学法学学士，北京大学法学硕士，北京航空航天大学管理学博士。代表译著：《权利的成本：为什么自由依赖于税》（霍尔姆斯、桑斯坦著，北京大学出版社 2004 年版）、《公债与民主国家的诞生》（斯塔萨维奇著，北京大学出版社 2007 年版）、《信息乌托邦》（桑斯坦著，法律出版社 2008 年版）、《联邦党人与反联邦党人》（与姜峰合作，中国政法大学出版社 2012 年版）。

余琴，西安石油大学外语学院讲师。西北政法大学英语文学学士，西安外国语大学英美文学硕士。

姜峰，山东大学法学院副教授。山东大学法学学士、法学硕士，北京大学法学博士。代表译著：《法律推理与法律理论》（麦考密克，法律出版社 2005 年版）。

高瞰，北京大学法学硕士，现工作于中国光大银行。

李娟，西北政法大学副教授。北京大学法学硕士，北京大学法学博士。

肖志欣，中山大学人类学系公民与社会发展研究中心（简称中大公民社会中心，ICS）助理研究员。西北政法大学法学学士，北京大学人类学硕士。

全书选目、翻译统稿由柯岚和毕竟悦完成，导论由柯岚完成。

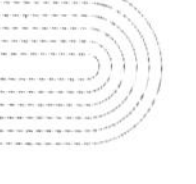